西南财经大学"211工程"三期优势学科建设
项目"公共品理论与公共财政建设"资助

中国公共财政监测报告
2012

China Public Finance Monitor 2012

西南财经大学财政税务学院公共经济中心
[加] 沙安文／主编

经济科学出版社
Economic Science Press

图书在版编目（CIP）数据

中国公共财政监测报告.2012／沙安文主编.—北京：经济
科学出版社，2012.7

ISBN 978 - 7 - 5141 - 2079 - 0

Ⅰ.①中… Ⅱ.①沙… Ⅲ.①公共财政 - 研究报告 - 中国 -
2012 Ⅳ.①F812

中国版本图书馆 CIP 数据核字（2012）第 139621 号

责任编辑：肖　勇
责任校对：曹　力
版式设计：代小卫
责任印制：李　鹏

中国公共财政监测报告 2012

[加] 沙安文　主编

经济科学出版社出版、发行　新华书店经销
社址：北京市海淀区阜成路甲 28 号　邮编：100142
总编部电话：88191217　发行部电话：88191537
网址：www.esp.com.cn
电子邮件：esp@esp.com.cn
北京欣舒印务有限公司印装
710×1000　16 开　25.75 印张　450000 字
2012 年 12 月第 1 版　2012 年 12 月第 1 次印刷
ISBN 978 - 7 - 5141 - 2079 - 0　定价：58.00 元

 # 序　言

西南财经大学财政税务学院公共经济中心推出的《中国公共财政监测报告 2012》，是一部采用世界银行研究报告的基本范式和方法，重点监测中国财政运行状况，强调财政与民生关系的报告。

监测报告对 2012 年中国财政运行的各个环节进行了专题分析，共分为七个部分，包括中国公共财政的趋势和前景、财税收入分析、财政支出分析、地方政府融资、预算编制和结构、民生和中国的公共选择机制。报告的每个部分都通过多个章节加以阐述和分析，体现了对中国财政问题探索的完整性、前沿性与现实性。

报告的另一个特点在于注重对相关数据的收集、整理和解释。通过采集最新的中国财政数据，以表格和图表的形式直观地向读者呈现中国财政的现状和发展趋势。通过对数据的分析和对比，为政府部门的相关政策研究提供客观、有力的依据。

深度探讨公共财政与民生的关系是报告的第三个特点。高度重视民生是中国政府工作的重点，也是人民群众利益的直接体现。该财政监测报告以民生为研究主题，对教育、医疗、社保、住房等民生类基本公共服务进行了深入探讨。这既是该报告的特色，也有利于丰富公共财政理论研究，为建立具有中国特色和鲜明政策导向的财政理论框架体系提供了借鉴。

西南财经大学财政税务学院公共经济研究中心主任、世界银行学院首席经济学家沙安文教授担任《中国公共财政监测报告 2012》

的主编，财税学院共有 20 位老师参加了沙教授的研究团队。沙教授设计了报告研究框架，并组织成员写作、把关报告内容。为确保中国财政监测报告的准确性和前沿性，他不仅与国内外资深教授进行商讨，还与中国的财政部门进行了积极的交流。历经近一年的辛勤工作，沙教授及其团队最终完成该报告。鉴于该报告对中国公共财政运行的系统评估，以及其完善的结构体系、翔实的内容、有益的政策建议，将成为国内外关注和研究中国财政的各界人士了解中国财政运行和研究动态的重要参考。

财政部副部长 朱光耀

二〇一二年九月三日

前　　言

　　日月光华，生生不息；经世济民，孜孜以求。西南财经大学财政税务学院办学历史悠久，其前身财政系是西南财经大学办学历史最长的系科之一，始建于1952年，迄今为止，荟萃了一批知名财政专家如汪桂馨、陈豹隐、梅远谋、柯瑞琪、汤象龙、李锐、许廷星、左治生、谭本源、张国干、刘邦驰、郭复初、王国清、马骁、朱明熙、尹音频等。1991年成立财政税务学院，是全国最早成立的财政税务专门学院。

　　半个多世纪的风雨历程，西南财经大学财政税务学院坚持以学科发展为目标，始终致力于财税理论与实践领域的探索，积淀了悠远而厚重的学术底蕴。六十余载的沧桑岁月，我们耕耘不辍，砥砺出财税人的睿智思维与学术风采。今天，这里本土与海归人才聚集，新人群英荟萃，在教学和科研中不断碰撞出绚烂的思想火花，凝聚与孕育出财税人新的生命与梦想。

　　栉风沐雨中，在学校谋划的大金融学科群发展战略背景下，财政学科迎来了一大盛事：借助"211工程"建设平台支撑，由我院公共经济中心主任，世界银行学院首席经济学家沙安文教授担任主编的《中国公共财政监测报告2012》，由经济科学出版社出版。该报告采用世界银行研究报告的基本范式和方法，尝试对我国公共财政运行状况进行系统检测、诊断和评估，强调财政与民生关系。财税学院有20余位老师参加了沙教授领衔的报告写作，一大批年轻老师包含海归博士在报告写作过程中得到有益指导。我们希望，这份报告诚如沙安文教授所期待的那样，成为国内外关注和研究中国财政的各界人士认知中国财政运行和研究动态的重要参考。

　　我们希望，在报告的引领下，财税学院能够以开放的国际视野，立足全国、倾力西部、服务地方，在"公共经济与金融发展"、"财税基础理论与实践"、"西部地区公共品和公共服务有效供给"、"公共财政监测"、"金融税收理论与制度"、"政府投融资理论与实践"等领域作出自己的特色，为实现中华民族的伟大复兴贡献自己的绵薄力量。

沈春丽博士对报告内容和格式进行了审校，乔宝云教授参与了报告的讨论，提出很多有益的建议，再次深表谢意！

时值秋天，光华园硕果累累，对《中国公共财政监测报告2012》的出版谨致以最美好的祝愿！

西南财经大学财政税务学院院长　刘蓉

二〇一二年九月四日

PREFACE

China during the past three decades has shown an impressive record of sustained economic growth. Its record in lifting millions out of the poverty trap is unparalleled in the economic history of the World. Today China is poised to assume economic leadership of the world in the next decade. Its sound management of its public finances played an important role in its remarkable success story.

To sustain its record of impressive growth and improving economic and social outcomes for its citizens, China faces many challenges in further strengthening of its political and economic union through reform of its public finances. To undertake careful analysis of reform options and to build consensus for reform and to forestall any impending fiscal crisis, policy makers and citizens alike need access to timely information and analysis on the state of central, provincial and local finances and service delivery performance across the nation. The China Public Finance Monitor is intended to provide an annual snap shot of the fiscal health and service delivery performance of various orders of government in China and highlight emerging challenges and possible policy responses. Starting with 2012, each year it will provide an overview of the state of public finances of central, provincial and local governments and provide a critical analysis of policy challenges in a selected area of critical national importance. In its first year of inception, the focus has been on the emerging challenge of dealing with hidden debts of local governments.

Dean Liu Rong and the Public Finance Monitor 2012 team at the School of Public Finance, Southwestern University of Finance and Economics deserve our special thanks for burning the midnight oil for making the publication of this monitor a reality. The authors should be commended for piecing together disparate sources of information and bring out coherent themes to initiate a broader discussion and debate on fiscal issues of national and local importance. I consider a great privilege for me to be a mentor for this team.

The China Public Finance Monitor is a must read for policy makers, scholars,

中
国
公
共
财
政
监
测
报
告

students, citizens and others with interest in China's fiscal systems, its challenges and lessons from its experience.

Anwar Shah, Ph. D

Director, Center for Public Economics, SWUFE and Advisor World Bank and the Asian Development Bank

Sept. 4, 2012

作者名单

大纲：沙安文

第一章：文峰、郭佩霞

第二章：总负责人：廖常勇

    第一节　张慧英、丁生川、宋源慈、欧涉远

    第二节　尹音频、魏彧

    第三节　陈建东

    第四节　李建军

    第五节　吕敏

    第六节　张伦伦

第三章：总负责人：周克清

    第一节和第二节　周克清、刘妁妁

    第三节　高琪、邓静远、杨苑誉

    第四节　周晓蓉、刘兆法、李娅

    第五节　周雪飞

    第六节　苏明萃

    第七节　王文甫、王雷

第四章：周小林、高洪显、钟科耀、窦义海

第五章：张明

第六章：总负责人：陈建东

    参与：高琪、王文甫、王君斌

第七章：刘蓉、刘楠楠

目　录

第一章

中国公共财政：趋势与前景

第一节 概 述

一、中国财政演进的逻辑

制度是规范约束社会人行为的一系列规则。从层次性来看，包括基础制度、核心制度以及围绕核心制度的配套性制度。从正式性程度看，包括以宪法、法律、政策、规定等形式存在的正式制度和以意识、观念、行为方式等形式存在的非正式制度。人们从事的社会性生产和生活领域都需要规范，从而都存在相应的制度。与此相对应，作为社会活动基础的财政活动也有一系列的规则存在规范约束人们行为，引导经济活动的方向。

财政制度也包括正式制度和非正式制度。正式的财政制度主要包括财政收入制度、财政支出制度、预算管理制度等。其中，财政收入制度又包括规范财政收入制度的指导思想、目标、原则，以及具体的税收制度、行政事业性收费制度、国债制度、国有经济收益制度等，财政收入制度决定着财政收入的规模、结构、服务的目标等。财政支出制度包括财政支出的指导思想、目标、原则，购买性支出中的消费性支出与生产性支出的具体内容、比例，转移性支出的目标、内容以及具体规定。预算管理制度包括财政收入和支出制度通过哪些具体规则反映社会公众的意愿，即如何汇总选民对公共品需求偏好的信息，如何做出满足选民偏好的公共品供给规模与结构的决策，如何处理不同级次政府履行好其职责的规则等问题。

财政制度的演变趋势是怎样的？不同的学者分别从不同的角度进行了探讨。一个广为接受的观点是，财政制度会随着社会的发展具有越来越明显的公共性，越来越好地服务于社会成员或选民的利益，实现社会福利最大化。究竟财政的公共性体现在哪些方面呢？有专家认为，财政从产生起就是具有公共性，就是公共财政，只是在发展的不同阶段体现出的公共性程度有所区别而已。公共性总体上表现在三个方面：其一是财政目的的公共性，即财政在很大程度上是为了满足社会成员的公共需要，当然，这并不排除阶级社会中的统治阶级利用财政制度追求其阶级利益。其二是财政活动范围的公共性，如果财政主要致力于市场不能有效提供的公共品，则其活动范围的公共性比较明显，反之则不明显。其三是财政活动机制的公共性，财政活动的目的既然是满足社会成员的公共需要，那么其在提供多少公共品，提供哪些公共品，如何为公共品生产筹集资金等问题上应该有充分反映民意的机制和渠道。

随着社会向前发展，财政的公共性会越来越强。其一，社会越向前发展，人们相互交往的面会越来越宽，交往频率会越来越高，需要共同消费的物品和服务越来越多，要求政府提供的公共品也越来越多。其二，随着社会的发展，人们共同利益越来越多，从而会越来越要求政府满足社会成员的共同需要，提高政府活动目的的公共性。其三，随着社会发展，人们的共同参与意识越来越强，参与能力越来越强，从而更加能够通过社会活动、政治活动追求社会成员的公共利益。

二、中国财政公共化监测指标

根据前文的分析，反映财政公共性程度的指标主要表现在财政支出规模、结构能在多大程度上满足社会成员的公共需要，社会成员以多大的代价消费政府提供的公共品和公共服务，每一级次和区域的政府是否有足够的财力保证其向选民提供足够的公共品和公共服务。这些指标集中体现在财政收入指标、财政支出指标和预算管理体制等指标上。

（一） 财政收入的规模与结构

财政收入规模一方面反映了政府筹集的可以用于向社会提供公共品和公共服务的资源的多寡，财政收入越多，说明政府为社会提供公共品和公共服务的能力越强，可以有效地促进经济发展和社会进步，包括缩小不同群体间的收入差距，提高选民的福利水平等。另一方面，财政收入多可能反映出社会的财政负担更重，当然，不同的财政收入结构下，相同的财政收入规模反映的不同群体的财政负担有所不同。在以流转税为主体税种的税收制度下，全社会的人都承担了大致均等的绝对数额的财政负担，如果考虑不同人群承担的税收负担占个人收入的比重，则意味着收入水平低的人承担了更重的财政负担，即流转税为主体税种的税收制度具有累退的效应。在所得税为主体税种的税收制度中，高收入群体承担了较多的财政负担，但其承担的财政负担与其收入水平整体上相适应，从税收公平的角度上来说有利于税收负担的公平分担。

（二） 财政支出的规模与结构

财政支出是为政府承担公共品和公共服务提供资金，如果财政支出主要用于向社会提供公共品和公共服务，在公共品生产效率既定的情况下，财政支出规模决定了政府提供公共品和公共服务的规模和质量。财政支出规模越大，意味着政府提供的公共品越多，质量越好。如果所有社会成员的公共品效用函数相同，这就意味着社会总福利越多，福利水平越高。

在财政支出规模既定的情况下，财政支出结构同样影响社会公平和效率。征税前的社会收入分配可能会因为不同人的资源禀赋不同存在较大差异，导致人们税前收入差距悬殊，如果税收的主体是流转税，征税对收入分配的调节作用很弱，反之，如果税收的主体是所得税，则征税有利于缩小收入差距，促进社会公平。

（三） 预算过程

预算制度和预算机制能够保障财政收入和支出体现选民意愿，实现资源优化配置、公平化收入分配和促进经济平稳增长。有效的预算制度能够使财政收入规模与结构、财政支出规模与结构充分体现选民的意愿，使财政的公共性得到有效地体现。

三、公共财政演变的趋势与前景

（一）财政收入规模和结构变化趋势

从公共财政演变的趋势来看，随着经济发展和社会进步，财政收入的绝对规模会越来越大，财政收入占 GDP 的比重也会逐步提高。原因来源于两个方面：其一，随着社会的发展，人与人之间的社会交往会越来越多，共同的生产和生活活动越来越多，公共需要越来越多，公共需要在社会总需要中的比重越来越高。公共需要是由公共品和公共服务来满足的，尽管随着市场机制的完善和技术进步，公共品的供给主体会越来越多，但由于其消费的非排他性和非竞争性，公共品的供给仍以政府为主，这就要求越来越多的公共收入保障资金供给，因此财政收入规模越来越大，财政收入占 GDP 的比重越来越高。其二，随着社会发展，由于技术进步等因素的推动，经济总量越来越大，可供财政分配的规模越来越大，从而财政收入增加的可能性越来越大。

从财政收入的结构来看，随着社会发展，税收在财政收入中的比重会越来越高。原因在于，税收融资较收费融资在筹资效率上具有明显的优势，不仅能够更加有效率地获得等量的财政收入，还可以达到重新配置资源、促进收入分配公平和经济平稳增长的作用。尤其是，市场机制在资源配置中发挥基础属性作用的条件下，收入分配会因为人们拥有要素禀赋的差异而变得悬殊，在要素禀赋与收入分配之间的因果循环累积机制的作用下，收入差距可能会越来越大。这时候，所得税和财产税等税收调节机制显得必不可少。因此，税收结构和财政收入结构变化的一个重要趋势是所得税和财产税在税收、财政收入中的比重会越来越高。

（二）财政支出规模和结构变化趋势

如前所述，随着社会发展，财政的公共性会越来越强，人们对公共品和公共服务的消费越来越多，这就要求为公共消费提供资金支持的财政收入规模越来越大。随着社会发展和进步，人们对教育、文化、娱乐、保健等公共服务需求增长较快，其在公共消费中的比重也呈提高的趋势，从而要求满足高层次公共需要的财政支出在总财政支出中的比重相应提高。同样基于市场作用会导致收入差距的扩大，为促进社会分配的公平，财政还可以提高社会保障类的转移性支出的比重。

（三） 预算过程演变趋势

社会发展的财政公共性的增强必然要求预算过程和机制的公共性也相应增强，原因有两个方面：其一，人们的民主意识和民主能力在社会发展中会不断积累，不可逆地向前累加。其二，民众的民主诉求也会通过正式的选举和舆论等途径影响政府行为方式，促使政治活动更加民主。

预算过程和机制的民主化要通过如下几方面表现出来：其一，财政支出规模与结构、财政收入规模与结构的决策通过更加民主的方式产生出来。其二，财政收入和支出的规模与结构的决策过程将会越来越多地受到利益集团的影响。

第二节 中央政府的财政：趋势与前景

中央政府的财政收支变化是反映一国财政政策的重要方面，其收支规模与结构的调整在深层意义上反映了政府对经济效率与社会公平目标的权衡。对财政权限较为集中的中国而言，了解中央政府的财政演变具有特殊意义。

一、 财 政 收 入

财政收入规模在量上决定着政策的作用空间。评估财政政策对经济效率与社会公平的效应，一个基础工作是了解中国中央政府财政收入规模，但是，这并非易事。一个突出困难是，中国政府的财政行为较为复杂，财政统计口径及公布数据均与国际标准有所差异，可获得的较为详细的财政统计资料主要限于一般预算收支。因此，考虑统计资料的可获得性，本报告将中央政府财政收支界定为一般预算收支。

（一） 中央政府财政收入规模

就一般预算收支，根据公开统计资料，1994 年分税制改革以来，中国中央政府的财政收入绝对规模不断增强，从 1994 年的 2 906.50 亿元增长至 2010

年的 42 470.52 亿元（见表 1 – 1），年均增长率达到 17.10%，特别是 2000 年后增长速度进一步加快，远远超过 GDP 增长速度（见图 1 – 1 和图 1 – 2）。其中，2006 年和 2007 年增长率更是高达 23.61%、35.60%；但在 2008 ~ 2009 年间，受国际金融危机影响，中央财政收入增速开始趋于放缓，财政收入占当年 GDP 的比重，也从 1994 年的 6.03% 上涨至 2010 年的 10.71%。然而，若从政府间财政收入划分的视角来看，中央财政虽然在 1994 年后极大地积聚了财力，占有全国一半以上的财政收入，但是，其占全国财政收入的比重有所下降，由 1994 年的 55.71% 下降到 2010 年的 51.10%，央地之间的税收收入差距有一定的收缩（见图 1 – 3）。

表 1 – 1　　　　　　　　　中央财政收入及比重（1994 ~ 2010 年）

年份	GDP（亿元）	财政收入（亿元）			比重（%）	
		全国	中央	地方	中央	地方
1994	48 197.91	5 218.10	2 906.50	2 311.60	55.71	44.29
1995	60 793.72	6 242.20	3 256.62	2 985.58	52.20	47.80
1996	71 176.62	7 407.99	3 661.07	3 746.92	49.41	50.59
1997	78 973	8 651.14	4 226.92	4 424.22	48.89	51.11
1998	84 402.31	9 875.95	4 892.00	4 983.95	49.51	50.49
1999	89 677.13	11 444.08	5 849.21	5 594.87	51.10	48.90
2000	99 214.63	13 395.23	6 989.17	6 406.06	52.21	47.79
2001	109 655.22	16 386.04	8 582.74	7 803.30	52.41	47.59
2002	120 332.71	18 903.64	10 388.64	8 515	55.01	45.99
2003	135 822.81	21 715.25	11 865.27	9 849.98	54.59	45.41
2004	159 878.32	26 396.47	14 503.10	11 893.37	54.91	45.09
2005	183 217.42	31 649.29	16 548.53	15 100.76	52.30	47.70
2006	216 314.41	38 760.20	20 456.62	18 303.58	52.81	47.79
2007	265 810.31	51 321.78	27 749.16	23 572.62	54.11	45.89
2008	314 045	61 330.35	32 680.56	28 649.79	53.31	46.69
2009	340 506.93	68 518.30	35 915.71	32 602.59	52.39	47.61
2010	397 983	83 080.32	42 470.52	40 609.80	51.11	48.89

资料来源：1994 ~ 2009 年数据整理自《中国统计年鉴 2010》，第 441 页；2010 年数据来自谢旭人：《关于 2010 年中央决算的报告》，财政部网站。

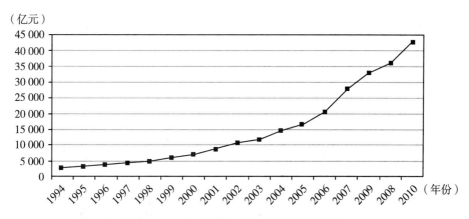

图 1 - 1   中央财政收入绝对规模变化折线图

资料来源：由《中国统计年鉴》相关各期计算整理而得。

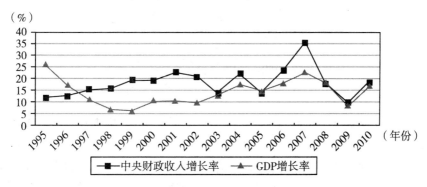

图例：—■— 中央财政收入增长率　—▲— GDP 增长率

图 1 - 2   1995 ~ 2010 年中央财政收入增长率与 GDP 增长率

资料来源：由《中国统计年鉴》相关各期计算整理而得。

就中央政府性基金收入来看，其规模总体上较为平稳。2008 年取得基金收入 2 506.91 亿元，2009 年为 2 508.28 亿元；2010 年则由于全面清缴了以前年度欠缴部分与经济复苏，当年中央政府性基金收入增至 3 175.75 亿元，包括：三峡工程建设基金收入 59.15 亿元、铁路建设基金收入 616.92 亿元、港口建设费收入 114.44 亿元、民航机场管理建设费收入 136.41 亿元、新增建设用地土地有偿使用费收入 288.21 亿元、大中型水库移民后期扶持基金收入 183.44 亿元、彩票公益金收入 247.73 亿元。中央国有资本经营收入方面，2010 年将国有股减持收入纳入国有资本经营预算管理后，达到 558.67 亿元，加上 2009 年结转收入 18.91 亿元，收入总量为 577.58 亿元。

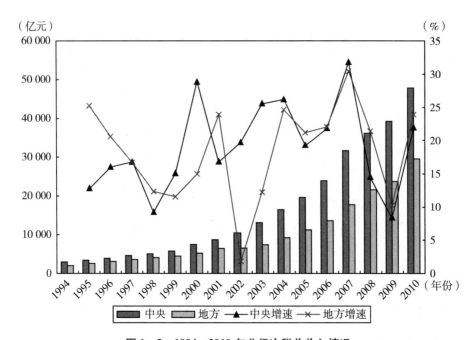

图 1-3 1994~2010 年分级次税收收入情况

资料来源：由《中国统计年鉴》相关各期数据计算整理而得。

就预算外收入来看，经过几次范围调整和预算改革，中央政府预算外收入绝对额虽然有所增长，根据 2004 年财政预算外专户收支口径统计，其绝对额由 2004年 350.69 亿元增加到 2007 年的 530.37 亿元，但是，总体上看，在预算管理规范化发展的格局下，中央政府的预算外收入相对规模呈收缩趋势，占全国预算外收入的比重也由 2004 年的 7.52% 下降到 2009 年的 5.51%（见表 1-2）。而且，从预算改革推开情况来看，这一格局会继续维持，其比重极有可能进一步下降（见图 1-4）。

总体上看，鉴于中国经济增长态势与税收征管的强化，可以预计，中央财政收入将继续保持增长格局，根据 2011 年中央财政预算报告，中央财政收入的计划数为 45 860 亿元，占全国财政收入的比重也将维持在 50% 左右。[①] 因此，从量上看，中国中央政府财政收入可以为促进经济增长和收入分配的公平化等目标提供充足的资金保障。

---

① 数据引自财政部网站《2011 年中央公共财政收入预算表》，http://yss.mof.gov.cn/ 2011zhongyangyusuan/201103/t20110325_515999.html。

表 1 - 2　　　　　　　　　中央预算外收入绝对额及比重

年份	绝对额（亿元）		比重（%）	年份	绝对额（亿元）		比重（%）
	全国	中央	中央		全国	中央	中央
1994	1 862.53	283.32	15.21	2002	4 479	440	9.81
1995	2 406.52	317.57	13.20	2003	4 566.82	379.36	8.31
1996	3 893.34	947.66	24.32	2004	4 699.18	350.69	7.52
1997	2 826	145.08	5.10	2005	5 544.16	402.58	7.30
1998	3 082.29	164.15	5.31	2006	6 407.88	467.11	7.31
1999	3 385.17	230.45	6.81	2007	6 820.32	530.37	7.80
2000	3 826.43	247.63	6.50	2008	6 617.25	492.09	7.40
2001	4 300	347	8.12	2009	6 414.65	352.01	5.51

注：1993~1995 年和 1996 年的预算外资金收支包括的范围分别进行了调整，与以前各年不可比。从 1997 年起，预算外资金收支不包括纳入预算内管理的政府性基金（收费）。从 2004 年起，预算外资金收支数据，按财政预算外专户收支口径进行反映。

资料来源：数据摘自《中国财政年鉴 2009》，第 454 页。

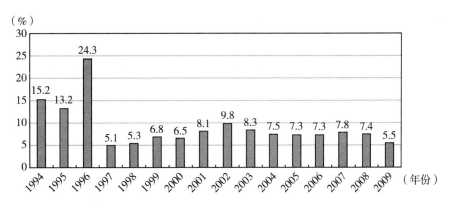

图 1 - 4　中央预算外收入占全国预算外收入比重

资料来源：由《中国财政年鉴》相关各期数据计算整理而得。

（二）中央政府财政收入结构

如果说财政收入规模在量上决定着中央政府的政策空间与宏观调控能力，那么，计算财政收入来源所占比重与变化，则可以反映出更多信息，从中也可观测到一国对公平与效率目标的权衡。根据官方发布的相关资料，2000~2010

年，中央财政收入项目主要来自各项税收（见表1-3），其占中央财政收入的平均比重达96.40%（见图1-5），这也解释了中央财力变化与税收增长表现出高度趋同性（见图1-6）。在税收收入中，贡献力度最大的是消费税、增值税和企业所得税（见表1-4）。

表1-3　　　　　　中央财政收入主要项目（2000～2010年）　　　　单位：亿元

项目	合计	各项税收	企业亏损补贴	教育费附加收入	国有股减持收入	专项收入	排污费收入	其他收入
2000	6 989.17	6 892.65	-48.63	1.81		5		138.34
2001	8 582.74	8 338.62	-38.28	1.98	121.86	6		152.56
2002	10 388.64	10 230.29	-45.59	2.09		6.85		195.00
2003	11 865.27	11 604.04	-32.34	1.84				291.73
2004	14 503.10	14 166.09	-35.95	2.42			11.93	370.54
2005	16 548.53	16 051.81	-26.61	2.60			14.21	508.88
2006	20 456.62	19 576.14	-31.15	3.41			17.96	894.01
2007	27 749.16	26 369.85	-120.16	4.01			18.50	1 477.50
2008	32 680.56	30 968.68	-32.59	4.12			17.32	1 721.85
2009	35 915.71	33 364.15	-33.39	56.39				2 511.24
2010	42 488.47	40 509.30						1 979.17

资料来源：2000～2009年数据摘自《中国财政年鉴2010》，第449页；2010年数据摘自财政部网站《关于2010年中央决算的报告》。

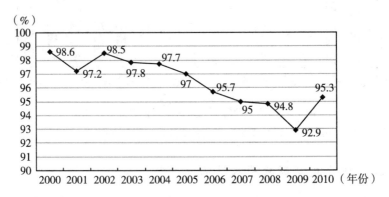

图1-5　中央各项税收收入占中央财政收入比重

资料来源：2000～2009年数据摘自《中国财政年鉴2010》，第449页；2010年数据摘自财政部网站《关于2010年中央决算的报告》。

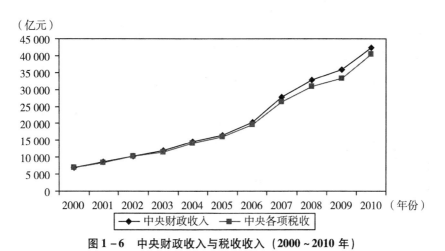

图 1-6   中央财政收入与税收收入（2000~2010 年）

资料来源：2000~2009 年数据摘自《中国财政年鉴 2010》，第 449 页；2010 年数据摘自财政部网站《关于 2010 年中央决算的报告》。

具体分析 2010 年中央财政收入的来源结构，其主要收入项目情况分别如下：国内增值税 15 897.21 亿元，国内消费税 6 071.55 亿元，进口货物增值税、消费税和关税 12 518.47 亿元，出口货物退增值税、消费税 7 327.31 亿元，营业税 153.34 亿元，企业所得税 7 795.17 亿元，个人所得税 2 902.97 亿元，证券交易印花税 527.82 亿元，车辆购置税 1 792.59 亿元，非税收入 1 979.17 亿元。① 相对于 2009 年中央各税种收入而言，2010 年中央税收收入增幅较为显著的税种是：车辆购置税，增长 54%；关税，增长 36.60%；进口货物增值税与消费税，增长 35.70%；国内消费税，增长 27.50%；个人所得税，增长 22.60%；国内增值税，增长 14.21%。增幅在 10% 以下的税种有企业所得税（增长 2.31%）和证券交易印花税（增长 6.60%）。② 其中，非税收入下降了 22.90%。出现上述变化的原因，主要在下述几个方面：一是工业增加值稳步回升（同比增长 15.71%）、消费品价格水平上升（CPI 上升 3.30%）、工业品出厂价格上升等使得增值税税基扩大，从而带来增值税收入增长；二是车辆销售（同比增长 33.17%）与卷烟销售额（同比增长 16.94%）上升及金银投资旺盛致使国内消费税与车辆购置税增长较快；三是保险业务规模扩大，房地产和建筑业稳步回升，服务业快速发展等带动了营业税的增长；四是投资刺激下工业整体效益提高，扩大了个人所得税与企业所得

① ②   数据引自谢旭人：《关于 2010 年中央决算的报告》，财政部网站。

单位：亿元

表 1－4　中央财政各项税收收入

项目	2000 年	2001 年	2002 年	2003 年	2004 年	2005 年	2006 年	2007 年	2008 年	2009 年
合计	6 892.65	8 338.62	10 230.29	11 604.04	14 166.09	16 051.81	19 576.14	26 369.85	30 968.68	33 364.15
消费税	858.29	929.99	1 046.32	1 182.26	1 501.9	1 633.81	1 885.69	2 206.83	2 568.27	4 761.22
增值税	3 413.2	4 015.47	4 631.01	5 425.55	6 613.51	7 931.35	9 588.43	11 602.61	13 497.76	13 915.96
营业税	243.11	214.99	155.3	76.89	110.99	129.64	160.54	202.66	232.10	167.12
进口货物消费税、增值税	1 491.7	1 651.63	1 885.65	2 788.59	3 700.42	4 211.78	4 962.64	6 153.41	7 391.13	7 729.79
企业所得税	610.2	945.29	1 882.21	1 740.71	2 361.33	3 204.03	4 358.46	5 646.97	7 173.55	7 619.09
个人所得税	149.46	279.24	605.95	850.79	1 042.24	1 256.94	1 472.17	1 911.8	2 234.23	2 366.81
证券交易印花税	422.92	265.91	108.62	123.87	166.69	65.3	174.09	1 945.15	949.68	495.04
城市维护建设税	3.29	3.57	3.71	3.30	4.32	4.66	6.29	7.69	7.79	124.19
关税	750.48	840.52	704.27	923.13	1 043.77	1 066.17	1 141.78	1 432.57	1 769.95	1 483.81
船舶吨税		6.19	8.45	9.38	11.54	13.81	15.74	18.2	20.12	23.79
车辆购置税	265.82	265.82	348.8	468.16	545.7	583.26	687.46	876.9	989.89	1 163.92
外贸企业出口退税	- 1 050	- 1 080	- 1 150	- 1 988.59	- 2 936.32	- 4 048.94	- 4 877.15	- 5 635	- 5 865.93	- 6 468.61
其他税收收入								0.06	0.14	0.04

资料来源：2000 ~ 2009 年数据摘自《中国财政年鉴 2010》，第 450 页。

税税源；五是全球经济在金融危机后不断回升刺激了进出口贸易，从而使得关税、进口货物增值税与消费税等增长较快；六是国家不断规范财政收支管理，进行了系列清费行动，这使得收费范围收缩、收费标准下降较为显著，从而导致非税收入总体上呈现下降格局。

（三）趋势与前景：效率与公平

根据中央财政收入规模，尤其是占 GDP 比重变化走势看（见图 1-7），可以预期，按照 2011 年中国经济发展态势，在一季度国内生产总值同比增长 9.70%、固定资产投资同比增长 25.0%、房地产开发投资同比增长 34.10%、消费价格同比上涨 5.01% 的情况下，① 中央财政收入绝对规模将趋稳增长，照此测算，2011 年中央财政收入预算额 45 860 亿元可轻松实现，可以预计，2011 年中央财政收入增幅也将达到 8% 以上。这样的收入规模变化趋势将有助于中央政府强化其宏观调控能力，尤其在不断增加民生支出的背景下，总体上将有助于中央政府解决中国改革开放以来不断扩大的收入差距问题，对推进社会公平会大有裨益。

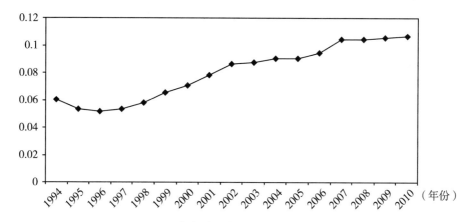

图 1-7　中央财政收入占 GDP 比重走势图

资料来源：由《中国统计年鉴》各年数据计算整理而得。

就财政收入结构看，根据 2011 年中央财政收入预算报告，预计增幅较快的税种依然主要在于增值税、消费税、个人所得税、车辆购置税、关税等几个税种（见表 1-5）。但是，从中国 2011 年财税制度改革推进来看，这一格局可能稍有变化。

---

① 数据引自国家统计局网站http：//www. stats. gov. cn/tjfx/jdfx/t20110415_402718952. htm。

表 1 - 5 　　　　　　　　**2011 年中央公共财政收入预算表** 　　　　　　单位：亿元

项　　目	2010 年执行数	2011 年预算数	预算数为上年执行数的百分比（%）
税收收入	40 502. 51	43 780. 00	108. 1
国内增值税	15 895. 59	17 570. 00	110. 5
国内消费税	6 071. 54	6 500. 00	107. 1
进口货物增值税、消费税	10 487. 46	11 220. 00	107. 0
出口货物退增值税、消费税	- 7 327. 31	- 8 005. 00	109. 2
营业税	153. 34	160. 00	104. 3
企业所得税	7 794. 25	8 380. 00	107. 5
个人所得税	2 902. 85	3 120. 00	107. 5
城市维护建设税	150. 84	160. 00	106. 1
印花税	527. 82	550. 00	104. 2
船舶吨税	26. 63	28. 00	105. 1
车辆购置税	1 792. 03	1 927. 00	107. 5
关税	2 027. 45	2 170. 00	107. 0
其他税收	0. 02		
非税收入	1 968. 01	2 080. 00	105. 7
专项收入	297. 36	300. 00	100. 9
行政事业性收费	387. 25	420. 00	108. 5
罚没收入	31. 56	32. 00	101. 4
其他收入	1 251. 84	1 328. 00	106. 1
中央公共财政收入	42 470. 52	45 860. 00	108. 0

资料来源：财政部网站http：//yss. mof. gov. cn/2011zhongyangyusuan/201103/t20110325_515999. html。

　　具体到增值税上，伴随着增值税扩围与资源税改革的持续推进，中央增值税税基将不断扩大，在 2011 年会有较大的增长幅度。增值税的改革无论从促进社会公平还是从提升经济效率的目标来说，都具有积极的作用。尤其是中国 2009 年开始全面实施的消费型增值税，相对于 2009 年前的生产型增值税来说，消费型增值税允许纳税人在计算增值税额时从商品和劳务销售额中扣除当期购进的固定资产总额，税基的缩小至少产生了三个方面的积极效应：首先，从经济角度看，消费型增值税有利于鼓励投资，特别是民间投资，有利于促进产业结构调整和技术升级；其次，从财政角度看，虽然消费型增值税税基减少对财政收入造成一定的影响，但是却有利于消除重复征税，有利于公平内外资企业和国内外产品的税收负担，有利于税制的优化，而这将在长期对经济的增长起到重要的拉动作用，财政收入总量亦会随之增长。再次，从管理角度看，实行消费型增值税将使非抵扣项目大为减少，征收和缴纳将变得相对简便易行，从而有助于减少偷逃税行为的发生，有利于降低税收管理成本，提高征收管理的效率。

此外，就中央其他主体税种而言，从消费税的变动趋势看，在经济增长、居民消费能力不断增强的背景下，汽车进入了越来越多的家庭。伴随着汽车消费的普及化，消费税在未来若干年内将继续保持比较强劲的增长势头。因此，2011 年预算确定的消费税额为 6 500 亿元，这相当于 2010 年消费税执行数的 107.10%。从税制设计本意而言，中国消费税主要针对高耗能产品、高污染产品与奢侈品，因此，随着汽车产业发展而带来的消费税增长，不仅可以更好地提升中国经济发展的质量，而且，针对奢侈品而课征的消费税，也可以在一定程度上起到"劫富济贫"功能，这本身有利于社会公平的持续推进。

个人所得税方面，2010 年个税收入超过预算 14.20%，主要来自经济增长与税收征管能力的提升。因此，根据当前中国经济依然保持平稳发展的格局，个人所得税收入若没有进行税制调整，在今后几年可能进一步保持稳定增长格局；但是，受 2011 年来经济增速略为放缓等影响，我国个税的增幅将会放慢。而进一步观察近年来税制调整，个人所得税税制调整主要集中于提高减除费用标准、拉大税率级距、简化税制。2011 年 9 月开始的新个人所得税，更将费用减除标准提高到 3 500 元，税率表也由 9 级超额累进调整为 7 级超额累进。总体上看，个人所得税的变动趋势日益凸显出其对收入分配的调节功能，减除费用标准的提高和税率的简化，直接惠及低收入人口，月收入万元以上（扣除四险一金后）的高收入阶层将缴纳更多税收。无疑，从税制变动来看，中国个人所得税对社会公平的激励性在逐步增强中。

综上所述，就财政收入总量而言，综合考虑中国经济发展格局与税制改革进程，中央财政收入格局在 2011 年仍将保持平稳增长态势。2004 年始推行的结构性减税政策，在税制调整上也越来越注重"效率"目标和对收入差距的缩小功效。总体上看，中央财政收入制度不断优化，良性税制特征越来越明显。

二、财政支出

财政政策的作用空间与政策力度，取决于收入与支出两个方面的制约。如果说收入规模与结构是对财政政策产出的潜在影响，那么，财政支出决定了财政政策的实际功效。

（一）中央政府财政支出规模

中国中央政府的财税支出规模，在有力的收入增长趋势下，其本级财政支出规模虽然有所增长，但是在 2000 年后却呈现出逐年下降格局。据统计，1994 年，中央本级财政支出 1 754.43 亿元，相当于全国财政支出的 30.31%；但是，到了 2010 年，其规模虽达到了 15 989.73 亿元，是 1994 年的 9.10 倍，但其占全国财政支出的比重下降到了 17.81%，整整降低了 12.50 个百分点（见表 1 - 6 和图 1 - 8）。相比之下，中央给地方的转移支付支出与税收返还则呈现逐年增强之势，2010 年占中央财政支出总额的 66.90%（见图 1 - 9）。出现这一变化的原因，主要在于 1994 年以后中央不断强化对地方的指导与调控，而借助的工具是转移支付制度，因此，随着转移支付力度的增强，中央本级支出所占的比重降低。

从 2010 年决算情况看，2010 年中央财政本级支出 15 989.73 亿元，完成预算的 99.61%，增长 4.80%；中央对地方税收返还和转移支付支出 32 341.09 亿元（相应形成地方财政收入和支出），完成预算的 105.71%，增长 13.20%。加上用于补充中央预算稳定调节基金 2 257.65 亿元，支出总量为 50 588.47 亿元。国债方面，2010 年末中央财政国债余额 67 548.11 亿元，控制在年度预算限额 71 208.35 亿元以内。① 其中，增长最快的项目是住房保障支出，由 2009 年的 26.43 亿元增加到 2010 年的 386.48 亿元，增长率达 1 362.28%；次之的是环境保护支出，相对 2009 年，增长率为 83.27%；交通

① 数据引自谢旭人：《关于 2010 年中央决算的报告》，http：//www. mof. gov. cn/zhengwuxinxi/caizhengxinwen/201107/t20110701_569263. html。

运输支出、教育支出、科技支出、卫生支出也增长较快，增长率分别为
39.31%、27.01%、15.87%、15.84%。地震灾后恢复重建支出、粮油物资储
备管理事务支出、一般公共服务支出、其他支出呈负增长趋势，与2009年相
比，四项支出分别减少92.7亿元、286.32亿元、246.79亿元、503.51亿元。
文化体育与传媒支出、社会保障和就业支出、资源勘探电力信息等事务支出、
公共安全支出、国防支出虽有所增减，但是从支出绝对额来看，基本上比较持
稳（具体支出变化见图1－10）。

表1－6　　　　　　　　中央财政支出与比重（1994～2010 年）

年份	全国财政支出（亿元）	中央财政支出（亿元）	中央比重（%）
1994	5 792.62	1 754.43	30.31
1995	6 823.72	1 995.39	29.20
1996	7 937.55	2 151.27	27.11
1997	9 233.56	2 532.51	27.40
1998	10 798.18	3 125.62	28.91
1999	13 187.67	4 152.33	31.51
2000	15 886.51	5 519.85	34.70
2001	18 902.58	5 768.02	30.51
2002	22 053.15	6 771.70	30.70
2003	24 649.95	7 420.11	30.10
2004	28 486.89	7 894.08	27.72
2005	33 930.28	8 775.97	25.90
2006	40 422.73	9 991.41	24.71
2007	49 781.35	11 442.06	23.00
2008	62 592.66	13 344.17	21.32
2009	76 299.93	15 255.79	20.01
2010	89 874.16	15 989.73	17.80

注：中央、地方财政支出均为本级支出。2000 年以前，财政支出不包括国内外债务还
本付息支出和利用国外借款收入安排的基本建设支出。从2000 年起，财政支出中包括国内
外债务付息支出。

资料来源：1994～2009 年数据引自《中国财政年鉴2010》，第443 页；2010 年数据引
自财政部网站公开资料。

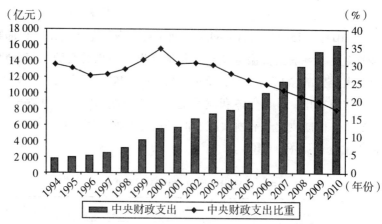

图 1 – 8　中央本级财政支出与比重（1994～2010 年）

资料来源：1994～2009 年数据引自《中国财政年鉴 2010》，第 443 页；2010 年数据引自财政部网站公开资料。

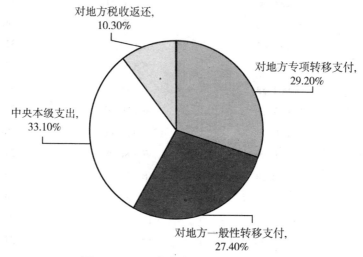

图 1 – 9　2010 年中央公共财政支出构成

资料来源：财政部网站。

（二）中央政府财政支出结构

从财政支出结构来看，2010 年中央政府本级各项目财政支出情况见表 1 – 7。教育支出 720.96 亿元，完成预算的 118.10%；科学技术支出 1 661.30 亿

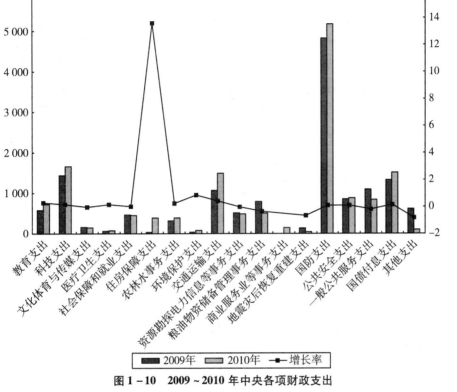

（亿元）　　　　　　　　　　　　　　　　　　　　　　　　　　　（倍）

图 1－10　2009～2010 年中央各项财政支出

资料来源：《中国财政年鉴》相关各期。

元，完成预算的 104%；文化体育与传媒支出 150.13 亿元，完成预算的 95%；医疗卫生支出 73.56 亿元，完成预算的 169.81%；社会保障和就业支出 450.30 亿元，完成预算的 146.20%；住房保障支出 386.48 亿元，完成预算的 102.60%；农林水事务支出 387.89 亿元，完成预算的 120.50%；环境保护支出 69.48 亿元，完成预算的 125.70%；交通运输支出 1 489.58 亿元，完成预算的 115.61%；资源勘探电力信息等事务支出 488.38 亿元，完成预算的 112.90%；粮油物资储备管理事务支出 495.12 亿元，完成预算的 63.30%；商业服务业等事务支出 139.79 亿元，完成预算的 69.21%；地震灾后恢复重建支出 37.90 亿元，完成预算的 88.30%；国防支出 5 176.35 亿元，完成预算的 99.80%；公共安全支出 875.20 亿元，完成预算的 107.21%；一般公共服务支出 837.42 亿元，完成预算的 97.70%；国债付息支出 1 508.88 亿元，完成预算的98.31%；其他支出98.32亿元，完成预算的47.80%。① 其中，占中央本级财政支出比重最高的是国防支出，占34%；次之的是科技支出与国债利息支出、交通运输支出，占比分别为11.04%和10.03%、9.90%；教育支出、社会保障和就业支出、住房保障支出、农林水事务支出、资源勘探电力信息等事务支出、粮油物资储备管理事务支出、公共安全支出、一般公共服务支出占中央本级财政支出的比重在2%~6%之间；比重小于等于1%的项目有文化体育与传媒支出、医疗卫生支出、环境保护支出、商业服务业等事务支出、地震灾后恢复重建支出以及其他支出（见图1-11）。

表1-7　　　　　　　　　　　　　2010年中央本级财政支出

项　　目	2010绝对额（亿元）	占中央财政支出比重（%）
教育支出	720.96	4.79
科技支出	1 661.30	11.04
文化体育与传媒支出	150.13	1.00
医疗卫生支出	73.56	0.49
社会保障和就业支出	450.30	2.99
住房保障支出	386.48	2.57
农林水事务支出	387.89	2.58
环境保护支出	69.48	0.46
交通运输支出	1 489.58	9.90
资源勘探电力信息等事务支出	488.38	3.25
粮油物资储备管理事务支出	495.12	3.29
商业服务业等事务支出	139.79	0.93
地震灾后恢复重建支出	37.91	0.25
国防支出	5 176.35	34.40
公共安全支出	875.20	5.82
一般公共服务支出	837.42	5.57
国债付息支出	1 508.88	10.03
其他支出	98.32	0.65

资料来源：财政部网站《2010年中央决算报告》。

────────────

① 数据引自财政部网站《2010年中央决算报告》。

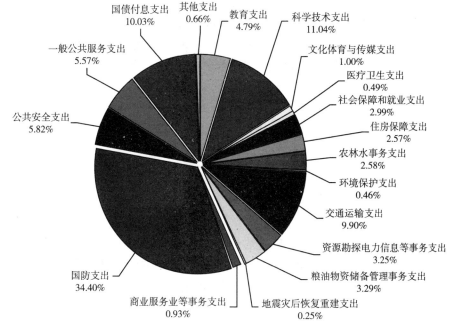

图 1 - 11 2010 年中央本级财政支出

资料来源：财政部网站《2010 年中央决算报告》。

除了本级支出外，2010 年中央财政收入用于对地方政府的税收返还和转移支付情况为：对地方税收返还支出 4 993.37 亿元，完成预算的 99.80%；对地方一般性转移支付支出 13 235.66 亿元，完成预算的 107.60%，此项支出超过预算，主要原因有两个方面，一是成品油消费税超收相应增加了对地方成品油税费改革转移支付，二是中央增加了对地方的均衡性转移支付；对地方专项转移支付支出，当年总额为 14 112.06 亿元，完成了预算的 106%，之所以超过预算，主要是按照有关法律规定，用中央财政超收收入和预备费增加了对地方教育、医疗卫生、保障性住房、交通运输等方面的转移支付。

对上述各项支出进行汇总，2010 年中央财政用在与人民群众生活直接相关的教育、医疗卫生、社会保障和就业、保障性住房、文化方面的支出合计 8 920.59 亿元，相对 2009 年增长了 20.20%，这进一步反映了中央政府对"民生"工程建设的倾斜。此外，农业水利、公共交通基础设施建设、环境保护等支出也与人民群众生活密切相关，而中央财政对地方的税收返还和一般性転移支付支出经地方统筹安排后也大部分用于保障和改善民生，这些方面的支出总计达到 23 864.26 亿元。"三农"方面，据统计，2010 年中央财政用于该方面的支出合计 8 579.70 亿元，增长了 18.31%，其中支持农业生产支出 3 427.31 亿元，对农民的粮食直补、农资综合补贴、良种补贴、农机购置补贴支出 1 225.90 亿元，促进农村教育、卫生等社会事业发展支出 3 350.30 亿元，农产品储备费用和利息等支出 576.20 亿元。需要说明的是，民生和"三农"支出不是单独的预算科目，为了便于审议，将与民生和"三农"相关的支出项目综合反映出来，因而存在一些交叉重复。

（三）趋势与前景：效率与公平

总体考察 1994 年以来中央政府财政支出结构的变动，从演变趋势看，有两个特征值得注意，一是中央财政收入主要用于对地方政府的税收返还和转移支付，无论是绝对额还是比重都不断上升（见表 1-8 和图 1-12），根据《中国财政年鉴 2010》的相关数据测算，1994 年中央用于对地方政府的转移支付和税收返还总额为 11 484.02 亿元，占中央财政支出比重为 56.70%，到 2010 年，支出额达到 32 341.09 亿元，比重提高到 66.90%，仅 5 年时间比重提高了 10.20 个百分点，平均每年提高 2 个百分点；二是中央本级财政的分项目支出，在 2005 年后越来越倾向于"教育"、"医疗"、"住房保障"等民生项目，从发展趋势看，民生投入上升为中央本级财政支出的重点所在。根据 2011 年预算报告（见表 1-9），这一比重将占财政支出的 2/3 以上。

表 1-8　　　　中央对地方转移支付和税收返还（2005~2010 年）

项　　目	2005 年	2006 年	2007 年	2008 年	2009 年	2010 年
税收返还和转移支付（亿元）	11 484.02	13 501.45	18 112.45	22 990.76	28 621.30	32 341.09
占中央财政支出的比重（%）	56.71	57.50	61.10	63.31	65.21	66.90

资料来源：2005~2009 年数据引自《中国财政年鉴 2010》，2010 年数据引自财政部网站。

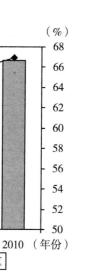

图 1 - 12　中央对地方转移支付和税收返还情况（2005 ~ 2010 年）

资料来源：2005 ~ 2009 年数据引自《中国财政年鉴 2010》，2010 年数据引自财政部网站。

表 1 - 9		2011 年中央公共财政支出预算表	单位：亿元
项　　目	2010 年执行数	2011 年预算数	预算数为上年执行数的百分比（%）
一、一般公共服务	1 072. 70	1 118. 84	104. 31
中央本级支出	837. 24	876. 85	104. 70
对地方转移支付	235. 46	241. 99	102. 81
二、外交	268. 23	316. 65	118. 11
中央本级支出	268. 23	316. 65	118. 10
对地方转移支付			
三、国防	5 182. 27	5 835. 91	112. 62
中央本级支出	5 176. 35	5 829. 56	112. 61
对地方转移支付	5. 92	6. 35	107. 30
四、公共安全	1 475. 42	1 617. 32	109. 60
中央本级支出	875. 20	1 024. 53	117. 12
对地方转移支付	600. 22	592. 79	98. 82

续表

项　　目	2010 年执行数	2011 年预算数	预算数为上年执行数的百分比（％）
五、教育	2 547. 34	2 963. 57	116. 31
中央本级支出	720. 96	786. 45	109. 12
对地方转移支付	1 826. 38	2 177. 12	119. 20
六、科学技术	1 728. 34	1 944. 13	112. 51
中央本级支出	1 661. 30	1 901. 59	114. 52
对地方转移支付	67. 04	42. 54	63. 50
七、文化体育与传媒	316. 00	374. 43	118. 51
中央本级支出	150. 13	188. 40	125. 51
对地方转移支付	165. 87	186. 03	112. 20
八、社会保障和就业	3 784. 99	4 414. 34	116. 62
中央本级支出	428. 25	484. 79	113. 21
对地方转移支付	3 356. 74	3 929. 55	117. 10
九、医疗卫生	1 485. 35	1 727. 58	116. 30
中央本级支出	73. 56	63. 56	86. 41
对地方转移支付	1 411. 79	1 664. 02	117. 92
十、节能环保	1 443. 10	1 591. 85	110. 31
中央本级支出	69. 48	74. 37	107. 01
对地方转移支付	1 373. 62	1 517. 48	110. 50
十一、城乡社区事务	162. 61	154. 04	94. 70
中央本级支出	10. 09	4. 24	42. 01
对地方转移支	152. 52	149. 80	98. 21
十二、农林水事务	3 879. 66	4 588. 83	118. 30
中央本级支出	387. 89	424. 19	109. 40
对地方转移支付	3 491. 77	4 164. 64	119. 31
十三、交通运输	2 599. 25	2 866. 91	110. 31
中央本级支出	1 489. 58	400. 24	26. 92
对地方转移支付	1 109. 67	2 466. 67	222. 30

续表

项　目	2010 年执行数	2011 年预算数	预算数为上年执行数的百分比（%）
十四、资源勘探电力信息等事务	827.77	744.86	90.01
中央本级支出	488.38	410.88	84.10
对地方转移支付	339.39	333.98	98.41
十五、商业服务业等事务	683.47	706.14	103.30
中央本级支出	28.35	24.66	87.01
对地方转移支付	655.12	681.48	104.01
十六、金融监管等事务支出	502.46	452.21	90.01
中央本级支出	488.16	429.71	88.01
对地方转移支付	14.30	22.50	157.30
十七、地震灾后恢复重建支出	794.34		
中央本级支出	37.90		
对地方转移支付	756.44		
十八、国土资源气象等事务	370.04	454.89	122.90
中央本级支出	176.39	167.48	94.90
对地方转移支付	193.65	287.41	148.41
十九、住房保障支出	1 125.73	1292.66	114.80
中央本级支出	386.48	291.63	75.50
对地方转移支付	739.25	1 001.03	135.41
二十、粮油物资储备事务	912.62	1 130.50	123.92
中央本级支出	607.68	796.28	131.01
对地方转移支付	304.94	334.22	109.60
廿一、预备费	500.00		
廿二、国债付息支出	1 512.36	1 839.84	121.71
中央本级支出	1 512.36	1 839.84	121.70
对地方转移支付			
廿三、其他支出	377.81	567.22	150.10
中央本级支出	98.93	214.10	216.40
对地方转移支付	278.88	353.12	126.61
廿四、对地方税收返还	5 000.33	5 067.99	101.40
廿五、对地方一般性转移支付	10 270.33	12 089.29	117.70
中央公共财政支出	48 322.52	54 360	112.50

资料来源：财政部网站http://yss.mof.gov.cn/2011zhongyangyusuan/201103/t20110325_515996.html。

中国公共财政监测报告

　　具体分析这两大变化趋势，与中国独特的财政体制安排相联系，就转移支付工具而言，其本意在于弥补财政实力薄弱地区的财力缺口，均衡地区间财力差距，实现地区间公共服务能力的均等化，但是，由于中国转移支付和税收返还制度设计之初实为配合分税制改革推进、出于平衡区域固有利益而生，加上运行中处于软约束状态，所以，这一制度事实上在中国并没有很好的起到"公平"目标，尽管它们确实在一定程度上有力地支撑了地方政府的财政收支，在个别地区，中央税收返还和转移支付达到地方财政支出的90%以上，但是，就全国而言，转移支付工具更接近于承担中央对地方政府的宏观调控与经济激励功能。从中国1994年以来的中国经济增长来看，财政转移支付间接具备了较好的效率激励功效，其规模的上升，既意味着中央对地方调控力度的加强，同时也意味着它对地方政府发展经济的激励贡献卓著。然而，从社会公平的角度出发，则不得不提的是，中国转移支付工具是一套带有传统体制烙印的制度设计，中央对地方政府的转移支付数额建立在承认政府间收入差距的基础上，因此，制度设计上的缺陷也导致它事实上不仅没有促进区域均等化发展，反而拉大了发达地区与落后地区间的差距。所以，从总体上看，理应具有"公平"色彩的转移支付工具，事实上并没有起到很好的财力均等化效果，这在某种程度上并不利于"公平"目标的实现。当然，值得期许的是，根据官方的有关报道，中央财政转移支付制度将在"十二五"期间发生一些调整，预计短期内将以减少专项转移支付规模、增加一般性转移支付为主，中长期要对税收返还办法等有所变动。其中，"增加一般性转移支付"已在2011年的财政预算中有所体现，2011年中央对地方一般性转移支付17 336.77亿元，专项转移支付14 905.24亿元。这意味着，在"十二五"期间展开的保障房、水利和医改等大规模民生投资中，地区间财力和事权结构不匹配的现象将有所缓解，转移支付与民生建设的联系将更为紧密。所以，从中国未来改革动向看，转移支付工具今后的功效发挥，将逐步向"公平"理念回归。

　　从项目支出情况看，2009年中央财政用在与人民群众生活直接相关的教育、医疗卫生、社会保障和就业、保障性住房、文化方面的民生支出（包括中央本级支出和对地方转移支付）合计7 422.56亿元，增长31.70%；用于"三农"的支出合计7 253.11亿元，增长21.80%，其中支持农业生产支出2 679.21亿元，对农民的四项补贴（粮食直补、农资综合补贴、良种补贴、农机具购置补贴）支出1 274.50亿元，促进农村教育、卫生等社会事业发展支出2 723.21亿元，农产品储备费用和利息等支出576.21亿元。从2010年

32 784.85 亿元的民生支出（包括中央本级支出和对地方转移支付）情况看，显然，民主支出占中央财政支出的比重迅速提高，从发展趋势看，这一比重将进一步上升。据 2011 年中央财政预算报告，当年中央财政用在与人民群众生活直接相关的教育、医疗卫生、社会保障和就业、住房保障、文化方面的支出合计 10 509.92 亿元，增长 18.10%，其中：教育支出 2 963.57 亿元，增长 16.30%；医疗卫生支出 1 727.58 亿元，增长 16.31%；社会保障和就业支出 4 414.34 亿元，增长 16.60%；住房保障支出 1 292.66 亿元，增长 14.80%；文化体育与传媒支出 374.43 亿元，增长 18.50%。"三农"方面，2011 年中央预计安排支出 9 884.50 亿元，增长 15.21%；中央对地方税收返还和转移支付 37 310 亿元，增长 15.31%。据此测算，2011 年民生支出合计将占中央财政支出的 2/3 左右。① 从教育支出、住房保障支出等政策设计与具体投向看，该部分支出主要在于解决中国改革开放以来的"收入差距"和"社会不公平"等问题，即民生方面的支出比较侧重于"公平"目标的实现，因此，从强调民生支出来看，未来中央财政将把促进社会公平作为政策主要目标，围绕着"公平"目标，中央财政支出结构将不断优化。从长远来看，中央财政支出中的民生投入的不断增加，也将进一步激发出中下阶层的消费能力，这无疑会继续带动中国经济增长，这可说是民主支出间接性促进财政政策"效率"目标的达成。

第三节　省级财政：趋势与前景

一、省级财政收入

（一）省级财政收入规模

研究报告关注中国 31 个省级行政区的财政收支情况。中国地域辽阔，各地区经济社会发展情况复杂，差异性大，财政收入差异十分明显。各省财政收入规模可以通过绝对财政收入额、本级决算财政收入占本省 GDP 的比重以及

---

① 数据引自财政部网站 http://www.mof.gov.cn/zhuantihuigu/2011yusuan/meitibaodaoys11/201103/t20110310_495461.html。

全国范围内各省本级决算财政收入占全国地方本级决算财政收入的比重来衡量各省财力的绝对能力和相对能力。

1. 各省绝对财政收入规模

财政收入统计一般存在三个口径的统计数据，小口径的财政收入仅指纳入一般预算统计的税收收入和非税收入。中等口径的财政收入除了统计口径内的财政收入外，还包括纳入预算管理土地出让金等政府性基金收入等。鉴于统计数据的可获得性，各省本级决算绝对财政收入规模采用预算内统计口径来衡量。各省财政收入中还包括规模较大的纳入预算管理，但没有纳入预算内统计口径的土地出让金收入，以及社会保障收入，这些都会在较大程度上改变各省宽口径财政收入的规模。

根据从中国经济信息网获得的统计数据看，我国各省级行政区 1991 年以来的本级决算财政收入绝对额都有较大幅度的增长。北京市财政收入由 1991 年的 77.02 亿元，增加到 2010 年的 2 353.93 亿元，增长了 29.56 倍（见表 1 - 11），与此同时，财政收入占地方 GDP 的比重也由 12.86% 上升到 16.579%；中部地区的安徽省地方财政收入由 1991 年的 94.74 亿元，增加到 2010 年的 755.58 亿元，增长 6.98 倍（见表 1 - 10）；西部地区的云南省财政收入由 1991 年的 99.78 亿元，增加到 2010 年的 871.19 亿元，增长了 7.731 倍（见表 1 - 12）。地方财政收入的增加，增强了地方统筹经济社会发展和提供公共品的能力。

2. 各省财政收入增长情况

考察各省区财政收入还可以从各年度财政收入增长率来看。由于 1994 年我国进行了以提高财政收入占 GDP 比重和中央财政收入占全部财政收入比重，增强国家宏观调控能力和中央财政对全国各省区的财政调控能力的分税制改革，因此各省区 1994 年本级财政决算收入出现了负增长。比如，东部地区的江苏省 1992 年的财政收入比 1991 年增长了 6.3%，1993 年比 1992 年增长了 45.3%，1994 年则比 1993 年下降了 38.3%，此后，自 1995 年起，每年均按照两位数的百分率增长（见表 1 - 13）。财政收入分税制极大调动了各省区增加财政收入的积极性，因此，从 1994 年开始，各省区的本级财政收入都以近两位数的百分率增长，一定程度上增强了各省的财政能力，有利于保障地方政府提供公共品的能力。

第一章 中国公共财政：趋势与前景

表1-10　中部地区各省区本级财政决算收入

单位：万元

年份 \ 地区	山西	内蒙古	吉林	安徽	江西	河南	湖北	湖南
1991	555 900	394 000	624 600	947 400	448 100	913 600	950 900	805 200
1992	579 800	390 800	569 900	845 500	493 900	1 040 300	941 400	927 800
1993	724 200	561 200	798 200	1 081 100	656 700	1 392 000	1 150 700	1 275 600
1994	538 200	363 000	512 700	846 600	492 900	933 500	774 600	858 900
1995	722 064	437 028	632 803	1 013 059	641 328	1 246 295	996 864	1 081 574
1996	841 716	572 571	763 998	1 268 755	770 936	1 620 619	1 245 090	1 303 559
1997	928 131	660 777	828 508	1 361 550	884 409	1 857 268	1 398 901	1 371 557
1998	1 041 941	776 654	936 374	1 572 703	971 561	2 081 962	1 689 508	1 567 662
1999	1 091 785	865 714	1 012 821	1 701 276	1 051 371	2 233 508	1 944 425	1 664 994
2000	1 144 762	950 320	1 038 267	1 853 379	1 115 536	2 464 694	2 143 450	1 770 403
2001	1 327 618	994 313	1 211 015	2 136 398	1 319 790	2 677 459	2 319 410	2 054 078
2002	1 508 245	1 128 546	1 314 885	2 318 908	1 405 457	2 967 179	2 434 403	2 311 459
2003	1 860 547	1 387 157	1 540 033	2 488 643	1 681 670	3 380 535	2 597 636	2 686 469
2004	2 563 634	1 967 589	1 662 807	2 894 200	2 057 667	4 287 799	3 104 464	3 206 279
2005	3 683 437	2 774 553	2 071 520	3 182 056	2 529 236	5 376 514	3 755 217	3 952 651
2006	5 833 752	3 433 774	2 452 045	3 868 440	3 055 214	6 791 715	4 760 823	4 779 274
2007	5 978 870	4 923 615	3 206 892	4 404 689	3 898 510	8 620 804	5 903 552	6 065 508
2008	7 480 047	6 506 764	4 227 961	5 782 773	4 886 476	10 089 009	7 108 492	7 227 122
2009	8 058 279	8 508 588	4 870 943	6 416 627	5 813 012	11 260 638	8 148 653	8 476 178
2010	9 696 700	10 699 800	6 024 100	7 555 800	7 780 900	13 813 200	10 112 300	10 816 900

资料来源：中经网统计数据库。

中国公共财政监测报告

单位：万元

表1-11　　东部地区各省财政决算收入

地区 年份	北京	天津	河北	辽宁	上海	江苏	浙江	福建	山东	广东	广西	海南
1991	770 200	580 916	906 600	1 615 400	1 755 300	1 432 900	1 089 400	697 000	1 285 200	1 773 500	559 225	93 100
1992	802 500	630 548	1 011 700	1 515 700	1 855 600	1 523 100	1 183 600	753 500	1 393 200	2 226 400	611 953	149 700
1993	841 000	749 605	1 442 100	2 137 200	2 423 400	2 213 000	1 666 400	1 105 800	1 944 000	3 465 600	959 269	230 300
1994	458 500	501 519	952 200	1 536 700	1 696 200	1 366 200	946 300	919 400	1 346 600	2 987 000	622 617	275 300
1995	1 152 614	618 977	1 199 520	1 843 660	2 195 645	1 726 399	1 168 214	1 173 692	1 790 025	3 823 449	794 422	285 339
1996	1 509 030	790 403	1 517 776	2 116 883	2 804 733	2 231 711	1 396 293	1 421 160	2 416 742	4 794 470	905 102	307 034
1997	1 823 161	899 082	1 760 742	2 281 632	3 324 672	2 555 850	1 573 296	1 629 149	2 903 955	5 439 453	991 568	308 698
1998	2 294 497	1 013 963	2 067 587	2 646 201	3 806 961	2 965 804	1 981 028	1 879 249	3 523 912	6 407 547	1 196 720	336 719
1999	2 813 661	1 128 073	2 232 757	2 796 390	4 199 513	3 433 647	2 454 721	2 089 218	4 044 829	7 661 882	1 335 647	361 441
2000	3 449 968	1 336 069	2 487 621	2 956 274	4 853 777	4 483 097	3 427 745	2 341 061	4 636 788	9 105 560	1 470 539	391 995
2001	4 541 676	1 636 350	2 835 023	3 704 387	6 094 719	5 721 473	5 006 948	2 742 846	5 731 793	11 605 126	1 786 706	437 656
2002	5 339 900	1 718 323	3 023 068	3 996 888	7 089 518	6 436 966	5 668 522	2 728 867	6 102 242	12 016 126	1 867 320	462 385
2003	5 925 388	2 045 295	3 358 263	4 470 490	8 862 277	7 981 065	7 065 607	3 047 095	7 137 877	13 155 151	2 036 578	513 205
2004	7 444 874	2 461 800	4 078 273	5 296 405	11 061 932	9 804 939	8 059 479	3 335 230	8 283 306	14 185 056	2 377 721	570 358
2005	9 192 098	3 318 507	5 157 017	6 752 768	14 173 976	13 226 753	10 665 964	4 326 003	10 731 250	18 072 044	2 830 359	686 802
2006	11 171 514	4 170 479	6 205 340	8 176 718	15 760 742	16 566 820	12 982 044	5 411 707	13 562 526	21 794 608	3 425 788	818 139
2007	14 926 380	5 404 390	7 891 198	10 826 948	20 744 792	22 377 276	16 494 981	6 994 577	16 753 980	27 858 007	4 188 265	1 082 935
2008	18 373 238	6 756 186	9 475 858	13 560 812	23 587 464	27 314 074	19 333 890	8 334 032	19 570 541	33 103 235	5 184 245	1 448 584
2009	20 268 089	8 219 916	10 671 231	15 912 197	25 402 975	32 287 800	21 425 131	9 324 282	21 986 324	36 498 110	6 209 888	1 782 420
2010	23 539 300	10 688 100	13 318 500	20 048 400	28 735 800	40 798 600	26 084 700	11 514 900	27 493 800	45 170 400	7 719 900	2 709 900

资料来源：中经网统计数据库。

表1–12　西部地区各省本级决算财政收入

单位：万元

地区\年份	重庆	四川	贵州	云南	西藏	陕西	甘肃	青海	宁夏	新疆
1991	—	900 500	428 000	997 800	2 325	451 400	378 900	87 900	68 100	242 700
1992	—	999 700	472 800	1 093 200	10 869	509 500	399 700	81 600	77 300	260 700
1993	—	1 426 300	565 000	2 049 400	15 601	629 000	521 100	113 700	108 500	361 300
1994	—	1 359 900	312 400	767 000	55 400	425 900	290 800	70 100	71 700	287 000
1995	—	1 670 728	388 025	983 491	21 500	513 011	339 211	85 976	89 792	382 818
1996	—	2 090 094	494 609	1 300 129	24 388	676 022	433 733	95 798	126 807	483 069
1997	593 060	1 728 966	558 833	1 504 181	29 537	765 492	469 143	109 200	140 738	545 248
1998	711 287	1 972 882	653 426	1 682 347	36 393	933 309	540 253	127 718	177 525	653 928
1999	767 341	2 114 756	742 618	1 726 690	45 731	1 064 033	583 657	141 736	188 393	713 110
2000	872 442	2 338 630	852 324	1 807 450	53 848	1 149 711	612 849	165 843	208 244	790 724
2001	1 061 243	2 711 245	997 494	1 912 799	61 108	1 358 109	699 485	198 241	275 745	950 933
2002	1 260 674	2 918 746	1 082 800	2 067 594	73 082	1 502 934	762 432	210 965	264 714	1 164 724
2003	1 615 618	3 365 917	1 245 552	2 289 992	81 499	1 773 300	876 561	240 411	300 310	1 282 218
2004	2 006 241	3 857 848	1 492 855	2 633 618	100 188	2 149 586	1 041 600	269 960	374 677	1 557 040
2005	2 568 072	4 796 635	1 824 963	3 126 490	120 312	2 753 183	1 235 026	338 222	477 216	1 803 184
2006	3 177 165	6 075 850	2 268 157	3 799 702	145 607	3 624 805	1 412 152	422 437	613 570	2 194 628
2007	4 427 000	8 508 606	2 851 375	4 867 146	201 412	4 752 398	1 909 107	567 083	800 312	2 858 600
2008	5 775 738	10 416 603	3 478 416	6 140 518	248 823	5 914 750	2 649 650	715 692	950 090	3 610 616
2009	6 551 701	11 745 927	4 164 761	6 982 525	300 894	7 352 704	2 865 898	877 381	1 115 755	3 887 848
2010	9 520 700	15 616 700	5 337 300	8 711 900	366 500	9 582 100	3 535 800	1 102 200	1 535 500	5 005 800

资料来源：中经网统计数据库。

中国公共财政监测报告

32

表 1-13　　各省级行政区 1991～2010 年决算财政收入增长率

单位：%

地区 / 年份	天津	河北	辽宁	上海	江苏	浙江	福建	山东	广东	北京	广西	海南
1991	—	—	—	—	—	—	—	—	—	—	—	—
1992	8.5	11.6	-6.2	5.7	6.3	8.6	8.1	8.4	25.5	4.2	9.4	60.8
1993	18.9	42.5	41.0	30.6	45.3	40.8	46.8	39.5	55.7	48	56.8	53.8
1994	-33.1	-34.0	-28.1	-30.0	-38.3	-43.2	-16.9	-30.7	-13.8	-45.5	-35.1	19.5
1995	23.4	26.0	20.0	29.4	26.4	23.5	27.7	32.9	28.0	151.4	27.6	36.5
1996	27.7	26.5	14.8	27.7	29.3	19.5	21.0	35.0	25.3	30.9	13.9	7.6
1997	13.7	16.0	7.8	18.5	14.5	12.7	14.6	20.2	13.5	20.8	9.6	0.5
1998	12.8	17.4	16.0	14.5	16.0	25.9	15.4	21.3	17.8	25.9	20.7	9.1
1999	11.3	8.0	5.7	10.3	15.8	23.9	11.2	14.8	19.6	22.6	11.6	7.3
2000	18.4	11.4	5.7	15.6	30.6	39.6	12.1	14.6	18.8	22.6	10.1	8.5
2001	22.5	14.0	25.3	25.6	27.6	46.1	17.2	23.6	27.5	31.6	21.5	11.6
2002	5.0	6.6	7.90	16.3	12.5	13.2	-0.5	6.5	3.5	17.6	4.5	5.7
2003	19	11.1	11.8	25.0	24.0	24.6	11.7	17.0	9.5	11.0	9.1	11.0
2004	20.4	21.4	18.5	24.8	22.9	14.1	9.5	16.0	7.8	25.6	16.8	11.1
2005	34.8	26.5	27.5	28.1	34.9	32.3	29.7	30.0	27.4	23.5	19.0	20.42
2006	25.7	20.3	21.0	11.2	25.3	21.7	25.1	26.4	20.6	21.5	21.0	19.1
2007	29.68	27.2	32.4	31.6	35.1	27.1	29.2	23.5	27.8	33.6	22.3	32.4
2008	25.0	20.1	25.3	13.7	22.1	17.2	19.1	16.8	18.8	23.1	23.8	33.8
2009	21.7	12.6	17.3	7.7	18.2	10.8	11.9	12.3	10.2	10.3	19.8	23.0
2010	30.0	24.8	26.0	13.1	26.4	21.7	23.5	25.0	23.7	16.1	24.3	52.0

资料来源：根据中经网统计数据库相关数据加工而成。

3. 各省财政收入占该省 GDP 的比重

考察各省区财政收入情况还可以从各省区本级决算财政收入占本省区 GDP 的比重来衡量。该比重受到经济结构、税收征管等因素影响，存在一定差异。一般地讲，某地区经济总量越大，决算财政收入占 GDP 的比重越高，该地区可支配财力越多，为本地区居民提供公共品和公共服务的能力越强。比如东部地区的浙江省本级财政决算收入 1991 年是该省 GDP 的 10.07%，1994 年下降到 3.52%，2010 年上升到 9.41%；中部地区代表性省份的江西省，1991 年本级财政决算收入是该省 GDP 的 9.64%，1994 年下降到 5.20%，以后逐步上升，到 2010 年该比例上升为 8.23%；西部地区代表性省份的四川省该项比例在 1991 年、1994 年和 2010 年分别为 6.51%、6.80% 和 9.09%（见表 1 - 14）。

（二）省级财政收入结构

从各省财政收入构成看，主要包括：税收收入、非税收入、中央补助收入、国债转贷收入等。税收收入主要包括：增值税、营业税、企业所得税、个人所得税、资源税、各地资产投资方向调节税（停征）、城市维护建设税、房产税、印花税、城镇土地使用税、土地增值税、车船税、耕地占用税、契税、烟叶税和其他税收收入。非税收入主要包括：转向收费、行政事业性收费、罚没收入、国有资本经营收入、国有资产有偿使用收入和其他收入等。

不同省区经济发展阶段不同，资源禀赋不同，经济结构不同，一定程度上决定了不同形式财政收入在地方财政收入中的地位和作用也不相同。从预算内财政收入来看，我国财政收入的主体是税收收入。我国是以流转税和所得税为主的双主体税种的税制结构，由于消费税属于中央税，各省区财政收入的主体是增值税、营业税、企业所得税和个人所得税。

鉴于数据处理工作量，报告以 2009 年为例，对全国和地方财政收入结构和北京市本级财政收入结构数据做了相应整理，可以看出各项财政收入在地方财政收入中的地位和作用。比如，北京市 2009 年的地方财政收入中，税收收入占 94.43%，国内增值税、营业税、企业所得税和个人所得税总共占全部税收收入的 76%（见表 1 - 15）。

表1-14　各省本级决算财政收入占本省区GDP的比重

单位：%

年份	北京	天津	河北	辽宁	上海	江苏	浙江	福建	山东	广东
1991	12.86	16.949	8.457	13.461	19.639	8.948	10.071	11.205	6.851	9.960
1992	11.32	15.333	7.913	10.290	16.652	7.131	8.671	9.566	6.039	9.707
1993	9.49	13.909	8.529	10.629	15.952	7.381	8.653	9.925	6.052	9.989
1994	4.00	6.843	4.353	6.242	8.520	3.367	3.519	5.591	3.032	6.467
1995	7.645	6.642	4.210	6.600	8.785	3.349	3.284	5.603	3.140	6.444
1996	8.434	7.045	4.396	6.704	9.483	3.717	3.334	5.721	3.583	7.015
1997	8.784	7.109	4.453	6.369	9.668	3.826	3.357	5.675	3.892	6.997
1998	9.657	7.376	4.858	6.817	10.015	4.119	3.921	5.947	4.423	7.511
1999	10.508	7.516	4.946	6.703	10.026	4.461	4.509	6.119	4.768	8.283
2000	10.914	7.851	4.932	6.332	10.173	5.241	5.582	6.219	4.972	8.477
2001	12.24	8.527	5.139	7.360	11.698	6.050	7.258	6.735	5.622	9.639
2002	12.33	7.989	5.023	7.323	12.349	6.069	7.082	6.108	5.381	8.899
2003	11.795	7.934	4.852	7.448	13.239	6.414	7.280	6.114	5.380	8.303
2004	12.340	7.913	4.811	7.938	13.703	6.535	6.919	5.787	5.047	7.519
2005	13.189	8.497	5.151	8.391	15.327	7.112	7.949	6.600	5.383	8.012
2006	13.762	9.345	5.4112	8.788	14.908	7.620	8.259	7.136	5.746	8.197
2007	15.159	10.289	5.799	9.698	16.604	8.601	8.796	7.563	6.069	8.767
2008	16.530	10.055	5.918	9.921	16.765	8.816	9.008	7.700	5.942	8.996
2009	16.677	10.928	6.191	10.46	16.883	9.370	9.319	7.62	6.125	9.244
2010	16.679	11.587	6.5301	10.862	16.74	9.849	9.409	7.814	6.689	9.817

续表

地区 年份	广西	海南	山西	内蒙古	吉林	黑龙江	安徽	江西	河南	湖北
1991	10.784	7.726	11.865	10.955	13.477	11.494	14.277	9.635	8.737	10.411
1992	9.464	8.238	10.170	9.268	10.212	8.770	10.553	8.827	8.129	8.650
1993	11.005	8.844	10.644	10.435	11.108	9.022	10.424	9.083	8.385	8.679
1994	5.196	8.293	6.511	5.223	5.468	5.275	6.412	5.199	4.211	4.554
1995	5.305	7.855	6.710	5.099	5.564	5.087	5.595	5.483	4.171	4.726
1996	5.331	7.879	6.514	5.597	5.673	5.352	6.061	5.469	4.459	4.981
1997	5.456	7.508	6.288	5.728	5.658	5.104	5.800	5.508	4.596	4.897
1998	6.261	7.616	6.467	6.152	5.938	5.669	6.185	5.649	4.833	5.426
1999	6.775	7.583	6.549	6.276	6.054	5.935	6.272	5.672	4.944	6.021
2000	7.070	7.441	6.202	6.174	5.320	5.881	6.386	5.569	4.878	6.046
2001	7.839	7.838	6.542	5.802	5.711	6.302	6.580	6.066	4.839	5.978
2002	7.399	7.434	6.488	5.814	5.599	6.376	6.588	5.735	4.916	5.779
2003	7.219	7.403	6.516	5.808	5.785	6.134	6.344	5.990	4.922	5.460
2004	6.925	7.14	7.178	6.47	5.326	6.092	6.081	5.953	5.013	5.511
2005	7.104	7.648	8.707	7.105	5.722	5.771	5.948	6.235	5.078	5.698
2006	7.218	7.830	11.9588	6.945	5.736	6.228	6.329	6.338	5.494	6.250
2007	7.192	8.635	9.924	7.6654	6.068	6.200	5.984	6.721	5.742	6.325
2008	7.384	9.638	10.225	7.658	6.579	6.955	6.533	7.010	5.599	6.275
2009	8.003	10.85	10.951	8.736	6.692	7.473	6.377	7.594	5.781	6.287
2010	8.067	13.1	10.539	9.167	6.950	7.287	6.113	8.233	5.982	6.333

续表

年份\地区	湖南	重庆	四川	贵州	云南	西藏	陕西	甘肃	青海	宁夏	新疆
1991	9.663		6.511	14.464	19.285	7.615	9.669	13.962	11.704	9.487	7.225
1992	9.299		6.154	13.910	17.670	3.265	9.463	12.578	9.324	9.298	6.480
1993	10.248		9.598	13.527	26.165	4.169	9.275	13.999	10.367	10.384	7.295
1994	5.205		6.795	5.957	7.797	12.046	5.076	6.411	5.065	5.262	4.333
1995	5.073		6.838	6.099	8.047	3.832	4.948	6.082	5.124	5.125	4.698
1996	5.132		7.278	6.839	8.567	3.753	5.560	6.003	5.202	6.250	5.362
1997	4.814	4.36	5.334	6.935	8.974	3.824	5.614	5.912	5.385	6.266	5.244
1998	5.181	4.938	5.679	7.612	9.187	3.977	6.400	6.086	5.781	7.233	5.908
1999	5.180	5.143	5.795	7.921	9.089	4.315	6.681	6.103	5.921	7.121	6.131
2000	4.985	5.442	5.953	8.276	8.987	4.571	6.373	5.821	6.290	7.059	5.799
2001	5.361	6.010	6.315	8.802	8.945	4.391	6.755	6.216	6.605	8.172	6.375
2002	5.568	6.335	6.177	8.708	8.940	4.510	6.670	6.188	6.193	7.019	7.222
2003	5.765	7.109	6.311	8.733	8.959	4.403	6.853	6.262	6.161	6.743	6.797
2004	5.683	7.450	6.047	8.898	8.545	4.548	6.769	6.169	5.792	6.976	7.048
2005	5.992	7.406	6.495	9.100	9.032	4.836	6.999	6.386	6.225	7.790	6.924
2006	6.216	8.132	6.992	9.697	9.528	5.008	7.641	6.203	6.514	8.453	7.207
2007	6.426	9.467	8.056	9.887	10.198	5.899	8.255	7.065	7.112	8.708	8.114
2008	6.255	9.969	8.266	9.767	10.788	6.302	8.086	8.367	7.026	7.892	8.631
2009	6.490	10.033	8.300	10.644	11.317	6.817	9.000	8.460	8.114	8.245	9.09
2010	6.745	12.013	9.087	11.597	12.059	7.2222	9.465	8.581	8.162	9.088	9.206

资料来源：根据中经网统计数据库相关数据加工而成。

表 1 –15 2009 年省级财政收入规模与结构

	全国 （亿元）	各项收入 比重（%）	北京市 （亿元）	各项收入 比重（%）
一般预算收入	32 602.59		2 026.809	
税收收入	26 157.43	0.8023	1 913.97	0.9443
国内增值税	4 565.26	0.1400	179.732	0.0887
营业税	8 846.876	0.2714	752.5977	0.3713
企业所得税	3 917.753	0.1202	430.422	0.2123
个人所得税	1 582.539	0.0485	177.8368	0.0877
资源税	338.2431	0.0104	0.4171	
城市维护建设税	1 419.919	0.0436	71.2794	0.0352
房产税	803.6563	0.0247	73.9811	0.0365
印花税	402.4472	0.0123	32.2307	0.0159
城镇土地使用税	920.9814	0.0282	15.753	0.00777
土地增值税	719.5595	0.0221	15.753	0.00777
车船税	186.5124	0.00572	54.164	0.0267
耕地占用税	633.0674	0.0194	10.9906	0.005422
契 税	1 735.047	0.0532	11.4108	0.00563
烟叶税	80.8116	0.002479	103.155	0.0509
其他税收收入	4.7631			
非税收入	6 445.151	0.1977	112.8387	0.0557
专项收入	1 413.283	0.0433	44.0123	0.0217
行政事业性收费收入	1 957.499	0.0600	36.6618	0.0180
罚没收入	938.6107	0.0288	19.4785	0.0096
国有资本经营收入	940.246	0.0289	– 23.5242	
国有资源（资产）有偿使用收入	751.0515	0.0230	25.4906	0.0126
其他收入	444.4609	0.0136	10.7197	

资料来源：中经网统计数据库。

（三）趋势与前景：效率与公平

经济是财政的基础，在税负基本均等的情况下，各省经济规模在一定程度上决定了财政收入的规模，同样，各省经济规模在全国经济总量的地位也在一定程度上决定了该省本级决算财政收入在全国所有地方财政收入中的比重和地位，进而在一定意义上决定了各省统筹省内区域经济社会发展以及提供公共品和公共服务的能力。

在经济发展不同阶段，各省经济发展速度在全国经济总量格局中地位存在一定区别。从 20 世纪 70 年代到 90 年代，我国各省区经济发展速度和水平存在明显的由东向西渐次减慢和降低的现象，影响了各省区本级决算财政收入在全国地方财政收入中的地位和作用。此后，尽管中西部地区加快了经济发展步伐，尤其是西部大开发后，但距离东部先发达地区仍然存在较大差距，由此决定和影响了中西部地区本级财政收入在全国地方本级财政收入中的地位和作用。

以 2009 年为例，各省财政收入在全国地方财政收入中的排序中，东部地区的广东、江苏、上海、山东、浙江、北京、辽宁等省区经济总量大，其财政收入在全国地方财政收入中的比重高，这排名前七位的省市财政收入占全国地方财政收入总额的 54%，排在后十位的省区全部加总的财政收入占全国地方财政收入的 11.73%，与广东省财政收入占全国地方财政收入的比重相当，由此可见，我国地区间财政收入差距还很大（见表 1 – 16）。

表 1 – 16　　　　2009 年各省区本级财政决算收入占全国地方本级
决算财政收入的比重

地　区	一般预算收入（亿元）	税收收入（亿元）	非税收入（亿元）	财政收入比率（%）	排序
地方合计	32 602.59	26 157.43	6 445.151		
广　东	3 649.811	3 130.612	519.1993	11.19	1
江　苏	3 228.78	2 654.749	574.0315	9.9	2
上　海	2 540.298	2 368.453	171.8447	7.79	3
山　东	2 198.632	1 720.346	478.2869	6.74	4
浙　江	2 142.513	1 983.815	158.6985	6.57	5
北　京	2 026.809	1 913.97	112.8387	6.22	6
辽　宁	1 591.22	1 183.982	407.2376	4.88	7
四　川	1 174.593	886.6725	287.9202	3.6	8
河　南	1 126.064	821.5047	304.5591	3.45	9
河　北	1 067.123	839.3286	227.7945	3.27	10
福　建	932.4282	778.144	154.2842	2.86	11
安　徽	863.9175	629.3236	234.5939	2.65	12
内蒙古	850.8588	576.8306	274.0282	2.61	13
湖　南	847.6178	568.2748	279.343	2.6	14
天　津	821.9916	614.2718	207.7198	2.52	15

续表

地　区	一般预算收入 （亿元）	税收收入 （亿元）	非税收入 （亿元）	财政收入比率 （％）	排序
湖　北	814.8653	616.0604	198.8049	2.5	16
山　西	805.8279	581.9108	223.9171	2.47	17
陕　西	735.2704	532.7984	202.472	2.26	18
云　南	698.2525	548.1063	150.1462	2.14	19
重　庆	655.1701	435.6228	219.5473	2.01	20
黑龙江	641.6627	444.3132	197.3495	1.96	21
广　西	620.9888	417.682	203.3068	1.9	22
江　西	581.3012	430.0204	151.2808	1.78	23
吉　林	487.0943	361.1132	125.9811	1.49	24
贵　州	416.4761	311.7071	104.769	1.28	25
新　疆	388.7848	301.1283	87.6565	1.19	26
甘　肃	286.5898	176.0411	110.5487	0.88	27
海　南	178.242	151.2437	26.9983	0.55	28
宁　夏	111.5755	90.7389	20.8366	0.34	29
青　海	87.7381	70.1653	17.5728	0.27	30
西　藏	30.0894	18.5065	11.5829	0.092	31

资料来源：根据中经网统计数据库相关数据加工而成。

二、省级财政支出

（一）省级财政支出规模

随着经济总量增长和财政收入规模的扩大，各省财政支出规模也逐渐扩大，对经济社会发展与地方公共品供给的保障能力也相应增强。比如，东部地区的山东省，1991 年的财政支出规模为 132.06 亿元，2010 年的支出规模达到 4 145.03 亿元，比 1991 年增长了 30.39 倍；中部地区的河南省 1991 年的财政支出规模为 97.88 亿元，2010 年达到 3 416.14 亿元，比 1991 年增长了 33.9 倍；西部地区的陕西省 1991 年的支出规模为 58.28 亿元，2010 年达到 2 218.83 亿元，比 1991 年增长了 37.07 倍。各省财政支出规模见表 1-17。

中国公共财政监测报告

单位：万元

表 1-17　各省区财政支出规模

地区 年份	北京	天津	河北	辽宁	上海	江苏	浙江	福建	山东	广东	广西
1991	679 800	474 742	911 400	1 515 000	860 500	1 281 800	884 300	781 300	1 320 600	1 824 800	716 089
1992	717 400	465 235	1 011 900	1 485 000	949 900	1 258 600	953 100	845 000	1 457 000	2 196 100	784 754
1993	809 900	512 658	1 422 600	1 811 000	1 292 600	1 638 700	1 250 400	1 138 800	1 883 600	3 312 700	1 074 853
1994	985 300	723 229	1 608 400	2 236 000	1 969 200	2 001 700	1 530 300	1 377 300	2 187 700	4 168 300	1 249 283
1995	1 544 028	933 313	1 911 822	2 738 331	2 600 023	2 534 881	1 802 909	1 715 798	2 758 656	5 256 255	1 405 892
1996	1 874 472	1 132 066	2 318 975	3 147 796	3 331 773	3 109 426	2 137 083	2 003 058	3 589 836	6 012 263	1 570 121
1997	2 363 940	1 227 843	2 704 603	3 406 269	4 088 139	3 643 605	2 401 592	2 243 565	4 077 878	6 826 619	1 708 345
1998	2 806 827	1 379 265	3 015 508	3 902 863	4 700 472	4 249 003	2 868 113	2 548 663	4 878 175	8 256 147	1 983 609
1999	3 551 932	1 574 122	3 507 969	4 579 016	5 335 364	4 846 506	3 440 424	2 792 361	5 500 034	9 658 990	2 249 775
2000	4 429 969	1 870 521	4 155 374	5 180 841	6 085 621	5 912 810	4 312 958	3 241 839	6 130 774	10 803 189	2 584 866
2001	5 591 063	2 346 673	5 141 754	6 354 295	7 081 382	7 296 421	5 972 991	3 731 855	7 537 781	13 213 314	3 516 498
2002	6 283 496	2 652 103	5 765 891	6 909 202	8 623 847	8 602 526	7 499 039	3 975 582	8 606 484	15 210 792	4 198 575
2003	7 348 043	3 120 771	6 467 439	7 843 764	10 884 386	10 476 812	8 967 740	4 523 010	10 106 395	16 956 324	4 436 023
2004	8 982 756	3 750 212	7 855 591	9 313 979	13 825 254	13 120 404	10 629 355	5 166 787	11 893 716	18 529 500	5 074 721
2005	10 583 114	4 421 207	9 791 635	12 043 636	16 462 550	16 733 965	12 655 345	5 930 663	14 662 271	22 890 691	6 114 806
2006	12 968 389	5 431 219	11 803 590	14 227 471	17 955 660	20 132 502	14 718 593	7 286 973	18 334 400	25 533 399	7 295 172
2007	16 495 023	6 743 262	15 066 482	17 642 805	21 816 780	25 537 217	18 067 928	9 106 446	22 618 495	31 595 703	9 859 433
2008	19 592 857	8 677 245	18 816 696	21 534 348	25 939 161	32 474 927	22 085 756	11 377 159	27 046 613	37 785 681	12 971 100
2009	23 193 658	11 242 778	23 475 894	26 823 864	29 896 500	40 173 640	26 533 486	14 118 238	32 676 716	43 343 727	16 218 218
2010	27 173 200	13 768 400	28 202 400	31 958 200	33 028 900	49 140 600	32 078 800	16 950 900	41 450 300	54 215 400	20 075 900

续表

年份\地区	海南	山西	内蒙古	吉林	黑龙江	安徽	江西	河南	湖北	湖南
1991	193 900	607 000	666 200	791 200	1 100 700	481 800	603 700	978 800	995 200	885 800
1992	253 600	642 900	720 700	800 200	1 024 600	551 400	683 800	1 164 900	989 700	991 000
1993	385 200	757 100	882 800	1 031 100	1 249 400	732 100	819 000	1 477 300	1 145 800	1 320 300
1994	400 100	892 300	928 200	1 045 900	1 424 000	546 800	920 300	1 696 200	1 372 000	1 514 900
1995	423 860	1 128 924	1 021 780	1 209 012	1 746 089	838 254	1 103 381	2 072 753	1 624 296	1 739 446
1996	451 649	1 331 823	1 263 825	1 455 266	2 088 833	1 145 934	1 318 475	2 552 947	1 974 425	2 177 430
1997	478 408	1 435 129	1 429 118	1 677 548	2 203 829	1 405 216	1 501 570	2 843 717	2 236 993	2 308 151
1998	549 066	1 644 083	1 703 133	1 900 966	2 594 246	1 591 862	1 752 605	3 236 255	2 801 215	2 736 416
1999	567 831	1 853 388	1 997 964	2 346 231	3 390 342	1 742 917	2 078 293	3 843 157	3 364 552	3 131 240
2000	641 193	2 250 554	2 472 681	2 606 694	3 818 736	1 787 187	2 234 722	4 455 295	3 687 701	3 478 324
2001	789 426	2 895 027	3 192 570	3 264 343	4 782 724	1 921 813	2 837 144	5 085 795	4 844 034	4 316 953
2002	922 574	3 342 741	3 935 743	3 626 170	5 318 682	2 002 154	3 413 843	6 291 811	5 113 895	5 330 229
2003	1 053 984	4 156 866	4 472 566	4 092 265	5 649 080	2 207 487	3 820 981	7 165 978	5 404 356	5 737 453
2004	1 272 006	5 190 569	5 641 117	5 077 758	6 975 516	2 746 284	4 540 598	8 799 580	6 462 888	7 195 435
2005	1 512 421	6 687 508	6 818 772	6 311 212	7 877 854	3 340 170	5 639 525	11 160 412	7 787 159	8 734 181
2006	1 745 366	9 155 698	8 121 330	7 183 588	9 685 255	4 280 265	6 964 361	14 400 878	10 470 041	10 645 177
2007	2 451 967	10 499 228	10 823 054	8 837 597	11 872 711	5 436 973	9 050 582	18 706 135	12 773 257	13 570 310
2008	3 579 708	13 150 175	14 545 732	11 801 223	15 423 004	7 246 197	12 100 730	22 816 093	16 502 763	17 652 249
2009	4 860 624	15 617 047	19 268 365	14 792 092	18 777 380	8 639 175	15 623 742	29 057 630	20 909 225	22 104 442
2010	5 813 400	19 313 600	22 735 000	17 872 500	22 532 700	11 494 000	19 232 600	34 161 400	25 014 000	27 024 800

续表

地区\年份	重庆	四川	贵州	云南	西藏	陕西	甘肃	青海	宁夏	新疆
1991	—	1 109 600	534 200	1 108 200	150 018	582 800	513 200	182 300	160 500	503 400
1992	—	1 228 800	606 300	1 215 900	166 120	652 700	534 800	186 200	158 600	560 900
1993	—	1 612 500	673 900	2 006 200	216 012	754 000	631 700	225 400	194 000	647 100
1994	—	1 813 100	742 300	2 037 300	302 998	855 200	723 800	253 600	193 800	711 000
1995	—	2 777 214	853 300	2 350 993	348 749	1 026 917	813 908	288 021	229 963	964 021
1996	—	3 267 262	995 772	2 703 945	368 458	1 217 909	909 538	327 145	295 196	1 148 890
1997	1 010 110	2 750 975	1 118 288	3 132 012	381 952	1 377 240	1 043 042	364 713	336 300	1 233 534
1998	1 257 608	3 209 282	1 330 941	3 280 023	453 225	1 661 955	1 253 382	440 914	451 239	1 459 933
1999	1 502 365	3 634 981	1 707 163	3 780 468	532 544	2 065 173	1 477 868	557 191	495 346	1 662 788
2000	1 876 433	4 520 041	2 015 698	4 141 074	599 693	2 717 597	1 882 322	682 614	608 380	1 909 529
2001	2 375 486	5 940 981	2 751 975	4 964 302	1 045 690	3 500 506	2 354 643	1 012 951	935 787	2 633 232
2002	3 058 591	7 016 201	3 166 702	5 268 906	1 378 433	4 049 114	2 740 111	1 187 280	1 145 650	3 611 729
2003	3 415 775	7 322 993	3 323 547	5 873 475	1 459 054	4 182 008	3 000 070	1 220 438	1 057 793	3 684 676
2004	3 957 233	8 952 534	4 184 181	6 636 354	1 338 335	5 163 052	3 569 366	1 373 363	1 230 177	4 210 446
2005	4 873 543	10 821 769	5 207 261	7 663 115	1 854 502	6 389 627	4 293 479	1 697 547	1 602 509	5 190 179
2006	5 942 543	13 473 951	6 106 411	8 935 821	2 001 969	8 241 805	5 285 946	2 146 628	1 932 089	6 784 723
2007	7 683 886	17 591 304	7 953 990	11 352 175	2 753 682	10 539 665	6 753 372	2 821 993	2 418 545	7 951 540
2008	10 160 112	29 488 269	10 537 922	14 702 388	3 806 589	14 285 208	9 684 336	3 635 950	3 246 064	10 593 638
2009	12 920 928	35 907 175	13 722 654	19 523 395	4 701 322	18 416 388	12 462 817	4 867 457	4 323 624	13 469 125
2010	17 090 400	42 579 800	16 314 800	22 857 200	5 510 400	22 188 300	14 685 800	7 434 000	5 575 300	16 989 100

资料来源：根据中国经济信息统计资料整理而成。

（二）省级财政支出结构

根据各级政府财政支出事权划分原则，我国省级财政主要承担适合地方承担的公共品与公共服务的提供。由于事权划分的复杂性，加之受历史传统等因素的影响，中央与地方事权划分存在一定的交叉，即某些支出责任同时涉及中央政府与地方政府，以及不同级次地方政府共同履行，各自按照一定比例承担支出的情况。省级地方财政具体支出范围包括：国防、公共安全、教育、科学技术、文化体育与传媒、社会保障和就业、医疗卫生、环境保护、城乡社区事务、农林水事务、交通运输、采掘电力信息等事务、粮油物资储备等管理事务、金融监管支出、地震灾后恢复重建支出、国债还本付息支出以及其他支出。

随着市场经济制度的基本形成和逐步完善，我国与市场经济制度相兼容的公共财政制度也基本形成。从财政支出结构看，满足社会公共需要的财政支出在各省财政支出中的比重越来越高。从各省财政支出结构来看，支出比重较高的主要集中在社会保障就业、一般公共服务、教育、医疗卫生、城乡社区服务、农林水务等方面。

当然，不同经济结构的省区财政支出结构也存在一定差别，以非农经济为主体的省市，如广东、浙江、江苏、北京、上海、天津等（主要是直辖市）省区的农林水务支出的比重相对较低，教育、城乡社区服务支出占省级财政支出的比重较高。2009年为例，北京市财政支出比重由高到低排序分别为教育、城乡社区服务、社会保障与就业、一般公共服务、医疗卫生等。在以人为本的科学发展观的指导下，各省财政支出中用于满足民生需要的支出占全部财政支出的比重在稳步提高，比如2009年北京市教育、医疗卫生、社会保障与就业、城乡社区服务、文化体育传媒等支出合计占全部财政支出的51.27%。以非农经济为主体的省区，由于对"三农"的关注，农林水务支出在财政支出中占有较高的比重（在2004年以前，该项支出比重经历了从1978年以来的持续下降），此外，教育、社会保障就业、一般公共服务等也占有较高的比重。以湖北省为例，2009年，该省财政支出比重由高到低分别是社会保障与就业、教育、一般公共服务、农林水务支出、医疗卫生等。2009年各省区财政支出结构见表1-18。

中国公共财政监测报告

44

表 1－18　2009 年各省财政支出结构

单位：%

地区	一般公共服务	公共安全	教育	科学技术	文化体育传媒	社保、就业	医疗卫生	环境保护	城乡社区服务	农林水务	交通运输	采掘电力信息等事务	国债还本
北京	9.15	6.96	15.77	5.45	3.22	10.10	7.18	2.33	15.00	6.12	6.34	4.76	0
天津	9.84	6.54	15.44	3.02	1.76	10.31	4.82	1.19	23.22	5.67	4.40	6.23	0
河北	14.76	6.44	18.71	1.13	1.62	13.52	7.44	4.44	6.37	11.28	6.86	1.96	0.17
山西	15.88	6.30	17.81	1.13	1.79	15.17	6.51	4.52	5.46	12.71	6.00	1.83	0.80
内蒙古	15.32	5.03	12.64	0.94	2.46	14.27	5.34	5.08	10.90	11.54	6.90	3.05	0.97
辽宁	12.27	5.75	12.93	2.14	2.84	19.31	6.09	2.08	10.80	8.97	3.97	5.30	0.42
吉林	12.35	6.64	14.67	1.28	1.99	16.93	7.26	3.35	5.58	13.82	3.90	3.34	2.40
黑龙江	12.21	5.81	14.20	1.06	1.78	18.09	7.22	3.15	5.55	10.25	5.53	3.98	0.00
上海	6.91	5.47	11.61	7.20	1.78	11.24	4.44	1.14	20.15	3.59	2.74	9.85	0.62
江苏	14.15	7.09	16.94	2.91	1.92	7.45	4.93	3.67	11.82	10.04	5.75	5.52	0.50
浙江	15.00	8.18	19.57	3.74	2.42	5.77	6.67	2.09	8.47	8.90	9.28	3.96	
安徽	12.49	4.92	15.12	1.70	1.97	1.42	7.74	2.77	7.74	12.10	6.66	4.66	0.33
福建	14.44	7.05	19.66	1.98	1.83	9.41	6.62	2.40	5.56	8.56	9.04	3.11	0.02
江西	12.38	5.52	16.12	0.86	1.47	14.04	7.72	2.76	5.10	13.02	7.23	5.10	0.13
山东	15.00	6.04	18.77	1.92	2.15	10.49	5.79	2.33	9.55	11.30	5.33	4.13	0.46
河南	15.80	5.75	18.11	1.22	2.02	13.89	7.68	3.20	4.50	12.44	6.11	2.57	0.27

续表

地区	一般公共服务	公共安全	教育	科学技术	文化体育传媒	社保、就业	医疗卫生	环境保护	城乡社区服务	农林水务	交通运输	采掘电力信息等事务	国债还本
湖北	14.75	6.58	15.17	1.21	1.72	16.45	6.66	3.55	5.37	12.19	4.06	3.55	0.11
湖南	15.20	5.67	16.18	1.44	1.50	16.32	7.20	3.33	6.52	12.50	5.30	3.44	0.14
广东	14.43	9.99	18.53	3.89	2.57	9.26	5.83	2.33	8.27	6.44	5.75	2.96	0.11
广西	14.62	6.64	18.29	1.11	1.80	12.56	7.16	3.08	6.42	12.99	5.03	4.28	0.23
海南	11.45	6.76	15.33	1.25	2.02	16.29	6.20	3.81	5.94	17.09	5.86	2.38	0.30
重庆	12.14	5.55	14.73	1.20	1.47	18.16	5.94	3.87	13.70	9.71	4.50	3.50	0.00
四川	10.90	5.09	12.57	0.80	1.27	12.70	6.10	3.19	4.29	8.99	4.75	3.04	0.22
贵州	14.34	6.04	18.71	1.04	1.72	10.93	7.49	4.03	3.19	14.88	8.80	2.63	0.36
云南	12.15	6.89	1.579	0.97	1.66	15.58	7.75	4.21	3.88	13.69	8.17	2.19	1.59
西藏	18.23	7.82	12.98	0.57	2.84	7.09	4.70	2.08	4.07	18.02	11.68	2.74	0.10
陕西	14.20	5.13	16.89	1.13	2.22	15.59	6.83	4.32	5.27	11.99	5.94	2.92	0.00
甘肃	12.04	4.62	16.56	0.82	1.97	16.03	7.09	4.26	3.65	12.75	4.91	1.56	0.16
青海	11.27	5.36	12.70	0.98	3.20	19.34	6.67	5.95	4.71	11.88	8.91	3.02	2.32
宁夏	10.86	5.59	14.69	1.02	2.09	11.03	5.30	5.22	9.84	15.89	4.71	3.31	1.68
新疆	14.52	6.48	17.83	1.20	2.47	13.18	6.31	2.70	5.87	14.61	4.89	2.10	0.21

资料来源：根据中经网统计数据库相关数据整理而成。

中国公共财政监测报告

（三）趋势与前景：效率与公平

我国各地区间经济发展水平、人口规模、自然环境等差异十分明显，尽管国家也从整体上关注地区间基本公共服务的均等供给，但受到区域经济发展战略的影响，以及地区间经济发展速度、经济规模等因素的影响，尤其是转移支付制度不规范情况下的分税制导致了地区间公共服务规模和结构的较大差异。

从人口角度分析公共服务的地区差异：从国家的合理性考虑，国家应该平等对待每一位国民，即生活在任何地区的居民消费到的由政府提供的基本公共品应该相同。下面是忽略了公共品供给规模效应的我国各省区人均基本公共服务差异的数据。显然，如果考虑到公共品供给的规模经济效应、自然地理环境等因素后，我国地区间公共品供给差异还将进一步扩大。表1-19是我国各省区公共服务差异的情况。

表1-19　　　　　2008年各省各项一般公共服务人均支出

项目 地区	一般预算支出 （亿元）	人口 （千人）	人均财政支出 （元）	人均一般公共服务支出（元）	人均教育支出 （元）	人均科技支出 （元）	人均社保就业支出 （元）	人均医疗卫生支出 （元）
全国平均	61 044.14	1 164 986	5 239.9	693.6	847.2	112.5	674	337.4
北　京	2 319.366	15 096	15 364.1	1 405.7	2 422.3	836.7	1 552	1 103.8
天　津	1 124.278	10 473	10 735	10 559	1 657.7	324.6	1 106.6	517.7
河　北	2 347.589	62 243	3 771.7	556.7	705.8	42.5	510	280.6
山　西	1 561.705	30 378	5 140.9	816.2	915.4	580	780	334.9
内蒙古	1 926.837	21 499	8 962.4	1 373.2	1 132.5	84	1279	478.8
辽　宁	2 682.386	38 429	6 980.1	856.5	90.23	14.96	134.81	425
吉　林	1 479.209	24 349	6 075	7 502	891.2	77.9	1 028.5	440.8
黑龙江	1 877.738	34 065	5 512.2	673.1	782.6	58.6	997	397.8
上　海	2 989.65	16 814	17 780.7	1 229.2	2 063.5	1 280.5	1 998.8	790.1
江　苏	4 017.364	68 371	5 875.8	831.5	995.5	171.1	437.6	289.9
浙　江	2 653.349	45 472	5 835.1	874.6	1 142.1	218.4	336.6	389.4
安　徽	2 141.922	54 638	39 202	489.6	592.6	66.7	556.3	303.3

续表

项目 地区	一般预算支出 （亿元）	人口 （千人）	人均财政支出 （元）	人均一般公共服务支出(元)	人均教育支出 （元）	人均科技支出 （元）	人均社保就业支出 （元）	人均医疗卫生支出 （元）
福 建	1 411.824	32 097	4 398.6	635	864.7	86.9	413.9	291
江 西	1 562.374	39 186	3 987.1	493.6	642.9	34.2	559.7	307.6
山 东	3 267.672	83 867	3 896.3	584.4	731.5	75	408.7	225.6
河 南	2 905.763	83 974	3 460.3	546.6	626.5	42.3	480.6	265.7
湖 北	2 090.923	50 862	4 111	606.3	623.8	49.8	676.3	273.8
湖 南	2 210.444	56 820	3 890.3	0.005915	0.006293	0.000521	0.006349	0.002802
广 东	4 334.373	84 981	5 100.4	735.8	945.2	198.3	472.5	297.5
广 西	1 621.822	42 891	3 781.5	552.7	691.5	42.1	474.9	270.8
海 南	486.0624	7 606	6 390.5	731.7	979.5	79.8	1 041.2	396.2
重 庆	1 292.093	25 284	5 110.4	620.6	752.6	061.5	927.9	303.5
四 川	3 590.718	72 471	4 954.7	540.2	622.9	39.5	629.1	302.5
贵 州	1 372.265	33 780	4 062.4	582.5	760	042.2	444.2	304.4
云 南	1 952.34	40 460	4 825.4	586.3	761.7	46.9	751.6	373.9
西 藏	470.1322	2 556	18 393.3	3 353.9	2 388.3	105.3	1 304.7	864.1
陕 西	1 841.639	33 504	5 496.8	780.6	928.1	62.2	856.9	375.6
甘 肃	1 246.282	23 405	5 324.9	641.2	881.7	43.5	853.4	377.6
青 海	486.7457	4 934	9 865.1	1 112.2	1 252.9	96.9	1 908	658.4
宁 夏	432.3624	5 504	7 855.4	853.3	1 153.8	80	866.2	416.4
新 疆	1 346.913	18 979	7 096.9	1 030.8	1 265.3	85	935.2	447.5

资料来源：根据《中国统计年鉴 2009》相关数据整理而成。

从表 1 - 19 可以看出我国地区间公共供给情况：

（1）从全部地方财政支出规模看，北京、天津、河北、山西、内蒙古、辽宁、吉林、黑龙江、上海、江苏、浙江、广东、海南等东中部经济发展水平较高的地区和陕西、甘肃、青海、宁夏、新疆、西藏等西部地区年人均财政支出规模高于全国平均水平，上述西部地区，尽管人均规模较大，但考虑到省区面积、自然地理条件等因素，人均财政支出规模将低于全国平均水平，也远低于北京、上海、江苏、浙江等经济发展水平较高的东部地区。

（2）在人均一般公共服务支出中，高于全国平均水平的省区有：北京、天津、上海、内蒙古、辽宁、吉林、上海、江苏、浙江、广东、海南，以及西部地区的陕西、西藏、甘肃、青海、新疆、宁夏，低于全国平均水平的省区有：黑龙江、甘肃、福建、重庆、湖南、湖北、云南、山东、贵州、河北、广西、河南、四川、江西、安徽。

（3）在人均教育支出中，高于全国平均水平的省区有：北京、天津、山西、内蒙古、辽宁、吉林、上海、江苏、浙江，以及西部地区的西藏、青海、新疆，其余低于全国平均水平的省包括：黑龙江、云南、贵州、重庆、山东、河北、广西、江西、湖南、河南、湖北、四川、安徽。

（4）从人均社会保障支出考察，高于全国平均水平的省区依次是：上海、青海、北京、辽宁、西藏、内蒙古、天津、海南、吉林、黑龙江、新疆、重庆、宁夏、陕西、甘肃、山西、云南、湖北。

（5）从人均医疗卫生支出考察，包括东部经济发展水平较高的北京、天津、内蒙古、黑龙江、吉林、辽宁、上海、浙江、海南，以及西部地区的陕西、云南、甘肃、青海、宁夏、西藏、新疆。

（6）从人均科研支出角度考察，高于全国平均水平的省区依次是：上海、北京、天津、浙江、广东、江苏、辽宁，其余包括全国西部地区在内的24省区均低于全国平均水平。

与前面对地方全部财政支出人均规模分析一样，经济发展水平高的东部地区无论人均一般公共服务支出、人均教育支出、人均科技支出、人均社会保障与就业支出和人均医疗卫生支出均高于经济发展水平较低的中部地区和部分西部地区，西部地区的西藏、新疆、青海、甘肃、宁夏、陕西等省，尽管人均分项财政支出也高于全国平均水平，但是考虑到省区面积、人口密度、自然地理环境等因素，其公共服务平均规模远低于东部经济发达地区。当然，中部其他省区和西部地区的四川、重庆等省区尽管平均规模低于全国平均水平，但是考虑到历史、自然地理环境和各方面基础等因素，其居民实际消费的公共品规模可能比西藏、青海、甘肃、新疆、宁夏等西部地区还略高一些。

由此可见，中国省级行政区之间由于经济发展水平的差距，公共品和公共服务人均规模存在较大差异，当然，考虑到西藏、青海、宁夏、新疆、陕西等西部地区的特殊情况，在中央提供大规模财政转移支付的条件下，其人均主要公共品和公共服务规模也高于全国平均水平。其他中部地区和部分西部地区自然地理条件较好、经济发展水平略高的地区各项财政支出的人居年规模均低于全国平均水平。从基本公共服务均等化的标准来看，我国还有相当长的路要走。

第四节　地方财政：趋势与前景

一、地方政府的财政收入

（一）地方政府的财政收入规模

1978 年以来，在向市场经济过渡的过程中，伴随着财政经济上的分权、放权让利等制度的推行，我国出现了"两个比重"下降的情况，即财政收入占 GDP 比重下降和中央财政收入站全部财政收入比重下降，这严重影响了国家宏观调控的能力和中央财政统筹全国各区域间经济社会协调发展的能力。由此，1994 年开始，我国进行了分税制改革，目的在于提高"两个比重"，清晰界定各级政府的事权与财权，建立基于因素分析的规范的转移支付制度，从而一定程度上影响了地方财政支出在全国财政收入中的比重，1994 年地方财政收入占全部财政收入的比重有了较大幅度的下降。由于分税制极大调动了地方政府增加财政收入的积极性，因此，很多地方财政收入进入了快速增加的轨道。但由于增值税、消费税、企业所得税与个人所得税等税收先后实行了中央与地方共享或者被划为中央税，尽管地方财政收入绝对额增长较快，但地方财政收入占全部财政收入的比重却停留在 50% 左右，甚至低于 50%。

动态地看，经历了 1994 年地方财政收入增长率短期下降后，我国地方财政收入很快步入快速增长轨道，除 2002 年以外，每年增长率都在 10% 以上。地方财政收入在全国财政收入中的比重见表 1–20。

表1-20　　　　　　　1991~2010年地方财政收入规模、在全国财政
收入中的比重以及增长率

年份	地方本级财政决算收入（亿元）	地方本级财政收入增长率（%）	地方本级财政决算收入占国家决算收入比重（%）
1991	2 211.23		70.2
1992	2 503.86	13.23	71.9
1993	3 391.44	35.45	78
1994	2 311.6	-31.84	44.3
1995	2 985.58	29.16	47.8
1996	3 746.92	25.50	50.6
1997	4 424.22	18.08	51.1
1998	4 983.95	12.65	50.5
1999	5 594.87	12.26	48.9
2000	6 406.06	14.50	47.8
2001	7 803.3	21.81	47.6
2002	8 515	9.12	45
2003	9 849.98	15.68	45.4
2004	11 893.37	20.75	45.1
2005	15 100.76	26.97	47.7
2006	18 303.58	21.21	47.2
2007	23 572.62	28.79	45.9
2008	28 649.79	21.54	46.7
2009	32 602.59	13.80	47.6
2010	40 609.8	24.56	

资料来源：根据中经网统计数据库相关数据整理而成。

（二）地方政府的财政收入结构

从财政管理权限角度看，地方财政收入主体的地方税是出中央专享税收收入和中央地方共享税以外的税收收入。1995年以来，地方税收收入的情况见表1-21。

表 1 - 21 　　　　　地方财政决算收入中各税收入 　　　　单位：亿元

项目 年份	企业所得税	个人所得税	资源税	城市维护 建设税	证券交易 印花税	城镇土地 使用税
1995	366. 6236	—	—	—	—	—
1996	421. 99	—	—	—	—	—
1997	534. 9357	—	—	—	—	—
1998	515. 1356	338. 1993	61. 9309	291. 9952	—	54. 0922
1999	781. 2924	412. 8271	62. 8578	312. 5677	—	59. 0592
2000	1 005. 4992	510. 1814	63. 6158	348. 9588	—	64. 7648
2001	1 636. 125	716. 0144	67. 1084	380. 6212	—	66. 1542
2002	1 118. 1668	605. 8296	75. 0832	467. 1136	3. 36	76. 8328
2003	1 043. 5041	567. 2469	83. 2961	546. 7076	3. 83	91. 5681
2004	1 373. 3391	694. 8198	98. 8015	669. 7446	5. 16	106. 226
2005	1 745. 9018	837. 9693	142. 199	791. 0187	2	137. 3444
2006	2 681. 14	981. 54	207. 11	933. 43	5. 37	176. 81
2007	3 132. 2887	1 273. 7821	261. 1457	1 148. 6986	60. 16	385. 4863
2008	4 002. 0788	1 488. 0808	301. 7612	1 336. 3005	29. 48	816. 896
2009	3 917. 75	1 582. 54	338. 24	1 419. 92	15. 34	920. 98

资料来源：根据中经网统计数据库相关数据整理而成。

　　一般预算的地方财政收入包括：税收收入和非税收入，其中税收收入包括中央地方共享税中归地方分享的部分和地方税收收入。以 2009 年为例，我国地方税收入中税收收入占 80.23%，非税收入 19.77%，税收收入中国内增值税、营业税、企业所得税、个人所得税、城市维护建设税是收入比重比较高的几个税种，它们合计占全部地方财政收入的 62.37%。非税收入中专项收入占 4.33%，行政事业性收费占 6.00%。具体数据见表 1 - 22。

表 1 - 22 　　　　　2009 年地方本级财政收入中各项收入比重 　　　　单位：%

项　目	国家财政收入 （亿元）	地方财政收入 （亿元）	各项收入所占比重
总计	68 518. 3	32 602. 59	
税收收入	59 521. 59	26 157. 44	80. 23117
国内增值税	18 481. 22	4 565. 26	14. 00275
国内消费税	4 761. 22		0
进口货物增值税、消费税	7 729. 79		0
出口货物退增值税、消费税	- 6 486. 61		0

续表

项　目	国家财政收入（亿元）	地方财政收入（亿元）	各项收入所占比重
营业税	9 013.98	8 846.88	27.13551
企业所得税	11 536.84	3 917.75	12.01668
个人所得税	3 949.35	1 582.54	4.854032
资源税	338.24	338.24	1.037464
城市维护建设税	1 544.11	1 419.92	4.355237
房产税	803.66	803.66	2.465019
印花税	897.49	402.45	1.234411
#证券交易印花税	510.38	15.34	0.047051
城镇土地使用税	920.98	920.98	2.824868
土地增值税	719.56	719.56	2.207064
车船税	186.51	186.51	0.572071
船舶吨税	23.79		0
车辆购置税	1 163.92		0
关税	1 483.81		0
耕地占用税	633.07	633.07	1.941778
契税	1 735.05	1 735.05	5.321816
烟叶税	80.81	80.81	0.247864
其他税收收入	4.8	4.76	0.0146
非税收入	8 996.71	6 445.15	19.76883
专项收入	1 636.99	1 413.28	4.33487
行政事业性收费	2 317.04	1 957.5	6.004124
罚没收入	973.86	938.61	2.878943
其他收入	4 068.82	2 135.76	6.550891

资料来源：根据中国经济信息统计数据加工整理而成。

我国地方财政收入除了一般预算的税收收入和非税收入外，受体制因素影响，还包括预算外资金，尽管中央财政和地方财政都有预算外资金，但预算外资金的主体在地方政府。我国地方政府预算外资金具体数据及其构成见表1－23和表1－24。

表 1－23　　　　地方预算外资金收入及其占全部预算外资金比重

年份	地方预算外资金支出占全部预算外资金支出百分比（％）	地方预算外资金收入（亿元）
1989	61	1 586.55
1990	61.7	1 635.36
1991	59.1	1 862.2
1992	56.4	2 147.19
1993	84.9	1 186.64
1994	86.8	1 579.21
1995	84.9	2 088.93
1996	73	2 945.68
1997	94.6	2 680.92
1998	95.2	2 918.14
1999	94.7	3 154.72
2000	94	3 578.79
2001	93.3	3 953
2002	93.2	4 039
2003	92.1	4 187.43
2004	91	4 348.49
2005	91.3	5 141.58
2006	93.6	5 940.77
2007	92.6	6 289.95
2008	93.7	6 125.16

资料来源：根据中经网统计数据库相关数据整理而成。

表 1－24　　　　　　　各年度地方预算外资金构成　　　　　　　单位：亿元

项目\年份	预算外资金总收入	其他收入	行政事业性收费	政府性基金（资金、附加）收入	乡镇自筹、统筹	国有企业和主管部门收入
1989	2 658.83	—	500.66	—	—	2 103.81
1990	2 708.64	—	576.95	—	—	2 071.1
1991	3 243.3	—	697	—	—	2 477.53
1992	3 854.92	—	885.45	—	—	2 878.59
1993	1 432.54	—	1 317.83	—	—	—
1994	1 862.53	—	1 722.5	—	—	—
1995	2 406.5	—	2 234.85	—	—	—
1996	3 893.34	—	3 395.75	—	272.9	—
1997	2 826	—	2 414.32	—	295.78	—

续表

项目 年份	预算外资金 总收入	其他收入	行政事业性 收费	政府性基金 （资金、附加） 收入	乡镇自筹、 统筹	国有企业和主管 部门收入
1998	3 082. 29	229. 98	1 981. 92	478. 41	337. 31	54. 67
1999	3 385. 17	225. 41	2 354. 28	396. 51	358. 86	50. 11
2000	3 826. 43	325. 81	2 654. 54	383. 51	403. 34	59. 22
2001	4 300	360	3 090	380	410	60
2002	4 479	521	3 238	376	272	72
2003	4 566. 8	598. 49	3 335. 74	287. 1	293. 14	52. 33
2004	4 699. 18	862. 26	3 208. 42	351. 29	213. 09	64. 12
2005	5 544. 16	1 085. 9	3 858. 19	359. 29	192. 94	47. 84
2006	6 407. 88	1 548. 39	4 216. 8	376. 49	221. 29	44. 91
2007	6 820. 32	1 918. 86	4 681. 05	——	180. 25	40. 16
2008	6 617. 25	1 513. 62	4 835. 81	——	220. 74	47. 08

资料来源：根据中经网统计数据库相关数据整理而成。

（三）趋势与前景：公平与效率

正如前面所说，1978～1994 年的分税制之前我国财政收入主要向地方倾斜，中央财政收入比重较低，严重影响了中央财政统筹全国经济社会发展的能力。1994 年的分税制改革的意图之一是提高中央的财政收入比重，增强中央的宏观调控能力。根据财权、事权相适应的原则，一级财政集中了更多的财政收入应该承担更多的公共品和公共服务提供的责任。但对于中央政府而言，它还承担均衡一国内部不同地区公共品均衡供给的责任，均衡不同层级政府财力，确保各级政府有能力履行相应事权的责任，因此世界各国中央政府集中的财力都远远超过其履行责任的需求，多余的财力通过转移支付形式补助给地方政府，以此促进全国基本公共服务的均等化。

二、地方政府的财政支出

（一）地方政府的财政支出规模

随着经济社会的发展，群众对公共服务需求也快速增加，尽管由于技术进步和制度创新，民间资金也开始越来越多地介入地方公共品、公共服务的提供中来，但地方政府仍然是地方公共品提供的主体。随着地方财政收入的快速增加，地方财政也有越来越多的财力来提供地方公共品，由此带来地方财政支出规模的扩大。1991~2010 年地方财政支出由 2 295.81 亿元增加到 2010 年的 73 602.49 亿元，增长了 31.06 倍，其占国家决算财政支出的比重也由 67.8% 上升到 2009 年的 80%，地方财政在提供地方公共品和公共服务、满足民生需要中发挥越来越大的作用。我国地方财政支出规模及其在全国财政支出中的比重见表 1-25。

表 1-25   我国地方财政支出规模及其在全国财政支出中的比重

年份	地方财政决算支出（亿元）	地方财政决算支出占国家决算支出比重（%）
1991	2 295.81	67.8
1992	2 571.76	68.7
1993	3 330.24	71.7
1994	4 038.19	69.7
1995	4 828.33	70.8
1996	5 786.28	72.9
1997	6 701.06	72.6
1998	7 672.58	71.1
1999	9 035.34	68.5
2000	10 366.65	65.3
2001	13 134.56	69.5
2002	15 281.45	69.3
2003	17 229.85	69.9
2004	20 592.81	72.3
2005	25 154.31	74.1
2006	30 431.33	75.3
2007	38 339.29	77
2008	49 248.49	78.7
2009	61 044.14	80
2010	73 602.49	

资料来源：国家统计局《中国统计年鉴 2010》。

（二）地方政府的财政支出结构

从公共财政的角度看，地方财政支出的内容主要是提供地方公共品和公共服务．由于我国公共财政制度还处在由计划经济财政向市场经济公共财政的转轨之中，地方财政支出中还保留了一定的经济建设支出，这对加快地方经济发展，增强地方财力发挥着重要作用。其实，对发展中国家来讲，由于资金积累和制度建设等障碍，一些与经济发展密切相关的基础设施甚至国民经济的装备工业、重要的能源与原材料工业仅仅依靠民营资本很难在短期内发展起来，如果没有地方财政的支持，这些将成为地方经济发展的重要"瓶颈"，因此，地方政府的经济建设支出，尤其是对基础设施的投资具有一定的合理性。我国地方财政支出结构具体数据见表1-26。

随着市场经济制度的逐步建立和完善，我国地方财政支出结构也发生着越来越大的变化，具体表现在：其一，经济建设支出中的基本建设支出、企业挖潜改造支出、挖潜改造和科技三项费用、地质勘探支出等占财政支出额的比重下降迅速；其二，满足群众公共需要的支出，如教育事业费、卫生事业费、农林水利和气象支出、抚恤和社会福利救济、社会保障补助支出等增长很快，成为地方财政支出的主体。

但是，地方财政支出中也还存在一些问题，比如行政管理费、行政事业单位离退休经费还保持着较高的比重和一定的增长速度。

表1-26　　　　　　　　我国地方财政支出结构情况　　　　　　　单位：亿元

项目 年份	基本建设 支出	企业挖潜 改造资金	挖潜改造和 科技三项费	地质勘探费	科技三项费
1995	405.4404	323.8079	—	0.8351	35.9372
1996	504.1938	349.1887	—	1.197	49.2253
1997	584.307	416.728	—	0.8809	63.7005
1998	778.2431	419.4249	—	1.0322	73.3325
1999	1 017.7406	447.4472	—	8.2241	94.3753
2000	1 167.9727	498.0676	—	44.1429	120.6701
2001	1 647.5614	602.0346	—	69.2722	142.4832
2002	1 889.8412	552.6917	729.98	72.9943	177.2855
2003	1 906.5287	634.2499	824.63	81.3625	190.3799
2004	2 093.7024	741.5067	969.56	88.6958	228.0527
2005	2 675.777	869.3287	1 156.7	92.754	287.3706
2006	2 906.86	951.51	1 312.37	103.87	360.86
2007	—	—	—	—	—
2008	—	—	—	—	—
2009	—	—	—	—	—

续表

项目 年份	流动资金	农业综合开发支出	农、林、水利和气象支出	文体、广播等事业费	教育事业费
1995	6.7317	—	—	—	—
1996	13.8976	69.2485	—	—	—
1997	27.9191	73.7761	—	—	—
1998	20.9031	81.3811	—	225.3792	1 214.7794
1999	24.7299	90.6161	—	246.7164	1 395.4478
2000	21.56	92.9886	—	266.5966	1 624.1384
2001	9.213	109.4537	—	320.0439	2 035.7188
2002	2.0827	121.4242	—	380.2333	2 434.7279
2003	1.3984	128.94	870.33	434.6507	2 697.1435
2004	1.2917	142.35	1 409.64	520.8493	3 146.2978
2005	1.0653	159.22	1 485.65	630.871	3 729.9753
2006	0.93	174.55	1 792.41	758.26	4 485.18

项目 年份	科学事业费	卫生事业费	税务等部门的事业费	抚恤和社会福利救济	行政事业单位离退休经费
1995	44.6055	—	251.2921	114.6639	—
1996	51.3099	—	331.9787	126.7443	—
1997	60.0137	382.8849	394.2918	141.0523	178.9483
1998	66.1102	406.2282	363.2596	164.9243	269.7722
1999	69.6992	438.4943	408.3119	177.6596	360.1535
2000	77.7783	482.3944	477.536	210.821	435.2977
2001	87.6273	557.5361	622.1063	264.761	569.1262
2002	98.842	617.7868	770.6867	370.294	705.5703
2003	109.8015	755.9834	886.6225	493.686	805.6373
2004	123.6936	832.251	1 009.6612	555.7421	932.4555
2005	140.112	1 015.552	1 166.2495	711.0549	1 065.9759
2006	167.47	1 296	1 350.14	902.07	1 220.8

续表

项目 年份	社会保障 补助支出	国防支出	行政管理费	外交外事 支出	武装警察 部队支出
1995	—	4. 02	525. 235	—	—
1996	—	4. 9753	608. 6208	—	—
1997	—	6. 0626	652. 3755	—	5. 6111
1998	135. 8639	6. 105	706. 9566	7. 3302	10. 4632
1999	325. 3672	7. 8239	796. 667	7. 6601	10. 3419
2000	552. 9445	9. 0447	936. 6543	8. 8249	13. 2513
2001	747. 3369	11. 8448	1 179. 2891	9. 4786	17. 7402
2002	961. 4178	16. 9355	1 434. 651	10. 4295	20. 8671
2003	1 117. 7192	22. 5773	1 657. 7202	9. 8712	24. 2441
2004	1 328. 8419	27. 9985	1 995. 2079	11. 4814	30. 9307
2005	1 580. 9341	27. 9337	2 419. 2313	12. 3543	41. 0708
2006	1 882. 7	32. 0386	2 894. 74	13. 61	52. 65
2007	—	72. 5878	—	—	123. 01
2008	—	79. 8074	—	—	161. 87
2009	—	126. 0	—	—	187. 18

资料来源：中国经济信息统计数据。

（三）地方预算外支出

如前所述，我国地方政府财政收入除了一般预算收入外，还有较多项目和较大规模的预算外收入，相应的，地方财政支出中也包含着较大规模的预算外支出。尽管由于国家预算管理制度的逐步完善，越来越多的预算外资金被纳入预算内管理，但从规模上看，1991 年地方预算外支出为 1 828.99 亿元，2008 年增加到 5 944.23 亿元，增长了 2.25 倍。我国地方政府预算支出规模具体数据见表 1 - 27。

表 1 – 27　　　　　　　　　中国地方预算外支出规模　　　　　　单位：亿元

项　目 年　份	地方预算外资金支出
1989	1 527.23
1990	1 669.37
1991	1 828.99
1992	2 057.09
1993	1 115.43
1994	1 485.37
1995	1 979.88
1996	2 803.4
1997	2 541.63
1998	2 778.57
1999	2 974.32
2000	3 318.28
2001	3 591.87
2002	3 572
2003	3 827.04
2004	3 962.23
2005	4 784.14
2006	5 489.23
2007	5 659.08
2008	5 944.23

资料来源：中经网统计数据库。

　　从地方的预算外支出的具体内容看，主要是用于基本建设支出、行政管理费支出、城市维护建设支出、乡镇（自筹）统筹支出及其他支出等方面（见表 1 – 28）。

表 1－28　　　　　　　　　　　　地方预算外资金支出结构　　　　　　　　　　　单位：亿元

支出 \ 年份	地方预算外资金支出占全部预算外资金支出百分比（%）	预算外资金总支出	基本建设支出	行政事业费支出	城市维护费支出	乡镇（自筹）统筹支出	其他支出
1989	61	2 503.1	—	153.75	—	—	—
1990	61.7	2 707.06	—	187.1	—	—	—
1991	59.1	3 092.26	—	221.28	—	—	—
1992	56.4	3 649.9	—	275.68	—	—	—
1993	84.9	1 314.3	—	369.86	—	—	—
1994	86.8	1 710.39	—	553.8	—	—	—
1995	84.9	2 331.26	—	742.51	—	—	—
1996	73	3 838.32	1 490.23	1 254.36	—	136.39	650.07
1997	94.6	2 685.54	502.03	1 280.19	—	288.69	303.04
1998	95.2	2 918.31	393.98	1 588.28	—	335.26	177.19
1999	94.7	3 139.14	539.82	1 816.13	127.45	350.34	305.4
2000	94	3 529.01	426.2	2 225.09	146.38	387.39	343.96
2001	93.3	3 850	350	2 500	150	400	450
2002	93.2	3 831	260	2 655	160	268	488
2003	92.1	4 156.36	269.86	2 836.55	202.62	283.11	564.22
2004	91	4 351.73	287.28	3 133.8	193.82	205.09	531.74
2005	91.3	5 242.48	346.74	3 866.1	193.82	198.01	831.63
2006	93.6	5 866.95	426.47	4 163.56	—	207.51	1 069.41
2007	92.6	6 112.42	611.71	255.94	975.96	771.02	1 300.87
2008	93.7	6 346.36	565.38	217.83	1 066.2	807.66	1 363.31

资料来源：中经网统计数据库。

四、趋势与前景：公平与效率

从前面的数据可以看出，我国地方财政收入有了较快的增长，财政支出规模有所扩大，其在全部财政支出中的比重也相应提高了，但地方财政收入和支出规模和结构如何影响社会公平和效率，以及将来走向如何还需要进一步研究。

理论上讲，地方财政支出占全部财政支出的比重从以下几方面影响到社会公平：第一，影响到中央政府与地方政府间的纵向公平。只有地方政府有足够的财力去履行制度中规定该它履行的职责时，居民对地方公共品和公共服务的需求才能得到满足，否则，就可能出现地方公共品短缺，或者地方政府通过其他方式加重地方居民负担，借此融资提供地方公共品。第二，影响到同一层级的不同地方的公共品供给水平。如果中央转移支付前不同经济发展水平的地方财政收入差距很大，而中央的转移支付力度不大，或者不能充分考虑到各地财力差距和公共品供给成本因素，则会导致经济欠发达地区财力短缺，不能向辖区居民提供国内均等水平的基本公共品和公共服务。

解决了地方政府是否有能力（财力）提供地方公共品的问题后，还必须解决地方政府是否有意愿提供居民所需公共品的问题。根据公共经济学的原理，如果选民愿意充分表达其对公共品需求的信息，且地方政府能够充分尊重选民对公共品需求的意愿，或者选民有在辖区间充分流动的自由，且流动成本很低，则选民的公共品需求可望得到满足，基于公共品需求的公平有可能实现。

从我国财政制度的安排来看，我国需要解决如下两个问题：第一，进一步规范转移支付制度。尽快取消将税收返还等照顾改革前既得利益的转移支付形式，加大均等性转移支付的比重，解决地方政府有财力履行提供公共品的问题。第二，完善地方政府政绩考核制度，督促地方政府充分尊重选民对公共品需求的意愿。第三，提高选民的民主意识，鼓励他们充分表达公共品需求的意愿。

参考文献：

［1］上海财经大学公共政策研究中心：《2007 年中国财政发展报告——中国财政分级管理体制的改革与展望》，上海财经大学出版社 2007 年版。

［2］上海财经大学公共政策研究中心：《2006 年中国财政发展报告》，上海财经大学出版社 2006 年版。

［3］上海财经大学公共政策研究中心：《2008 年中国财政发展报告——构建和谐社会的财政政策研究》，上海财经大学出版社 2008 年版。

［4］杨志勇、杨之刚：《中国财政制度改革 30 年》，格致出版社 2008 年版。

［5］贾康：《中国财税改革 30 年：简要回顾与评述》，载于《财政研究》2008 年第 10 期。

［6］高培勇：《公共财政：概念界说与演变脉络——兼论中国财政改革30年的基本轨迹》，载于《经济研究》2008年第12期。

［7］张馨：《财政的公共化变革取向》，载于《改革》2008年第1期。

［8］吕炜. Unbalanced development，public services and government responsibility：an analysis based on government preference and government efficiency. Social Sciences in China，2008.4.

［9］国家统计局：《中国统计年鉴2010》。

［10］谢旭人：《关于2010年中央决算的报告》，财政部网站http：//yss.mof.gov.cn/2011zhongyangyusuan/201103/t20110325_515999.html。

［11］财政部：《中国财政年鉴2009》。

［12］财政部：《2011年中央公共财政收入预算表》，财政部网站。

［13］财政部：《中国财政年鉴2010》。

［14］国家统计局网站http：//www.stats.gov.cn/tjfx/jdfx/t20110415_402718952.htm。

第二章

主要财政收入分析

2010 年，中国财政部门把稳定政策作为宏观调控的主基调，把处理好保持经济平稳较快发展、调整经济结构和管理通胀预期的关系作为宏观调控的核心，保持政策的连续性和稳定性，继续落实好积极的财政政策，并加强与货币政策等的协调配合。2010 年 1 ~ 12 月累计，全国财政收入 83 080.32 亿元，比上年增加 14 562.32 亿元，增长 21.3%，与国际金融危机爆发前几年平均增幅基本持平。其中中央本级收入 42 470.52 亿元，比上年增加 6 554.52 亿元，增长 18.3%；地方本级收入 40 609.8 亿元，比上年增加 8 007.8 亿元，增长 24.6%。财政收入中的税收收入 73 202 亿元，增长 23%；非税收入 9 878 亿元，增长 9.8%。从财政预算收支情况来看，2010 年全国财政预算执行情况良好，财政收入较快增长，各项重点支出得到较好保障。

2010 年财政收入以及税制改革情况如下：

一、2010 年财政收入情况

2010 年，全国财政收入 83 080.32 亿元，比 2009 年（下同）增长 21.3%。加上预算安排从中央预算稳定调节基金调入 100 亿元，可使用的收入总量为 83 180.32 亿元。全国财政支出 89 575.38 亿元，增长 17.4%。加上补充中央预算稳定调节基金 2 248 亿元和地方财政结转下年支出 1 356.94 亿元，支出总量为 93 180.32 亿元。全国财政收支总量相抵，差额 10 000

亿元。

2010 年全国税收总收入 73 202 亿元，完成预算的 112.6%，比 2009 年增长 23%，占全国财政收入的 88.1%，比上年同期增长 23%，同比增收 13 681 亿元，比上年同期增速加快了 13.2 个百分点。在税收收入结构中，货物与劳务税依然是我国的主体税种。

从中央财政主要收入项目的完成情况来看，国内增值税 15 895.59 亿元，完成预算的 103.6%，增长 14.2%。国内消费税 6 071.54 亿元，完成预算的 115.8%，增长 27.5%。进口货物增值税、消费税 10 487.46 亿元，完成预算的 130%，增长 35.7%；关税 2 027.45 亿元，完成预算的 128.3%，增长 36.6%。出口货物退增值税、消费税 7 327.31 亿元（账务上作冲减收入处理），完成预算的 103.6%，增长 13%。企业所得税 7 794.25 亿元，完成预算的 96.7%，增长 2.3%。个人所得税 2 902.85 亿元，完成预算的 114.2%，增长 22.6%。证券交易印花税 527.82 亿元，完成预算的 102.3%，增长 6.6%。车辆购置税 1 792.03 亿元，完成预算的 133.9%，增长 54%。非税收入 1 968.01 亿元，完成预算的 94.8%，下降 22.9%。

二、税制改革情况

在 2009 年全面实施增值税转型等一系列税制改革的基础上，2010 年深化财税体制改革的重点涉及以下几个方面：

（一）增值税政策变化

1. 研发机构采购设备退免增值税

在 2009 年 10 月国家财税部门出台的《关于研发机构采购设备税收政策的通知》（财税〔2009〕115 号文件）中，规定自 2009 年 7 月 1 日到 2010 年 12 月 31 日为止，外资研发机构适用《科技开发用品免征进口税收暂行规定》（财政部、海关总署、国家税务总局令第 44 号）免征进口环节的增值税和关税。

2. 增值税扣税凭证抵扣期延长 90 天

自 2010 年 1 月 1 日开始，根据《国家税务总局关于调整增值税扣税凭证抵扣期限有关问题的通知》（国税函〔2009〕617 号）规定，增值税专用发票等扣税凭证的认证、抵扣、比对时间由 90 天延长至 180 天。

3. 6 大类商品出口退税取消

财政部和国家税务总局 2010 年 6 月 22 日联合下发《关于取消部分商品出口退税的通知》，明确从 7 月 15 日开始，取消包括部分钢材、有色金属建材等在内的 406 个税号的产品出口退税。根据《通知》，此次取消出口退税的产品主要分成六大类，包括部分钢材，部分有色金属加工材，银粉，酒精、玉米淀粉，部分农药、医药、化工产品，以及部分塑料及制品、橡胶及制品、玻璃及制品。

（二） 营业税政策变化

《财政部、国家税务总局关于调整个人住房转让营业税政策的通知》（财税〔2009〕157 号）规定：自 2010 年 1 月 1 日起，对个人将购买不足 5 年的非普通住房对外销售的，全额征收营业税；对个人将购买超过 5 年（含 5 年）的非普通住房或者不足 5 年的普通住房对外销售的，按照其销售收入减去房屋的价款后的差额征收营业税；对个人将购买超过 5 年（含 5 年）的普通住房对外销售的，免征营业税。

（三） 外企加征城市维护建设税和教育费附加

2010 年 10 月 18 日，国务院发布了《国务院关于统一内外资企业和个人城市维护建设税和教育费附加制度的通知》（国发〔2010〕35 号），决定对外商投资企业、外国企业和外籍个人（以下统称外资企业）征收城市维护建设税和教育费附加（以下统称"两税"）。从 2010 年 12 月 1 日起，"两税"开征多年来仅对我国公民和内资企业征收的历史结束。

（四） 资源税改革

2010 年 6 月 1 日，财政部和国家税务总局联合下发了《新疆原油、天然气资源税改革若干问题的规定》，对新疆原油、天然气资源改革的纳税人、纳税方式、纳税额计算公式以及减免税情形等内容予以明确。酝酿多年的资源税改革将从新疆率先试点，原油、天然气资源税将由"从量计征"改为"从价计征"，税率均为5%。

（五）2010年车辆购置税优惠

根据2009年12月《财政部、国家税务总局关于减征1.6升及以下排量乘用车车辆购置税的通知》（财税〔2009〕154号）的规定，2009年的减征车辆购置税的优惠政策延长到2010年12月31日，但减征幅度有所调整。即对2010年1月1日至12月31日购置1.6升及以下排量乘用车，暂减按7.5%的税率征收车辆购置税，汽车以旧换新的单车补贴金额标准提高到5 000元至1.8万元。

（六）所得税政策变化

1. 企业所得税政策变化

2009年12月，财政部、国家税务总局出台了财税〔2009〕33号文《关于小型微利企业有关企业所得税政策的通知》，对扶持小型微利企业的所得税政策作了明确规定。《通知》规定，自2010年1月1日至2010年12月31日，对年应纳税所得额低于3万元（含3万元）的小型微利企业，其所得减按50%计入应纳税所得额，按20%的税率缴纳企业所得税。

2. 个人所得税政策变化

（1）企业年金单独征收个税。2009年12月10日，国家税务总局发出《关于企业年金个人所得税征收管理有关问题的通知》（国税函〔2009〕694号），明确了企业年金个人所得税征税管理的相关问题。根据《通知》，企业年金的个人缴费部分，不得在个人当月工资、薪金计算个人所得税时扣除。

（2）个人"大小非"减持需缴个税。2009年12月31日，财政部、国家税务总局、证监会发布的《关于个人转让上市公司限售股所得征收个人所得税有关问题的通知》（财税〔2009〕125号）规定，自2010年1月1日起，对限售股转让收入，按照"财产转让所得"，适用20%的比例税率征收个人所得税。个人转让限售股，以每次限售股转让收入减持股票原值和合理税费后的余

额为应纳税所得额。对个人转让从上市公司公开发行和转让市场取得的上市公司股票所得继续实行免征个人所得税政策。

第一节 增值税

一、增值税税制概述

(一) 增值税发展简述

增值税起源于法国，是在 20 世纪中期现代商品经济条件下社会化大生产的产物。从 20 世纪初期开始，随着资本主义工业生产日益走向社会化，生产流通环节大量增加，营业税的弊端逐渐显露，其重复征税的性质加重了生产链条后端的生产经营者的累积税负，极大地阻碍了商品的生产和流通。此时，以增值额为课税依据的设想便应运而生。增值税即是以增值额为课税对象所征收的一种税，采用税款抵扣原则，使销售额中已征税的部分在本阶段不再征税，而只就未征过税的那部分销售额征税。由于这部分未征税的销售额相当于纳税人在本阶段或本环节新创造的价值，所以对这种增值额征收的税称为增值税。

我国的增值税制度是随着我国经济体制改革逐渐发展和确立的。20 世纪 70 年代后期以前，由于我国实行高度集中的计划经济体制，对国营企业的利润实行统收统支，不存在增值税的概念。自改革开放以来，我国经济体制发生巨大变化，原有的单一工商税制已经不能适应新的经济发展形势，因此，我国从 1979 年开始对税制进行了大规模的改革和调整，恢复了部分税种，同时也增加了包括增值税在内的一些新税种。

财政部首先选择了上海等城市作为增值税试点城市，试点范围包括机器机械和农业机具等重复征税矛盾比较突出的行业。1982 年，由于试点工作取得明显的成效，财政部出台了《增值税暂行办法》，在全国范围对机器机械、农用机具、自行车和电风扇等行业试行增值税。1984 年我国在对工商税制的全面改革中，将原有的工商税划分为产品税、增值税、营业税和盐税，国务院发布了《中华人民共和国增值税条例（草案）》，增值税从此成为我国税制体系中一个独立的税种。但当时的增值税仍然处于试点阶段，增值税的优点无法充分展现；另外，税率档次因财政体制和征收范围的制约，难以简化，致使计算复杂，扭曲了增值税的性质和功能，使其成为了介于产品税和增值税之间的特殊税种。

虽然这种有中国特色的"增值税"基本上适应了当时经济发展和体制改革的需要，但仍然存在很多不完善的地方，在社会主义市场经济的发展过程中，渐渐显露出诸多弊端，所以为充分发挥增值税在平衡税负、促进公平竞争、组织财政收入和宏观调控中的作用，在 1993 年年底我国的税制改革中，国务院颁布了《中华人民共和国增值税暂行条例》，同时出台了《中华人民共和国增值税暂行条例实施细则》。新的规则从 1994 年 1 月 1 日起在全国推行，征税范围由原来的"二行业"和"三大件"扩展到产品的生产、批发、零售、进口四环节及劳务中的加工和修理修配，增值税从此被确立为税制体系中的主体税种。

1994 年我国税制改革中选择的是生产型增值税，而不是一步到位实行消费型增值税，这是考虑到我国当时的特定经济环境和现实条件。

第一，保证财政收入规模。改革开放以来，我国财政收入占 GDP 的比重从 1979 年的 31% 下降到 1993 年的 13%，年均每年下降 1.21%。中央财政收入占全国财政收入的比重也不断下滑，到 1993 年，中央财政收入占全国财政收入的比重仅为 33.70%，财政赤字压力陡增。因而在 1993 年财税体制改革中，一个重要目标就是提高"两个比重"，增强中央宏观调控能力。在三种类型的增值税中，生产型增值税的收入效应最大，在增值税率一定的条件下，生产型增值税的税收收入最多，因此，此时选择生产型增值税与稳定财政收入这一目标相符。

第二，20 世纪 90 年代初，我国经济处于投资和消费双膨胀状态，通货膨胀不断攀升。在此背景下，采用生产型增值税是当时客观经济条件下的现实选择，因为生产型增值税不允许抵扣固定资产已纳的增值税，存在着重复征税的现象，由此增加了固定资产的投资成本，在一定程度上起到了抑制固定资产投资的作用，而消费型增值税则对投资具有刺激效应，与当时实行的紧缩政策不一致。

第三，选择生产型增值税也是当时税收征管水平所决定的。20 世纪 90 年代初期，我国对于征管体制虽然进行了一定的改革，但征管模式仍比较落后，相关配套软硬件设施跟不上。在征管手段上，以手工征收为主，应用领域主要是内部会计系统，基本未涉及征管信息监控，不具备对企业经济信息充分监控的基本条件。另外，企业数量多，规模小，会计核算体系不健全，纳税意识淡薄，也增加了征管难度。鉴于当时的税收征管水平，1994年税制改革选择了对税收征管水平要求相对较低的生产型增值税，也是符合现实情况的。

随着我国市场经济的进一步发展，生产型增值税所产生的问题逐步突出起来。因此，无论从规范增值税税制，适应全球经济一体化方面，还是从促进国内企业设备投资和技术更新改造方面，增值税转型势在必行。

2003年，"增值税由生产型改为消费型，将设备投资纳入增值税抵扣范围"被第一次写入党的文件。2004年7月1日起，开始在东北地区实行增值税转型试点。这项工作既是中央为振兴东北老工业基地采取的重大措施，也是为今后全国实施增值税转型改革积累经验。

在东北增值税转型试点过程中，国家下发了《东北地区扩大增值税抵扣范围若干问题的规定》、《2004年东北地区扩大增值税抵扣范围暂行办法》和《关于2005年东北地区扩大增值税抵扣范围有关问题的通知》等几个指导性文件，规定了在东北地区特定行业范围内，在保持增值税税率不变的情况下，允许新购入的机器设备等固定资产所含进项税金予以抵扣。尽管转型试点并不是实行完全的消费型增值税，但对企业来讲也产生了很大的影响。

2007年5月，为了促进中部地区崛起，国家又将试点范围扩大到了中部6省的26个老工业基地城市的电力、采掘等八大行业。至2007年年底，东北和中部转型试点地区新增设备进项税额总计244亿元，累计抵减欠缴增值税额和退给企业增值税额186亿元。

2008年七八月，内蒙古东部5个市（盟）和汶川地震受灾严重地区先后被纳入增值税转型改革试点范围。

从试点情况看，转型在财政可承受范围内，促进了地区经济发展和产业结构优化升级及经济增长方式的转变，对财政增收的长效机制建设起到了积极作用，同时对完善增值税制进行了有效探索。2008年11月5日，国务院常务会议审议通过《中华人民共和国增值税暂行条例》修订草案，决定自2009年1月1日起，在全国范围内实施增值税转型改革，开始全面推行消费型增值税，这意味着历经24年的生产型增值税即将退出历史舞台，主宰税收重心的，将是更为完善、更有利于市场经济发展的消费型增值税。

增值税转型之后，增值税改革的重点已落在扩大征收范围上，只有扩大征收范围，增值税征管链条才会更加完整。增值税之所以取代营业税，是因为增值税只对增值额进行课税，可以避免重复征税。营业税则和增值税不同，它是对营业额全额课税。当前我国货物劳务税收制度是增值税与营业税共存的双规制，对于营业税的涉税收入，由于绝大多数没有扣除取得收入相对应的成本费用的进项税额，直接导致营业税纳税人涉税收入中一些组成部分既缴纳了增值税又缴纳了营业税，也正是由于营业税没有实行抵扣制度，也造成了增值税纳税人无法抵扣外购劳务、转让无形资产以及购买不动产的进项税额，最终造成这部分价值的重复交税。所以说，营业税计税依据引起的重复征税的问题涉及的不仅仅是营业税纳税人，也包括增值税纳税人。

因此，2011 年 11 月 16 日，财政部和国家税务总局发布经国务院同意的《营业税改增值税试点方案》和其他三个配套方案，决定从 2012 年 1 月 1 日起，上海交通运输业和部分现代服务业将进行营业税改征增值税试点。这三个配套方案包括《交通运输业和部分现代服务业营业税改征增值税试点实施办法》、《交通运输业和部分现代服务业营业税改征增值税试点有关事项的规定》和《交通运输业和部分现代服务业营业税改征增值税试点过渡政策的规定》。

此次营业税改征增值税试点的主要内容是，在现行增值税 17% 和 13% 两档税率的基础上，新增设 11% 和 6% 两档低税率，交通运输业适用 11% 的税率，研发和技术服务、文化创意、物流辅助和签证咨询等现代服务业适用 6% 的税率；试点纳税人原享受的技术转让等营业税减免政策，调整为增值税免税或即征即退；现行增值税一般纳税人向试点纳税人购买服务，可抵扣进项税额；试点纳税人原适用的营业税差额征税政策，试点期间可以延续；原归属试点地区的营业税收入，改征增值税后仍属试点地区。

这次营业税改征增值税是继 2009 年全面实施增值税转型之后，货物劳务税收制度的又一次重大改革，也是一项重要的结构性减税措施。改革将有助于消除目前对货物和劳务分别征收增值税与营业税所产生的重复征税问题，通过优化税制结构和减轻税收负担，为深化产业分工和加快现代服务业发展提供良好的制度支持，有利于促进经济发展方式转变和经济结构调整。

（二）历年增值税收入

基于历史演进的角度，我们所收集的数据跨度自 1994 年分税制改革开始到 2010 年为止。自 1994 年以来我国的增值税收入、个人所得税收入快速增加。其中增值税收入以年均 15% 的增幅稳步增长，总量增长了近 10 倍，如表 2-1。

表 2-1 历年增值税收入 单位：亿元

年　份	增值税	年　份	增值税
1994	2 308.34	2003	7 236.54
1995	2 602.33	2004	9 017.94
1996	2 962.81	2005	10 792.11
1997	3 283.92	2006	12 784.81
1998	3 628.46	2007	15 470.23
1999	3 881.87	2008	17 996.94
2000	4 553.17	2009	18 481.22
2001	5 357.13	2010	21 093.48
2002	6 178.39		

资料来源：《中国财政年鉴》，增值税数据为国家财政决算收入中增值税收入。

从表 2-1 可以看出，随着我国经济的不断发展，增值税收入不断增加，从 1994 年的 2 308.34 亿元增长到 2010 年的 21 092 亿元，总规模增长了近 10 倍。但是从图 2-1 中可以看出从 1994 年到 2010 年这段期间增值税的增长分为三个阶段：第一阶段为 1994～2002 年，这段时期增值税总量平稳增长，增长速度适中；第二阶段为 2002～2008 年，这段时期增值税总量快速增长，并且增值税的高低可以在一定程度上反映一个国家的产值和国内经济状况的好坏，2002～2008 年增值税的增幅明显高于 1994～2002 年，表明在此阶段国内经营状况总体上较好；第三阶段为 2009～2010 年，这一阶段较为特殊，波动性也较大，之所以产生这种现象是因为 2009 年我国在全国范围内实行增值税改革，增值税由生产型向消费型转变，这使得固定资产的进项税额可以直接在当期抵扣，加之受到全球金融危机的影响，造成了增值税的增长幅度大幅下降，2009 年的增长幅度仅为 2.69%，2009 年后，随着国内经济环境的好转和增值税改革地逐渐推进，2010 年增值税收入 21 092 亿元，增长幅度也恢复到正常水平，达到 14.13%。

中国公共财政监测报告

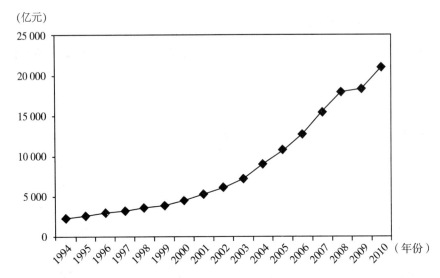

（亿元）

图 2 - 1　我国增值税历年收入

资料来源：《中国财政年鉴》，增值税数据为国家财政决算中增值税收入。

另外，我们在从总量方面具体分析 2009 年和 2010 年的增值税收入情况。从图 2 - 1 中可以看出，2009 年国内增值税收入 18 481.24 亿元，占税收总收入的比重约为 31%，同比增长 2.71%，比 2008 年增速低 20.60 个百分点。需要注意的是，全年国内增值税收入虽实现增收，但前 10 个月国内增值税累计收入均为减收，前 8 个月国内增值税单月收入基本减收。增值税的税基大体相当于工业增加值和商业的增加值，国内增值税增速大幅回落，特别是前 8 个月减收的主要原因是：一是工业增加值增速明显下滑；二是由于 CPI 等价格指数下跌，社会消费品零售总额全年各月均出现回落；三是工业品出厂价格持续回落使得增值税税基缩减；四是增值税转型改革的减收效应较大。到 2010 年，国内增值税收入所占比重降为 28.80%，但其绝对数仍保持较快增长，实现收入 21 091.95 亿元，同比增长 14.11%，比上年同期增速加快 11.40 个百分点，依旧保持其中国第一大税种的地位不变。2010 年国内增值税较快增长的主要原因：一是工业增加值稳步增长，工业增加值同比增长 15.71%；二是消费品价格水平和消费品零售总额上升，全年 CPI 上升 3.32%，全年社会消费品零售额上升 18.42%；三是工业品出厂价格上涨使得增值税税基扩大，全年工业品出厂价格同比上涨 5.51%；四是成品油、原油量价齐升带动成品油、原油增值税加快增长；五是煤炭业工业增加值快速增长带动煤炭增值税增收。

（三）历年增值税收入构成

1. 增值税纳税人结构分析

由于我国增值税将纳税人分为一般纳税人和小规模纳税人，因此在分析增值税收入构成中首先应考察一般纳税人和小规模纳税人纳税所占比例。从表 2-2 中可以看出，在历年的国内增值税收入中，一般纳税人所纳税款占了绝大部分，达到 93%~96%，而小规模纳税人所占比例微乎其微，在 4%~7% 之间。另外，从表 2-2 中可以看出，最近 5 年我国国内增值税和一般纳税人所纳增值税是上升的，但是 2009 年小规模纳税人所纳税款比 2008 年有所减少，这是因为在 2009 年我国实行增值税改革时为了减轻小规模纳税人的税负，将小规模纳税人的税率由 4% 和 6% 统一调整为 3%。从数据可以看出，2009 年小规模纳税人所纳税款所占比例仅为 4.32%，这也说明增值税改革中减轻小规模纳税人的税负取得了一定成效。

表 2-2　　　　　　　2005~2009 年国内增值税纳税人纳税情况　　　　单位：亿元

年　份	增值税收入	一般纳税人	占增值税收入比重（%）	小规模纳税人	占增值税收入比重（%）
2005	10 698.45	9 936.78	92.88	761.67	7.12
2006	12 894.79	12 046.53	93.42	848.26	6.58
2007	15 610.03	14 715.51	94.27	894.52	5.73
2008	18 139.34	17 144.67	94.52	994.67	5.48
2009	18 819.77	18 005.93	95.68	813.84	4.32

资料来源：根据《中国税务年鉴》历年数据整理而得，其中增值税为国内增值税，不包括海关代征关税。

图 2-2 更直观地显示了国内增值税总量最近 5 年的增加情况，其增加额主要来源于一般纳税人所纳税款增加，而小规模纳税人所纳税款基本没有变化，小规模纳税人税负有所减轻。

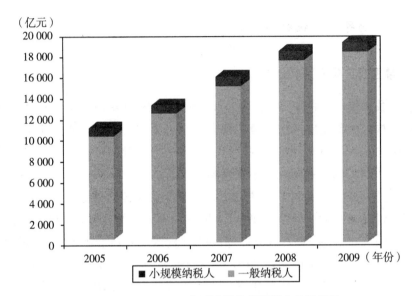

（亿元）

■ 小规模纳税人　　■ 一般纳税人

图 2 - 2　2005 ~ 2009 年国内增值税纳税人纳税情况

资料来源：根据《中国税务年鉴》历年数据整理而得，其中增值税为国内增值税，不包括海关代征关税。

2. 增值税产业结构分析

增值税税基大体等于工业增加值和商业增加值之和，2009 年以前实行的是生产型增值税，固定资产所含税款不可抵扣，增值税的税基实际上比工商业增加值要大一些，因此加重了第二产业中增值税收入的比重，占增值税总收入的 80% 左右，对增值税的贡献最大。从表 2 - 3 中可看出，由于经济结构的不断调整，2006 ~ 2008 年第一产业对增值税和税收收入的贡献变化比率较大而绝对数值较小，但第二三产业增值税收入呈稳定增长状态。2009 年增值税转型后，固定资产所含税款可在当期直接抵扣，增值税收入对第二产业影响较大，第二产业增值税收入为 14 715.79 万元，比上年仅增长 56.66 万元，增速明显变缓，而第一产业由于基数较小导致增长量较低，第三产业增速变化不大。

3. 增值税区域结构分析

在此，我们按传统的方法将区域划分为东部、中部和西部①三大部分（不

---

① 东部地区包括辽、冀、京、津、鲁、苏、浙、闽、粤、沪、琼；中部地区包括晋、吉、黑、皖、赣、豫、鄂、湘；西部地区包括川、贵、藏、陕、甘、宁、青、新、渝、云、蒙、桂。

表 2 - 3　　　　　2005～2009 年国内增值税分产业收入情况表　　　　单位：亿元

年份	税收收入	国内增值税收入	第一产业增值税收入	第二产业增值税收入	第三产业增值税收入
2005	30 867.03	10 698.45	—		
2006	36 949.59	12 894.79	—	10 388.65	2 506.14
2007	48 579.42	15 610.03	0.07	12 742.58	2 867.38
2008	57 861.80	18 139.34	2.55	14 659.13	3 477.66
2009	63 103.60	18 819.77	4.38	14 715.79	4 099.60

注：由于《中国税务年鉴》统计口径的变化，无 2005 年国内增值税分产业收入情况数据。

资料来源：根据《中国税务年鉴》历年数据整理而得。

包括我国台湾省及香港、澳门特别行政区）。① 2005～2009 年度地区间增值税的差异情况，如表 2 - 4 及图 2 - 3 所示。

表 2 - 4　　　　　2005～2009 年国内增值税分地区结构表　　　　单位：亿元

年份	2005	2006	2007	2008	2009
东部地区	6 821.97	8 259.13	9 964.57	11 390.20	12 056.02
中部地区	2 148.15	2 531.28	3 023.09	3 651.88	3 640.42
西部地区	1 719.33	2 104.38	2 623.37	3 097.27	3 123.33
平均值	3 563.15	4 298.26	5 203.68	6 046.45	6 273.26
标准差	2 830.35	3 436.85	4 127.89	4 636.12	5 014.69
变异系数	0.7943	0.6085	0.6312	0.6307	0.6576

资料来源：根据《中国税务年鉴》历年数据整理而得。

从表 2 - 4 可以看出，东部地区增值税增长较为迅速，中部和西部增长较为缓慢，因此地区之间的差距有扩大的趋势。从变异系数看更为明显，除 2005 年的 0.7943 外，从 2006 年的 0.6085 增加到 2009 年的 0.6576，这表明增值税的地区差距有逐年扩大的趋势。但受 2008 年全球金融危机的影响，各地区增值税均有不同程度的变动，导致 2008 年比 2007 年的变异系数小。但是，2009 年变异系数仍在 2008 年的基础上有所扩大，达到 0.6576，其中部分原因是中西部地区的产业结构中原材料、能源等重工业所占的比重较大，在所有地区同时实施消费型增值税的情况下，相较而言，中西部地区的企业将获得较大

① 为了保证数据分析的连贯性，没有将经济特区单独作为一类。

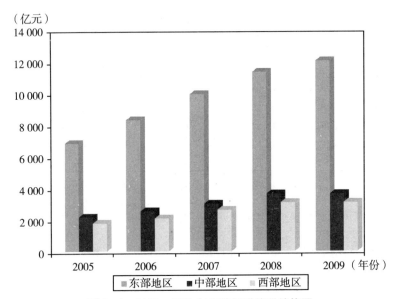

图 2 - 3　2005～2009 年各地区增值税结构图

资料来源：根据《中国税务年鉴》历年数据整理而得。

76　的利益，因此这使得变异系数有所扩大。

　　由图 2 - 3 可以看出，在各年增值税总额中，东部地区增值税所占的份额最大，其次是中部地区，最后是西部地区。东部地区所占比例历年都在 62%～65% 之间，而中部和西部加起来仅在 35% 左右，造成增值税份额差异如此巨大的最重要原因是我国区域间经济发展的不平衡。因此，只有进一步促进区域间的协调发展才能减小地区增值税之间巨大的差异。

二、相关的法规和政策

（一）相关法规

　　我国现行的增值税制是 2009 年转型改革后重新确立的，以下简要介绍我国的增值税制。

1. 纳税义务人和扣缴义务人

　　凡在中华人民共和国境内销售或者进口货物、提供应税劳务的单位和个人为增值税的纳税义务人。单位，是指企业、行政单位、事业单位、军事单位、社会团体及其他单位。个人，是指个体工商户和其他个人。并且，现行增值税以纳税人年应税销售额大小和会计核算水平这两个标准将纳税人划分为一般纳税人和小规模纳税人。

中华人民共和国境外的单位或者个人在境内提供应税劳务，在境内未设有经营机构的，以其境内代理人为扣缴义务人；在境内没有代理人的，以购买方为扣缴义务人。

2. 税率与征收率

我国增值税是采用比例税率。根据确定增值税税率的基本原则，我国增值税设置了一档基本税率和一档低税率，此外还有对出口货物设计的零税率。

（1）基本税率。增值税一般纳税人销售货物或者进口货物，提供价格、修理修配劳务，除低税率使用范围和销售个别旧货使用低税率外，税率一律为17%，这就是通常所说的基本税率。

（2）低税率。增值税一般纳税人销售或者进口《增值税暂行条例》中规定的特定货物，按低税率征收增值税，低税率为13%。

（3）零税率。纳税人出口货物，税率为零，国务院另有规定的除外。

增值税对小规模纳税人采用简易征收办法，对小规模纳税人适用的税率称为征收率。自2009年1月1日起，小规模纳税人增值税征收率由过去的6%和4%一律调整为3%，不再设置工业和商业两档征收率。

3. 计税依据

增值税的计税依据是课税商品的增值额，增值额可从以下三个方面理解：

（1）从理论上讲，增值额是指生产经营者生产经营过程中新创造的价值额，从内容上讲大体相当于净产值或国民收入。

（2）就一个生产单位而言，增值额是这个单位商品销售收入额或经营收入额扣除非增值项目（相当于物化劳动，如外购的原材料、燃料、动力、包装物、低值易耗品等）价值后的余额。这个余额，大体相当于该单位活劳动的价值。

（3）就一个商品的生产经营的全过程来讲，不论其生产经营经过几个环节，其最后的销售总值，应等于该商品从生产到流通的各个环节的增值额之和。

4. 计税方法

增值税计算方法分为直接计税法和间接计税法。

直接计税法是指首先计算出应税货物或劳务的增值额，然后用增值额乘以适用税率求出应纳税额。按计算增值额的不同，直接计税法又可分为加法和减法。

间接计税法是指不直接根据增值额计算增值税，而是首先计算出应税货物的整体税负（销项税额），然后从整体税负中扣除非增值项目，即企业购进货物或者应税劳务已纳税额（进项税额）的方法，其余额即为纳税人应纳的增值税额。其计算公式为：

$$应纳税额 = 应税销售额 \times 增值税税率 - 非增值项目已纳税额$$
$$= 销项税额 - 进项税额$$

我国目前所采用的增值税计算方法就是间接计税法。实际征收中，采用凭增值税专用发票或其他合法扣税凭证注明税款进行抵扣的办法计算应纳税款。

5. 征收管理

（1）纳税义务发生时间。根据权责发生制的原则，以销售实现时间来确定纳税义务发生时间。包括以下两个方面：销售货物或者应税劳务，为收讫销售货款或者取得索取销售款凭据的当天；先开具发票的，为开具发票的当天。进口的货物，为报关进口的当天。

（2）纳税期限。在明确了纳税义务发生时后，还需要掌握具体纳税期限，以保证按期缴纳税款。根据《增值税暂行条例》的规定，增值税的税期限分为1日、3日、5日、10日、15日、1个月或者1个季度。

（3）纳税地点。为了保证纳税人按期申报纳税，根据企业跨地区经营和搞活商品流通的特点及不同情况，税法对增值税纳税地点根据具体业务活动做了具体规定。

（二）政策及目标

2010年新颁布增值税政策涉及征免税政策、一般纳税人认定政策、辅导期管理等政策，但主要是一般纳税人认定管理政策。

1. 征税政策

在征税政策方面，国家新增了对橄榄油按照食用植物油13%的税率征收增值税，以及干姜、姜黄增值税适用税率13%的规定。

我国增值税税率分为基本税率、低税率和零税率三档。低税率是对基本生活用品和劳务适用的税率。由于增值税税负最终由消费者负担，因此设置低税率的根本目的在于鼓励某些货物或劳务的消费，或者说是为了满足消费者对基本生活用品的消费，保证费者的利益。为了不影响增值税发挥其应有的作用，采用低税率的货物和劳务不宜过多。

2. 减免税政策

减免税政策是国家运用税收杠杆调节经济运行，引导和鼓励企业发展的一项重要政策，对于加强国家宏观调控，保证经济的健康发展起到重要作用。它实现了税收法律制度严肃性与税收调控方式灵活性的有机统一，是发挥税收经济杠杆作用的富有弹性的工具，使税收能够在市场经济条件下有效促进产业结构优化和推动企业发展。

为了配合产业政策和发挥调节经济的作用，国家每年会根据经济状况更新增值税减免税政策。其中，2010年新增增值税减免税政策主要涉及节能服务企业、外资研发中心、文化企业、制种企业以及上海期货交易所。

减免税政策的落实，一是可以增加企业的经济收益。企业将减（免）退税资金用于设备的更新改造，扩大生产规模，降低生产成本，增强了产品在国内市场的竞争力，保证了企业的可持续发展。二是可以创造良好的社会效益。减免税政策一方面具有产业导向作用，通过引导资金流向优化投资结构，促进产业结构的调整，使国家鼓励发展或需要优先发展的部门和产业，如基础产业、高新技术产业等得到了快速发展。另一方面为扩大就业，减轻社会负担，促进社会的稳定发展起到了积极的作用。

3. 一般纳税人认定管理政策

我国推行的增值税由生产型向消费型的转型改革中，一项重要内容是，补充了对增值税一般纳税人进行资格认定及管理的有关规定。在2009年增值税改革的基础之上，2010年，我国对增值税一般纳税人资格认定做了更详尽的规定。

这些新办法及配套文件的出台，使我国增值税纳税人群体发生了结构性的变化，并给政府对一般纳税人的管理带来新的挑战。

（1）一般纳税人资格认定的主要变化。

第一，放宽了一般纳税人的认定条件。《增值税一般纳税人资格认定管理办法》中规定了强制认定和选择认定两种一般纳税人认定方法。其中：强制认定针对年应税销售额超过了财政部、国家税务总局规定的小规模纳税人标准的增值税纳税人，要求其向主管税务机关申请一般纳税人资格认定。而对于年应税销售额未超过财政部、国家税务总局规定的小规模纳税人标准以及新开业的纳税人，可以选择是否向主管税务机关申请一般纳税人资格认定。同时，为了扩大纳税人规模，对使用选择认定的纳税人，仅保留了经营场所及会计核算两项要求，未设置应税销售额等其他标准。

第二，简化了一般纳税人的认定程序。将原规定的申请、资料审核、实地核查、审批程序改为告知、申请、审批程序。取消了原个体工商户一般纳税人由省级税务机关审批的规定，统一将资格认定权限下放到县（市、区）国家税务局或者同级别的税务分局。此外，在办理一般纳税人认定时，不再要求提供办理税务登记时已提供的证件、资料或与一般纳税人认定无关的其他管理事项应报送的证件、资料，同时仅保留对经营场所和核算能力的查验，大大减少了实地查验的工作内容。

第三，增加了一般纳税人的认定类型。一是在原来"企业和企业性单位"的基础上，增加了个体工商户。二是对非企业性单位、不经常发生应税行为的企业赋予了主体选择权，由原来的强制认定改为纳税人可自行选择。三是改变原来"全部销售免税货物的纳税人不得认定为一般纳税人"的规定，将销售额达到一定规模且财务核算健全的纳税人纳入一般纳税人管理。

第四，扩大了年应税销售额的范围。将年应税销售额定义为"纳税人在连续不超过 12 个月的经营期内累计应征增值税销售额，包括免税销售额。"这里有两点需要注意：一是不再强调公立年度（即从公历 1 月 1 日到 12 月 31 日），只要连续 12 个月内销售额达到 50 万元或 80 万元即可；二是应税销售额范围中增加了免税销售额，这将影响到部分免税纳税人。

（2）一般纳税人资格认定变化带来的主要影响。

第一，一般纳税人扩容延伸了增值税链条，有利于减少税收流失。近年来，伴随着"金税工程"的建设发展，增值税信息化进程进一步加快，防伪税控系统在全国的实施，使得税收流失漏洞大大缩小。在这些技术监督下放宽了一般纳税人的认定条件，将原来不得进行一般纳税人正常征扣的大量小规模纳税人纳入体系，使得增值税的抵扣链条尽一步地延伸衔接，对减少税收征管漏洞具有重要意义。

第二，一般纳税人扩容促进了市场公平，有利于小企业的发展壮大。降低小规模纳税人进入一般纳税人征扣制度的门槛，扩大增值税专用发票领购使用的范围，有利于小规模纳税人参与更广泛的竞争，为其业务开拓、市场占领以及做大做强奠定基础。

三、现阶段增值税税制的公平与效率评价

（一）总体评价

1. 增值税对经济促进效果的评价

增值税作为我国主体税种之一，在经济处于资源最优配置状态时，利用普遍征收的增值税维持这一状态；而当经济运行中出现外部性问题而市场机制又无力解决时，可以通过增值税的减免、先征后返或优惠税率对产生正外部性的产品给予补贴，以改善和提高资源配置效率。从中性原则讲，似乎不应将增值税作为矫正外部负效率的政策工具。然而，中性原则只是要求公平竞争行为不因税收而扭曲，只是增值税的目标而非必要前提条件。因此增值税在设计时使销售农产品、科教文卫事业产品或服务、资源循环利用等具有外部效率的行为享受增值税减免或低税率政策，虽使增值税税率变得相对复杂，但增值税社会效率因此也更为显著，从而使增值税符合我国产业调整和环境保护的要求。增值税社会效率主要体现在农业、环境保护、科教文卫事业和社会福利四方面。

（1）增值税对农业的激励效应。农林牧渔业税收负担的高低既直接关系到农民负担的轻重，又间接影响人们对农业产品的需求。对农业（包括种植业、养殖业、林业、牧业、水产业）生产者销售的自产农业产品免征增值税，对农副产品加工按优惠税率征收增值税，既有利于减轻农民的负担，又有利于自然资源的循环利用，充分发挥增值税对农业投入和产出的作用。我国增值税政策目前相关优惠政策有：第一，对自产自销农产品免征增值税，对一般纳税人生产以农业产品为原料的产品，可按收购金额的 13% 凭票计算抵扣进项税额；第二，对饲料、农膜、农药、化肥、种子的生产销售免征增值税；第三，

对农机产品按13%优惠税率征税，对种子、种苗、化肥、农药、农机批发零售免征增值税；第四，干姜、姜黄的增值税为低税率13%；第五，人工合成牛胚胎的生产的过程属于农业生产，纳税人销售自产人工合成胚胎应免征增值税；第六，橄榄油适用植物油13%的增值税税率。

（2）增值税对环境保护的激励效应。环境保护具有正的外部性，因此可以利用减免税、先征后返或优惠税率等增值税政策激励投资者在废旧物资回收利用、节能或环保设备以及资源综合利用等经济行为中的投入，发挥增值税对环境保护的效应。我国目前发挥增值税对环境保护的激励性政策有：第一，对再生水、以废旧轮胎为全部生产原料生产的胶粉、翻新轮胎、污水处理劳务免征增值税；第二，对销售以工业废气为原料生产的高纯度二氧化碳产品、以垃圾为燃料生产的电力或热力（包括利用垃圾发酵产生的沼气生产销售的电力或热力）、以煤炭开采过程中伴生的舍弃物油母贝岩生产的贝岩油等资产货物实行增值税即征即退；第三，对销售以退役军用发射药为原料生产的涂料消化面粉，以煤矸石、煤泥、石煤、油母贝岩为燃料生产的电力和热力，利用风力生产的电力等自产货物实行增值税即征即退50%。

（3）增值税对科教文卫事业的激励效应。大部分科学、教育、文化和卫生事业作为公共服务应由政府提供，由于这些事业的产品或服务具有很强的外部性，因此政府还应对私人提供的具有准公共品特征的科教文卫产品给予补助或税收激励。增值税作为我国的主题税种之一，充分发挥其调节和激励作用对科教文卫事业能起到极大地促进作用。我国增值税相关调节和激励政策包括：第一，科技产品增值税政策：从2000年6月24日至2010年年底以前，对增值税一般纳税人销售其自行开发生产的软件产品，按17%的法定税率征收增值税后，对其增值税实际税负超过3%的部分实行即征即退政策；自2010年7月15日起，对承担《国家中长期科学和技术发展规划纲要（2006－2020年）》中民生科技重大专项项目（课题）的企业和大专院校，科研院所等事业单位使用中央财政拨款和地方财政资金、单位自筹资金以及其他渠道获得的资金进口项目（课题）所需国内不能生产的关键设备（含软件工具及技术）、零部件、原材料，免征进口关税和进口环节增值税。第二，对直接用于科学研究、科学试验和教学的进口仪器和设备免征进口环节增值税。第三，对文化出版产品实行减免或即征即退增值税政策：对销售古旧图书免征增值税，对图书报纸杂志按13%优惠税率征税，对符合国家精神文明建设要求的科学教学书刊、报纸资料、电影拷贝、电子出版物的进口和销售免征增值税，对代表先进文化的出版物给予增值税先征后退政策，对新华书店和农村供销社销售的出版物，实行增值税先征后退政策。第四，对卫生事业的激励政策：避孕药品和用具、医院自产自用的药剂、疾病控制机构和卫生保健机构的疫苗接种免征增值税，一般纳税人用微生物、微生物代谢产物、动物毒素、人或动物的血液或组织制成的生物制品，按6%征收增值税，由能开具增值税发票供需方抵扣，对血站供应给医疗机构的临床用血免征增值税，对医疗机构自产自用的制剂免征增值税。

（4）增值税对社会福利的激励效应。增值税具有累退性，因此为了充分发挥增值税在社会福利方面的作用，维护社会公平和稳定，提高增值税的社会效率，增值税有以下优惠政策：第一，对外国政府、国际组织无偿援助的进口物资和设备，对外国政府和国际组织无偿援助项目在国内采购的货物免征增值税；第二，对社会生活必需品设置一档优惠税率，如粮食、食用植物油、自来水、暖气、冷气、热水、煤气、石油液化气、天然气、居民生活用煤等产品的生产和销售按13%优惠税率征收，同时对低于起征点的商品生产和销售免征增值税；第三，为维护国家安全，促进社会稳定的需要，对军队、军工系统的军事工厂生产销售的武器装备和内部调拨销售物品免征增值税，对公安部门的侦察、保卫和消防器材生产销售免征增值税，监狱劳教企业生产销售的货物免征增值税政策；第四，对供残疾人专用的假肢、轮椅和矫形器的生产和销售，残疾人员个人提供加工和修理修配劳务免征增值税，为鼓励安置残疾人员就业，对安置残疾人就业的单位（包括福利企业、盲人按摩机构、工疗机构和其他单位）安置"四残"（盲、聋、哑、肢体残疾的人）符合规定的均可享受增值税优惠政策。

但是，增值税作为普遍征收的中性税种，税收优惠应该越少越好，而且尽量不用或少用减免税手段，否则会损害增值税的效率。在生产流通的中间环节免税，使增值税抵扣链条中断，免税反而成了引起重复征税、增加整体税收负担的政策。而且税务机关在确定免税项目、甄别免税对象、核算减免税款时，纳税人在核算免税销售额、申报免税手续上均会增加其管理和执行成本。因此，对确实需要增值税发挥其对公平或社会效率激励作用的时候，免税政策一般只用于增值税抵扣链条的端口环节，如直接面向生活消费或面向非增值税纳税人的销售，对生产经营中间环节需要鼓励，如农产品、废旧物资回收利用等行业，用先征后退的操作办法更有利于增值税效率的发挥。增值税税率、税基、税收优惠政策的作用是相互影响的，形成"宽税基、低税率、少优惠"的良性循环，可以促进税收效率的提高。

2. 增值税税负水平研究

（1）增值税整体税负水平研究。

第一，用于衡量增值税变动指标：增值税收入变化率

$$增值税收入变化率 = \frac{VAT_1 - VAT_0}{VAT_0} \times 100\%$$

其中，VAT_1 表示的是某年度的增值税收入，VAT_0 表示的是上年度的增值税收入。增值税收入变化率可以衡量某年度增值税收入较上年度增减变化的程度。

通过使用增值税收入变化率公式，我们可以求出历年增值税收入变化率（见表 2 − 5）。从表中可以看出，我国历年增值税收入变化率基本都在 10% 以上，这说明历年来我国增值税收入以较快的速度在增长。当然，增值税收入的高速增长并不能直接、清晰表明各时期增值税的税负，但是它也能在一定程度上反映税负情况。比如，在 2009 年，我国进行了增值税全面改革，这使得固定资产的进项税额可以直接在当期抵扣，并且将小规模纳税人的征收率由 6% 和 4% 统一调整为 3%，这直接减轻了增值税一般纳税人和小规模纳税人的税负，加之受全球金融危机的影响，2009 年的增值税收入变化率仅为 2.69%，较 2008 年下降了 13.64%。

表 2 − 5　　　　　　　　历年增值税收入变化率分析

年份	增值税收入（亿元）	增值税收入变化率(%)	年份	增值税收入（亿元）	增值税收入变化率(%)
1994	2 308.34	—	2003	7 236.54	17.13
1995	2 602.33	12.74	2004	9 017.94	24.62
1996	2 962.81	13.85	2005	10 792.11	19.67
1997	3 283.92	10.84	2006	12 784.81	18.46
1998	3 628.46	10.49	2007	15 470.23	21.00
1999	3 881.87	6.98	2008	17 996.94	16.33
2000	4 553.17	17.29	2009	18 481.22	2.69
2001	5 357.13	17.66	2010	21 093.48	14.13
2002	6 178.39	15.33			

资料来源：根据《中国税务年鉴》历年数据整理而得。

第二，用于衡量相对税负的指标：增值税税负率

$$增值税税负率 = 增值税收入 / 增加值 \times 100\%$$

其中，分母增加值与增值税税基对应。增值税税负率是指增值税纳税人在一定时期内实现的增值税税额与增加值的比率，它反映了增值税纳税人的税收负担水平。

通过表 2 -6 可以看出，历年的增值税负担率在 4% ~6% 之间，并且在 1994 ~2006 年之间，增值税负担率有所上升，但在 2007 ~2010 这几年间，增值税负担率是有所下降的。增值税负担率反映的是纳税人的税负负担水平，在 1994 ~2006 年之间增值税负担率有所上升，表明该阶段纳税人的税负有所加重，之所以出现这种现象的主要原因是因为在此期间，我国采用的是生产型增值税，随着经济的发展，各行业特别是第二产业的固定资产购进量急剧增加，但是由于生产型增值税不能够抵扣这部分资产的增值税，这大大加重了纳税人的负担，导致增值税负担率呈上升趋势。由于生产型增值税已不符合我国经济发展的趋势，因此在 2009 年我国进行的增值税全面改革中将生产型增值税改革为消费型增值税，并将小规模纳税人的征收率统一调整为 3%，这在一定程度上减轻了纳税人的负担，体现在增值税税收负担率上为 2009 年的负担率为 5.42%，较 2008 年降低了 0.31%，2010 年的税收负担率为 5.25%，低于 2009 年的 5.42%。

表 2 -6　　　　　　　　　　历年增值税税负率

年份	分析期内增加值（亿元）	分析期内增值税（亿元）	分析期内增值税税负率（%）
1994	48 197.90	2 308.34	4.78
1995	60 793.80	2 602.33	4.28
1996	71 176.60	2 962.81	4.16
1997	78 973	3 283.92	4.15
1998	84 402.30	3 628.46	4.29
1999	89 677	3 881.87	4.33
2000	99 214.60	4 553.17	4.59
2001	109 655.20	5 357.13	4.88
2002	120 332.70	6 178.39	5.13

续表

年份	分析期内增加值 （亿元）	分析期内增值税 （亿元）	分析期内增值税 税负率（%）
2003	135 822.70	7 236.54	5.33
2004	159 878.30	9 017.94	5.64
2005	184 937.40	10 792.11	5.83
2006	216 314.40	12 784.81	5.91
2007	265 810.30	15 470.23	5.82
2008	314 045.40	17 996.94	5.73
2009	340 902.80	18 481.22	5.42
2010	401 202	21 093.48	5.25

资料来源：中经网统计数据库。其中分析期内增加值为历年第一、第二和第三产业增加值。

（2）增值税税负的产业结构研究。

第一，增值税税负产业结构的研究方法——弹性系数分析方法。产业增值税税收弹性系数即产业绝对增值税税负增长率/产业增加值增长率。当税收弹性＜1，表示绝对税负增长率低于经济增长率；当税收弹性＞1，绝对税负增长率高于经济增长率；当税收弹性＝1，表示绝对税负和经济同步增长。从理论上看，税收增长应当与经济增长同步，即税收弹性应接近1。

第二，增值税税负的产业税负数据分析。根据弹性系数方法及表2-4和表2-6数据，计算2006~2009年三大产业和经济总体的增值税税收弹性系数，如表2-7。从表中可以看出：

首先，第一产业增值税税收弹性系数波动较大，由2008年199.82变为2009年的15.88，但其变化对增值税总体税收弹性影响不大，总体弹性系数仅从0.89下降为0.44，这是因为第一产业的增加值比重和绝对税负比重均较低。

其次，第二产业增值税比重高，增加值和税收增长更为接近，除2009年因增值税转型而导致弹性系数下降至0.07外，其余年份均接近于1。

再次，第三产业增值税绝对税负弹性系数不断增加，由2007年0.56上升至2009年的1.41，其原因可能是随着第三产业企业规模的扩大而征管难度降低。

最后，从总体上看，在2006年后，历年的弹性系数都小于1，说明最近几年增值税的增长速度滞后于经济的增长速度。特别是在2009年进行增值税改革后，使得增值税当年的收入增长幅度大幅减少，使得弹性系数仅为0.44。

表 2 - 7　　　　2006 ~ 2009 年我国三大产业绝对税负弹性系数

年　份	2006	2007	2008	2009
第一产业 增加值增长率（%）	—	19.08	17.73	4.52
增值税收入增长率（%）	—	—	3 542.86	71.76
弹性系数	—	—	199.82	15.88
第二产业 增加值增长率（%）	—	21.32	18.42	5.80
增值税收入增长率（%）	—	22.66	15.04	0.39
弹性系数	—	1.06	0.82	0.07
第三产业 增加值增长率（%）	—	25.74	17.95	12.71
增值税收入增长率（%）	—	14.41	21.28	17.88
弹性系数	—	0.56	1.19	1.41
总体 增加值增长率（%）	16.97	22.88	18.15	8.55
增值税收入增长率（%）	20.53	21.06	16.20	3.75
弹性系数	1.21	0.92	0.89	0.44

资料来源：根据《中国税务年鉴》历年数据整理而得。

3. 增值税对财政收入的贡献

增值税占财政收入的比重趋势可以反映增值税在财政收入中的地位。我国历年增值税占财政收入的比例如表 2 - 8 和图 2 - 4 所示。

表 2 - 8　　　　　　　增值税占财政收入的比重

年份	增值税总额（亿元）	财政收入总额（亿元）	增值税占财政收入的比重（%）
1994	2 308.34	5 218.10	44.24
1995	2 602.33	6 242.20	41.69
1996	2 962.81	7 408	39.99
1997	3 283.92	8 651.10	37.96
1998	3 628.46	9 876	36.74
1999	3 881.87	11 444.10	33.92
2000	4 553.17	13 395.20	33.99

续表

年份	增值税总额 （亿元）	财政收入总额 （亿元）	增值税占财政收入的 比重（%）
2001	5 357.13	16 386	32.69
2002	6 178.39	18 903.60	32.68
2003	7 236.54	21 715.30	33.32
2004	9 017.94	26 396.50	34.16
2005	10 792.11	31 649.30	34.10
2006	12 784.81	38 760.20	32.98
2007	15 470.23	51 321.80	30.14
2008	17 996.94	61 330.40	29.34
2009	18 481.22	68 518.30	26.97
2010	21 093.48	83 080.32	25.39

资料来源：表中增值税为《中国税务年鉴》历年国内增值税收入，表中财政收入来源于中经网统计数据库。

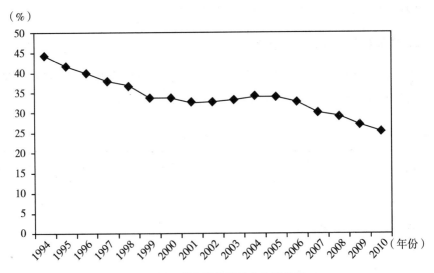

图 2－4　增值税占财政收入的比重

资料来源：表中增值税为《中国税务年鉴》历年国内增值税收入，表中财政收入来源于中经网统计数据库。

从表 2 - 8 中可以看出，增值税作为我国第一大税种在历年财政收入中所占的比重都在 25% 以上。特别是在 1994 年分税制改革当年，增值税在财政收入中所占份额从 1993 年的 24.86% 一跃到 1994 年的 44.24%，达到历史的最高值，约占财政收入的一半。随后，随着国内税制的不断改革和优化，增值税占财政收入的比例有所下降，但基本上仍在 30% 以上，这也体现了增值税作为我国第一大税种对财政收入的贡献。有所例外的是最近三年增值税占财政收入的比例都低于 30%，其中 2008 年、2009 年和 2010 年分别为 29.34%、26.97% 和 25.39%。之所以出现这种现象是因为 2008 年国内经济受到世界经济危机的冲击，当年增值税的比例有所下降。2009 年，我国进行增值税的全面改革，增值税的类型由生产型向消费型转变，这样使得固定资产的进项税额可以直接在当期抵扣，造成了增值税的增长幅度大幅下降，这使得 2009 年和 2010 年增值税占财政收入的比重有所下降。

从图 2 - 4 能更加明显地看出我国增值税历年占财政收入的比重。在图中，增值税的比重从 1994 年的历史最高值逐渐下降，在经历了 1994 ~ 1998 年较为急速的下降后，在 1999 ~ 2005 年经历了一段平稳期，但是 2006 年后下降趋势开始变的较为明显，在 2010 年达到最低值 25.93%。虽然增值税占财政收入的比重不断下降，但是其作为我国第一税种的地位仍然不会改变，其对财政收入的贡献仍是最大的。

（二）具体评价

从总体上看，增值税作为我国主体税种发挥着重要作用，正如我们刚才在增值税总体评价的叙述中那样。然而，目前的增值税制度并非尽善尽美，还存在较大问题，在接下来的具体评价中我们将从五个方面分析目前增值税存在的问题，并在最后提出合理建议。

1. 征税范围

首先，从税制完善的角度看，增值税和营业税并行的税收制度，形成了不同行业分别属于不同的流转税征收区域的现状，从制度上人为割裂了增值税抵扣链条，影响了增值税作用的发挥。增值税具有"中性"的优点，但是实现这一优点的前提之一是，增值税的税基覆盖范围要尽可能广泛。目前，现行税制对第二产业中的建筑业以及大部分第三产业征收营业税，增值税税基范围较窄，造成经济运行中增值税抵扣链条被人为割断，增值税中性优点大打折扣。

其次，从税收征管的角度看，增值税和营业税并行的税收制度，造成了税收征管实践的一些困难。特别是随着新经济形式的出现，为税收征管工作带来了新的挑战。主要体现在以下两个方面：一是对混合销售业务分别按照行业性质和业务性质两个不同标准划分增值税和营业税征税区域，缺乏统一性。二是在现代市场经济中，多元化经营和新的经济形式不断出现，兼营行为日益普遍，一项业务可能既涉及商品销售，又涉及劳务提供。然而，在核定货物或增值税非应税劳务销售额时，基层主管税务机关的国税部门和地税部门权限如何划分，在相关制度中未作出规定，容易造成两个征收机关之间的矛盾。

2. 纳税人

我国增值税制度将增值税纳税人按其经营规模大小及会计核算健全与否划分为一般纳税人和小规模纳税人。目前，我国纳税人会计核算水平参差不齐，某些经营规模较小的纳税人因其销售货物或者提供劳务的对象多为最终消费者，无须开具增值税专用发票，这种纳税人的划分方法在一定程度上便于增值税的推行、简化征管手续、节约征税成本并严格增值税的征收管理。但是，增值税仍然存在一些问题。

首先，小规模纳税人界定标准模糊不清。我国现行税制以定性标准和定量标准作为小规模纳税人界定标准。但在实际操作中很难按照统一的标准执行。销售额，作为定量标准，受到很多因素的影响，如市场因素，资本投入的大小。会计核算是否健全，作为定性标准，由各地税务机关来核定。由于各地对定性标准的掌握尺度不一，从而造成纳税人认定不公平，不仅不利于增值税一般纳税人与小规模纳税人之间的正常交易，也给某些纳税人提供了偷逃税款的机会。

其次，增加了增值税管理的难度。小规模纳税人逃偷税现象严重，其中通过"挂靠增值税一般纳税人"逃偷税的现象相当突出，一方面在销售时违章使用所挂靠的一般纳税人领购的专用发票从事生产经营活动，另一方面在购进货物时由挂靠的一般纳税人支付货款，取得增值税专用发票交由一般纳税人进行抵扣，由此挂靠双方均有利可图，而国家的税收收入却流失了。

3. 税率和征收率

现行增值税制度对增值税一般纳税人规定了三档税率，对小规模纳税人统一适用3%征收率。同时，在进项税额抵扣方面针对一般纳税人和小规模纳税人做了不同的规定。造成了不同纳税人之间税负不公平，在一定程度上违背了公平原则。

首先，差别税率计征增值税额，影响税负公平。现行三档差别税率设置存在较大差距，使经营不同产品的企业适用不同的税率，在一定程度上造成税收负担不公平。就目前差别税率的作用效果来看，对资源行业实行低税率使得资源产品价格低廉，不利于贯彻我国对资源适度开发、节约利用的宗旨。对大部分出口货物实行零税率，且免、抵、退税，对出口贸易的过度支持使出口贸易规模在快速增长的同时带来了高额贸易顺差，容易引发贸易冲突。

其次，差别税率作用于增值税抵扣链条，进一步影响税负公平。一是如果生产销售基本税率17%货物的纳税人购进13%低税率的货物用于生产经营，该部分货物只能按17%基本税率计算销项税额，按13%低税率计算可抵扣进项税额，由于购进货物13%的税率少抵扣的4%的部分加重了增值税税负。二是销售免税货物不得开具增值税专用发票，这样销售的免税货物进入下一生产环节不能进行抵扣，将造成购进免税货物生产应税货物销售的企业承担免税货物的税收负担。

最后，起征点政策影响税负公平。现行法律法规中规定，个人销售货物的起征点为月销售额2 000～5 000元，个人销售应税劳务的起征点为月销售额1 500～3 000元，个人销售货物或应税劳务的收入超过起征点后全额计征增值税，从而造成超过起征点个人与低于起征点个人税负差距过大，不利于对工商户的税收管理。

4. 出口退税制度

首先，出口退税政策变动过于频繁，调整幅度过大。自1994年，国家税务总局制定《出口货物退（免）税管理办法》以来，先后多次对出口退税制度进行补充、调整。包括1995年、1996年两次调低退税率；1998年、1999年七次调高退税率、修改退税单证、退税期限等具体规定；2005年修改地方政府负担退税的比例，由25%降至7.50%，这对于缓解地方政府的财政压力具有重要的意义，但随着中央财政收支状况以及出口形势的变化，必然要求政策的再次调整。出口退税政策的频繁变动，有可能使地方政府形成心理预期，拖欠退税款的支付；短期内政策的频繁调整，不利于企业规划长期的生产经营活动。

其次，退税方式繁杂、标准难统一。在办理出口退税时，增值税一般纳税人和小规模纳税人适用不同的退税方法。前者对不同行业甚至统一行业的不同企业实行不同的退税方法，造成政策运用和退税结果上有所不同，导致退税收益有很大差异。实行"免、抵、退"政策的出口货物是按货物出口的离岸价格和退税率计算出口退税的，而实行"先征后退"方式则是按外贸企业的收购成本和退税率计算出口退税的。后者"自营或委托出口的货物，一律免征增值税、消费税，其进项税额不予抵扣和退还"。除此之外，对不同企业，征税率与退税率的不一致，导致企业出口实际得到的退税款产生差异，显然有悖于市场经济公平竞争的原则。

再次，出口退税法律级次过低，退税执法缺乏统一性和规范性。我国在1994 年颁布了《出口货物退（免）税管理办法》，对出口货物增值税和消费税的退免税做了较为详尽的规定。此后，根据社会环境以及经济发展状况的变化，多次颁布了一系列的通知和规定，对该管理办法进行了补充和完善，但关于出口退税的法律寥寥无几。由于出口退税的法律体系还不健全以及地方保护主义等因素的存在，我国出口退税执法工作缺乏统一性和规范性，同时，影响了税法的权威性和税收执行效率。这些问题反过来影响出口退税政策的准确执行，从而使得出口退税政策达不到预期效果。

最后，地区间出口退税负担存在一定不平衡。出口退税额的巨额增长给中央财政带来了沉重负担，同时，我国出口退税面临着征、退税地域分离，地区间出口退税负担不平衡的问题。

5. 征管水平

伴随着 1994 年以增值税改革为核心的税制改革，"金税工程"应运而生。十几年来，"金税工程"在有效打击和遏制违法犯罪分子利用增值税专用发票偷逃税、规范税务执法行为以及促进税收收入增加等方面取得了巨大成就。然而，随着科技水平的提高，不法分子采用高科技手段、利用增值税专用发票进行偷逃税的犯罪活动日益增多。目前，增值税税收征管方面主要存在以下问题：

首先，"金税工程"以票管税，漏洞大。"金税工程"一期、二期的实施虽然取得了可喜成绩，在一定程度上遏制了利用增值税专用发票进行违法犯罪活动。然而，随着科技水平的进步出现了"克隆"票、"涂改"票等现象，利用增值税专用发票的违法犯罪活动有所抬头，偷逃税款犯罪案件的涉案金额也在逐年升高。国家税务总局 2005 年 1 月 13 日就曾公布了一起特大系列虚开增值税发票进行骗税的案件，涉案金额高达28亿元，税额4.30亿元。

其次，缺乏外部信息支持，税源监控能力受限。目前，我国"金税工程"的税源监控能力受到制约，主要原因在于缺乏外部信息支持。拥有信息资源的公安、工商、金融机构、技术监督等部门的电子政务建设与"金税工程"建设不统一，信息资源不能有效共享。如税务登记需要工商部门的工商登记信息；资金往来监控需要各金融机构提供银行账号信息等；出口退税需要海关提供企业出口信息等，这些外部信息对税源监控起到重要作用。实际上，部门之间尚未形成信息资源的共享，税务机关仅靠纳税人报告得到的信息并不能保证其准确、全面和真实性，使得税源控制能力受到一定的约束，难以达到征管要求。

四、政策建议

（一）扩大征税范围

由于我国目前的增值税制度存在以上种种问题，因此增值税扩围是我国增值税转型后进一步改革的必然选择，但是改革应当符合我国国情，必须考虑周全、循序渐进。增值税替代营业税，最理想的就是体制、机制、机构调整一步到位。但是，从我国的国情看，增值税范围的扩大并不能一蹴而就，在扩围之前还要考虑由于扩大增值税范围对原来征收营业税的企业税负会带来较大的变动，以及由于营业税的减少而导致的以其作为收入来源之一的地方税收减少的影响。建议采取分阶段逐步扩大征收范围，并从下面两个方面着手进行。

首先，先将交通运输业、建筑业、销售不动产和转让无形资产并入增值税的征收范围。其中，交通运输业与货物销售紧密相连。对交通运输业使用增值税专用发票，有利于完善增值税抵扣链条，避免不法分子利用运输发票偷逃税款。按现行政策，交通运输业开具的运输费凭证已纳入增值税管理范围。建筑安装业属于固定资产投资，处于社会再生产的中间环节，对其征收增值税，便于建筑安装业与其上下环节之间形成抵扣链条，有效防止税款流失。对销售不动产和转让无形资产征税，可以使购买者和受让者抵扣这些资本投资的进项税额，有利于促进生产性投资的增长，促进科技进步以及产业结构的升级。

其次，改革税收分配体制，缓解地方财政压力。营业税是地方的第一大税种，随着营业税税目逐步纳入增值税的征税范围，必将会对地方财政收入造成巨大的影响。从理论上讲，中央财政收入的集中度并不是越高越好，因为过度使用纵向的财政转移支付会造成资金效率的损失以及地方发展效率的损失。因此，通过反复精确测算增值税扩围后减少的营业税占地方税收收入的比重，并综合考虑中央与地方履行财政职能所需要的资金规模等因素，对现行增值税中央与地方之间 75：25 的分享比例进行调整，提高地方分享比例，可以缓解地方财政困难，同时，也是增值税成功扩围的前提。

（二）合理认定纳税人

目前，我国对于小规模纳税人界定标准模糊不清，造成纳税人认定不公，不利于一般纳税人和小规模纳税人开展正常经济活动，也为某些小规模纳税人提供了偷逃税的漏洞，这对小规模纳税人的管理造成了困难。针对这一现象，我们应该改革和完善增值税纳税人认定管理方法，科学界定增值税纳税人。

小规模纳税人的界定标准之一是会计核算是否健全。各地各级税务机关应统一会计核算是否健全的标准。同时，应该通过一系列的制度对税务人员的执行情况加以监督，从根本上杜绝各地税务机关从自身利益出发，导致小规模纳税人认定标准不一的情况，减轻增值税管理特别是发票管理的难度。

小规模纳税人界定标准之二是年销售额。由于影响这一标准的因素较多且不固定，因此它可以作为一个辅助指标。只要纳税人会计核算健全，无论是否达到作为标准的年销售额，都应认定为增值税一般纳税人。

（三）优化税率和征收率

针对如前文所述我国增值税在税率和征收率方面存在的问题，我们应在兼顾公平、效率两大税收原则的前提下，简并税率、规范抵扣，完善增值税链条，达到公平税负、提高税收效率的目标。并从以下几个方面着手，优化增值税税率：

1. 以单一低税率为最优选择

从理论上说，增值税是中性税，它不应因生产、经营的内容不同而税负不同，因此税率档次相对要少。而且从规范化的增值税制要求出发，增值税税率结构应朝着简单、高效的税率结构方面发展，最优方案是实行单一税率，尽可能取消减免。但是，对于确实需要照顾的劳务或商品可以采取先征后返或退还增值税的优惠政策来实现；对需要用税收手段激励的有长远且具有普遍意义的行业或群体，也可增设一档优惠税率。只有这样，优惠税率和基本税率才能体现政府的政策倾斜，从而实现税收的引导和激励作用。

2. 规范抵扣政策，完善抵扣链条

在统一增值税税率的前提下，在增值税环环抵扣、节节征收的整体链条特征下，纳税人购进货物少抵扣的每一分进项税额都会成为企业多负担的税额，所以规范增值税抵扣是公平纳税人税负的另一关键因素，因此，可对销售免税货物开具增值税专用发票。免税应仅限于对企业货物本环节增值税免征，不应影响免税货物流转方向，更不能使税负向后一环节转嫁。

3. 以免征额政策取代起征点政策

增值税销售货物起征点的设置，造成起征点临界销售额纳税人的税负不公。为公平税负、规范税收征管秩序，将起征点改为合理的免征数额，设定合理的免征额尤为必要，达到到免征额的予以免征，超过免征额就超过部分予以征收。这样增值税征收更加合理，使广大个体工商户不仅减免了税款，而且公平了税负。

（四）完善出口退税制度

当前，我国的出口退税制度在鼓励企业外贸出口、优化产业结构、促进社会经济发展方都起到了积极的作用，但是仍然存在一些需要进一步解决的问题。只有认清当前出口退税制度中存在的问题并制定出相应的对策方法，才能发挥我国出口退税制度应有的作用，这对于促进我国社会经济的健康发展也有积极意义。

1. 实行征退一体化

我国在今后的退税改革中，要尽量做到征退一体化，把出口退税工作纳入增值税的常规管理，合并出口企业增值税纳税系统和出口退税系统，使负责税收征管的机构既"管征"又"管退"，改变退税机关与征税机关的分离状态，实行征税与退税职能一体化。这样可以解决征税与退税分离的矛盾，可以有效地堵塞退税管理中的漏洞，对于防止出口骗税案件的发生具有重要的意义。

2. 尽量实现全额退税

WTO 倡导中性的多边贸易框架，而出口退税使产品以不含税价格参与国际竞争，同时克服重复征税，正是中性税收原则的体现。因此，在多边贸易框架下，遵循"征多少、退多少"的原则，是我国出口退税制度的必然选择。首先，可以考虑把其他间接税，如营业税、城市维护建设税等也列入退税范围。这样做不仅有利于提高企业的出口积极性，也使我国的出口退税制度更符合 WTO 规则和国际惯例。其次，取消少数不可再生类、高能耗类产品的出口退税政策，同时调高普通出口类产品的出口退税率，使征、退税率一致，实现彻底退税。

3. 保持出口退税政策的稳定性

出口退税制度的频繁变动不利于企业的出口规划和税务机关的管理工作，这要求我国政府和税务机关从我国经济的长远发展出发制订切实可行、稳定、透明的出口退税制度，增强出口退税制度的稳定性。这样不仅保持了政府的诚信，更有利于保障纳税人的实际利益和预期可得利益，使其预期的税收结果与实际结果保持一致，从而积极参与国际竞争。

4. 提高出口退税制度的法制化程度

我国立法机关应进一步完善在出口退税方面的法律制度，制定一部明确出口退税原则、主体、期限等规定的规范性文件，并在条件成熟时使之上升为具有高度权威性的国家法律。

5. 实行退税与分成的新模式，以解决退税额分担问题

中央政府与地方政府共同负担出口退税，不仅可以解决对外贸易出口退税资金不足的问题，而且也是公平合理性的体现。在实际的操作中，可以实行"先退税，后分成"的模式来解决出口退税额分担的问题，地方政府与中央政府在对增值税收入进行分成之前，需要将相应退税额从总体的增值税收入予以扣除。而后，可以按照我国现行的两级财政体制进行分配，从而可以保证出口退税的可靠税源，杜绝政府拖欠企业应退税金的现象。

（五）提高征管水平

消费型增值税的征收和管理要求国内具备一个完善配套的征管环境，具体包

括价格体系、银行结算体系、企业制度、对金融机构的监控手段、社会中介服务机构、良好的税务人员素质以及良好的社会环境等。而我国目前的增值税征收配套措施还很不健全，制约了我国增值税管理效果。因此，政府在完善增值税制的同时，应辅以相关配套措施的完善，只有这样，才能真正保证增值税转型的成功。

1. 创新征管模式，提高金融机构对经济生活的监控力度

当前我国税源监控的重要空白点就是税务机关无法完全掌控纳税人的经济交易行为，特别在我国经济生活中存在着巨大的现金交易量，逃避了税收监控，极易造成偷逃税；而且，即使是通过金融机构的交易行为，由于种种原因，税收监控也存在一定盲点，因而，进一步加强金融对经济的监控力度，为税收征管提供及时、准确的信息对改善税收征管、增加税收收入至关重要。特别是要加快推行金卡工程和个人信用卡工程，及时地反映经济生活中的所有交易行为，同时，加强信息共享，增强税收监控能力，提高税源管理水平。

2. 转变征收观念，提高全社会的法制意识

要在全社会进行广泛的税收法制宣传和教育，增强各个经济主体的纳税理念培养，提高纳税遵从水平。同时，加大对税收违法问题的处罚力度，以严厉的惩处措施约束各经济主体的涉税行为。还要建立健全的税收司法保障体系，约束税务机关的执法行为，保障纳税人的合法权益。此外，税务机关要从过去的重纳税人义务、轻纳税人权利，转变到既注重纳税义务又注重纳税人权利的轨道上来，进而形成良好的依法纳税的社会氛围。

3. 以信息化为依托，建立政府各部门的协税护税机制

协税护税是保证税收收入的有效手段，单纯依靠税务机关加强征管、充实人员等措施是不可能完全解决的，必须依托于信息技术，建立健全政府各部门相互协作的护税机制，加强与工商行政管理部门、金融部门的合作，并在此基础上，进一步强化"两大联网"（即税务系统内部计算机之间的联网，税务系统与银行、工商、海关、法院、公安、边检等外部单位的联网），以此加快协税护税体系的建立，强化税收的监控职能，提高税收征管水平和效率。

参考文献：

[1] 陈凌云：《关于现行增值税税率改革的思考》，载于《新西部》2008年第11期。

［2］侯晓燕、王钢：《从国际比较看我国出口退税制度的完善》，载于《中国集体经济》2011 年第 2 期。

［3］江丽：《我国出口退税制度存在的问题及改革建议》，载于《税务研究》2009 年第 7 期。

［4］刘小军：《金税工程建设中的问题与对策研究》，吉林大学硕士学位论文，2009 年。

［5］刘彦晖：《增值税纳税人制度改革的研究》，载于《山西财经大学学报》2007 年第 4 期。

［6］王建聪：《我国增值税改革回顾与发展研究》，载于《沈阳工程学院学报（社会科学版）》2001 年第 4 期。

［7］王金霞：《扩大增值税征税范围的思考》，载于《税务研究》2009 年第 8 期。

［8］严才明：《增值税的效率分析》，上海财经大学博士学位论文，2006 年。

［9］张波：《我国增值税出口退税制度的缺陷与矫正》，载于《财会月刊》2010 年第 4 期。

第二节　企业税

一、企业所得税税制概述

（一）企业所得税制度的发展简述

1. 新中国成立后至改革开放前的企业所得税制度

在 1949 年首届全国税务会议上，通过了统一全国税收政策的基本方案，其中包括对企业所得和个人所得征税的办法。1950 年，政务院发布了《全国税政实施要则》，规定全国设置 14 种税收，其中涉及对所得征税的有工商业税（所得部分）、存款利息所得税和薪给报酬所得税等三种税收。

工商业税（所得部分）自 1950 年开征以后，主要征税对象是私营企业、集体企业和个体工商户的应税所得。国营企业因政府有关部门直接参与经营管理，其财务核算制度也与一般企业差异较大，所以国营企业实行利润上缴制度，而不缴纳所得税。这种制度的设计适应了当时中国高度集中的计划经济管理体制的需要。

1958 年和 1973 年我国进行了两次重大的税制改革，其核心是简化税制，其中的工商业税（所得部分）主要还是对集体企业征收，国营企业只征一道工商税，不征所得税。在这个阶段，各项税收占财政收入的比重有所提高，占50%左右，但国营企业上缴的利润仍是国家财政收入的主要来源。

2. 改革开放以后的企业所得税制度

从20世纪70年代末起，中国实施改革开放政策，税制建设进入了一个新的发展时期，税收收入逐渐成为各级政府财政收入的主要来源，同时税收收入也成为国家宏观经济调控的重要手段。

（1）1978～1982年的企业所得税制度。改革开放以后，为适应引进外国资金、技术和人才，开展对外经济技术合作的需要，根据党中央统一部署，税制改革工作在"七五"计划期间逐步推开。1980年9月，第五届全国人民代表大会第三次会议通过了《中华人民共和国中外合资经营企业所得税法》并公布施行。企业所得税税率确定为30%，另按应纳税所得额附征10%的地方所得税。1981年12月，第五届全国人民代表大会第四次会议通过了《中华人民共和国外国企业所得税法》，实行20%～40%的5级超额累进税率，另按应纳税所得额附征10%的地方所得税。

（2）1983～1990年的企业所得税制度。作为企业改革和城市改革的一个重大措施，1983年国务院决定在全国范围试行国营企业"利改税"，即将新中国成立后实行了30多年的国营企业向国家上缴利润的制度改为缴纳企业所得税的制度。

1984年9月，国务院发布了《中华人民共和国国营企业所得税条例（草案）》和《国营企业调节税征收办法》。国营企业所得税的纳税人为实行独立经济核算的国营企业。大中型企业实行55%的比例税率，小型企业适用10%～55%的8级超额累进税率。国营企业调节税的纳税人为大中型国营企业，税率由财税部门、商业企业主管部门核定。

1985年4月，国务院发布了《中华人民共和国集体企业所得税暂行条例》，实行10%～55%的超额累进税率，原来对集体企业征收的工商税（所得税部分）同时停止执行。

1988年6月，国务院发布了《中华人民共和国私营企业所得税暂行条例》，税率为35%。

国营企业"利改税"和集体企业、私营企业所得税制度的出台，重新确定了国家与企业的分配关系，使我国企业所得税制度的建设进入健康发展的阶段。

（3）1991 年至今的企业所得税制度。为适应中国建立社会主义市场经济体制的新形势，进一步扩大改革开放，努力把国有企业推向市场，按照统一税法、简化税制、公平税负和促进竞争的原则，国家先后完成了外资企业所得税的统一和内资企业所得税的统一。

1991 年 4 月，第七届全国人民代表大会将《中华人民共和国中外合资经营企业所得税法》与《中华人民共和国外国企业所得税法》合并，制定了《中华人民共和国外商投资企业和外国企业所得税法》，并于同年 7 月 1 日起施行。

1993 年 12 月 13 日，国务院将《中华人民共和国供应企业所得税条例（草案）》、《国营企业调节税征收办法》、《中华人民共和国集体企业所得税暂行条例》和《中华人民共和国私营企业所得税暂行条例》进行整合，制定了《中华人民共和国企业所得税暂行条例》，自 1994 年 1 月 1 日起施行。上述改革标志着中国的所得税制度改革向着法制化、科学化和规范化的方向迈出了重要的步伐。

现行企业所得税的基本规范是 2007 年 3 月 16 日第十届全国人民代表大会第五次全体会议通过的《中华人民共和国企业所得税法》和 2007 年 11 月 28 日的国务院第 197 次常务会议通过的《中华人民共和国企业所得税法实施条例》，以及国务院财政税务部门发布的相关规定。

（二）现行企业所得税制的构成

企业所得税是对我国境内的企业和其他取得收入的组织的生产经营所得和其他所得征收的税种。

1. 纳税义务人、征税对象和税率

（1）纳税义务人。企业所得税的纳税义务人，是指在中华人民共和国境内的企业和其他取得收入的组织（以下统称企业），个人独资企业和合伙企业不适用企业所得税法。

按照地域管辖权和居民管辖权的双重标准，企业所得税的纳税义务人分为居民企业和非居民企业。居民企业，是指在中华人民共和国境内成立，或者依照外国（地区）法律成立但实际管理机构在中国境内的企业，这里的企业包括国有企业、集体企业、私营企业、联营企业、股份制企业、外商投资企业、外国企业以及有生产经营所得和其他所得的其他组织；非居民企业，是指依照

外国（地区）法律成立且实际管理机构不在中国境内，但在中国境内设立机构、场所的，或者在中国境内未设立机构和场所，但有来源于中国境内所得的企业。

（2）征税对象及范围。企业所得税的征税对象，是指企业的生产经营所得、其他所得和清算所得。居民企业应当就其来源于中国境内、境外的所得作为征税对象。所得，包括销售货物所得、提供劳务所得、转让财产所得、股息红利等权益性投资所得、利息所得、租金所得、特许权使用费所得、接受捐赠和其他所得。

非居民企业在中国境内设立机构、场所的，应当就其所设机构、场所取得的来源于中国境内的所得，以及发生在中国境外但与其所设机构、场所有实际联系的所得，缴纳企业所得税。非居民企业在中国境内未设有机构、场所的，或者虽设立机构、场所但取得的所得与其所设机构、场所没有实际联系的，应当就其来源于中国境内的所得缴纳企业所得税。

（3）税率。企业所得税实行比例税率，不会因为因征税而改变企业间收入分配比例，有利于促进效率的提高。现行企业所得税的基本税率是25%，适用于居民企业和在中国境内设有机构、场所且所得与机构场所有关联的非居民企业。低税率为20%，适用于在中国境内未设立机构、场所的，或者虽设立机构、场所但取得的所得与其所设机构、场所没有实际联系的非居民企业。但实际征收时适用10%的税率。国家需要重点扶持的高新技术企业减按15%的税率征收企业所得税。小型微利企业减按20%的税率征收企业所得税。

2. 应纳税所得额的计算

企业所得税的计税依据是应纳税所得额，其计算公式如下：

应纳税所得额 = 收入总额 − 不征税收入 − 免税收入 − 各项扣除 − 以前年度亏损

企业应纳税所得额的计算以权责发生制为原则，属于当期的收入和费用，不论款项是否收付，均作为当期的收入和费用；不属于当期的收入和费用，即使款项已经在当期收付，均不作为当期的收入和费用。

（1）收入总额。企业的收入总额包括以货币形式和非货币形式从各种来源取得的收入，具体有：销售货物收入，提供劳务收入，转让财产收入，股息、红利等权益性投资收益，利息收入，租金收入，特许权使用费收入，接受捐赠收入以及其他收入。

（2）费用扣除。企业所得税法规定，企业实际发生的与取得收入有关的、合理的支出，包括成本、费用、税金、损失和其他支出，准予在计算应纳税所得额时扣除。在实际中，计算应纳税所得额时还应注意三个方面的内容：企业发生的支出应当区分收益性支出和资本性支出。收益性支出在发生当期直接扣除，资本性支出应当分期扣除或者计入有关资产成本，不得在发生当期直接扣除；企业的不征税收入用于支出所形成的费用或者财产，不得扣除或者计算对应的折旧、摊销扣除；除企业所得税法和条例另有规定外，企业实际发生的成本、费用、税金、损失和其他支出，不得重复扣除。

3. 税收优惠

税法规定的企业所得税的税收优惠方式包括免税、减税、加计扣除、加速折旧、减计收入、税额抵免。

（1）减征与免征优惠。减征与免征优惠主要针对以下四种所得项目：从事农、林、牧、渔项目的所得；从事国家重点扶持的公共基础设施项目投资所得；从事符合条件的环境保护、节能、节水项目的所得；符合条件的技术转让所得。

（2）小型微利企业与高新技术企业优惠。小型微利企业减按 20% 征收企业所得税。国家需要重点扶持的高新技术企业减按 15% 的税率征收企业所得税。其中在经济特区和上海浦东新区内 2008 年 1 月 1 日之后完成登记注册的国家需要重点扶持的高新技术企业，在经济特区和上海浦东新区内取得的所得，自取得第一笔生产经营收入所属纳税年度起，第 1 年至第 2 年免征企业所得税，第 3 年至第 5 年按照 25% 的法定税率减半征收企业所得税。

（3）研究开发费用的加计扣除。企业为开发新技术、新产品、新工艺发生的研究开发费用，未形成无形资产计入当期损益的，在按照规定据实扣除的基础上，再按照研究开发费用的 50% 加计扣除；形成无形资产的，按照无形资产成本的 150% 摊销。

（4）《企业所得税法》公布前批准设立的企业税收优惠过渡办法。自 2008 年 1 月 1 日起，原享受低税率优惠政策的企业，[①] 在新税法实施后 5 年内

---

① 原《外商投资企业和外国企业所得税法》第 7 条规定设在经济特区的外商投资企业、在经济特区设立机构、场所从事生产、经营的外国企业和设在经济技术开发区的生产型外商投资企业，减按 15% 的税率征收企业所得税。设在沿海经济开放区和经济特区、经济技术开发区所在城市的老市区或者设在国务院规定的其他地区的外商投资企业，属于能源、交通、港口、码头或者国家鼓励的其他项目的，可以减按 15% 的税率征收企业所得税，具体办法由国务院规定。

逐步过渡到法定税率。其中：享受企业所得税 15% 税率的企业，2008 年按照 18% 税率执行，2009 年按照 20% 税率执行，2010 年按照 22% 税率执行，2011 年按照 24% 税率执行，2012 年按照 25% 税率执行；原执行 24% 税率的企业，2008 年起按照 25% 税率执行（见表 2-9）。

表 2-9　　　　现行企业所得税法过渡期低税率优惠政策一览表　　　单位：%

年　度	2008	2009	2010	2011	2012
过渡期税率	18	20	22	24	25

4. 特别纳税调整

特别纳税调整的范围，是指企业与其关联方之间的业务往来，不符合独立交易的原则而减少企业或者其关联方应纳税收入或者所得额的，税务机关有权按照合理的方法调整。企业与其关联方共同开发、受让无形资产，或者共同提供、接受劳务发生的成本，在计算应纳税所得额时应当按照独立原则进行分摊。

特别纳税调整的方法主要有以下几种：可比非受控价格法，再销售价格法，成本加成法，交易净利润法，利润分割法及其他符合独立交易原则的方法。

5. 征收管理

（1）纳税地点。除法律和行政法规外，居民企业以登记注册地为纳税地点；但登记注册地在境外的，以实际管理机构所在地为纳税地点；居民企业在中国境内设立不具有法人资格营业机构的，应当汇总计算并缴纳企业所得税。

非居民企业在中国境内设立机构、场所的，应当就其所设机构、场所取得的来源于中国境内的所得，以及发生在中国境外但与其所设机构、场所有实际联系的所得，以机构、场所所在地为纳税地点。非居民企业在中国境内设立两个或者两个以上机构、场所的，经税务机关审核批准，可以选择由其主要机构、场所汇总缴纳企业所得税。

（2）纳税期限。企业所得税按年计征，分月或者分季预缴。企业所得税的纳税年度，自公历 1 月 1 日起至 12 月 31 日止。自年度终了之日起 5 个月内，向税务机关报送年度企业所得税纳税申报表，并汇算清缴，结清应缴应退税款。

二、企业所得税收入规模与结构的实证分析

企业所得税是以企业生产经营所得和其他所得为征税对象征收的一种税，税基广泛，具有征收上的普遍性。从财政分配的角度来考察，企业所得税的征收不仅影响政府财政收入的增长，还影响到政府与企业的利润分配和政府之间的税源分配关系。再从经济角度来考察，企业所得税对于资源配置和经济稳定增长具有明显的影响，通过各种企业所得税优惠政策，引导产业投资和布局，促进产业结构的优化和升级。从企业自身的角度来看，由于企业所得税被视为企业生产经营过程中的一项费用，是企业成本的一部分，因而企业所得税负的高低将影响企业的发展。

基于历史演进的角度，我们所收集的数据跨度自 1994 年分税制改革开始到 2009 年为止。我们将从总量与结构两方面对企业所得税的变化趋势进行实证分析。

（一）企业所得税规模的变化趋势

一国经济形势好坏可以反映在企业创造的经济效益上，经济形势好，企业创造的财富越多，利润越大，反之则不然。而国家和企业的利润分配关系由法律严格规定，基于此，企业所得税可以随着经济的发展而增长，从而也保证了国家的财政收入。

1. 企业所得税总量的变化

我国历年企业所得税总量变化趋势，如表 2 - 10 及图 2 - 5 所示。

从图 2 - 5 中可以看出，随着我国经济的不断发展，内、外资企业所得税逐年增长，从而带动企业所得税收入总额不断增长，1994 年为 687.8 亿元，增长到 2009 年的 12 165.3 亿元，增长了 17.7 倍。而企业所得税的高低也是反映一个国家企业经营状况好坏的重要指标之一，2002 ~ 2008 年企业所得税的增幅明显高于 1994 ~ 2000 年，表明在此阶段内、外资企业经营状况总体尚好。

内资企业所得税增幅比外资企业高很多，表明内资企业对企业所得税增长贡献要大于外资企业。在 2000 ~ 2008 年，内资企业所得税增长十分显著，从而带动企业所得税总额的增长也十分显著。究其原因：一是外资企业受惠于我国三十年来改革开放的大环境，企业还处于发展期；二是在 2008 年之前内、

表 2-10				企业所得税总量变化			单位：亿元	
年份 项目	1994	1995	1996	1997	1998	1999	2000	2001
内资企业 所得税	639.7	753.1	811.5	931.7	856.3	1 009.4	1 444.6	2 121.9
外商投资 和外国企 业所得税	48.1	74.2	104.4	143.1	182.5	217.8	326.1	512.6
企业所得 税合计	687.8	827.3	915.9	1 074.8	1 038.8	1 227.2	1 770.7	2 634.5
年份 项目	2002	2003	2004	2005	2006	2007	2008	2009
内资企业 所得税	1 972.6	2 342.2	3 141.7	4 363.1	5 545.9	7 723.7		
外商投资 和外国企 业所得税	616	705.4	932.5	1 147.7	1 534.8	1 951.2		
企业所得 税合计	2 588.6	3 047.6	4 074.2	5 510.8	7 080.7	9 674.9	12 195.2	12 165.3

注：2008 年 1 月 1 日起执行新的企业所得税法，故 2008 年和 2009 年数据只有内外资企业合计的数据。

资料来源：根据《中国税务年鉴》历年数据整理而得。

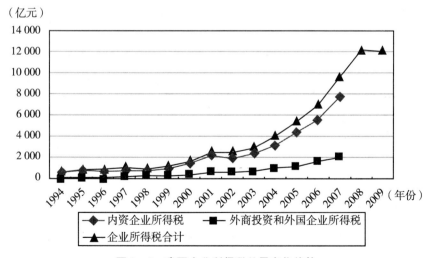

图 2-5　我国企业所得税总量变化趋势

资料来源：根据《中国税务年鉴》历年数据整理而得。

外资企业所得税尚未统一，外资企业比内资企业享受更广泛的税收优惠，使得外资企业税收负担小于相同规模下的内资企业，内、外资企业处于一个不公平的市场竞争环境。

2. 企业所得税比重的变化

企业所得税占财政收入的比重趋势可以反映企业所得税在财政收入中的地位。我国历年企业所得税占财政收入的比例如表2-11、图2-6所示。

表2-11　　　　　　　　企业所得税占财政收入的比重　　　　　　　　单位：亿元

年　份	1994	1995	1996	1997	1998	1999	2000	2001
企业所得税总额	687.8	827.3	915.9	1 074.8	1 038.8	1 227.2	1 770.7	2 634.5
财政收入总额	5 218.1	6 242.2	7 408	8 651.1	9 876	11 444.1	13 395.2	16 386
企业所得税占财政收入的比重（%）	13.18	13.25	12.36	12.42	10.52	10.72	13.22	16.08
年　份	2002	2003	2004	2005	2006	2007	2008	2009
企业所得税总额	2 588.6	3 047.6	4 074.2	5 510.8	7 080.7	9 674.9	12 195.2	12 165.3
财政收入总额	18 903.6	21 715.3	26 396.5	31 649.3	38 760.2	51 321.8	61 330.4	68 506
企业所得税占财政收入的比重（%）	13.69	14.03	15.43	17.41	18.27	18.85	19.88	17.76

资料来源：根据《中国税务年鉴》历年数据整理而得。

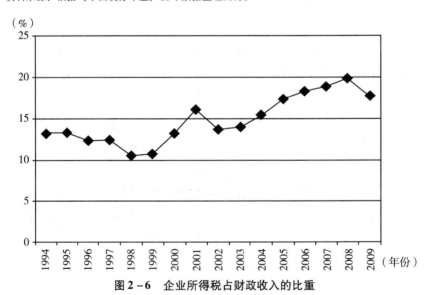

图2-6　企业所得税占财政收入的比重

资料来源：根据《中国税务年鉴》历年数据整理而得。

由表 2－11 中可见，企业所得税占当年财政收入的比重一般在 10% ～ 19% 之间，从总体上看虽有波动，但处于稳中有升的状态。1994～1998 年企业所得税在财政收入中的比例逐渐下降，在 1998 年达到最低的 10.52%，其最主要的原因是亚洲金融危机的冲击所导致的内需不振、出口受阻、经济增长回落的不利影响，国家实施了积极的财政政策，增发国债，加强基础设施建设，减免企业所得税。从图 2－6 中可以看出这种反周期的调节措施收到了很好的政策效果，使得经济重新走出低谷。在其后的几年中，经济增长强劲，企业所得税和财政收入也水涨船高，从表 2－11 中可以看出在 2001 年企业所得税总额达到一个小高峰，企业所得税对财政收入的贡献率也达到 16.08%。2009 年受全球金融危机的影响，企业所得税对财政收入的贡献率有所回落，但也达到 17.76%。

（二）企业所得税结构的变化趋势

1. 企业所得税的产业结构分析

由表 2－12 可见，在各产业方面，第三产业对企业所得税的贡献是最大的，其次是第二产业，第一产业的贡献微乎其微。以时间为轴线进行对比可知，除 2009 年受金融危机的影响外，企业所得税收入额有所下降，在其他年

表 2－12　　　　　　　　　　企业所得税的产业结构　　　　　　　　　单位：亿元

		2005 年	2006 年	2007 年	2008 年	2009 年
第一产业	内资企业所得税	1.29	1.34	2.37	4.06	4.52
	外资企业所得税	0.08	0.1	0.3	0.67	1.28
合　计		1.37	1.44	2.67	4.73	5.8
第二产业	内资企业所得税	2 092.38	2 410.78	3 146.84	3 395.73	2 758.58
	外资企业所得税	566.49	750.61	921.42	1 331.76	1 408.16
合　计		2 658.87	3 161.39	4 068.26	4 727.49	4 166.74
第三产业	内资企业所得税	2 269.94	3 133.93	4 574.53	6 059.17	6 417.24
	外资企业所得税	581.12	784.13	1 029.54	1 403.78	1 566.47
合　计		2 851.06	3 918.06	5 604.07	7 462.95	7 983.71

资料来源：根据《中国税务年鉴》历年数据整理而得。

份，各产业企业所得税逐年增加。产业内部对比可以发现内资企业对企业所得税的贡献是最大的，这也印证对图 2 - 1 分析得出的结论。

2. 企业所得税的区域结构分析

我们按传统的方法将区域划分为三大部分东部、中部和西部（不包括我国台湾省及香港、澳门特别行政区）。各年度地区间企业所得税的差异情况，如表 2 - 13 及图 2 - 7 所示。

表 2 - 13 　　　　　　　　分年度各地区企业所得税结构 　　　　　单位：亿元

年　　份	2005	2006	2007	2008	2009
东部地区	3 871. 16	4 944. 13	6 458. 26	8 507. 29	8 501. 51
中部地区	751. 76	991. 12	1 325. 57	1 619. 23	1 552. 19
西部地区	503. 08	683. 01	928. 36	1 238. 15	1 251. 81
平均值	1 708. 667	2 206. 087	2 904. 063	3 788. 223	3 768. 503
标准差	1 532. 48	1 940. 171	2 518. 423	3 340. 509	3 348. 987
变异系数	0. 8969	0. 8795	0. 8672	0. 8818	0. 8887

资料来源：根据《中国税务年鉴》历年数据整理而得。

（亿元）	2005	2006	2007	2008	2009 （年份）
□东部地区	3 871.16	4 944.13	6 458.26	8 507.29	8 501.51
■中部地区	751.76	991.12	1 325.57	1 619.23	1 552.19
▨西部地区	503.08	683.01	928.36	1 238.15	1 251.81

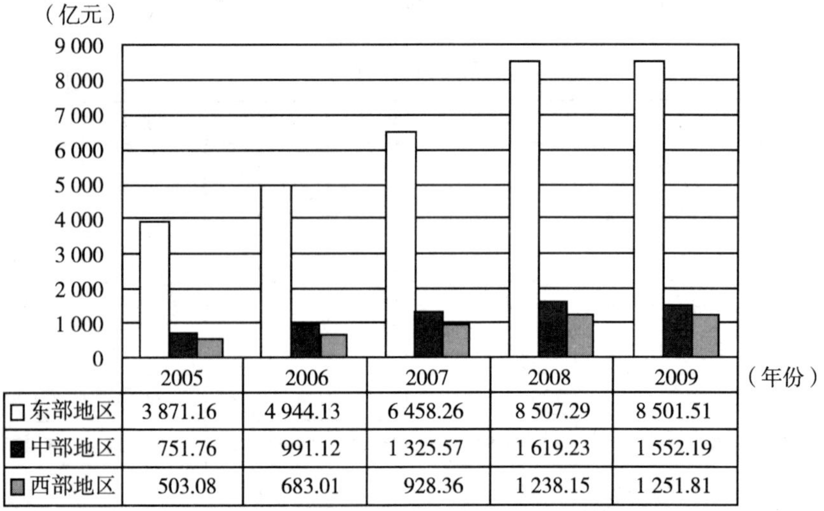

图 2 - 7　分年度各地区企业所得税结构

资料来源：根据《中国税务年鉴》历年数据整理而得。

由图2-7可以看出，在各年企业所得税总额中，东部地区企业所得税所占的份额最大，其次是中部地区，最后是西部地区。造成企业所得税份额差异大最重要的原因是我国区域间经济发展的不平衡，只有进一步促进区域间的协调发展才能弥合这一鸿沟。

从表2-13可以看出，变异系数从2005年的0.8969减小到2007年的0.8672，这表明企业所得税的地区差距有逐年减少的趋势。但受2008年全球金融危机的影响，各地区企业所得税均有不同程度的变动，导致2008年和2009年变异系数增大，但整体上来看，2009年变异系数仍小于2005年，若剔除金融危机外生性影响，变异系数进一步减少。这间接表明了新企业所得税过渡期区域优惠仍占主导地位，产业优惠作用效果仍不明显。

三、企业所得税税制公平性与效率性的规范分析

《企业所得税法》的颁布实施，税制的公平性和效率性得以提高，预示着我国企业所得税制构建与管理的规范迈入了一个新时代。

（一）企业所得税制公平性的评价

新企业所得税法将基本税率下调至25%，大大减轻了企业税收负担，创造了一个较公平竞争的税收环境。其更重要的是在于统一了内、外资企业的税前扣除办法、标准及税收优惠政策，彻底终结了外资企业享受了近三十年的"超国民待遇"，为内、外资企业的公平竞争奠定了坚实的基础。但是新企业所得税法在小型微利企业税收负担、外资企业税收优惠期待遇处理、涉农企业税收优惠政策以及地区间税源分配方面还存在问题，有待进一步完善。

1. 行业税收优惠政策方面的不公平

（1）小型微利企业税负不同导致的不公平。目前，中小企业创造的最终产品和服务的价值相当于国内生产总值的60%左右，缴纳的税额为国家税收总额的50%，提供了近80%的城镇就业岗位。[①] 这些数据都表明中小企业已经成为国民经济和社会发展的重要力量。但是中小企业发展进程中所面临的困

---

① 摘自2009年12月24日工业和信息化部部长李毅中在全国人大常委会作出的《国务院关于促进中小企业发展情况的报告》。

难和矛盾也较为突出，特别在金融危机中中小企业受到的影响最大。它们大多属于低附加值产业，外部经济环境一旦发生变化，就免不了经历一番"风雨飘摇"。现行企业所得税优惠政策在扶持小企业发展方面还存在以下问题。

第一，小型微利企业所得税税率优惠的力度不够。为了扶持广大利润水平较低的小型企业，新企业所得税法规定，对符合条件的小型微利企业，① 减按 20% 的税率征收企业所得税。但是，由于新旧企业所得税法对于小型微利企业认定的标准存在较大的差异，② 导致了不同规模的小型微利企业税率发生变化（见表 2 - 14）。

表 2 - 14   新旧企业所得税在小型微利企业税率优惠方面的差异比较   单位：%

小型微利企业的规模	原企业所得税优惠税率	现行企业所得税的优惠税率	税率差异
年应纳税所得额 3 万元以下	18	20	提高 2
年应纳税所得额 3 万元以上 10 万元以下	27	20	降低 7

资料来源：根据新旧企业所得税法有关规定整理而得。

通过表 2 - 14 的比较可以发现，对于年应纳税所得额在 10 万元（含 10 万元）以下至 3 万元的企业来说，其税率下降了 7 个百分点，下降幅度达到 25.9%；而对于年应纳税所得额在 3 万元（含 3 万元）以下的企业来说，其税率提高了 2 个百分点，上升幅度为 11.1%。这显然不利于小型微利企业的发展壮大。

第二，研究开发费用加计扣除的税收激励效果弱。目前，研发费用加计扣除适用范围窄、门槛高，绝大多数中小企业尤其是小型微利企业都难以达到，其小发明、小改造、小专利等研发费用支出一般不能列入加计扣除的范围。这对中小企业尤其是小型微利企业的研发活动激励不明显，使得中小企业很难在

---

① 《中华人民共和国企业所得税法实施条例》第九十二条规定小型微利企业的认定条件如下：工业企业，年应纳税所得额不超过 30 万元，从业人数不超过 100 人，资产总额不超过 3 000 万元；其他企业，年应纳税所得额不超过 30 万元，从业人数不超过 80 人，资产总额不超过 1 000 万元。

② 在旧税法下，对小型微利企业规定有两种优惠税率（27% 和 18%）。即对年应纳税所得额在 3 万元（含 3 万元）以下的企业，暂减按 18% 的税率征收所得税；年应纳税所得额在 10 万元（含 10 万元）以下至 3 万元的企业，暂减按 27% 的税率征收所得税。通过对比可以发现，新旧企业所得税法在小型微利企业认定范围和使用的优惠税率方面存在较大的差异。

高新技术研发方面与大企业进行竞争。①

（2）外资企业税收优惠期待遇的处理所导致的不公平。根据新税法中过渡期有关政策，自 2008 年 1 月 1 日起，原享受低税率优惠政策的外资企业，在新税法实施后的五年内逐步过渡到法定税率。同时原按《外商投资企业和外国企业所得税法》"两免三减半"等定期减免税收优惠的企业，在新税法实施后继续按原税收法律、行政法规及相关文件规定的优惠办法及年限享受至期满为止。

表 2 – 15　　　　　享受低税率过渡政策企业所得税税率变化情况　　　　　单位：%

	2008 年	2009 年	2010 年	2011 年	2012 年	均值
2007 年开始享受"两免三减半"的外商投资企业	0	10	11	12	25	11.6
内资企业	33	25	25	25	25	26.6

资料来源：根据新旧企业所得税法有关规定整理而得。

根据表 2 – 15 可以看出，如果外商投资企业自 2007 年起享受"两免三减半"的优惠政策，其平均税率比同期的内资企业低 15 个百分点，因此，虽然两税已经合一，但由于外商投资企业享受较长的过渡内税收优惠政策，其平均税率在一段时间还远低于内资企业，因而，内、外资企业现仍处于实际税负不公平的状态中。

（3）涉农企业税收优惠政策不完善导致的不公平。

第一，农业资源综合利用范围过窄。《财政部、国家税务总局关于发布享受企业所得税优惠政策的农产品初加工范围（试行）的通知》（财税［2008］149 号）和《资源综合利用企业所得税优惠目录（2008 版）》都没有将林业"三剩物"②

---

① 《企业研究开发费用税前扣除管理办法（试行）》（国税发［2008］116 号）规定了企业研究开发费用加计扣除的适用范围，即必须从事《国家重点支持的高新技术领域》和国家发改委等部门公布的《当前优先发展的高新技术产业重点领域指南（2007 年度）》。

② 也称森林"三剩物"，指的是采伐剩余物（指枝、丫、树梢、树皮、树叶、树根及藤条、灌木等）、造材剩余物（指造材截头）、加工剩余物（指板皮、板条、木竹截头、锯沫、碎单板、木芯、刨花、木块、边角余料等）。

和次小薪材①列入初加工及资源综合利用的范围，以林业"三剩物"和次小薪材为原料生产的产品不能再享受相关优惠政策。此外，在执行中还存在对某些农产品初加工是否属于免税范围难以界定的问题，如火腿、禽类制品、山野果等。②

第二，农产品初加工税收优惠政策不完善。首先，农产品初加工范围过小，如莲子、芦苇等农产品初加工项目没有列入范围；还有一些农产品初加工被排除在范围外，如精制茶，虽名为"精制"，但实际工艺很简单，其原料属于茶叶采摘后的粗茶片，加工后没有改变内在成分，仍应属于初加工范围。其次，对部分农产品初加工的优惠力度大于农业项目优惠力度。根据新企业所得税法实施条例，对于花卉、茶以及其他饮料作物和香料作物的种植、海水和内陆养殖减半征税；而根据《关于发布享受企业所得税优惠政策的农产品初加工范围（试行）的通知》（财税〔2008〕149号），对于从事茶叶、海水和内陆养殖水产品初加工服务所得免税。对这些农产品初加工的优惠反而高于对种植业、养殖业优惠。③

第三，对农村经济实体的扶持力度不够。新型农业产业化组织形式较为复杂，能否享受企业所得税优惠政策较难界定。例如某些农牧业有限公司采用"公司＋基地"、产供销一条龙模式进行运作，若比照养殖业，又非公司本身饲养，不能享受养殖业所得税优惠政策。又如种子公司及其子公司，都采取请农民、委托种植大户或承包给村镇种植等经营方式，母公司被认为属于"农作物新品种选育"给予免税；而其子公司则被认为税法没有列举此类情况，不能享受免税待遇。④

2. 地区间税源分配的不公平

新《企业所得税法》实施后，汇总纳税企业分支机构在当地预缴的税款，

---

① 次小薪材包括：次加工材（指材质低于针、阔叶树加工用原木最低等级但具有一定利用价值的次加工原木）和小径材（指长度在2米以下或径级8厘米以下的小原木条、松木杆、脚手杆、杂木杆、短原木等）薪材。

② 浙江省地方税务局课题组：《进一步完善企业所得税优惠政策》，载于《涉外税务》2010年第2期。

③④ "完善企业所得税优惠政策问题研究"课题组：《完善企业所得税问题研究报告》，载于《税务研究》2010年第2期。

不按其实际所得额来确定，而是按照其营业收入总额、职工工资总额和资产总额三个因素来计算各分支机构应分摊所得税款的比例。汇缴时，企业年度应纳税所得额应按上述方法并采用各分支机构汇算清缴所属年度的三因素计算确定，各分支机构不再进行企业所得税汇算清缴。尽管政策规定的分配方式已考虑避免出现利润分配不公的情况，但利润贡献不一的现实与"一刀切"分配的理想模式之间仍存在冲突。不同企业因经营情况不同、组织架构差异导致总分机构承担的职能不同，从而对利润的贡献不一是客观存在的现实，而政策规定的总机构的分配比例却是统一的，两者之间必然存在差异。有些总机构既行使行政管理的职能，又承担生产经营的职责；而有的总机构则只是纯粹的管理机构，其生产经营全部放在生产机构进行。如果不加以区分按同样比例划分总分支机构的所得，必然导致税收与税源发生背离，产生税收转移和不同区域间新的税源之争。为了便于分析，现举一例，假设某大型跨国企业的总机构是全能型的，承担全面的管理、生产和销售职责；如果总机构所在地没有设立分支机构，仅在异地设有一个不具有主体经营职能的研发中心，研发成果在当地缴纳营业税。根据《跨地区经营汇总纳税企业所得税征收管理暂行办法》（国税发〔2008〕28号）第十一条的规定，[1] 由于该企业的研发中心在当地缴纳了少量的营业税而必须与总机构平分所得，显然与总分机构对利润的实际贡献相差悬殊。这样的结果导致了所得税税源与所得税收入在区域间新的背离，影响区域间政府的财力平衡，进而影响区域间协调、公平地发展。[2] 实证分析也表明，"两税"合并之后2008年和2009年变异系数有所增加，地区间税收收入震荡幅度扩大。这从一个侧面反映了企业所得税收入在地区之间的不均衡。

（二）企业所得税制效率性评价

新企业所得税实施后，其经济效率和管理效率均得以提升。从经济效率的角度看，税收优惠从之前的"特惠制"转向"普惠制"，以产业优惠为主，区域优惠为辅。根据国家最新制定的产业政策和鼓励发展目录来确定税收优惠发

---

① 不具有主体生产经营职能，且在当地不缴纳增值税、营业税的产品售后服务、内部研发、仓储等企业内部辅助性的二级及以下分支机构，不就地预缴企业所得税。

② 孙隆英：《关于企业所得税框架下总分机构汇总纳税的思考》，载于《涉外税务》2010年9月。

展的实施对象。同时对农业、能源、交通、基础设施以及实现某些社会目标的产业（福利、环保、节能减排等项目）给予优惠政策。新企业所得税法更加注重发挥税收优惠政策推进产业结构调整、促进经济转型升级、优化资源配置。从管理效率的角度看，借鉴外国反避税立法经验，建立了"特别纳税调整制度"，提高了我国税收征管效率。但是在税收经济效率方面，企业所得税还存在一些效率损失，有待今后逐步完善。

1. 股息双重征税的效率损失

目前，我国企业所得税制和个人所得税制分别设置，使得企业和个人分别承担不同的纳税义务。对于企业的股息分配而言，投资者可以是企业也可以是自然人。当投资者是企业时，新企业所得税法中规定了有关居民企业之间和居民企业与非居民企业之间权益性投资收益抵免的政策，[①] 因此企业之间的股息双重征税问题已经基本解决。但是，当投资者是自然人时，分配给投资者的股息不得在税前扣除，[②] 同时股息还应缴纳个人所得税，适用20%的税率。这样，股息在缴纳了企业所得税后，分配给自然人股东时又缴纳了个人所得税，存在股息双重征税问题。

虽然，新的企业所得税法将原来33%的法定税率降低到25%的水平，总体上降低了企业的税收负担，同时规定对于取得的上市公司的股息收入减征50%，这在一定程度上缓解了对股息的重复征税。但是由于个人所得税并没有系统地消除重复征税的措施，因而股息的双重税负加重了投资者税收负担，不利于股份制企业的发展。

下面我们通过一个实例来分析股息双重征税的效率损失。假设公司所有的税后利润都是以股息的形式分配给股东（个人投资者）。则个人投资者承担实际税收负担率就是个人投资者收到的那部分股息所承担的企业所得税加个人所得税。即：

个人投资者实际税收负担率 = 企业所得税率 + (1 - 企业所得税率) × 个人所得税率

---

① 现行企业所得税法中规定符合条件的居民企业之间的股息、红利等权益性收益为免税收入，这里的符合条件是指居民企业直接投资于其他居民企业取得的投资收益；同时在中国境内设立机构、场所的非居民企业从居民企业取得的与该机构、场所有实际联系的股息、红利等权益性投资收益也为免税收入。

② 企业所得税法中规定向投资者支付的股息、红利等权益性投资收益不得在税前扣除。

由于企业所得税税率分为25%、20%和15%①三档，且股息、红利个人所得税率按照持股期限实行差别化税率，分别为20%、10%及5%②三档。个人投资者的实际税收负担率也分为三种情况：

（1）当企业所得税率为25%时，持股期限在1个月以内（含1个月）的个人从上市公司取得的股息实际承担的税收负担率为25% +（1 – 25%）×20% =40%，持股期限1个月以上至1年（含1年）的个人从上市公司取得的股息实际承担的税收负担率为25% +（1 – 25%）×10% =32.5%，持股期限超过1年的个人从上市公司取得的股息实际承担的税收负担率为25% +（1 – 25%）×5% =28.75%；而从非上市公司取得的股息实际承担的税收负担率为25% +（1 – 25%）×20% =40%。

（2）当企业所得税率为20%时，持股期限在1个月以内（含1个月）的个人从上市公司取得的股息实际承担的税收负担率为20% +（1 – 20%）×20% =36%，持股期限1个月以上至1年（含1年）的个人从上市公司取得的股息实际承担的税收负担为20% +（1 – 20%）×10% =28%，持股期限超过1年的个人从上市公司取得的股息实际承担的税收负担率为20% +（1 – 20%）×5% =24%；而从非上市公司取得的股息实际承担的税收负担率为20% +（1 – 20%）×20% =36%。

（3）当企业所得税率为15%时，持股期限在1个月以内（含1个月）的个人从上市公司取得的股息实际承担的税收负担率为15% +（1 – 15%）×20% =32%，持股期限1个月以上至1年（含1年）的个人从上市公司取得的股息实际承担的税收负担率为15% +（1 – 15%）×10% =23.5%，持股期限超过1年的个人从上市公司取得的股息实际承担的税收负担率为15% +（1 – 15%）×5% =19.25%；而从非上市公司取得的股息实际承担的税收负担率为15% +（1 – 15%）×20% =32%。具体情况见表2 – 16。

---

① 企业所得税的基本税率为25%，小型微利企业的优惠税率为20%，高新技术企业的优惠税率为15%。

② 按照财政部、国家税务总局、证监会发布的《关于实施上市公司股息红利差别化个人所得税政策有关问题的通知》（财税［2012］85号）文的规定：自2013年1月1日起，持股期限在1个月以内（含1个月）的，其股息红利所得全额计入应纳税所得额，实际税率为20%；持股期限在1个月以上至1年（含1年）的，暂减按50%计入应纳税所得额，实际税率为10%；持股期限超过1年的，暂减按25%计入应纳税所得额，实际税率为5%。

表 2 - 16　　　　　　　　个人投资者实际税收负担率变化

企业所得税法定率（%）		25	20	15
个人投资者来源于上市公司股息的税收负担率（%）	1 个月以内	40	36	32
	1 个月以上至 1 年	32.50	28	23.50
	1 年以上	28.75	24	19.5
比按股息征收个人所得税名义税率高出倍数	1 个月以内	1.00	0.80	0.60
	1 个月以上至 1 年	0.63	0.40	0.18
	1 年以上	0.44	0.20	- 0.0025
个人投资者来源于非上市公司股息的税收负担率（%）	无规定	40	36	32
比按股息征收个人所得税名义税率高出倍数		1.00	0.80	0.60

注：比按股息征收个人所得税名义税率高出倍数 = （税收负担率 - 20%）/20%。我国现行税法规定利息、股息红利所得适用 20% 的比例税率。这里把税率 20% 视为对股利征收个人所得税名义税收负担率，以便和个人投资者实际承担的税收负担作对比。

资料来源：根据企业所得税法和个人所得税法相关规定整理而得。

　　根据表 2 - 16 可以看出在股息双重征税的影响之下，除持股期限在 1 年以上且面临的企业所得税率为 15% 的情况之外，个人投资者的实际税收负担率均高于对股息征收的个人所得税的名义税率，高出的倍数范围从 0.18 到 1 倍。从表 2 - 16 横栏对比可以发现，随着企业所得税率的不断降低，个人投资者的实际税收负担率呈现下降的趋势，其中实际税收负担率比按股息征收个人所得税的名义税率高出的倍数也呈现下降的趋势。从表 2 - 16 的纵列对比也可以发现，由于存在对个人投资者从上市公司取得股息红利按持股期限实行差别的个人所得税优惠税率政策的规定，个人投资者从上市公司获得的股息承担的实际税收负担小于等于个人从非上市公司获得的股息承担的实际税收负担。由此可见，在现行企业所得税和个人所得税制结构下，虽然存在不同程度的税率优惠待遇，但是并没有消除股息双重征税对个人投资者所造成的效率损失。

同时，由于股息实际来源于企业的利润，因而股息的双重征税也会对企业的发展产生不利的影响。（1）降低个人投资者的投资积极性。对股息双重征税之后，个人投资者的实际税收负担率都很高，最高的高达40%，最低的也有23.5%，① 这增加了投资者的投资成本，抑制投资者的投资积极性，扭曲了投资者的投资决策，可能会影响社会投资的总量。（2）扭曲了企业在股息分配和利润留存的行为选择。企业的最终投资者均为个人，而企业的股息分配面临重复征税问题，这将导致股东们倾向于将利润尽可能保留在企业内部而不分配，以避免股息的重复征税。在这种情况之下，企业较少分配或不分配股息，对于盈利状况不佳的企业，这没有什么不利的影响，而对于盈利状况好的企业，将大量资金留在企业内部会使得企业配置资源效率低下。

2. 环保优惠政策不完善导致的效率损失

（1）对环境保护及资源综合利用税收优惠政策的问题。

第一，享受税收优惠的范围较窄。《财政部、国家税务总局、国家发展和改革委员会关于公布节能节水专用设备企业所得税优惠目录（2008 年版）与环境保护专用设备企业所得税优惠目录（2008 年版）的通知》（财税［2008］115 号）所涉及的环境保护和节能节水专用设备的范围比较窄。例如，节水目录仅涉及洗衣机、换热器、冷却塔和灌溉机具的喷灌机、滴灌带（管），而其他工业、生活上的节水设备却未列其中。再如，安全生产设备目录对煤炭企业只规定 19 类专用设备，而国家规定煤炭企业用于安全生产且执行安全标志管理的煤矿矿用产品达 12 类 118 个小类，税收优惠目录范围远远小于国家规定范围。②

第二，我国现行企业所得税法中规定享受环保、节能和资源综合利用税收优惠政策的前提是取得收入，不利于鼓励企业增加环保、节能的投入。现实中企业的许多环保、节能项目是不产生收入的，甚至还增加企业的生产成本，例如火力发电厂安装的除尘设备仅仅是为了减少污染物的排放，并不能增加企业

---

① 除持股期限在 1 年以上，且企业所得税率为 15% 时，个人投资者实际税收负担率为 19.5%，低于对股利征收个人所得税的名义税率 20%。仅在这种情况之下完全消除了对股息双重征税的影响，除此之外，个人投资者税收负担率均高于 20% 的名义税率。

② 浙江省地方税务局课题组：《进一步完善企业所得税优惠政策》，载于《涉外税务》2010 年第 2 期。

自身的收入。同时，企业自产自用"综合利用资源产品"，因为没有对外销售，不能享受减计收入的税收优惠待遇。

（2）对部分高污染、高耗能企业没有限制性规定。虽然新企业所得税法已限制了化工、造纸、水泥制品、石油加工等高能耗、高污染行业享受税收优惠政策，但仍有部分不符合国家产业政策和环保政策的"高耗能、高污染、资源型"企业享税收优惠。例如，高污染养殖业特别是淡水、海水养殖，未经处理的养殖废水的排放导致湖泊富营养化，使赤潮和大规模病害频繁发生，水质污染越来越严重。又如，某些电池生产企业属于高新技术企业，享受15% 的优惠税率，但其生产的产品含大量铅，严重污染土地。现行企业所得税法并没有纠正污染企业带给社会的负外部效应，扭曲了资源配置，不利于环境保护。[1]

四、趋势与前景：提高税制的公平性与效率性

我们应该在遵循税收公平原则与效率原则的基础之上，进一步优化企业所得税制。

（一）提高企业所得税制公平性的建议

1. 完善扶持小型微利企业的税收优惠政策

小型微利企业在解决就业方面上对社会的贡献极大，但小型微利企业多为劳动密集型企业，对社会的利润贡献率和税收贡献率低，对税费的变化也极为敏感。我们应进一步调整小型微利企业的税收待遇。

（1）减轻小型微利企业的税收负担。调整小型微利企业的认定标准，取消对小型微利企业的人数限制标准，合理设定小型微利企业的税率，建议参照高新技术企业的优惠税率，将小型微利企业的优惠税率降低到15%，使得小型微利企业的优惠税率比一般企业（25%）低 1/3，以解决年应纳税所得额 3 万元以下的小型微利企业税负上升的问题。

（2）加大鼓励中小企业自主创新的税收优惠力度。适当放宽企业研发费

---

[1] 浙江省地方税务局课题组：《进一步完善企业所得税优惠政策》，载于《涉外税务》2010 年第 2 期。

用加计扣除的范围，鼓励企业增加科技研究开发投入，形成对企业自主创新前期研发过程的税收激励。企业可以按销售或营业收入的一定比例提取企业的研发准备金，用于企业自主创新活动的，准予其税前扣除，同时，为了防止企业滥用这一条款，可以规定该准备金在提取后的一段时间之后仍未使用，则全部并入应纳税所得额征税。这样做的目的在于降低企业从事自主创新活动承担的风险，提高企业自主创新活动的积极性。

2. 完善涉农企业所得税优惠政策

农业是国民经济的基础，也是传统弱势产业，各国都对农业采取扶持政策，建议对农业继续按照"多予、少取、放活"的原则实施宽松的税收政策，扩大企业所得税优惠范围。第一，根据农业发展的新情况，适时调整现行的农、林、牧、渔减免项目。将现行的十个减免税项目进行调整和补充，使得传统农业和新型农业产业均能享受到应有的优惠。第二，扩大农产品的初加工和农业资源综合利用的范围。如将林业"三剩物"和次小薪材为原料生产的产品列入农产品初加工范围和资源综合利用范围，给予相应的税收优惠。将火腿、禽类制品、各类野山果（如瓜子、花生等简单加工处理的坚果、果仁）、食用植物油、精制茶等纳入农产品初加工范围。第三，给予农村经济实体优惠税收政策，支持农村经济实体的发展。应将现阶段存在的企业联农户新型农业产业化企业纳入优惠范围。[①]

3. 完善企业所得税汇总纳税管理制度

针对区域税收分配不公平的问题，应完善现行总分机构汇总纳税的政策，进一步理顺总分机构之间及其所属税务机构之间的关系，在一定程度上赋予分支机构所在地税务机关更多的税收管辖权。

在政策层面，改变现行总分机构汇总纳税的分配模式，有独立核算能力的分支机构应单独核算会计利润，按照分支机构实际利润划分比例就地预缴，年终由总机构统一会算清缴。由此可以缓解实际利润不一而造成的税收和税源背离问题。

在征管层面，应赋予分支机构所在地税务机构更多的税收管辖权，对分支

---

① 浙江省地方税务局课题组：《进一步完善企业所得税优惠政策》，载于《涉外税务》2010年第2期。

机构不能提供税款分配表的，所在地税务机关可以先行补征，年终再由总分支机构所在地税务机构协商。①

（二）提高企业所得税制效率性的建议

1. 减轻与消除股息重复征税

建议分阶段解决我国经济性重复征税的问题。近期措施：对所有个人投资者所获得的股利收入均减征50％，以缓解股利收入的双重税负与公平个人投资者之间的税收负担。远期措施：在个人所得税中实行间接税收抵免制，以彻底地消除经济性重复征税，提高税制的经济效率。

2. 完善环保节能及资源综合利用的税收优惠政策

（1）扩大享受企业所得税优惠政策的环保、节能和安全设备项目范围。建议扩大"两目录"② 所涵盖的环保和节能节水专用设备的范围，把清洁能源生产企业也纳入其中，例如给予风能、太阳能、潮汐发电企业税收优惠，增加生活中节水设备优惠项目。另外，建议对与煤矿安全生产及矿工人身健康安全息息相关的安全设备一并列入安全生产税收优惠目录中。这样可以利用税收杠杆引导企业从事环境保护，节能安全生产项目和环境综合利用，贯彻国家节能减排的可持续发展战略目标。

（2）完善资源综合利用产品的优惠政策。对于企业生产符合国家产业政策规定的资源综合利用产品，无论用途如何、无论是否销售，是否取得收入都应享受优惠政策。因此对企业自产自用的符合国家产业政策规定的资源综合利用产品，允许按照同类产品销售价格或者组成计税价格，减按90％计入企业应纳税所得额，这样可以更好地和现行的企业所得税有关资源综合利用的优惠政策衔接。③

---

① 孙隆英：《关于企业所得税框架下总分机构汇总纳税的思考》，载于《涉外税务》2010年第9期。

② 《财政部、国家税务总局、国家发展和改革委员会关于公布节能节水专用设备企业所得税优惠目录（2008年版）与环境保护专用设备企业所得税优惠目录（2008年版）的通知》（财税〔2008〕115号）。

③ 根据《关于执行资源综合利用企业所得税优惠目录有关问题的通知》（财税〔2008〕47号）中规定，综合利用资源指企业以《资源综合利用企业所得税优惠目录》规定的资源作为主要原料，生产国家非限制和禁止并符合国家和行业相关标准的产品取得的收入，减按90％计入收入总额。

（3）强化治污规定。根据国家产业和环保政策的导向，科技部门应汇同环保等部门，对高新技术产业与企业进行重新界定，应剔除电池制造等污染型行业，使高污染、高耗能的企业一律不得享受企业所得税的优惠政策。

参考文献：

［1］崔军、张珊珊：《企业所得税优惠政策调整对高新技术产业区的影响及对策》，载于《税务研究》2009 年第 5 期。

［2］缪慧颖：《新旧企业所得税制度的差异比较》，载于《涉外税务》2008 年第 1 期。

［3］胡伟：《新旧企业所得税税收优惠政策比较》，载于《涉外税务》2007 年第 7 期。

［4］邓远军：《企业所得税汇总纳税下的区域税收分配问题探析》，载于《税务研究》2010 年第 11 期。

［5］刘磊：《企业所得税优惠政策研究》，载于《涉外税务》2010 年第 2 期。

［6］魏志梅：《进一步完善我国企业所得税区域优惠政策》，载于《涉外税务》2010 年第 4 期。

［7］浙江省地方税务局课题组：《进一步完善企业所得税优惠政策》，载于《涉外税务》2010 年第 2 期。

［8］"完善企业所得税优惠政策问题研究"课题组：《完善企业所得税优惠政策问题研究报告》，载于《税务研究》2010 年第 2 期。

［9］孙隆英：《关于企业所得税框架下总分机构汇总纳税的思考》，载于《涉外税务》2010 年第 9 期。

第三节　个人所得税

一、个人所得税税制概述

个人所得税起源于 1799 年的英国，当时英法战争使英国的财政吃紧，安全的利益最终战胜金钱的利益，向高收入者征收所得税的提议得以通过，而后直至 1874 年英国将所得税确定为永久性的固定税种。在西方国家，个人所得税的开征均经历了半个多世纪的漫长斗争：德国从 1808 年决定开征个人所得税到 1891 年颁布真正的所得税法，其间经历了 83 年时间；法国从

1848 年提出施行所得税到 1914 年正式开征，其间经历了 66 年时间；美国从 1861 年征收个人所得税到 1913 年，最终确立个人所得税制度，其间经历了 52 年时间。

20 世纪 50 年代以前，西方国家的个人所得税占全部税收的比重并不高，而之后有了明显的提高。以美国为例，1902 年个人所得税收仅占总收入的 0.3%，1932 年达到 6.7%，1940 年为 8.1%，从 1950 年开始，比重明显上升，达到 29.3%，随后就稳定在 30% 以上的水平，其中 1985 年达到 45.37%。

20 世纪 80 年代，因为所得税税率过高，特别是边际税率高，影响到经济的发展，以及偷税漏税现象的日益严重，世界各国掀起了一场世界性的税制改革。这次改革在世界范围内扭转了几十年所得税税率不断增高的趋势，增强了所得税的中性，使税负更加公平，堵塞了逃税避税的漏洞，简化了税制。

进入 90 年代以后，西方各国仍旧不断对个税税制进行不同程度的调整。尽管从总体看调整力度不大，但这些调整清楚地表明了各国政府力图维持正常的经济增长的经济政策目标。个税的财政职能和收入再分配职能在西方国家得到了充分的发挥。

在我国，开征个人所得税的提议最早在清朝宣统年间提出，晚清政府起草了《所得税章程》，其中提及对个人所得征税，但该章程没有审议通过。随后北洋政府于 1914 年颁布《所得税条例》，这是中国历史上第一部所得税法规。然而，当时军阀混战，社会不稳定，个税一直没有开征。直至 1937 年，国民政府为寻找收入渠道，开始征收个人所得税，中国的个税开征真正由此开始。旧中国政治腐败，经济落后，富人大量逃税，而穷人又无力纳税，所得税法只是徒有虚名。1946 年，国民政府的所得税收入为 5 386 亿元，分别占税收总额和财政收入总额的 4.1% 和 0.8%。

新中国个税的开征也经历了曲折的发展过程。1950 年政务院公布的《税政实施要则》中，曾列举对个人所得课税的税种，当时定名为"薪给报酬所得税"。但由于我国生产力和人均收入水平低，实行低工资制，虽然立了税种，却一直没有开征。直至 1980 年通过的《中华人民共和国个人所得税法》，它标志着新中国个人所得税制度正式建立。当年个人所得税只征收了 18 万元，而 2009 年达到 3 949.35 亿元。1994 年的税制改革是个税发展史上的里程碑，我国的个人所得税税制逐渐趋向成熟，并渐渐地得到进一步完善。我国的个人所得税收入在过去的三十年中增加了200多万倍，大大高于同时期经济增长速度和税收收入增长速度，是同期收入增长最快的税种。从收入规模上看，个人所得税已成为中国第四大税种，个人所得税占我国税收的比重也由1994年的1.6%，迅速提升至2009年的6.64%。

（一）个人所得税简述

个人所得税是对个人（即自然人）取得的应税所得征收的一种税，自从1799年英国开征以来，到目前为止全世界有140多个国家，属于普遍征收的世界性的税种。个人所得税的征收最初的目的是为了解决财政困难，经过两百年的发展，在发达国家，个人所得税在政府收入中已占有十分重要的地位，发挥了很大的作用；而在发展中国家，个人所得税占政府收入的比重并不高，作为一个新型的税种，其发展潜力不可低估。个人所得税的主要功能是调节收入分配，通过税收杠杆对社会经济运行进行引导和调整，同时还起到筹集财政收入、促进经济增长的作用。随着社会经济的发展，个人所得税的财政职能也由分配职能进一步发展到调节经济的职能。

1. 居民收入与个人所得税

我国的个人所得税采用的是分类所得税制，征税对象包括11类所得：工资、薪金所得；个体工商户的生产、经营所得；对企事业单位的承包经营、承租经营所得；劳务报酬所得；稿酬所得；特许权使用费所得；利息、股息、红利所得；财产租赁所得；财产转让所得；偶然所得以及经国务院财政部门确定征税的其他所得。个人所得税均是对城镇居民征收，在过去的约二十年里，城镇居民的人均可支配收入从1990年的1 510元增长到2009年的17 175元，税收收入从1990年的2 821.86亿元增长至2009年的59 521.59亿元，而个人所得税则从1994年的72.7亿元增长到2009年的3 949.35亿元，个人所得税的增长速度远远超过同期经济的增长速度与税收收入增长速度。但是，个人所得税收入占税收总体收入的比例并不高，截止到2009年个税收入占整个税收收入的比例约6.64%，远远低于发达国家。

2. 历年个人所得税收入

根据《中国税务年鉴》，自1994年以来我国的个人所得税收入呈直线增长，如表 2 – 17 所示，十六年以来个人所得税的收入翻几番，增长了 50 多倍。个人所得税收入以年均34%的增幅稳步增长。

表 2 – 17　　　　　　　历年个人所得税收入　　　　　　单位：亿元

年　份	个人所得税	年　份	个人所得税
1994	72.7	2002	1 211.1
1995	131.5	2003	1 417.3
1996	193.2	2004	1 737.1
1997	259.9	2005	2 093.91
1998	338.6	2006	2 452.32
1999	414.3	2007	3 184.98
2000	660.4	2008	3 722.19
2001	996.0	2009	3 949.35

资料来源：《中国税务年鉴》相关各期数据。

3. 历年个人所得税收入构成

（1）2000～2009 年城镇居民工资、薪金收入对个人所得税的贡献率最大。根据《中国税务年鉴》，我国的个人所得税收入主要来源于工资、薪金所得。从表 2 – 18 可以看出工薪个人所得税占全部个人所得税的比重从 2000 年的42.87%上升至 2009 年的 63.08%。工薪所得对个人所得税的贡献最大，新增加的个人所得税收入主要依赖于工薪收入的增长。

（2）城镇居民工资性收入对个人所得税的贡献率在上升，而经营净收入、财产性收入对个人所得税的贡献率在下降。我们知道，城镇居民收入一般来源于四个方面：工资性收入、经营净收入、财产性收入和转移性收入，其中，工资性收入、经营净收入和财产性收入是个人所得税的主要来源。

中国公共财政监测报告

表 2 - 18　　　　　　　2000～2009 年城镇居民工资、薪金个人所得税
占全部个人所得税比重

年份	个人所得税（亿元）	工资、薪金所得税（亿元）	工资、薪金所得税占比（%）
	(1)	(2)	(3) = (2) / (1)
2000	660	283	42.87
2001	996	411	41.27
2002	1 211	561	46.33
2003	1 417	741	52.29
2004	1 736	940	54.15
2005	2 094	1 162	55.49
2006	2 453	1 289	52.55
2007	3 185	1 751	54.98
2008	3 722	2 244	60.29
2009	3 944	2 488	63.08

资料来源:《中国税务年鉴》相关各期数据。

为了分析不同收入来源对个人所得税的贡献,基于 2001 年和 2010 年《中国税务年鉴》提供的数据,我们计算了 2000 年及 2009 年个人所得税的来源及构成（见表 2 - 19）。这里我们重点分析那些对个人所得税收入贡献率超过 1% 的项目。根据 2010 年《中国统计年鉴》的标准,工资性收入包括工薪所得及劳务报酬所得;经营性收入包括个体工商业户的生产、经营所得和企事业单位的承包、承租经营所得;财产性收入包括利息、股息、红利所得、财产转让所得以及偶然所得。按照该标准,2000 年,工资性收入、经营性收入、财产性收入对个人所得税收入的贡献率分别为 44.95%、23.31% 和 30.13%; 2009 年,工资性收入、经营性收入、财产性收入对个人所得税收入的贡献率分别为 65.34%、13.84% 和 19.69%。相比之下,2009 年工资性收入对个人所得税贡献率比 2000 年上升了 20.39 个百分点,而经营性收入和财产性收入对个人所得税贡献率却分别下降了 9.47 个百分点和 10.44 个百分点。

表 2－19　　　　　　　2000 年与 2009 年个人所得税的收入构成

明　细	2000 年		2009 年	
	收入（万元）	比重（%）	收入（万元）	比重（%）
合计	6 603 715	100	39 435 885	100
工资、薪金所得	2 830 717	42.87	24 877 876	63.08
个体工商业户的生产、经营所得	1 328 488	20.12	4 812 678	12.20
企事业单位的承包、承租经营所得	210 448	3.19	647 895	1.64
劳务报酬所得	137 662	2.08	890 172	2.26
稿酬所得	9 231	0.14	24 418	0.06
特许权使用费所得	1 106	0.02	9 569	0.02
利息、股息、红利所得	1 895 374	28.70	5 583 429	14.16
财产转让所得	9 173	0.14	1 672 646	4.24
偶然所得	85 352	1.29	507 391	1.29

资料来源：2001～2010 年《中国税务年鉴》相关各期数据计算整理。

（二）相关的法律和政策

1. 相关法律

早在新中国成立初期，当时的政务院公布的《税政实施要则》中，就曾将个人所得税以法律条文的形式呈现在国民面前，定名为"薪给报酬所得税"。但由于我国国民收入水平很低，虽然立了该税种法律条文，却一直没有开征。

改革开放以后，为了适应一系列对外开放政策的实施和国内经济的发展，我国才相继制定了《中华人民共和国个人所得税法》、《中华人民共和国城乡个体工商业户所得税暂行条例》以及《中华人民共和国个人收入调节税暂行条例》。这三部税法发布实施以后在一定程度上对于调节个人收入水平、增加国家财政收入、促进对外经济技术合作与交流起到了积极作用。

为了统一税政、公平税负、规范税制，第八届全国人民代表大会常务委员会第四次会议于 1993 年 10 月 31 日通过了《全国人大常委会关于修改〈中华人民共和国个人所得税法〉的决定》，同日发布了修改后的《中华人民共和国个人所得税法》，1994 年 1 月 28 日国务院配套发布了《中华人民共和国个人所得税法实施条例》，规定自 1994 年 1 月 1 日起施行。

1999 年 8 月 30 日第九届全国人民代表大会常务委员会第十一次会议对个人所得税法进行第二次修正，规定"对储蓄存款利息所得征收个人所得税的开征时间和征收办法由国务院规定"，恢复对储蓄存款利息所得征收个人所得税。

2005 年 10 月 27 日第十届全国人民代表大会常务委员会第十八次会议对个人所得税法进行第三次修正，主要修改内容：一是将工资、薪金所得减除费用标准由 800 元/月提高至 1 600 元/月，二是进一步扩大了纳税人自行申报范围。修改后的新税法自 2006 年 1 月 1 日起施行。

2007 年 6 月 29 日第十届全国人民代表大会常务委员会第三十一次会议对个人纳税法进行第五次修正，将工资、薪金所得减除费用标准由 1 600 元/月提高到 2 000 元/月，自 2008 年 3 月 1 日起施行。

2011 年 6 月 30 日全国人大常委会 30 日下午表决通过了关于修改个人所得税法的决定，将个税起征点提高到 3 500 元。于 2011 年 9 月 1 日起施行。《个人所得税法》将现行的 9 级超额累进税率调整为 7 级，第一级税率为 3%。

2. 政策及目标

（1）个人所得税的政策目标。税收的政策目标是指实施这项政策或制度所期望达到的出发点，是税收政策的核心内容。税收的政策目标通常包括：财政目标、政治目标、经济目标及社会目标。

税收分配从总体上看是为了实现上述四个目标，但在特定时期或对特定的税种而言，税收分配的目标主要集中在一个或两个。个人所得税作为大多数国家普遍开征的重要税种，也有其自身特定的目标，即财政目标和社会目标。不过在不同国家或同一国家的不同发展阶段对征税的目标有不同的选择。有些国家选择以社会目标为主，强调公平税负，缩小收入差距，缓和社会矛盾。而有的国家选择以财政目标为主，强调普遍征收和效率优先，把保证国家财政收入放在首位。

（2）我国个人所得税的政策取向。我国应把个人所得税调节收入分配作为首要目标。

税收调节收入分配功能的强弱与调节个人收入的各税种密切相关，需要多个税种及其他财政手段的配合。从我国目前的情况看，个人所得税与财产税（由于财产价值评估核定等方面的困难等还很不完善）、遗产税（目前还没有开征）相比，是一个比较健全、完善的调节手段，是调节收入分配能力最强的税种，在实现个人收入分配职能方面发挥着其他税种难以替代的作用。但由于个人所得税税制本身缺乏科学性和合理性，加之治税环境和征管不力等因素的影响，导致其收入规模和完善程度都与其本身调节功能的有效发挥存在很大的差距，并在很大程度上背离了公平原则。尤其从现阶段我国收入分配差距拉大，分配不公平程度加大，并且收入出现隐性化、分散化和多元化的趋势来考虑，必须把个人所得税的调节公平收入分配作为首要的政策目标，不断加大个人所得税对个人收入分配的调节力度。以调节收入分配公平为着力点，调整和改革现行的个人所得税制，既是理论上的必然性，也是现实的选择。

二、现阶段个人所得税税制的公平与效率评价

效率和公平是税收的两大基本原则。效率指资源投入和生产产出的比率。个人所得税的效率指国家征收个人所得税必须有利于资源的有效配置和经济机制的有效运行。在具体的税收制度中，税收效率原则表现为税种的选择，税制结构的确定，税率抉择和税收征收的便利等。从经济学的角度看，公平是一个有关分配的概念。税收公平原则客观上要求国家在征纳时应使每个纳税人的税收负担与其经济状况能力相适应。个人所得税的公平是指国家征纳个人所得税时应使纳税人与其能力相适应，并使纳税人之间的负担水平保持平衡。现阶段我国的个人所得税是政府筹集资金的重要税种，也是实施再分配的一个重要工具，然而个人所得税调节收入差距的效果并不显著，对高收入群体也没有做到"应征尽征"。

（一）总体评价

在我国，个人所得税是现行税收体系中最为重要的用于调节居民收入差距的税种，由于税率设计的累进性特点，被社会广泛认同具有实现公平分配目标的功能。从个人所得税的收入情况统计来看，随着个人所得税税收总量的增加，其所发挥调节社会公平的效果也会得以增强。一方面，税收规模的扩大说明"劫富"的效用越来越明显；另一方面，税收总量的增加为财政支出更着力于贫困人群提供了财力的保证，间接起到了"济贫"的作用。但是从税前和税后基尼系数的变化看，个税调节收入分配能力微弱。

1. 对收入差距实际调节效果的评价

目前，缴纳个人所得税的居民主要集中在城镇高收入群体，特别是城镇最高 20% 收入组，以 2008 年为例，当年个税的免征额为 19 200 元每年，中等偏上 20% 收入组的平均可支配收入为 19 254.08 元，次高 10% 收入组的平均可支配收入为 26 250.1 元，最高 10% 收入组的平均可支配收入为 43 613.75 元。由于个税采用的是 9 级累进税率，所以个税收入主要的贡献者是城镇次高 10% 收入组和最高 10% 收入组的居民。通过城镇居民最高 20% 收入组的总收入加上当年全国的个税总额，可以计算出没有个税情况下城镇居民最低 20% 收入组的平均收入，以及城镇居民和全国居民收入基尼系数的变化，从而衡量出个税对收入差距的调节作用。税前和税后的城镇居民收入与全国居民收入的基尼系数如表 2 - 20 所示。

表 2 - 20　　　税前和税后的城镇居民收入与全国居民收入的基尼系数

年份 项目	2002	2003	2004	2005	2006	2007	2008	2009
税前全国居民收入的基尼系数	0.4044	0.4147	0.4245	0.4432	0.4464	0.4503	0.4614	0.469
税后全国居民收入的基尼系数	0.3915	0.4021	0.4116	0.43	0.4329	0.436	0.4474	0.4558
税前城镇居民收入的基尼系数	0.3513	0.3591	0.362	0.3697	0.3654	0.3662	0.378	0.3717
税后城镇居民收入的基尼系数	0.3348	0.3427	0.3455	0.3529	0.3481	0.3475	0.3596	0.3542

资料来源：根据《中国税务年鉴》计算而得。

如表 2 - 20 所示，个人所得税对全国居民收入的基尼系数的影响从 2002 年的 0.0129 增至 2009 年的 0.0132，2009 年对城镇居民收入的基尼系数影响为 0.0175。对比其他发达国家，美国 1993 年个税使基尼系数从 0.454 降到 0.421。当前，我国的个人所得税对收入差距的调节还比不上 1993 年的美国，因此，相对于发达国家来说个人所得税对收入差距的调节还有很大的提升空间，现阶段我国的个人所得税不能有效的调节收入差距。

2. 个人所得税对财政收入的贡献

我国的个人所得税收入在过去的三十年中大大高于同时期经济增长速度和税收收入增长速度，是同期收入增长最快的税种。从收入规模上看，个人所得税已成为中国第四大税种，占我国税收的比重也由 1994 年的 1.6%，迅速提升至 2009 年的 6.64%。但是，对比其他国家，个人所得税占我国财政或税收收入的比重依然偏低，发达国家个人所得税收入占财政收入比重平均在 30% 以上，一些国家特别是北欧国家已超过 50%，发展中国家一般在 15% 左右，世界上最贫穷的国家这一比重也在 9% 左右。如果把 86 个发展中国家看做一体，那么这些国家的个人所得税收入占税收总额的 10.3%。而我国的个人所得税对财政收入的贡献虽然有迅猛的增长，却远远落后于其他发展中国家。

（二）税制

目前，我国的个人所得税实行源泉扣缴，有利于控制税源，减少逃税；但是不利于按照纳税人的全部所得征收税款，难以体现"量能负担"的原则，税负不公平、不合理。世界各国的个人所得税制大体可以分为分类所得税制、综合所得税制和混合所得税制三种类型。我国采用的是分类所得税制，也就是将个人各项所得分成 11 类，分别适用不同的税率、不同的计征方法以及不同的费用扣除规定。这种分类课征制度可以很大程度上采用源泉扣减的征税办法，有利于加强源泉监控、简化纳税手续。

（三）免征额

所谓免征额是在征税对象总额中免予征税的数额。它是按照一定标准从征税对象总额中预先减除的数额。免征额部分不征税，只对超过免征额部分征税。

1981 年，个人所得税正式开征，当年个税收入只有 500 元。月均收入能够达到 800 元起征标准的中国公民少而又少，大部分是外籍在华高级职员缴纳的。1986 年 9 月，国务院发布了《中华人民共和国个人收入调节税暂行条例》，规定对本国公民的个人收入统一征收个人收入调节税，纳税的扣除额标准（即免征额）降低至 400 元。而外籍人士的 800 元扣除标准并没有改变，内外双轨的标准由此产生。

2005 年 8 月 23 日，十届全国人大常委会第 17 次会议开始审议国务院提交的《个人所得税法修正案（草案）》。此次改动最大之处是费用扣除额从 800元调至 1 500 元。

十届全国人大常委会第十八次会议于 2005 年 10 月 27 日下午高票表决通过关于修改个人所得税法的决定，修改后的个人所得税法自 2006 年 1 月 1 日起施行，个人所得税的免征额正式由 800 元提高至 1 600 元。

十届全国人大常委会第三十一次会议于 2007 年 12 月 29 日表决通过了关于修改个人所得税法的决定。根据决定，2008 年 3 月 1 日起，我国个税免征额将从 1 600 元/月上调至 2 000 元/月。2011 年 6 月 30 日，十一届全国人大常委会第二十一次会议表决通过关于修改个人所得税法的决定，2011 年个税起征点提高到 3 500 元，2011 年 9 月 1 日起施行。

（四）税率和阶距

个人所得税根据不同的征税项目，分别规定了三种不同的税率：

（1）工资、薪金所得，适用 7 级超额累进税率，按月应纳税所得额计算征税。该税率按个人月工资、薪金应税所得额划分级距，最高一级为 45%，最低一级为 3%，共 7 级（见表 2 - 21）。

表 2 - 21　　　　　　工资薪金所得税率

全月应纳税所得额	税率（%）	速算扣除数（元）
不超过 1 500 元	3	0
超过 1 500 元至 4 500 元	10	105
超过 4 500 元至 9 000 元	20	555
超过 9 000 元至 35 000 元	25	1 005
超过 35 000 元至 55 000 元	30	2 755
超过 55 000 元至 80 000 元	35	5 505
超过 80 000 元	45	13 505

资料来源：国家税务总局网站。

（2）个体工商户的生产、经营所得和对企事业单位适用 5 级超额累进税率。适用按年计算、分月预缴税款的个体工商户的生产、经营所得和对企事业单位的承包经营、承租经营的全年应纳税所得额划分级距，最低一级为 5%，最高一级为 35%，共 5 级（见表 2 – 22）。

表 2 – 22　　　　　个体工商户的生产、经营所得和企事业单位的承包
经营、承租经营所得税率

级数	含税级距	不含税级距	税率（％）	速算扣除数（元）
1	不超过 15 000 元的部分	不超过 14 250 元的	5	0
2	超过 15 000 元到 30 000 元的部分	超过 14 250 元至 27 750 元的部分	10	750
3	超过 30 000 元至 60 000 元的部分	超过 27 750 元至 51 750 元的部分	20	3 750
4	超过 60 000 元至 100 000 元的部分	超过 51 750 元至 79 750 元的部分	30	9 750
5	超过 100 000 元的部分	超过 79 750 元的部分	35	14 750

资料来源：国家税务总局网站。

（3）比例税率。对个人的稿酬所得，劳务报酬所得，特许权使用费所得，利息、股息、红利所得，财产租赁所得，财产转让所得，偶然所得和其他所得，按次计算征收个人所得税，适用 20% 的比例税率。其中，对稿酬所得适用 20% 的比例税率，并按应纳税额减征 30%；对劳务报酬所得一次性收入畸高的、特高的，除按 20% 征税外，还可以实行加成征收，以保护合理的收入和限制不合理的收入。

（五）征管水平及高收入群体收入的监控

我国现行个人所得税征管采用支付单位源泉扣缴制和纳税人自行申报制两种模式。对可以由支付单位从源泉扣缴的应税所得，由扣缴义务人代扣代缴。对于没有扣缴义务人的，由纳税人自行申报纳税。也就是说我国对个人所得税采用的是代扣代缴为主，自行申报为辅的征纳模式。

在美国，1% 最高收入群体缴纳的个人所得税占全部个税收入的 40% 左右，而发展中国家印度大部分的个人所得税是由 3% 最高收入群体贡献的，而我国高收入群体对个税收入的贡献是如何呢？我们通过对 2008 年四川省城镇住户调查数据的分析，得出表 2 – 23。

表 2-23　　　　　2008 年四川省城镇高收入住户缴纳个人所得税信息

指　标	3 月份	12 月份
组别	10% 最高组	10% 最高组
平均可支配收入（元）	7 299	8 277
平均税收支出（元）	19.7	24.2
缴纳个人所得税的比重（%）	5.89	8.56
组别	5% 最高组	5% 最高组
平均可支配收入（元）	9 052	10 765
平均税收支出（元）	20.2	38.3
缴纳个人所得税的比重（%）	6.10	8.74
组别	1% 最高组	1% 最高组
平均可支配收入（元）	14 905	18 985
平均税收支出（元）	80.5	1
缴纳个人所得税的比重（%）	9.26	3.94

资料来源：2008 年四川省城镇居民住户调查月度数据

　　表 2-23 显示 3 月份和 12 月份 10% 四川省高收入群体的个税负担（平均个税支出比平均可支配收入）分别为 0.27% 和 0.29%；同期 5% 最高收入组的个税负担分别为 0.22% 和 0.36%；1% 最高收入组的个税负担分别为 0.54% 和 0.005%。虽然随着收入的提高，缴纳个人所得税家庭数占该收入段家庭总数的比重也在不断提高，但是该比重较低，如 12 月份 1% 最高收入组的平均月收入为 18 985 元，缴税比例为 3.94%，平均每个家庭缴税额仅为 1 元。虽然个人所得税采用的是累进税率，但是随着收入的提高我们并没有发现高收入家庭的税收负担相应提高。对比上述收入段的平均可支配收入，高收入组的纳税数额显著偏低。我国对高收入人群远没有做到"应征尽征"。

三、政策建议

（一）完善税制

　　2011 年 9 月 1 日新个税法实施，这次的个税改革将工资薪金所得的九级累进税率改成七级累进税率，并将起征点从 2 000 元调高到 3 500 元。这次的改革一定程度上减少税率档次、拉大税距，完善了税制，但是我国的税制依然存在着众多的问题，需要进一步的改善。

我国的个税依然实行的分类税制，单纯的分类征收税制模式既缺乏弹性，又增加了征管难度和成本，目前这种课税模式几乎没有国家再采用。我国作为世界上最大的发展中国家，应努力适应国际经济发展的趋势，逐步采用综合所得课税为主、分类所得课税为辅的混合所得税模式。进一步拓展税基，将尽可能多的项目纳入综合课征的范围，以个人为计税单位，以年度为课税期，以个人的全部收入为税基全面进行纳税人的统一登记，给予每个人一个纳税编号，个人的全部收入会集在相应的纳税号下。同时，对个人的非劳动所得如股息、利息、租金收入等，实行分类征收时可运用特殊的税率。

另外，经改革后的边际税率依然是45%，过高的边际税率导致高收入者偷逃税的意愿显著提高。美国个税的最高边际税率为35%，同为发展中国家的印度和巴西的最高边际税率分别是30%和27.5%，俄罗斯个税改革提供了有益的经验，13%的固定税率降低了高收入者偷逃税的意愿，个税收入反而增加了。

（二）完善个人所得税征管机制

1. 逐步建立覆盖全国的个人信息网

由于经营性收入以及财产性收入来源多样，这方面的个人收入信息非常不透明，不如工薪收入那样处于银行系统的有力监控之下。我们认为今后应该加强税收征管的基础工作，逐步建立覆盖全国的个人信息网，该网除了个人身份信息（公安部门已掌握），还包括个人的各类收入、社会福利及社会保障信息。在巴西出生后就要办税卡且卡号终生不变，开银行账户、买房、买车、买手机都需要该卡号，国家税务局的监控系统与银行、房地产以及车辆登记机构联网，可以通过交叉检查的方法，很容易发现偷逃税行为。美国税务部门的纳税人信息系统几乎囊括了个人所有的收入信息，并利用这些信息进行交叉核查防止纳税人偷逃税，当然监控的重点是高收入群体。

2. 加大对高收入群体偷逃税的处罚力度

由于对工薪所得实行了比较严格的个人所得税代扣代缴的制度，加上工薪所得比较透明，所以高收入群体中的那些以工薪为主要收入来源的人偷逃税的可能性较低。那些以非工薪所得为主要收入来源的高收入群体之所以能够偷税漏税，则在于非工薪所得来源不透明、对非工薪所得征缴个税的征管成本高以及处罚力度偏弱等原因。对于税务机关而言，不能仅从征管成本出发来配置各种征税资源，作为政府调控经济和社会发展的主要部门之一，税务部门现阶段要把促进社会公平放在优先的地位。重点监控以非工薪所得为主要收入来源的高收入群体，特别是他们的财产性所得和经营性所得。一定要提高征管水平并加大处罚力度，真正对偷税漏税的高收入群体形成威慑，各地、各行业都要抓出典型起到震慑作用。巴西税务局每年都开展"细筛行动"，严厉惩处偷逃税者，由于名人的宣传效应，巴西税务局对这类群体"关爱有加"，球星罗马里奥逃税也难免重罚，球王贝利也抱怨受到格外的"关照"。当然，在加大对高收入群体偷逃税处罚力度的同时，还应该降低最高边际税率。

第四节 消费税

一、消费税概述

（一）消费税政策及目标

消费税是对消费品和特定的消费行为按消费流转额课征的一种商品税。消费税根据其课征范围的广度分为一般消费税和特别消费税。我国现行消费税是对我国境内从事生产、委托加工和进口应税消费品的单位和个人就其应税消费品征收的一种税。由于现行消费税是选择部分消费品征税，故而属于特别消费税，在现行分税制下，消费税为中央税，由国家税务局负责征收，税目主要包括：烟、酒及酒精、化妆品、贵重首饰及珠宝玉石、鞭炮焰火、成品油、汽车轮胎、小汽车、摩托车、高尔夫球及球具、高档手表、游艇、木制一次性筷子和实木地板等（见表2-24）。现行消费税应纳税额的计算主要有从价计征、从量计征和从价从量复合计征三种方式，而为了加强源泉控制、防止税款流失，减少纳税人和降低税收征管成本，我国消费税的征税环节以产制环节或进口环节为主，同时对个别应税消费品在零售和批发环节征收消费税。

表 2 – 24　　　　　　　　　　　　现行消费税税目税率

税　目	税　率
一、烟 　1. 卷烟 　　（1）甲类卷烟；（2）乙类卷烟 　2. 雪茄烟 　3. 烟丝	（1）45% 加 0.003 元/支； （2）30% 加 0.003 元/支 36% 30%
二、酒及酒精 　1. 白酒 　2. 黄酒 　3. 啤酒 　4. 其他酒 　5. 酒精	20% 加 0.5 元/500 克（或 500 毫升） 240 元/吨 甲类 250 元/吨；乙类 220 元/吨 10% 5%
三、化妆品	30%
四、贵重首饰及珠宝玉石 　1. 金银首饰、铂金首饰和钻石及钻石饰品 　2. 其他贵重首饰和珠宝玉石	5% 10%
五、鞭炮、焰火	15%
六、成品油 　1. 汽油 　2. 柴油 　3. 航空煤油 　4. 石脑油 　5. 溶剂油 　6. 润滑油 　7. 燃料油	含铅 1.4 元/升；无铅 1.0 元/升 0.8 元/升 0.8 元/升 1.0 元/升 1.0 元/升 1.0 元/升 0.8 元/升
七、汽车轮胎	3%
八、摩托车 　1. 气缸容量（排气量）在 250 毫升（含 250 毫升）以下的 　2. 气缸容量在 250 毫升以上的	3% 10%
九、小汽车 　1. 乘用车 　　（1）气缸容量（排气量）在 1.0 升（含 1.0 升）以下的 　　（2）气缸容量在 1.0 升以上至 1.5 升（含 1.5 升）的 　　（3）气缸容量在 1.5 升以上至 2.0 升（含 2.0 升）的 　　（4）气缸容量在 2.0 升以上至 2.5 升（含 2.5 升）的 　　（5）气缸容量在 2.5 升以上至 3.0 升（含 3.0 升）的 　　（6）气缸容量在 3.0 升以上至 4.0 升（含 4.0 升）的 　　（7）气缸容量在 4.0 升以上的 　2. 中轻型商用客车	 1% 3% 5% 9% 12% 25% 40% 5%
十、高尔夫球及球具	10%
十一、高档手表	20%
十二、游艇	10%
十三、木制一次性筷子	5%
十四、实木地板	5%

　　资料来源：中国注册会计师协会：《税法》，经济科学出版社 2011 年 3 月版，第 106～103 页。

消费税征收的选择性，通过课税范围的选择，差别税率的设置及课税环节的安排等来体现政府的政策目标。从表2-24中我国现行消费税税目和税率可以看出，政策制定者征收消费税的政策目标：（1）引导消费结构、抑制非必需品和奢侈性消费，如对烟、酒、小汽车、高档手表；（2）调节收入差距，税目中高尔夫球及球具、高档手表、游艇、贵重首饰及珠宝玉石、小汽车、实木地板等消费品大多由高收入阶层消费，商品税税负的可转嫁性使得这些商品的税负由消费者负担；（3）保护环境，消费税税目中的烟、小汽车、摩托车、成品油、一次性筷子、实木地板等的大量消费会对环境产生破坏作用，对这些消费品征税具有明显的环保动机，另外乘用车按照排气量从小到大适用从低到高的差别税率，也同样显示出了消费税设置的保护环境政策的取向。

（二）　消费税收入规模

消费税是我国税收收入的重要组成部分，1994~2008年消费税收入稳步增加，1994年消费税收入为487.4亿元，到2008年为2 568.3亿元，年均增长约12.6%；2009年消费税收入为4 761.2亿元，较2008年增长了85.38%（见图2-8），超过个人所得税成为我国第四大税种。这主要是由于新的消费税法颁布实施扩大了消费税征收范围，将高档手表、高尔夫球及球具、木制一次性筷子、游艇、实木地板等纳入征税范围，特别是燃油税费改革取消公路养路费等收费，提高了成品油消费税税额，使原来通过养路费等筹措交通基础建设和养护资金的方式改为消费税方式。[1] 提高成品油消费税税额、卷烟消费税政策调整和执行新的白酒消费税最低计税价格核定办法，使消费税收入大幅增长，政策的调整成为引致2009年消费税规模急剧增加的主要原因；2009年，消费税成为增收最多的税种，占税收总增收额的41.4%。分地区来看，中央从广东、上海、云南、山东、江苏、辽宁、浙江等地区征得的消费税收入最多，这主要是与消费税征税对象、征税环节以及各地区的产业结构特征、地理位置联系在一起的，如消费税规模居前的地区都是沿海地区，这些地区进出口贸易发达，从而征得大量的进口环节消费税，又如云南省虽然整体经济发展程度并未居全国前列，但是该省烟草制造业发达，而烟草是消费税收入的主要来源。

在整个税收体系中，国内消费税占全国税收收入的比例由1994年的

---

[1] 国务院2008年12月18日印发《关于实施成品油价格和税费改革的通知》（国发［2008］37号），自2009年1月1日实施。

9.5%下降到 2008 年的 4.74%，2009 年消费税改革后，与消费税收入的遽然增加对应，消费税占税收收入比重上升到 8%。消费税作为中央税，是中央财政收入的主要构成部分，与消费税占税收比重和消费税收入轨迹相对应，1994～2008 年消费税占中央财政收入比重同样呈现出下降过程，2009 年消费税占中央财政收入比重也骤然上升（见图 2 - 9）。

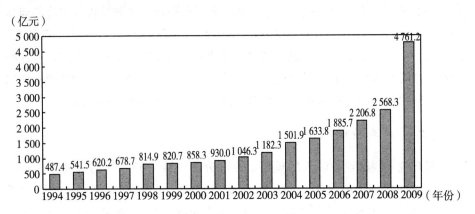

图 2 - 8　1994～2009 年各年全国消费税（不含进口消费税）收入

资料来源：根据《中国统计年鉴 2010》数据整理。

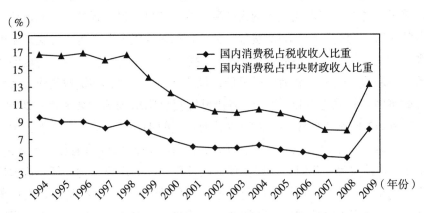

图 2 - 9　1994～2009 年消费税占税收收入比重

资料来源：根据《中国统计年鉴 2010》计算整理。

从税收弹性来看，1995～2008 年的 14 年中，消费税税收 GDP 弹性系数大于 1 的只有四个年度，在大多数年份弹性都小于 1。而同期税收 GDP 弹性系数在 1997 年及以后都大于 1，除 1998 年、2004 年和 2009 年以外，税收弹性都大于消费税收入弹性（见图2-10），这在很大程度上解释了税收收入和中央收入中消费税比重在1994~2008年期间的下降形态。消费税收入弹性整体小于税收收入弹性，这是和我国消费税税制设计相一致的，我国消费税中从量税占相当比重，特别是作为消费税收入主要组成部分的汽油、柴油等成品油为从量税，税收不能随商品价格上升而自动提高，而我国其他主要税种如增值税、企业所得税、营业税、个人所得税等，都是从价计征的比例税或累进税，税收相对富有弹性。

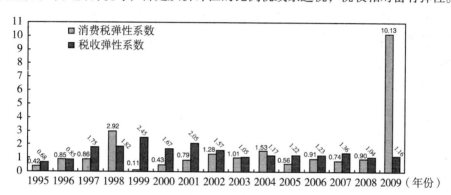

图2-10　消费税与税收弹性系数

资料来源：根据《中国统计年鉴2010》计算整理。

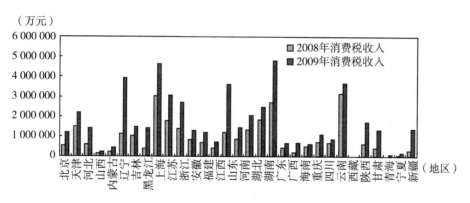

图2-11　2008~2009年分地区消费税（含进口消费税）收入

资料来源：根据《中国税务年鉴2009》、《中国税务年鉴2010》整理。

（三）消费税收入结构

消费税作为特别商品税，在我国现行税制下是选择14类商品为征税对象的。

中国公共财政监测报告

在我国现行消费税收入中，烟草、成品油和汽车消费税占国内消费税的90%以上，构成了消费税的主体。如2008年新消费税法实施前，国内消费税共25 682 575万元，其中来自烟草生产批发销售的消费税约占消费税收入的63.05%，石油相关消费税占14.47%，汽车消费税占14.36%，酒类消费税约占5.84%。国内消费税收入中，烟、成品油、汽车、酒等四类消费税占消费税总收入的约97.57%。2009年新消费税法实施，特别是燃油税费改革、公路养路费改税，消费税内部结构发生了较大变化，成品油消费税占消费税比例提高到42.52%，烟草生产销售的消费税相对下降到43.77%，汽车消费税比例为8.57%，酒类消费税所占比例约为3.61%，与2008年相比烟、成品油、汽车、酒等四类商品消费税仍占消费税总额的绝大部分，且比例略有提高，约为98.47%（见表2-25）。

表2-25　　　　　2008～2009年国内消费税收入分产业收入情况

	2008 年		2009 年	
	金额：万元	比例（%）	金额：万元	比例（%）
消费税收入合计	25 682 575	100.0000	47 612 084	100.0000
一、第一产业	13	0.0001	20	0.0000
二、第二产业	25 462 787	99.1442	45 664 030	95.9085
1. 农副食品加工	3 823	0.0149	2 554	0.0054
2. 食品制造业	1 403	0.0055	288	0.0006
3. 饮料制造业	1 566 613	6.0999	1 780 379	3.7393
其中：酒制造	1 500 720	5.8433	1 717 499	3.6073
4. 烟草制品业	16 161 637	62.9284	19 136 384	40.1923
5. 木材加工及木竹制品业	19 615	0.0764	15 454	0.0325
6. 家具制造业	980	0.0038	482	0.0010
7. 文教体育用品制造业	569	0.0022	1 169	0.0025
8. 石油加工业：成品油	3 716 345	14.4703	20 246 577	42.5240
9. 化学原料及化学制品业	96 146	0.3744	103 679	0.2178
10. 橡胶制品业	51 134	0.1991	46 460	0.0976
11. 交通运输设备制造业	3 837 891	14.9436	4 325 587	9.0851
其中：汽车制造	3 689 354	14.3652	4 081 193	8.5718
摩托车制造	148 294	0.5774	133 871	0.2812
12. 仪表仪器及文化办公用机械制造	544	0.0021	418	0.0009
三、第三产业	219 775	0.8557	1 948 034	4.0915
1. 批发业	219 670	0.1306	1 735 377	3.6448
其中：烟草制品批发	33 540	0.1242	1 706 681	3.5846
2. 零售业	31 889	0.7247	212 611	0.4466

　　注：1. 消费税为国内消费税，不含进口环节消费税；2. 第三列为相关产业消费税收入占总消费税收入的比重；3. 由于一些行业所纳消费税没有列示，故三次产业下所列示行业消费税数额之和不等于该行业消费税总额。

　　资料来源：根据《中国税务年鉴2009》和《中国税务年鉴2010》整理而得。

从消费税来源的企业类型看，2009 年消费税的 86.49% 来自于内资企业，而内资股份制公司缴纳的消费税占消费税总额的 59.51%，国有企业缴纳的消费税占消费税总额的 26.15%，外资企业消费税比较少。由于烟草行业消费税是消费税收入的主要构成部分，烟草行业又基本上为国有垄断经营，因而国有企业缴纳的消费税占有相当比重；另外，由于作为消费税来源主体的烟草、石油加工、酒等行业对民间资本和外资有较为严格的准入限制，使得民营类企业和外资企业的消费税贡献度比较低（见表 2-26）。

表 2-26   2009 年消费税收入分企业类型收入情况

	消费税收入（万元）	比例（%）
合计	52 188 933	100.00
内资企业	45 137 452	86.49
国有企业	13 645 174	26.15
集体企业	22 034	0.04
股份合作	15 108	0.03
联营企业	8 959	0.02
股份公司	31 057 205	59.51
私营企业	368 034	0.71
其他企业	20 938	0.04
港澳台投资企业	1 883 011	3.61
外商投资企业	5 149 934	9.87
个体经营	18 536	0.04

注：该表消费税含进口环节消费税。
资料来源：根据《中国税务年鉴 2010》计算整理而得。

由于我国现行消费税既对国内生产销售应税消费品征收，同时又对进口应税消费品征收，消费税进而可分为国内消费税和国外消费税。2009 年全国国内消费税收入 4 761.22 亿元，消费税（含进口环节）总额为 5 218.89 亿元，其中进口环节消费税 457.67 亿元。天津、上海、广东、山东、辽宁等沿海省区进口应税消费品规模大，相应的进口消费税的规模非常大（见图 2-12）。

（四）简评

政府设税的目标除了财政收入目标外，运用税收影响企业、个人等微观经

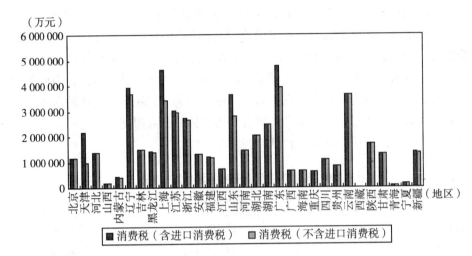

图 2 – 12　2009 年分地区消费税（含进口消费税与不含进口消费税）收入
资料来源：根据《中国税务年鉴 2010》整理。

济主体的行为和选择，以实现政府的经济、社会调节目标是税收设计的重要动因。由于消费税是在一般货物劳务税的基础上，选择特定商品和服务进一步征收，其经济、社会调节职能目标更为重要。引导消费者消费结构，抑制奢侈品消费和具有负外部性商品的消费，同时调节居民收入差距，保护环境等是我国消费税设税的重要政策目标。从实现消费税设税目标来看，现行消费税主要是在生产及进口环节征收，在最终消费环节征收的只限于金银首饰，征收范围狭小，虽然消费税作为间接税其税负转嫁最终大多为消费者负担，但消费者并非为直接的纳税人，这使得消费者对消费税的直接感受度很低，影响了消费税对消费者消费行为引导的效果。现行消费税仅限于对特定商品征收，对特定行为或服务消费并未纳入征税范围，而一些行为或服务（高档会员及俱乐部、高档娱乐休闲、高档餐饮等）同样具有极高的奢侈性。再者，对一些商品，如别墅、高档家具、高档服装等属于奢侈品范畴的商品未纳入征税范围。另外，涉及环境保护的税目仍不够，在我国目前没有开征环保税的现实情况下，应发挥消费税课征的非普遍性和针对每个税目分别设置税率的特点，使得消费税在保护环境、节约资源方面能起到一定作用，如将含汞、氟的电池、一次性包装盛装用品等。

二、现阶段消费税税制的公平与效率分析

（一）消费税公平性分析

消费税作为间接税，税负可以转嫁。在我国现行消费税的 14 个税目中，由于不同商品的市场性质、产品特质、消费者特征等存在差异，消费税税收转嫁的程度、形式等也不同，消费税负担在企业和消费者之间的分配及效果不同。

在消费税应税消费品中，烟和成品油都属于垄断行业，虽然企业是法律上的纳税人，但企业具有垄断定价权，企业可以通过价格调整将大部分消费税转嫁给消费者，消费税税负主要由消费者负担。酒和汽车所处行业为不完全竞争行业，企业具有相当的定价权，而消费者也有很大的选择空间，消费税可以部分转嫁，消费者负担部分消费税。首饰、高尔夫球及球具、高档手表、游艇和实木地板等，一方面所处行业多为寡头竞争，另一方面由于这些消费品都属于奢侈品的范畴，而奢侈品的消费者对价格反应不敏感，因此，这些消费品的消费者税负的比重较高。摩托车、轮胎、鞭炮烟火、化妆品、一次性筷子等所处行业竞争相对充分，消费者的选择范围广，企业通过提高价格将消费税税负转嫁给消费的比例相对而言比较小。图 2 - 13 报告了四类应税消费品消费税税负分配的大致形态。

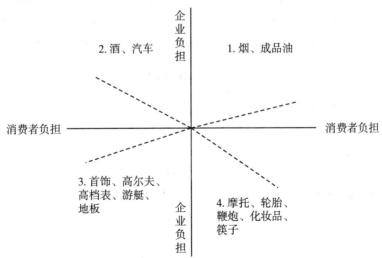

图 2 - 13　消费税负担企业和消费者分配示意图

消费税是我国税收体系中具有明显公平性特征的少数税种之一，现行消费税税目体现了对奢侈品（或高收入者消费品）和具有负外部性的消费品课税的政策导向。现有的消费税的公平性大致可分为三类：（1）课税对象的公平，也即课税商品本身属于高档商品，高收入者是主要的消费者和税收负担者，如游艇、高尔夫及球具、高档手表、实木地板、贵重首饰及珠宝玉石、小汽车等。（2）税率设置的公平，也即在某商品消费税税率设置上实行公平导向的差异税率，如卷烟、小汽车和啤酒等，其中小汽车根据排量实行 1%～40% 不等的 7 种差别税率，而汽车的排量与其价值成正比；在卷烟的消费税设计中根据卷烟的价格设置了高低两档税率，使收入高、消费高档卷烟的消费者负担相对更多的消费税，从而彰显了公平收入分配的目标。（3）补偿性公平，也即某些课税商品的消费会对他人和社会产生较大的负效应、降低社会整体福利、损害经济社会的可持续发展，对这些商品课以消费税用以公共事业，相当于对其他人及社会的补偿，如烟、鞭炮焰火、小汽车、木质一次性筷子、成品油、摩托车、酒等，其中抽烟对环境和他人健康具有明显的负外部性，对烟课税体现了抽烟者与非抽烟者之间的公平，同时抑制抽烟行为以增进社会福利；汽车的生产和使用要消耗大量的资源、污染环境，除此之外，在公共交通设施既定情况下，小汽车使用者会占用更多的公共交通资源、引起拥挤，增加大量无车居民的时间成本和安全隐忧。当然，消费税这三类公平形态并不是彼此排斥的，某一商品可能同时具备其中两类或三类公平性特质。表 4 对现有消费税 14 类课税商品的公平性进行了初步描绘，在表中将现行消费税的公平程度分为 ＋、＋＋、＋＋＋ 三个层次，"＋"越多表示该类商品消费税设计越公平，具体如表 2－27 所示。

表 2－27　　　　　　　　　分税目消费税公平性

消费税课税对象	公平度	消费税课税对象	公平度
烟	＋＋	摩托车	＋
酒及酒精	＋	小汽车	＋＋＋
化妆品	＋	高尔夫球及球具	＋＋
贵重首饰及珠宝玉石	＋＋	高档手表	＋＋
鞭炮烟火	＋	游艇	＋＋
成品油	＋	木制一次性筷子	＋
汽车轮胎	＋	实木地板	＋

注：＋、＋＋、＋＋＋分别表示消费税税收设计依次从低到高的三级公平度。

（二） 消费税的效率性分析

1. 消费税对居民消费的影响

理论上讲，消费税作为商品税具有可转嫁性，消费税的征收表现为课税商品价格不同程度的上升，征税对消费者产生替代效应和收入效应，也即因课征消费税使价格提高，消费者可能增加没有课征消费税的具有相似使用价值的商品的消费，而减少课税消费品的消费，同时，因课税使消费者既定收入对课税商品的购买力下降，从而引起消费者对课税商品购买行为的变化。消费税对居民消费的影响，一方面由于替代效应与收入效应的作用影响着课税居民对课税商品的消费，另一方面，在消费税使居民减少对课税商品消费的同时，消费者还可能将原用于应税消费品的支出转向其他非税消费品。此外，消费税对居民消费的影响还受社会消费品结构、消费税设计和征管方式、信息、消费者特征等多因素的制约。为考察现行消费税对居民消费的影响，我们建立如下简单的实证模型进行检验。

$$\log(CC_i) = C_c + \alpha_c \log(CI_i) + \beta_c \log(CT_i) + \varepsilon_i$$
$$\log(PC_i) = C_p + \alpha_p \log(PI_i) + \beta_p \log(CT_i) + \varepsilon_i$$

其中，$\log(CC_i)$ 和 $\log(PC_i)$ 分别为城镇和农村居民人均消费支出的自然对数，$\log(CI_i)$ 与 $\log(PI_i)$ 分别为对数化的城乡居民人均收入，$\log(CT_i)$ 为取对数后的消费税额，各变量都以 2001 年为基期用 CPI 将各指标名义值转换为实际值。C 为常数项，α、β 是变量系数，ε 为随机误差项。基于省际数据进行回归分析，结果如表 2 - 28 所示。由回归结果可见，消费税收入对城镇居民消费系数为正，但在统计上不显著，农民消费模型中消费税变量系数为负，同样没有通过显著性检验，这说明在现行的消费税制和居民消费结构下，消费税对城乡居民消费支出的影响不明显，这同时意味着消费税对城乡居民总体消费并不存在抑制作用。其可能的原因是，消费税主要来自烟、酒、汽车、成品油等，这些商品的消费或者具有黏性、或者多为高收入阶层所消费，消费者对这些商品的需求价格弹性不大，课征消费税，课税商品价格的提高使消费者消费的减少非常有限；并且，在消费税规模有限，应税消费品在消费者日常消费集合中所占比重相对仍较低的情况下，消费税难以改变消费者的总体消费支出决定，课征消费税可能引致的课税商品消费量的减少，也会由其他非税消费品消费增加而弥补，从而使消费税对居民总体消费支出作用不显著。此外，城镇居民收入和农民收入变量系数都显著为正，说明收入增长会引起居民消费支出增加，符合一般消费法则，同时城镇居民收入系数大于农民收入变量系数，表明农民的消费倾向低于城镇居民，这与我国现阶段的经济特征事实基本吻合。

表 2 - 28　　　　　　　　　消费税对城乡居民消费影响

因变量	$\log(CC_i)$	因变量	$\log(PC_i)$
C_c	0.4884 (1.07)	C_p	1.2347 ** (2.52)
$\log(CI_i)$	0.9055 *** (17.72)	$\log(PI_i)$	0.8206 *** (12.67)
$\log(CT_i)$	0.0163 ** (1.25)	$\log(CT_i)$	- 0.0001 (- 0.004)
$adj\text{-}R^2$	0.9454	$adj\text{-}R^2$	0.8827
$F\text{-}statistic$	234.63	$F\text{-}statistic$	110.09

注：***、**分别表示变量在1%、5%的水平上显著。

资料来源：回归使用2009年省际截面数据，研究所用原始数据来自《中国统计年鉴2010》和《中国税务年鉴2010》。

2. 消费税对经济增长的影响

一般而言，消费税对经济增长的影响主要表现在两个方面：一是消费税制度设计和消费税负担在消费者和企业间的分配方式，使其对居民消费的选择和企业的生产决策产生着程度相异的影响，消费税通过影响居民消费和企业生产影响经济产出；二是，消费税征收后通过其支出安排影响经济产出。这里我们利用中国 1994 ~ 2009 年的时间序列数据，就消费税对经济增长的总体效应进行分析。在分析中，我们首先对取对数后的实际 GDP 即 $\log(GDP)$ 和消费税额 $\log(CT)$ 进行单位根检验，发现两指标非平稳的同阶单整，接着进行 Johansen 协整检验，检验结果如下式所示：

$$EC_t = \log(GDP_t) - 0.757\log(CT_t) - 5.192$$
$$loglikehood = 61.55$$

检验结果显示，消费税与 GDP 之间存在稳定的协整关系，消费税收入增长有助于经济增长，虽然我国消费税为选择性消费税，征税改变了应税消费品和非应税消费品之间的相对价格，但现行消费税在体现引导消费结构和产业结构的政策导向的同时，并没有引致居民消费（见上节分析），而其引导产品和产业结构、缓和社会收入差距、组织财政收入以提供公共产品和服务等作用，都对经济增长有积极的效应，而我国税收使用中大量公共投资等生产性支出更是经济增长的直接推动力量，这使得消费税对经济产出的效应表现为正，在一定程度上表明现行消费税在经济上是有效的。

三、政策建议

除组织财政收入外，引导消费者消费结构，抑制奢侈品消费和具有负外部性商品的消费，同时调节居民收入差距、保护环境等，这是我国消费税税收设计的重要政策目标。现行消费税设计体现了一定程度的公平性，但是对城乡居民消费的影响都不显著，而对经济增长有显著的促进作用，这说明现行消费税制度在一定程度上体现了治税的公平和效率。基于我国消费税设税目标和我国消费税现状，结合前文分析我们提出以下政策建议。

第一，现行消费税征税对象仅限于14种消费税品，课税范围仅限于特定商品，未将服务纳入，课税范围仍较有限，大量奢侈品和具有负外部性的消费品未纳入课税范围，因此应逐步扩大课税范围，一方面将高档会员及俱乐部、高档娱乐休闲、高档餐饮等消费行为或服务纳入消费税课税范围，另一方面，将别墅、高档家具、高档服装等属于奢侈品范畴的商品纳入消费税课税目录。

第二，为实现人口、资源和环境的协调和可持续发展，在我国目前没有开征环保税的现实情况下，应发挥消费税课征对象的选择性和税率设置的差异性特点，充分利用消费税这一税收工具在保护环境、节约资源方面的作用，考虑将含汞和氟电池、一次性包装盛装用品、非再生性矿物及资源等纳入消费税课征范围。

第三，现行消费税收入的绝大部分来自于烟、成品油、汽车、酒等四类商品消费税，其他商品消费税税收规模非常小，税收结构不合理，影响了消费税调节功能的发挥，因此应在扩大消费税征收范围的基础上，优化课税商品及服务的消费税税制设计，使消费税税率与负担能力相匹配，如现行消费税中，相对于烟、酒等，高尔夫球及球具、游艇、实木地板等的消费税税率与其消费者收入水平、消费活动的环境损害程度相比明显偏低，仍需提高。

第四，现行消费税主要是在生产及进口环节征收，零售环节征收非常有限，纳税人主要是企业，纳税人和负税人背离度高，这虽然可以减少纳税人数量、降低征管成本、提高征管效率，但是这使得消费者对消费税的直接感受度很低，影响了消费税对消费者消费行为引导的效果，同时也弱化了公民的纳税人意识。为此，应逐步将消费税的课税环节改为消费环节，体现消费税由消费者缴纳和负担的特征，更好地发挥消费税的功能。

参考文献：

［1］徐进：《论消费税的设计形式和调节作用》，载于《税务研究》2008 年第 5 期。

［2］李建军、张雯、余喆杨：《地方税收效率及公平性实证分析》，载于《中南财经政法大学学报》2011 年第 5 期。

［3］安体富、樊勇：《对我国消费税改革的评析与展望》，载于《税务研究》2006 年第 12 期。

［4］龚文辉：《消费税征收范围的国际比较与启示》，载于《涉外税务》2010 年第 5 期。

第五节　财产税

一、中国财产行为税税制概述

（一）财产税税种

我国现行财产行为税类主要包括房产税、车船使用税、契税、车辆购置税，主要是对某些财产和行为发挥调节作用。

1. 房产税

房产税是以房屋为征税对象，按照房屋的计税余值或租金收入，向产权所有人征收的一种个别财产税，具体征税范围仅限于城镇的经营性房屋，其中房产出租的，按照租金收入计征，税率为 12%；营业用房按照房屋原值减除 30% 的折旧率计征，税率为 1.2%。

2. 车船税

车船税是在我国车船管理部门登记的车辆、船舶为征税对象，向其所有者或管理人征收的一种财产税，车船税的征管方式为持有人在每年投保汽车缴强险时由保险公司代为征收。

2012 年起中国将对汽车按照 7 个档次征收车船税：

（1）1.0 升（含）以下 60 元至 360 元；

（2）1.0 升以上至 1.6 升（含）300 元至 540 元；

（3）1.6 升以上至 2.0 升（含）360 元至 660 元；

（4）2.0 升以上至 2.5 升（含）660 元至 1 200 元；

（5）2.5 升以上至 3.0 升（含）1 200 元至 2 400 元；

（6）3.0 升以上至 4.0 升（含）2 400 元至 3 600 元；

（7）4.0 升以上 3 600 元至 5 400 元。

3. 契税

契税是以中华人民共和国境内转移的土地、房屋权属为征税对象，向产权承受人征收的一种财产转移税。征税对象具体包括国有土地使用权的出让，土地使用权的转让，房屋买卖，房屋赠与及房屋交换等五种情况。以不动产的价格为计税依据，实行 3% ~ 5% 的幅度税率。

4. 车辆购置税

车辆购置税是以在中国境内购置规定车辆为课税对象，具体包括：汽车、摩托车、电车、挂车、农用运输车，在车辆进入消费领域的特定环节向车辆购置者进行征收的一种特种财产税。以车辆价格为计税依据，实行 10% 的统一比例税率。

（二）相关法律和政策

1. 财产税与经济发展

作为最古老的税种，财产行为税伴随着整个人类经济的发展。目前我国财产税收入占全国税收总收入的比重稳步上升，2010 年达到 7.37%。虽然相对于流转税、所得税等税种，财产税对财政收入的贡献较低，但其在筹集财政收入、调节贫富差距、优化资源配置方面仍发挥着不可忽视的作用。

财产行为税征税范围广，丰富的税源和稳定的税基使其成为财政收入，特别是地方财政收入的重要来源。此外财产税以财富存量作为依据，对贫富差距起到直接调节作用。

2. 财产税的政策及目标

财产税以财产的价值或财产所有人的收入为征税依据，对促进纳税人加强财产管理、提高财产使用效率有特殊作用。同时财产税作为个人所得税的补充，在个人所得税对收入调节的基础上对纳税人财富做进一步调节。财产的多少反映着纳税人的贫富，因此，财产税调节的重点是富人。强化财产税的调节作用，有利于缩小贫富差距。

3. 财产税的征管与效果

目前我国车辆购置税由国家税务局系统负责征收，房产税、车船税、契税由地方税务局系统负责征收。同时与房产管理部门、车辆管理部门、保险机构等配合，加强征收管理。就车船税而言，截至2008年，全国已有26个省（自治区、直辖市）在全部行政区域或部分地区开始由保险机构代缴。

二、现阶段财产税税制评价

我国财产税主要税种收入和其占总税收比重的情况见表2-29和图2-14，图2-15。从图表中得出近年来我国财产税主要税种收入绝对额稳步增长。随着我国房地产行业的持续走热，房地产交易环节的税收，如契税，及房地产保有环节的税如房产税税收收入增长加快。车辆购置税和车船税增加的主要原因是汽车销量及保有量的持续增长，虽然国内成品油价格的居高不下和城市道路拥挤等情况加剧影响消费者购车热情，但汽车销量依然稳步增长。2011年上半年已实现房产税收入569.35亿元，车辆购置税974.58亿元，契税1 544.92亿元。

此外，财产税在税收总收入中所占比重一直偏低，对财政收入的贡献较小。

表 2-29　　　　我国财产税主要税种收入和其占税收总收入比重情况　　　单位：亿元

年份	契税	房产税	车辆购置税	车船使用税	合计	税收总收入	占税收总收入比重（%）
2006	867.67	515.18	687.46	49.96	2 120.27	34 804.35	6.09
2007	1 206.25	575.05	876.9	68.16	2 726.36	45 621.97	5.98
2008	1 307.18	680.40	989.75	144.21	3 121.54	54 219.62	5.76
2009	1 734.99	803.64	1 163.17	186.51	3 888.31	59 514.70	6.53
2010	2 464.80	894.06	1 792.03	241.62	5 392.51	73 202.30	7.37

资料来源：中华人民共和国国家统计局http：//www.stats.gov.cn。

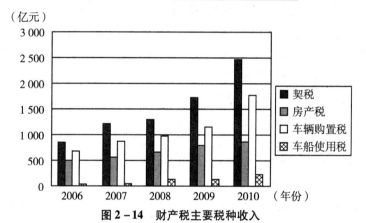

图 2-14　财产税主要税种收入

资料来源：中华人民共和国国家统计局http：//www.stats.gov.cn。

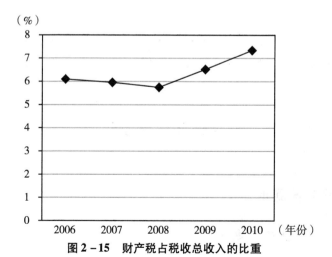

图 2-15　财产税占税收总收入的比重

资料来源：中华人民共和国国家统计局http：//www.stats.gov.cn。

财产税对财富存量进行直接调节，目前中国财产税的收入规模较小，对富人财富的调节作用不大。开征继承、赠与税在一定程度上可以避免了上代人的财富差距在下代人身上延续，有助于防止贫富过分悬殊，但由于我国相关财产认证、评估和保护制度的缺失，使得开征遗产税的条件尚不成熟。依据我国《中华人民共和国遗产税暂行条例（草案)》，我国暂不征收遗产税。

三、政策建议

第一，随着我国新一轮税制改革提上日程，经济体制改革的逐渐深入，财产税改革要求建立起一套宽税基、简税制、整体配合、功能协调财产课税体系。在这个体系内，既包含对财产转让的课税，也包含对财产持有的课税。

第二，作为调节贫富差距的重要手段，财产税一直受到社会各界的高度关注。近年来国内房地产投机造成的高房价问题，促进了国家对个人居住用房保有环节征收物业税的改革试点。《全国房地产业发展"十二五"规划（建议稿)》明确表态赞同开征房产持有环节税（物业税)。物业税改革的基本框架是，将现行的房产税、土地增值税和土地出让金等税费合并，转化为房产保有阶段统一收取的物业税，并使物业税的总体规模与之保持基本相当。在具体实施中，物业税可以房地产的平均市场价格为基本计税依据，每年根据市场价格评估，税率每年调整公布，物业税税额大小取决于持有物业的当年估价和公布税率的乘积。

参考文献：

［1］杨志安：《我国现阶段财产税的整合与优化设计》，载于《税务研究》2007 年第 12 期。
［2］郝琳琳：《财产税功能探析》，载于《青年法苑》2010 年第 4 期。

第六节　营业税

一、营业税简介

（一）营业税的历史演变

营业税是我国目前很重要的一项货物劳务税。它实行普遍征收，与增值税或所得税不同的是，其计税依据为营业额全额，一般不扣除发生的成本费用或损失，因此税额不受成本费用高低的影响，对于保证财政收入的稳定增长具有十分重要的意义。营业税在我国属于典型的地方税种，在实施分税制从而中央政府集中了大部分财源后，营业税的增长对于地方政府的财力建设具有非常重要的现实意义。

营业税在我国具有十分悠久的历史。从性质上看，周代对"商贾虞衡"的课税、汉代对商人课征的"算缗钱"、明代开征的"市肆门摊税"、清代开征的当税和屠宰税都具有营业税的性质。在南京国民政府时代，比较成形的现代意义的营业税已经诞生。国民政府 1928 年制定《营业税办法大纲》，1931 年修改制定《营业税法》，并明确营业税为地方收入。可见，营业税划为地方收入具有较长的历史渊源。

新中国成立后，政务院 1950 年颁布的《工商业税暂行条例》将固定工商业户缴纳的营业税和所得税合并称为工商业税。在这类工商业税中，营业税被包括其中。1958 年税制改革时，国家将当时开征的货物税、商业流通税、印花税及工商业税中的营业税合并为工商统一税，不再征收营业税。1973 年国家征收工商税，将以前开征的工商统一税并入其中。随着国家宏观经济形势和客观经济条件的不断变化，税收与宏观经济间的相互影响程度逐步加深。为改变税制过于简单的现实状况，发挥不同流转税对经济的调节作用，国家于 1984 年第二步利改税时将营业税从工商税中单列出来，对商业和服务业单独征收营业税。

1993 年底及 1994 年是我国税制大变革时期。这一时期的税制变革主要是适应我国建立和发展市场经济的客观要求，税收制度作为上层建筑要适应这一伟大的历史变革，促进市场经济体制在我国的发展和深化。从流转税角度看，以建立规范的税制为基本目标，将商品生产流通全过程都改征增值税，同时也将加工修理修配劳务改征增值税，重新修订和颁布了《中华人民共和国营业税暂行条例》，将营业税的课征范围界定为提供除加工修理修配外的各种应税劳务、转让无形资产和销售不动产，建立起了较为规范的营业税制。2008 年年底国家为应对全球范围内的金融危机，对包括营业税在内的货物劳务税进行了较大规模的修订并于 2009 年 1 月 1 日起实施新的营业税条例，总体精神是降低负担及简化征收，为抵抗金融危机对我国宏观经济的消极影响做出了较大贡献。

（二）世界各国营业税制度概括

从营业税的概念可知，营业税是对营业全额征收，且已征营业税一般不可以抵扣，这样就发生了营业税的重复征税。这是营业税一个比较明显的缺点。因此从世界范围看，在实行增值税的国家，营业税的绝大部分征收范围已被增值税所取代，保留下来的营业税征收范围仅限于服务业中的一些特殊行业，这些行业的进项较少，增值税与营业税的税负差别较大。总体上看，征收增值税的经济活动不会再征收营业税，反之亦然。综观世界各国营业税的制度规定，其特点主要有：

1. 征税环节一般为生产环节

从世界范围看，营业税的征税范围相比增值税还是比较窄的。因营业税的全额征税所带来的重复征税不利于商品或劳务在全社会各部门、各企业、各环节中的自由流转，阻碍了生产要素的自由流动和资源配置效率的提高，大部分国家都选择对应税劳务实行单环节征税。具体以哪个环节课征税款，世界各国情况有所不同。从当前的国际趋势看，在生产环节课征商品营业税的国家较多，在批发和零售环节课征营业税的国家较少。

2. 采取从价计税的征税方法

营业税不同于货物劳务税中的消费税中某些特殊商品的混合计税方式，其计税方式一般为单纯的从价计征，实行简单的比例税率。为使同一行业的纳税主体保持基本一致的税负，营业税的税率设计在同一行业内是相同的，但不同行业之间有所差别。

3. 实行较为广泛的税收优惠

营业税的征收范围从原则上来讲是普遍征收，但在涉及国计民生、基本生活必需品及一些与社会基本福利相关的经济活动，营业税特给予免税。这是实行营业税国家的通行做法。

（三）我国目前营业税的制度规定

我国目前的营业税制是在 1994 年税制改革的基础上经 2009 年为应对全球金融危机修改后形成的。以下从基本的税制三要素角度对目前的营业税制进行简要介绍：

1. 纳税人规定

在中华人民共和国境内提供应税劳务、转让无形资产或者销售不动产的单位和个人，均为营业税的纳税义务人。从这一制度规定可以看出，向我国政府缴纳营业税的前提是纳税主体的营业活动必须发生在中国境内，而不论纳税主体是中国居民还是外籍居民。

2. 征税范围

我国营业税的征税范围主要体现在 9 大税目上，具体来讲，主要包括：交通运输业、建筑业、金融保险业、邮电通信业、文化体育业、娱乐业、服务业、转让无形资产和销售不动产。

3. 税率

营业税的税率在同一行业中基本相同，在不同行业间有所不同，但差别不大。具体见表 2 – 30。可以看出，娱乐业实行较高的 5% ~ 20% 的幅度税率，其他行业的税率都为 3% 或 5%。虽然从名义税率看，营业税的税率不是很高，但由于其全额征收的特点，营业税纳税人实际承担的税负并不轻。

表 2 – 30　　　　　　　　营业税税目、税率表　　　　　　单位：%

序号	税　目	税　率
1	交通运输业	3
2	建筑业	3
3	金融保险业	5
4	邮电通信业	3
5	文化体育业	3
6	娱乐业	5 ~ 20
7	服务业	5
8	转让无形资产	5
9	销售不动产	5

二、营业税经济效应分析

（一）营业税与产业结构优化

营业税主要是对第三产业征税，因此营业税收入的增加与第三产业结构的优化关系密切。从图2-16可以看出，我国第三产业占GDP的比重自1994年税制改革以来基本处于上升态势，与之相对应的是营业税收入增长速度与第三产业比重的上升除个别年份外表现出基本一致的变化趋势。比较意外的是，1999年由于受东南亚金融危机的影响，第三产业占比保持稳中有升的同时营业税收入增速却出现了比较明显的下降。合理的解释是东南亚金融危机对第一产业尤其是第二产业造成的冲击特别大，工业投资和出口急剧下滑，致使第二产业占比出现了比较明显的下降，第三产业占比随之上升。这一状况说明第三产业占比的上升并不是因为第三产业得到了较大程度发展，它客观上决定了营业税增速下降而绝对数额小幅上升情况的出现。2007年以来，第三产业占比有所下降，营业税增速也随之下降。但从总体看，营业税增速基本保持在20%左右。

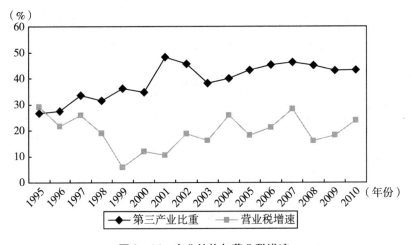

图2-16　产业结构与营业税增速

资料来源：《中国统计年鉴2010》。

产业结构优化能够促进营业税收入高速增长，还可以通过比较历年第三产业增速和营业税增速加以佐证。从图2-17可以看出，自分税制改革以来，第三产业产值和营业税收入的增速基本都保持在10%以上，且两者的变化趋势基本一致。不同之处在于，除了 1999 年、2000 年、2001 年及 2008 年之外，其他年份的营业税增速都明显高于第三产业增速。无独有偶，这几年刚好都处于两次金融危机时期。这一现象说明了营业税税基虽然主要是国内的第三产业，但营业税收入的增长对外围经济环境的变化也是非常敏感的。这种状况的出现与营业税税基分布的不均衡性直接相关。金融危机时期，房地产行业所受的影响很大，而我国营业税主要依靠房地产业的税源分布结构决定了营业税收入增长对外部冲击的敏感性较高。事实上，当 2009 年和 2010 年金融危机有所缓解时，营业税也恢复了较快的增长态势。

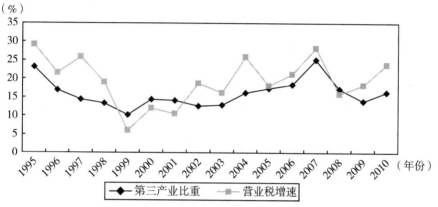

图 2 – 17　第三产业与营业税增速比较

资料来源：《中国统计年鉴 2010》。

（二）营业税与房地产业发展

自 20 世纪 90 年代末以来，在城市化进程的推动下，我国房地产业得到了快速发展，逐渐成为国民经济中隶属于第三产业的一个重要部门。房地产业在自身发展的同时也带动了其他产业的发展，如建材业、化工业、装饰装修、家电等行业的繁荣和发展，并促进了社区服务、物业管理、房屋中介等新兴业态的形成，在社会进步、人居环境改善和城市经济发展等方面发挥了重要作用。从图 2 – 18 可以看出，自 2000 年以来，我国房地产业得到了快速发展，房地产开发投资额呈现加速增长的态势，到 2010 年时，房地产开发投资额已达 48 267 亿元，占到第三产业产值的 27.9%。

房地产销售是我国营业税最重要的税目之一。随着房地产业的发展，营业税收入也大幅上升，到 2009 年时，房地产业营业税收入为 2 368.79 亿元，成

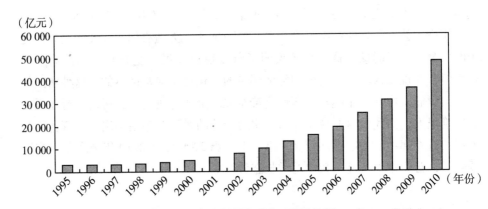

图 2 - 18 历年房地产开发投资额

资料来源：中经网统计数据库。

为营业税最大的税目，为营业税的高速发展做出了巨大贡献（图 2 - 19）。但不可否认的是，近年来房地产过热对宏观经济的稳定运行形成了很大的冲击。房地产业的过度发展致使房屋存量接近或超过居民的实际需求时，不仅造成了资源的较大浪费，也加剧了居民之间收入和财富分配的不均，挤压了消费，助长了通货膨胀，对国民经济的高质量增长埋下了一定的隐患。自 2009 年以来，中央政府为实现国民经济的平稳运行和宏观经济的可持续增长，采取了提高首付和利率、限购、房产税试点等一系列措施对房地产业进行调控，以使房地产业在平稳基础上得到健康发展，并取得了一定效果。2011 年一季度，全国商品房销售面积为 17 643 万平方米，同比增长 14.9%，销售额为 10 152 亿元，同比增长 27.3%，增幅较 2010 年同期分别下降 20.9 个和 30.4 个百分点，与2011 年 1～2 月相比，销售额同比增速微降 0.1 个百分点。① 随着国家对房地产业宏观调控效果的逐步显现，房地产营业税的增速很可能会下降。但第三产业在国民经济中的占比提高、优化产业结构是我国宏观经济发展的重要战略方向，可望通过金融业、现代服务业及文化产业等其他第三产业的快速发展弥补房地产业的增速下降，从而实现产业结构的进一步优化和营业税的稳定增长。

（三）营业税与地方财政建设

1994 年分税制改革及 2001 年所得税分成规则变化后，收入比较高的税种

---

① 数据来源于中国指数研究院数据信息中心。

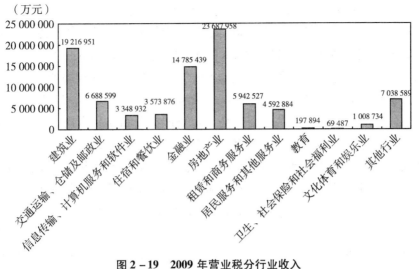

图 2 - 19   2009 年营业税分行业收入

资料来源：《中国税务年鉴 2010》。

基本都归入了中央税和共享税，如消费税、关税等归中央，增值税和两个所得税则被中央和地方六四分成，营业税成为地方政府独享的一个难能可贵的收入较高的税种。由于营业税成为分税制改革后地方政府的重要财源，相对于增值税这一最大的共享税，地方政府对营业税的重视程度更高。事实上，营业税近年来的收入增速远高于增值税增速。从图 2 - 20 可以看出，除 2000 年和 2001 年个别年份外，营业税的增速一直高于增值税，这一趋势与我国优化产业结构的战略进程也是相吻合的。

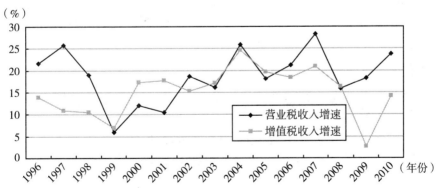

图 2 - 20   营业税与增值税的相对增速

资料来源：中经网统计数据库。

图 2 - 21 显示，自分税制改革以来，营业税在地方财政收入中的比例大致维持在 29% 左右，为地方政府的财力建设做出了很大贡献。从最近一年数据看，2010 年营业税收入为 11 157.64 亿元，同比增长 23.8%，比上年同期增速加快了 5.6 个百分点。营业税增长较快的主要原因：一是保险业务规模扩大使得保费收入增加，带动保险业营业税快速增长。2010 年 1～11 月，保险保费收入同比增长 31.6%。二是全社会固定资产投资和商品房建设保持较快增长，带动房地产营业税和建筑业营业税增长。2010 年全社会固定资产投资同比增长 23.8%，全年商品房销售额同比增长 18.3%。2010 年 1～11 月建筑安装工程投资同比增长 24.2%。三是旅游业、福利彩票等各类服务业快速发展使得租赁和商务服务业营业税较快增长。2010 年全国旅游业总收入同比增长 21.7%。全国彩票销售收入同比增长 25.5%。四是住宿餐饮业蓬勃发展使得住宿餐饮业营业税收入保持平稳增长。2010 年 1～11 月餐饮业收入同比增长 18%。[①] 考虑到营业税一方面主要对第三产业征税，另一方面营业税又是主要的地方税，因此地方政府对发展第三产业、呵护营业税税源的积极性都较高。但必须指出的是，随着国家对房地产调控效果的逐步显现，房地产业的营业税增收效应将会明显减弱，地方政府优化第三产业内部结构、实现第三产业高质量增长的必要性更强，国家出台相关政策鼓励地方政府发展除房地产业外的第三产业目前来看尤为必要。

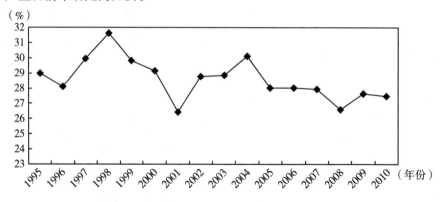

图 2 - 21 营业税在地方财政收入中的地位

资料来源：《中国统计年鉴 2010》及中经网统计数据库。

---

① 财政部网站：http://szs.mof.gov.cn/zhengwuxinxi/gongzuodongtai/201102/t20110201_436195.html。

三、营业税改革分析

（一）现行营业税存在的问题

1. 税目设置不合理

现行营业税按照行业设置税目，并对课税对象采用列举法，在列举范围内的课税对象属于营业税的征税范围，不在列举范围内的经营活动不征税。但列举法也有比较明显的缺点。因为随着微观经济主体经营方式的变化和发展，经济生活中出现的新经营方式由于不在营业税征税对象的列举范围之内而无法征税。如机动车牌号和桥梁街道命名权等的拍卖、运动员转会、提供电视转播权、转让生产经营权、转让林权和探矿权及其他经营权的收入等。2009 年 1 月 1 日开始实施的《营业税暂行条例》已经针对营业税各税目的具体征收范围难以列举全面的问题，删除了营业税条例所附的税目税率表中"征收范围"一栏，改由财政部和国家税务总局规定具体范围。为体现税负的公平性，目前应及时将新的经营方式纳入营业税征收范围。税目设计另一个突出的问题是对综合性服务业的税务处理不科学。在现实生活中，服务业中出现了一些综合性或一体化经营的服务行业，这些综合性服务行业会同时涉及不同的应税项目。如物流业包括运输、仓储、包装、装卸、配送、流通加工以及物流信息等不同应税项目。现行营业税法要求这些综合性服务行业分别核算各个应税税目，不利于这些行业一体化经营的发展。

2. 税率设计的行业差别不明显

从促进国民经济持续健康发展的角度看，产业结构的优化包括第三产业内部结构的优化应是我国今后相当长历史时期的战略任务。但营业税税率的设计并没有体现出相应的导向作用，行业差别未予足够重视，未突出鼓励发展现代服务业、金融业、物流业、观光旅游、博览业等产业的政策意图。如对于服务业这一税目来说，行业内部包罗万象、差异很大，同业之间也会因设备档次、服务水平及收费标准等因素而相差较大，但却都适用 5% 的营业税税率，忽略了不同经营者服务对象和盈利水平的差别，无法体现国家的消费政策和产业政策。尤其从当前调控房地产业的角度看，房地产业与鼓励发展的现代服务业适用同一税率，无法体现优化第三产业内部结构的导向作用。

3. 计税依据规定不科学

现行营业税在部分税目的计税依据上借鉴了增值税按增值额进行计征的优点。如建筑业中总承包人将工程分包或转包给他人的，以工程的全部承包额减去付给分包人或转包人价款后的余额作为计税依据的规定。这种做法消除了重复征税的弊端，应该肯定计税依据如是确定的积极意义。但这种计征方式并没有将所有适用的情况都包括进去，在一些行业仍存在重复征税的问题，增加了其税收负担。如在部分服务外包中外包企业不能将支付给承包方的营业额从计税依据中扣除，一些代理企业不能将支付给其他单位的一些费用进行扣除。

4. 在税收优惠方面对现代服务业和新兴服务业的支持力度不足

现代服务业是我国目前大力发展的一个新兴产业。但在营业税优惠制度的规定方面，并没有体现出对现代服务业发展的特别支持。在现行有关服务业的各种税收优惠中，大量的税收优惠仍然针对教育、卫生、文化、公共管理等公共服务业，而对物流企业和软件研发、产品技术研发及工业设计、信息技术研发等高科技含量的现代服务业，以及农村现代服务业的相关优惠较少，支持和倾斜力度较弱，未能体现我国现代服务业发展的目标和重点。同时，地方政府在制定现代服务业发展的税收政策时也主要考虑本地区经济发展的需要，各自为政，地区间的政策差异大，容易形成吸引现代服务业投资的恶性竞争。由于缺乏统一的支持服务业发展的税收政策体系使得全国服务业尤其是现代服务业未能全面快速发展。

（二）完善现行营业税的政策措施

1. 调整税目

首先，对划分不合理、不规范的税目重新归类。如属于娱乐业的台球和保龄球，目前已经属于大众消费行为，不具有奢侈品特征，消费档次降低，其获利水平较低，应作为文化体育业征税较为合理。

其次，对现有部分行业的分类还需要更加细化，为税率的差别设计提供基础。如对服务业中的饮食业、旅店业、洗浴理发等行业按照设备档次、盈利水平等综合因素进一步细分，将高档高盈利和低档低盈利的消费活动区分开来，分别适用不同的税率。

再次，将经济社会中出现的新的经营方式纳入营业税的课税范围。如把营业税的"转让无形资产"税目改为"转让经济权益"税目，除无形资产转让外，将其他所有的经济权益转让收入都纳入营业税的征税范围。同时为了鼓励物流业、节能服务业等一体化服务业的发展，将这些综合服务业从服务业税目中单列出来单独征税可能更为合理。

最后，从营业税与增值税对比的角度考察，为鼓励现代服务业等第三产业发展，克服营业税重复征税问题，可以考虑扩大增值税征税范围，将现代服务业纳入增值税抵扣链条，降低现代服务业货劳税负。

2. 调整行业税率

行业细分化是调整行业税率的必要前提。根据每个细分行业的盈利水平、所承担的社会责任、与国家产业结构调整的匹配度等情形，将服务业等大行业细分，以不同税率体现国家的调控意图。在这一调整过程中，应特别注意一些细分行业在社会经济活动中所扮演角色的动态变化。如将美容、按摩、高尔夫球服务等高收入、高利润消费项目，同时又属于国家不鼓励的服务子行业的税率提高，但将大众化程度提高、奢侈消费性质降低的保龄球、台球等子行业的税率降低，以减轻普通大众的税收负担。

3. 完善计税依据

营业税计税依据的主要缺点体现在某些细分行业的全额计税和重复征税上。为了克服这种重复计税的缺点，对一些特殊服务行业如从事联运业务的自开票物流企业、货运代理企业、拆迁代理单位、保险代理公司、知识产权代理公司、会展代理公司等企业实行差额征税较为合理。同时，加强对计税营业额扣除项目的管理，避免税收流失。

4. 规范促进第三产业尤其是现代服务业发展的优惠政策

促进第三产业尤其是现代服务业的发展是我国新时期的重要战略任务。虽然现行营业税的制度规定中也有促进现代服务业发展的政策规定，但这些规定系统化程度较低、缺乏前瞻性、地方色彩较浓，以致其促进现代服务业发展的经济效应并不明显。规范现代服务业发展的税收优惠政策应从以下几方面入手：

（1）明确界定税收优惠政策的战略取向。提高税收优惠政策的立法层次，以体现国家发展第三产业尤其是现代服务业的战略意图。在明确界定现代服务业范围和标准的基础上，针对现代服务业制定统一的税收优惠政策，明确税收优惠的立法权限，避免按照现代服务业的某一类别或部门分别制定优惠政策，地方政府各自制定相关优惠政策的权限应受到严格约束，避免地方间的恶性税收竞争。

（2）优化税收优惠政策的手段和环节。营业税的优惠方式主要体现为事后支持和直接优惠。可以考虑从企业所得税的角度出发，采取加大费用扣除、加速折旧、投资抵免等间接优惠方式，以更好地引导第三产业发展。

（3）明确税收优惠的具体内容。从我国目前实践出发，营业税优惠重点应主要包括以下几方面内容：一是生产性服务业，如现代物流业、科技服务业、软件产业、会展业、代理业、金融业和新办服务业等；二是实行自主创新、节能减排、资源节约利用等服务业性企业；三是有关农村社会服务业、农村旅游业、农业技术推广服务等。

（4）建立税式支出制度，定期对优惠政策的实施效果进行科学评价。税收优惠的效果评价客观上要求进行相当数量的微观调查，建立丰富的微观主体数据库，并对纳税人对优惠支持的满意度进行整理和总结，不断完善优惠政策，科学高效地对税收优惠进行管理。

参考文献：

［1］邵全权：《营业税改革对保险业影响的经济效应分析》，载于《财经论丛》2009年第6期。

［2］阮修星：《营业税改革是第三产业发展的必要条件》，载于《中华工商时报》2008年12月17日。

［3］魏陆：《"十二五"期间货物和劳务税制改革研究》，载于《税务研究》2010年第10期。

［4］吴睿鸫：《营业税改革要兼顾各方利益》，载于《中国商报》2010年9月28日。

［5］武少芩：《我国税收收入与产业结构关系的对接分析》，载于《经济问题》2011年第7期。

［6］姚凤民：《促进高端服务业发展的税收政策建议》，载于《税务研究》2010年第9期。

［7］国家税务总局税收科学研究所课题组：《完善税收制度，促进经济发展方式转变》，载于《中国税务报》2011年6月22日。

［8］欧阳坤、许文：《促进我国服务业发展的税收政策研究》，载于《税务研究》2009年第4期。

第三章

基本公共服务支出分析

第一节　概　　述

一、责任的分配

（一）政府间责任分配理论

政府责任是一个具有丰富内涵的范畴，包括政治责任、经济责任和社会责任等三个方面。政府职能是政府责任的具体化，是指政府在特定的社会历史发展阶段所必须履行的职责和应发挥的作用。政府事权是指法律授予的、政府管理国家公共事务的权力。①

西方财政理论普遍认为，政府具有资源配置、收入分配和经济稳定三大职能或职责。具体而言，西方发达国家基本上将公共财政支出范围限定在"市场失灵"的领域，主要包括：国防及国际关系、警察与治安服务、社会保障、教育与科学研究、自然资源管理、住房、土地使用管理及社会规划、社会公共服务（如供水、排污及垃圾处理）、高速公路等公共交通设施。公共财政支出

① 中央财经大学《中央政府与地方政府责任划分与支出分配研究》课题组：《中央政府与地方政府责任划分与支出分配研究》，载于《经济体制改革》2006 年第 6 期。

涉及经济活动的所有领域，其目标不是取代市场机制，而是完善市场机制对资源配置的作用，其活动不是与私人企业竞争，而是提供私人企业不能提供或不愿提供的公共产品和服务，扶助私人企业顺利成长。

在分级财政的政治框架下，为了发挥中央（或联邦）与地方的积极性，必然要求将上述责任在政府间进行分配。通常认为，收入分配与经济稳定职能主要应由中央政府负责。在劳动力和其他生产要素具有充分流动性的市场经济条件下，如果地方政府承担收入再分配的职能，则会在全国范围内出现地区间的差别性税收和转移支出制度，从而导致生产要素的不合理流动，带来极大的效率损失。同样，由于地方政府不具备货币发行权，无法独立地掌握货币政策，而地方性的财政政策则具有较强的漏损效应，无法对地区经济实现有效的调节。由此可见，地方政府无法承担收入分配与经济稳定职能，故而大多由中央政府承担。地方政府分担的主要是资源配置职能。通常，资源配置职能是指政府通过一定方式，引导人力、财力和物力的流动，促进资源配置趋向"帕累托最优"状态的功能与职责。具体来说，政府的资源配置职能主要是提供公共产品和公共服务。公共产品的受益范围是政府间资源配置职能划分的重要理论依据。通俗的说，受益范围遍及全国的国防、外交等事务，只能由中央政府来提供；而受益范围有明显地域限制的市政建设、城市消防等事务，主要由地方政府来提供，因为地方政府更为接近当地居民，更能准确地了解当地居民的消费偏好，能够对当地居民的偏好及环境做出很好的反应，提供满足当地居民需要的公共产品，提高资源配置的效率。

政府职责是财政支出责任范围划分的前提，是多级财政体制协调过程的基础环节，在各级政府间财政关系中居于十分重要的地位。因此，世界各国均非常重视政府间职责的划分，并且用法律的形式将政府职责划分加以规范，保证各级政府有效地行使职责。例如，联邦德国各级政府间的职责范围由《德意志联邦共和国基本法》（即国家宪法）加以确认，其职责划分的依据是分权自治与适当集中统一相结合的原则。该基本法不仅规定了各级政府的职责范围，而且规定了如何处理政府间可能出现的职责范围交叉、错位等问题，从而使职责划分更加客观、规范。即使在单一制国家，各国的一般做法也是通过国家宪法确定各级政府间的职责。政府间职责范围的调整，也需要通过既定的法律程序。

当然，完全划分各级财政的支出范围既不现实，也不必要。各级政府的职责划分，仅仅对各自的事权范围和资金使用方向做一个大致的界定，不可能明确界定各级政府投入到具体公共服务中的支出比例，因此，各级政府尚需要在实践中加以协调。

（二）中国政府间责任的分配

我国界定政府间责任的法律体系主要体现在三个层面上：第一个层面是国家宪法的规定。宪法规定，中央和地方的国家机构职权的划分，遵循在中央的统一领导下，充分发挥地方的主动性、积极性的原则。第二个层面是一般性法律的规定。比如，《地方各级人民代表大会和地方各级人民政府组织法》规定，县级以上的各级地方人民政府管理本行政区域内的经济、教育、科学、文化、卫生、体育事业、环境和资源保护、城乡建设事业和财政、民政、公安、民族事务、司法行政、监察、计划生育等行政工作。第三个层面是行业性或专业领域的法律规定。比如，《教育法》从总体上界定了各级政府在各阶段教育中的责任划分，并相应规定了一系列的经费保障措施。

总体而言，我国中央政府主要负责国家安全、外交和国家中央机关的运转，负责国家经济结构的调整，协调地区间经济发展，实施收入再分配与宏观调控。地方政府主要负责本地区社会经济、事业发展和本地区行政机关的运转。要特别说明的是，我国各层级的法律及相关制度尽管对政府间职责进行了划分，但均比较笼统和模糊，缺乏比较有操作性的相关规定。

二、支出的分配

在分级财政的条件下，政府间职责的划分主要是依据公共产品的受益范围，而划分政府间的支出范围则是依据技术原则、利益原则和行动原则等。所谓技术原则，是指将复杂性的支出项目划归中央政府，而将需要适时监督的一般性支出项目划归地方政府。所谓利益原则，是指事关国家范围内的集体利益的支出项目划归中央，而与地方利益有直接关系的支出项目则划归地方政府。所谓行动原则，是指行动需要一致的项目划归中央政府，需因地制宜安排的支出项目划归地方政府。

按照我国的分税制管理体制，中央财政负责的支出项目包括中央统管的基本建设投资、中央直属企业的技术改造和新产品试制费、地质勘探费、中央支农支出、国防费、武警经费、外交和援外支出、中央级行政管理支出、中央负担的国内外债务还本付息支出、中央公检法支出、中央教科文卫支出、中央价格补贴等。地方财政负责的支出项目包括地方统筹的基本建设投资、地方企业的技术改造和新产品试制费、地方支农支出、民兵事业费、地方行政管理费、地方公检法支出、城市维护和建设费、地方科教文卫支出、地方价格补贴支出等。

表3－1反映了我国2009年中央与地方政府间的支出结构。其中，中央政府主要负责的是国防、外交、科学技术、金融事务、国债还本付息等；地方政府主要负责的是一般公共服务、公共安全、教育、文化体育与传媒、社会保障与就业、保障性住房支出、医疗卫生、环境保护、城乡社区事务、农林水事务、交通运输、采掘电子信息等事务、粮油物资储备等事务、地震灾后重建及其他支出。与民生关系密切的教育、医疗卫生、社会保障、保障性住房项目，地方政府包揽了90%以上的支出；而对于交通运输项目，地方政府也承担了3/4的支出。

表3－1	2009 年国家财政按功能性质分类的支出			单位：亿元
项　　目	全国	中央	地方	地方占总支出的比重（%）
一般公共服务	9 164.21	1 084.21	8 080.00	88.17
外交	250.94	249.71	1.23	0.49
国防	4 951.10	4 825.01	126.09	2.55
公共安全	4 744.09	845.79	3 898.30	82.17
教育	10 437.54	567.62	9 869.92	94.56
科学技术	2 744.52	1 433.82	1 310.70	47.76
文化体育与传媒	1 393.07	154.75	1 238.32	88.89
社会保障和就业	7 606.68	454.37	7 152.31	94.03
保障性住房支出	725.97	26.43	699.54	96.36
医疗卫生	3 994.19	63.50	3 930.69	98.41
环境保护	1 934.04	37.91	1 896.13	98.04
城乡社区事务	5 107.66	3.910	5 103.75	99.92
农林水事务	6 720.41	318.70	6 401.71	95.26
交通运输	4 647.59	1 069.22	3 578.37	76.99
采掘电力信息等事务	2 879.12	508.23	2 370.89	82.35
粮油物资储备等事务	2 218.63	781.44	1 437.19	64.78
金融事务	911.19	778.04	133.15	14.61
地震灾后恢复重建支出	1 174.45	130.60	1 043.85	88.88
国债付息支出	1 491.28	1 320.70	170.58	11.44
其他支出	3 203.25	601.83	2 601.42	81.21

　　注：1. 根据2009年政府收支分类科目，一般公共服务中不再包括国债付息支出；2. 2007年、2008年其他支出中包含工商金融等事务支出。

　　资料来源：《中国财政年鉴2010》。

三、获取服务的途径

近年来，我国财政支出规模不断膨胀，2010 年全国财政支出总额达到 8.9 万亿元，2011 年财政支出规模达到 10.9 万亿元。但现实的看，我国的公共产品和公共服务总体规模不足，质量水平较低，地区间差异和城乡差异明显，尚难以满足城乡居民对公共产品和公共服务的需求，也难以对我国庞大的财政支出规模做出有效的交代。特别是公共教育、医疗卫生、社会保障、交通运输等方面，上述问题尤为突出。具体内容详见本章对应部分，此处不再赘述。

四、政策问题

目前，中国政府仍处于职能转型的过程之中，在很多领域尚未探索出稳定的"政府——市场——社会"间的分工模式，在不同的领域中"过度市场化（政府缺位）"与"过度干预（政府越位）"的问题并存，特别是在划分政府支出责任方面还存在不少问题。其中，比较典型的问题至少包括以下两个方面：

第一，缺乏关于政府间支出责任划分的清晰的法律规定。稳定的支出责任划分是建立可持续的政府间财政关系的基础，否则将不可能建立可持续的政府间收入分享与转移支付制度。尽管理论界存在关于政府间支出责任划分的一般标准（Shah，1994），但在实践中并不存在一套普遍最优的划分方式。各国如何划分政府间支出责任，往往与其传统以及体制惯性密切相关。因此，在现实中各级政府职能重叠、混乱，有悖于支出划分的一般理论原则的情况并不鲜见，而且往往不易改变（Shah，2006）。第二，政府间支出责任安排不符合效率原则。目前，中国政府间支出责任划分最大的问题是许多社会支出责任由地方政府承担，而地方政府缺乏充足的资金来源来满足上述支出责任。地方政府接近公共服务的消费者，由他们来负责提供公共服务是合适的，但由他们来融资未必可取。在中国的行政性分权框架下，原来由中央政府履行的教育、医疗、社会保障等职责，逐渐下放到地方政府；但令人遗憾的是，上述支出责任的下放却没有伴随着财力的下放和补偿。在此条件下，地方政府要么无力提供足够的公共服务，要么产生大量预算外行为，从而导致地区间公共服务的巨大差异。

要化解我国政府间支出责任划分的难题，充分有效的供给各种公共产品和公共服务，必须完善我国的财政支出制度与政策体系。

中国公共财政监测报告

第一，规范中国的财政分权体制。首先，需要在在法律层面上进行正式的支出责任划分。西方大多数国家通过宪法来明确各级政府支出责任的归属，而部分国家则在与预算和地方政府相关的法律中加以明确。但无论是在哪个法律层面上，均应对各级政府的支出责任进行正式的划分。在实践中，政府间支出责任的划分必须要考虑技术条件、经济发展、社会观念等因素。其次，重新界定政府间部分支出的责任划分。目前，部分责任的划分是比较清晰的，比如外交、货币政策、国防、对外事务等都划入了中央政府的责任；而地方性基础设施等项目也较为准确的划给了地方政府。但是对于中央政府下移的社会福利、环境保护、全国性的基础设施等项目，由于具有较强的正外部性，理应由上级政府负责。现实的情况是，支出责任的下移没有伴随财力的下放，准确地讲，该类支出应主要由中央政府来承担融资责任。当然，在环境保护、公共教育和医疗卫生等领域，均需要政府间的相互配合，即需要考虑各级政府如何有效的分担责任。

第二，根据政府职能转型和满足社会公共需要的要求，合理安排各项支出的相对比重。从我国的财政支出结构可以非常清晰地看到，中国的财政运行具有显著的经济性与建设性，而社会性与再分配性却相对欠缺。为了平衡财政职能、满足社会发展的要求，中国政府在"十二五"时期应当更多地关注再分配问题，扩大转移性支出的比重，并使财政支出向人力资本和社会资本倾斜。在消费性支出上，要从严控制行政性消费，突出预算保证重点，将有限的资金用于教育、医疗、社会保障与就业、"三农"、自主创新、环境保护等社会发展的薄弱环节。

第三，在既定的财力约束下，确立财政支出的目标人群和重点投向。中央政府在中央经济工作会议、政府年度工作报告等多个场合承诺，要加大对民生领域和社会事业支持保障力度，增加对"三农"、科技、教育、卫生、文化、社会保障、保障性住房、节能环保等方面和中小企业、居民消费、欠发达地区支持力度，支持重点领域改革。在既定的财力约束下，要兑现上述承诺就必须突出财政政策的实施重点，确立财政支出的目标人群和重点投向。"十二五"时期财政支出的目标人群和重点投向的决定，依赖于该时期的发展战略及其所要实现的目标。

第四，改善公共治理机制，提高财政支出的效率。政府的责任是要为公民获得基本公共服务提供制度保证，并作为基本公共服务的最后出资人，而政府责任的实现离不开完善的公共治理机制。完善的公共治理机制，涉及公共支出决策、融资、生产、监督与问责的全过程。尽管政府应提供充足有效的公共产品和公共服务，但并不是说所有的公共产品和公共服务均应由政府出资、由政府生产。实际上，政府完全可以灵活运用监督、融资和生产三种角色，充分发掘社会微观主体的潜力，以最小的成本、最能发挥非政府主体积极性的方式，实现公共产品和公共服务的供给。在当前的财政运行架构中完善我国的公共治理机制，推动建立政府与微观主体良性互动的制度框架，尚需要不断的努力。

参考文献：

［1］郭庆旺、赵志耘：《财政理论与政策》，经济科学出版社 2003 年版。

［2］宋立根：《划分政府间财政支出责任的国际经验》，载于《经济研究参考》2003 年第 34 期。

［3］上海财经大学《公共支出评价》课题组：《公共支出评价》，经济科学出版社 2006 年版。

［4］廖楚晖：《政府教育支出的经济分析》，中国财政经济出版社 2004 年版。

［5］岳军：《公共服务均等化、财政分权与地方政府行为》，载于《财政税收理论与政策研究》，中国财政经济出版社 2009 年版。

［6］齐守印：《中国公共经济体制改革与公共经济学论纲》，人民出版社 2002 年版。

［7］马斌：《政府间关系：权力配置与地方治理》，浙江大学出版社 2009 年版。

［8］中央财经大学《中央政府与地方政府责任划分与支出分配研究》课题组：《中央政府与地方政府责任划分与支出分配研究》，载于《经济体制改革》2006 年第 6 期。

［9］马海涛、姜爱华：《政府公共服务提供与财政责任》，载于《财政研究》2010 年第 7 期。

［10］Shah，Anwar（2007）．A Practitioner's Guide to Intergovernmental Fiscal Transfers. In *Intergovernmental Fiscal Transfers*，edited by Robin Boadway and Anwar Shah. Washington，DC：World Bank.

第二节　教　　育

一、责任的分配

（一）概述

教育是科学技术进步的基础，是劳动力再生产和提高劳动者素质的重要条件，是解决经济发展中结构性失业的主要手段，是建设社会主义精神文明的基本因素。我国政府从长期发展目标出发，把发展教育事业作为国家的重要战略决策，加强对教育的政府性投入。① 教育责任的划分包括两个层面的内容：一是政府与市场之间在教育责任上的分配；二是中央与地方政府的教育责任划分。政府介入教育的基本原因在于教育具有较强的收益外溢性，属于具有较强公共性的准公共产品；而不同教育阶段的收益外溢性不同，故而政府介入的程度也不大一样，或者说政府支持的力度不一样；不同教育阶段外溢性范围的大小，则在一定程度上决定了不同层级政府的责任。

（二）初等教育责任的分配

在我国，初等教育属于义务教育，主要包括小学教育和初中教育。一般认为，初等教育的目的在于提高整个民族的基本素质，满足社会公众的基础性教育需求，从而为整个社会的民主法制建设铺平道路。因此，初等教育的基本特性是受益的外部性，是整个社会得到了最大的收益，而每一个受教育者只是得到了教育带来的小部分收益，因此，初等教育的责任主要应由政府来承担。

在我国，初等教育责任在各级政府间的分配，不同国家有不同的分配规则。比如，美国的初等教育主要是由基层政府来承担的，如县级政府和学区政府；而法国的初等教育则主要由中央政府来承担。我国的《义务教育法》（2006年修订）第四十二条规定：国家将义务教育全面纳入财政保障范围，义务教育经费由国务院和地方各级人民政府依照本法规定予以保障。第四十四条规定：义务教育经费投入实行国务院和地方各级人民政府根据职责共同负担，省、自治区、直辖市人民政府负责统筹落实的体制。农村义务教育所需经费，由各级人民政府根据国务院的规定分项目、按比例分担。在实践中，地方政府特别是县级政府承担较多的初等教育责任，而中央政府承担的初等教育相对较少。

（三）中等教育责任的分配

在我国，中等教育包括普通高中、职业高中和中等专业学校等。其中，普通高中的修业年限一般为3年，担负着为高一级学校输送合格新生和培养劳动后备力量的任务。职业高中包括职业中学、农业中学或半工半读中学，招收初中毕业生，修业3年，任务是为国家培养劳动后备力量，为城市、农村培养各

---

① 王国清、马骁、程谦：《财政学》，高等教育出版社2010年版。

种急需人才。中等专业学校包括中等技术学校和中等专业学校，招收初中或高中毕业生，修业 3 到 4 年，主要是培养中级专门技术人才。

普通高中的教学内容主要是基础性知识而非职业性知识，其外溢性较大，而内部性相对较弱，故而主要应由政府负责，即实行以财政投入为主，其他渠道筹措经费为辅的机制。与初等教育相似的是，普通高中教育的责任也主要是由县级政府承担的。职业高中和中等专业学校的教学内容主要是职业性知识，即培养劳动者的具体技能，其收益的外溢性较小而内部性较强，故而主要应由市场负责，或者说主要由受教育者承担相关费用，其外溢性部分则由政府承担，且主要由地方政府承担。在政府承担的那部分教育责任中，职业高中大多由县级政府承担，而中等专业学校则主要由市一级政府承担，中央和省级政府仅仅承担较小的责任。

（四）高等教育责任的分配

高等教育有教学和科研两大任务，教学的目的是提高学生的素质，提高劳动者的生产效率，增强其在社会中的竞争力；而科研的目的是为整个社会创造物质和精神财富，基础科学研究最大的、直接的受益者是整个社会，而应用性科学研究直接的受益者是特定的经济主体，整个社会则是间接的受益者。从社会受益的角度看，高等教育不仅使受教育者受益，而且会使整个社会受益从而提高社会的文明程度，因此高等教育的责任应由政府与市场（或受教育者）分担。

在我国，高等教育的政府间责任分配具有明显的行政级次特征，即教育责任的分配是根据学校所归属的政府级次来确定的。我国的高等学校大致有三种类型：第一是中央所属高校，主要是教育部所属高校，其他部门所属的大部分高校则在 20 世纪末的高等教育改革中下放给了地方政府；第二是地方所属高校，主要是省属高校，地市级政府管辖的高校相对较少；第三是民办高校。按照我国的高等教育责任分配机制，中央所属高校的支出责任主要由中央财政承担，地方所属高校的支出责任主要由地方财政承担，而民办高校则由出资人（即举办该高校的公司组织）承担。要特别说明的是，部分中央所属高校会谋求地方政府的支持，而部分地方所属高校则会通过部省联办的方式谋求中央财力的支持。当然，由于高等教育的收益具有较强的内部性特征，因而上述高校均会向大学生收取高低不等的学费及其他费用。

总体而言，我国政府间教育责任的分配原则是，县级政府主要负责基础教育阶段；省级政府投入的重点是省属高等教育和部分对基础教育的专项经费；

中央政府主要保证中央所属高等教育和省级以外的专项教育经费。为了弥补地方教育经费的不足，中央财政还通过财政转移支付，对落后地区的农村义务教育经费和其他经费给予补助。

二、支出的分配

（一）概况

近年来，我国非常重视发展教育事业，实施科教兴国战略，从而不断加大财政教育投入。2001 年我国财政教育支出为 2 582.40 亿元，2010 年上升为 12 550.02 亿元，上升了 4.86 倍，年均增长 19.20%。从财政教育支出占 GDP 的比重来看，2001 年该比重为 2.36%，2010 年上升为 3.13%，尽管 2002～2006 年间该比重存在一个波动阶段，但整体上还是呈现较快的增长势头。从财政教育支出占财政支出总额的比重来看，2001 年该比重为 13.66%，而 2010 年该比重为 13.96%，增长幅度较小，且 2002～2006 年长期处于低位运行，2007 年和 2008 年间有较大幅度的上升，但很快又有所下滑（见表 3－2）。面对教育支出的窘状，中央政府提出，到 2012 年财政教育支出占 GDP 的比重要达到 4%，因此可以预期财政教育支出将会有较大幅度的提高。

表 3－2　　　　　我国 2001～2010 年财政教育支出概况　　　　单位：亿元

年份	国内生产总值	财政支出总额	财政教育支出	教育支出占 GDP 之比（%）	教育支出占财政支出总额之比（%）
2001	109 655.17	18 902.58	2 582.40	2.36	13.66
2002	120 332.69	22 053.15	2 644.90	2.20	11.99
2003	135 822.76	24 649.95	2 937.30	2.16	11.92
2004	159 878.34	28 486.89	3 365.90	2.11	11.82
2005	184 937.37	33 930.28	3 974.80	2.15	11.71
2006	216 314.43	40 422.73	4 780.40	2.21	11.83
2007	265 810.31	49 781.35	7 122.30	2.68	14.31
2008	314 045.43	62 592.66	9 010.20	2.87	14.39
2009	340 902.81	76 299.93	10 437.50	3.06	13.68
2010	401 202.03	89 874.16	12 550.02	3.13	13.96

资料来源：《中国统计年鉴》（2002～2011 年）。

中国公共财政监测报告

从中央与地方政府之间的支出来看，2002 年中央财政教育支出为 210.3 亿元，占财政教育支出的 7.95%；尽管中央财政教育支出的绝对额不断上升，到 2010 年上升到 720.9 亿元，但其所占比重却呈下降趋势，到 2010 年该比重仅为 5.74%。相反的是，地方政府的财政教育支出绝对额和相对额均呈上升趋势，前者从 2002 年的 2 434.6 亿元上升到 2010 年的 11 829.0 亿元，后者从 2002 年的 92.05% 上升到 2010 年的 94.26%（见表 3 - 3）。中央与地方政府间较大的财政教育支出差距表明，我国的财政教育责任绝大部分是由地方政府承担的。尽管中央政府通过财政转移支付的方式对地方政府给予一定的补助，但仍然无法改变我国以地方政府为主的财政教育支出责任机制。

表 3 - 3　　　　　　2002～2009 年中央和地方财政教育支出的比较　　　单位：亿元

项目 年份	财政教育 支出	中央支出	地方支出	中央支出 比例（%）	地方支出 比例（%）
2002	2 644.9	210.3	2 434.6	7.95	92.05
2003	2 937.3	240.2	2 697.1	8.18	91.82
2004	3 365.9	219.6	3 146.3	6.52	93.48
2005	3 974.8	244.9	3 729.9	6.16	93.84
2006	4 780.4	295.2	4 485.2	6.18	93.82
2007	7 122.3	395.3	6 727.0	5.55	94.45
2008	9 010.2	491.6	8 518.5	5.46	94.54
2009	10 437.5	567.6	9 869.9	5.44	94.56
2010	12 550.0	720.9	11 829.0	5.74	94.26

资料来源：《中国统计年鉴》（2003～2011 年）。

分地区来看，各省、市、自治区的教育支出很不平衡，特别是财政预算内经费差异较大，经济发达地区和人口较多地区教育支出与预算内教育经费较多，而其他地区则相对较少。比如，广东省 2009 年的教育总支出和预算内支出分别为 1 166.2 亿元和 801.4 亿元，而西藏、宁夏、海南等地的教育总支出和预算内支出则均处于全国后列（见表 3 - 4）。

表3-4　　　　　　　　　2009年各地区教育支出统计表　　　　　　　单位：亿元

项目 地区	合计	国家财政性教育经费	预算内教育经费	民办学校办学经费	社会捐赠经费	事业收入	学杂费	其他教育经费
北　京	469.0	383.3	351.8	1.3	4.3	67.8	47.4	12.3
天　津	206.1	149.4	137.2	0.3	1.1	48.6	35.3	6.6
河　北	558.5	417.1	383.0	1.1	0.5	119.7	96.0	20.1
山　西	332.8	256.8	229.9	2.5	0.8	69.7	48.9	3.0
内蒙古	262.6	218.5	204.0	1.1	0.4	38.6	30.7	3.8
辽　宁	479.2	367.5	337.1	2.6	0.3	101.2	82.3	7.7
吉　林	271.4	211.2	200.6	0.7	0.4	56.5	41.4	2.6
黑龙江	338.7	264.9	247.7	1.1	0.1	70.3	58.1	2.1
上　海	482.3	367.4	319.8	0.5	1.3	83.5	68.8	29.6
江　苏	996.4	648.5	570.0	3.2	14.7	265.1	170.1	65.0
浙　江	797.3	517.2	430.6	2.1	17.8	203.5	145.6	56.7
安　徽	438.4	317.6	298.3	6.0	2.4	103.9	76.9	8.4
福　建	389.9	276.4	255.5	5.1	3.5	95.6	67.6	9.2
江　西	333.3	221.8	212.9	1.4	1.1	94.7	75.9	14.3
山　东	774.9	574.7	510.0	2.3	2.4	180.1	131.0	15.4
河　南	656.2	497.7	473.8	4.0	0.4	142.5	111.7	11.6
湖　北	452.0	280.5	259.4	3.9	1.3	141.0	105.4	25.3
湖　南	506.6	343.6	324.9	3.5	2.1	137.6	103.7	19.8
广　东	1 166.2	801.4	752.6	11.9	8.9	308.8	227.3	35.1
广　西	347.6	265.0	250.9	3.5	1.1	72.0	53.7	6.1
海　南	92.9	68.7	60.0	0.7	2.5	18.3	12.6	2.8
重　庆	266.3	181.4	171.4	1.3	5.4	61.2	41.6	16.9
四　川	657.8	489.5	459.9	6.1	7.6	143.8	82.4	10.9
贵　州	270.9	230.0	215.8	0.8	0.8	35.9	24.3	3.3
云　南	342.3	282.3	268.9	0.5	2.3	50.1	38.4	7.1
西　藏	49.4	47.8	47.5	0.0	0.0	1.5	1.0	0.0
陕　西	380.6	265.9	251.7	1.9	1.1	101.2	81.3	10.4
甘　肃	231.0	196.0	189.4	0.1	1.1	32.0	25.0	1.8
青　海	60.8	54.8	53.2	0.1	0.1	4.9	3.3	1.0
宁　夏	70.3	57.6	54.2	0.2	2.3	8.3	5.9	1.9
新　疆	250.2	213.5	200.3	0.1	0.5	30.6	19.9	5.5

资料来源：中经网统计数据库。

（二）初等教育的支出分配

2009 年我国普通小学预算内教育经费总额为 3 339.78 亿元，普通初中预算内教育经费 2 320.25 亿元。其中，事业费支出普通小学为 3 273.88 亿元，普通初中为 2 214.58 亿元；基本建设支出普通小学为 65.90 亿元，普通初中为 105.67 亿元。普通小学的事业费支出占预算内教育经费的比重为 98.03%，而普通初中的事业费支出占比为 95.45%，由此可见，我国初等教育财政支出的重点依然是事业费，而基本建设支出几乎可以忽略不计。分地区来看，小学预算内教育经费最高的是广东、江苏和山东，分别为 241.05 亿元、227.98 亿元和 193.69 亿元；最低的是青海、西藏和宁夏，分别为 24.09 亿元、22.67 亿元和 21.98 亿元。中学预算内教育经费最高的是广东、山东和江苏，分别为 159.04 亿元、151.40 亿元和 141.00 亿元；最低的是宁夏、青海和西藏，分别为 15.91 亿元、13.47 亿元和 12.49 亿元（见表 3 – 5）。

表 3 – 5　　　　中国 2009 年分地区普通初中、小学预算内教育经费　　　　单位：亿元

项目 地区	预算内教育经费		事业费支出		基本建设支出	
	普通小学	普通初中	普通小学	普通初中	普通小学	普通初中
合计	3 339.78	2 320.25	3 273.88	2 214.58	65.90	105.67
北　京	75.73	53.70	72.10	48.29	3.64	5.41
天　津	46.03	31.25	46.03	31.25	/	/
河　北	155.10	103.48	153.41	99.68	1.69	3.80
山　西	102.45	63.82	101.27	61.48	1.18	2.34
内蒙古	78.74	52.17	77.49	49.83	1.25	2.34
辽　宁	100.32	78.11	100.20	77.68	0.12	0.43
吉　林	68.79	47.03	68.41	45.29	0.38	1.74
黑龙江	91.36	64.97	90.81	62.97	0.55	2.00
上　海	77.01	66.04	76.75	65.11	0.26	0.93
江　苏	227.98	141.00	224.01	136.66	3.97	4.34
浙　江	170.11	115.44	169.23	113.42	0.88	2.02
安　徽	121.94	84.38	120.71	80.66	1.23	3.73
福　建	96.24	60.92	95.12	59.58	1.13	1.33

项目 地区	预算内教育经费		事业费支出		基本建设支出	
	普通小学	普通初中	普通小学	普通初中	普通小学	普通初中
江 西	89.24	56.08	88.34	53.19	0.90	2.88
山 东	193.69	151.40	193.41	150.66	0.29	0.74
河 南	193.09	136.02	192.02	132.41	1.07	3.61
湖 北	104.86	100.48	103.83	95.31	1.03	5.17
湖 南	126.37	93.64	125.07	89.74	1.30	3.89
广 东	241.05	159.04	232.15	153.88	8.90	5.16
广 西	116.52	69.32	115.46	67.04	1.05	2.27
海 南	29.21	18.94	28.01	16.34	1.19	2.60
重 庆	64.65	49.71	63.94	46.48	0.70	3.23
四 川	179.63	126.58	175.05	119.52	4.58	7.06
贵 州	106.10	54.24	105.00	52.80	1.10	1.45
云 南	128.30	85.71	121.54	73.91	6.76	11.80
西 藏	22.67	12.49	19.51	10.90	3.16	1.59
陕 西	118.31	89.61	112.08	82.50	6.24	7.12
甘 肃	77.57	55.77	74.02	50.55	3.55	5.22
青 海	24.09	13.47	21.79	10.97	2.30	2.49
宁 夏	21.98	15.91	20.49	13.29	1.49	2.63
新 疆	90.64	69.54	86.63	63.20	4.01	6.33

资料来源:《中国教育经费统计年鉴2010》。

2009 年全国地方普通小学预算内教育经费生均值为 3 424.65 元,其中,事业费生均值为 3 357.35 元,基本建设支出生均值为 67.30 元;地方普通初中预算内教育经费生均值为 4 538.39 元,其中,事业费支出生均值为 4 331.06 元,基本建设支出生均值为 207.32 元。分地区来看,普通小学预算内生均教育经费最高的是上海、北京和天津,分别为 14 843.69 元、12 255.03 元和 9 131.43 元;最低的是贵州、江西和河南,分别为 2 326.70 元、2 163.63 元和 1 959.89 元。普通初中预算内生均教育经费最高的依然是上海、北京和天津,分别为 18 484.31 元、17 348.52 元和 11 803.16 元;最低的是安徽、河南和贵州,分别为 3 189.79 元、3 046.85 元和 2 772.40 元 (见表 3 - 6)。

表3-6　　中国2009年分地区地方普通初中、小学预算内生均教育经费　　单位：元

项目 地区	预算内教育经费		事业费支出		基本建设支出	
	普通小学	普通初中	普通小学	普通初中	普通小学	普通初中
合计	3 424.65	4 538.39	3 357.35	4 331.06	67.30	207.32
北京	12 255.03	17 348.52	11 662.02	15 581.06	593.01	1 767.46
天津	9 131.43	11 083.16	9 131.43	11 083.16	/	/
河北	3 379.99	4 420.46	3 343.17	4 257.98	36.82	162.48
山西	3 470.79	4 190.69	3 430.75	4 036.01	40.05	154.68
内蒙古	5 364.86	6 421.99	5 278.61	6 130.16	86.25	291.83
辽宁	4 365.10	5 621.86	4 359.81	5 590.81	5.29	31.05
吉林	4 735.32	5 519.56	4 708.85	5 315.29	26.47	204.27
黑龙江	4 942.10	4 932.78	4 916.89	4 786.26	25.21	146.52
上海	14 843.69	18 484.31	14 792.68	18 224.25	51.01	260.06
江苏	5 923.79	6 094.32	5 820.20	5 903.74	103.59	190.57
浙江	5 641.52	7 011.07	5 611.99	6 886.53	29.53	124.54
安徽	2 506.10	3 189.79	2 480.81	3 048.55	25.29	141.24
福建	4 071.19	4 602.48	4 023.47	4 501.61	47.72	100.87
江西	2 163.63	3 283.63	2 141.81	3 113.75	21.82	169.88
山东	3 226.42	4 931.50	3 221.62	4 907.13	4.80	24.36
河南	1 959.89	3 046.85	1 949.00	2 965.13	10.89	81.72
湖北	2 965.98	4 224.20	2 936.79	4 006.63	29.19	217.57
湖南	2 820.26	4 705.46	2 791.13	4 508.75	29.13	196.71
广东	3 008.74	3 534.79	2 896.53	3 418.71	112.21	116.08
广西	2 697.22	3 478.23	2 672.80	3 364.14	24.42	114.09
海南	4 065.51	5 048.79	3 891.90	4 333.22	173.60	715.56
重庆	2 995.95	3 810.79	2 963.17	3 559.90	32.78	250.89
四川	2 899.21	3 643.23	2 824.93	3 438.86	74.27	204.36
贵州	2 326.70	2 772.40	2 302.56	2 698.18	24.13	74.22
云南	2 927.78	4 311.09	2 773.42	3 716.27	154.36	594.82
西藏	7 322.35	8 202.72	6 302.33	7 157.09	1 020.02	1 045.63
陕西	4 484.49	5 213.57	4 247.65	4 798.54	236.83	415.03
甘肃	2 967.90	4 012.31	2 832.09	3 636.33	135.81	375.99
青海	4 562.41	6 588.88	4 126.95	5 366.32	435.46	1 222.57
宁夏	3 250.31	5 523.70	3 029.88	4 608.13	220.42	915.57
新疆	4 611.49	6 977.45	4 420.89	6 341.59	190.60	635.86

资料来源：《中国教育经费统计年鉴2010》。

（三）中等教育的支出分配

2009 年全国普通高中预算内教育经费总额为 881.04 亿元，其中，事业费为 844.04 亿元，基本建设支出为 37.00 亿元。分地区来看，普通高中预算内教育经费最多的是广东、江苏和山东，分别为 91.28 亿元、61.74 亿元和 59.30 亿元；最低的是青海、海南和西藏，分别为 6.78 亿元、6.45 亿元和 4.09 亿元。

2009 年地方普通高中生均预算内教育经费全国平均为 3 912.04 元，其中生均事业费为 3 749.15 元，基本建设支出生均值为 162.89 元。分地区来看，地方普通高中预算内教育经费最多的是北京、上海和天津，分别为 18 837.65 元、17 846.94 元和 10 222.49 元；最低的是四川、河南和湖北，分别为 2 260.18 元、2 208.91 元和 2 204.10 元（见表 3 – 7）。

表 3 – 7　　　中国 2009 年普通高中预算内教育经费与地方普通高中生均预算内教育经费

项目 地区	普通高中预算内教育经费（亿元）			地方普通高中生均预算内教育经费（元）		
	合计	事业费	基本建设支出	合计	事业费	基本建设支出
合计	881.04	844.04	37.00	3 912.04	3 749.15	162.89
北　京	37.28	32.51	4.77	18 837.65	16 312.03	2 525.62
天　津	17.97	17.97	/	10 222.49	10 222.49	/
河　北	40.80	40.44	0.37	3 416.08	3 385.12	30.95
山　西	25.74	24.16	1.58	3 771.07	3 536.4	234.66
内蒙古	22.94	22.43	0.50	4 517.08	4 416.94	100.15
辽　宁	26.68	26.00	0.68	4 211.6	4 104.89	106.71
吉　林	18.12	18.04	0.08	4 004.25	3 988.47	15.77
黑龙江	24.30	23.98	0.31	4 642.51	4 613.53	28.98
上　海	31.72	29.97	1.75	17 846.94	16 853.72	993.22
江　苏	61.74	56.29	5.45	4 820.11	4 391.55	428.56
浙　江	41.08	40.08	1.00	5 818.69	5 674.83	143.86
安　徽	27.44	26.17	1.27	2 342.86	2 234.22	108.64
福　建	29.93	28.96	0.97	4 513.37	4 366.44	146.93
江　西	19.04	18.48	0.57	2 757.9	2 674.33	83.58
山　东	59.30	59.28	0.01	3 949.44	3 948.69	0.75
河　南	42.26	42.19	0.06	2 208.91	2 205.48	3.43

续表

项目 地区	普通高中预算内教育经费（亿元）			地方普通高中生均预算内教育经费（元）		
	合计	事业费	基本建设支出	合计	事业费	基本建设支出
湖 北	25.94	25.81	0.13	2 204.10	2 192.67	11.43
湖 南	29.34	29.10	0.24	2 838.21	2 814.96	23.26
广 东	91.28	84.61	6.68	5 218.36	4 834.38	383.98
广 西	18.86	18.59	0.27	2 763.04	2 723.16	39.88
海 南	6.45	5.74	0.71	4 708.87	4 185.1	523.77
重 庆	17.49	16.71	0.78	3 154.61	3 011.78	142.83
四 川	31.24	31.07	0.18	2 260.18	2 247.42	12.75
贵 州	15.64	15.53	0.12	2 852.12	2 830.25	21.88
云 南	23.29	22.71	0.58	3 993.61	3 897.78	95.83
西 藏	4.09	2.46	1.63	10 200.6	6 127.22	4 073.38
陕 西	31.49	29.79	1.70	3 639.74	3 441.39	198.36
甘 肃	20.72	19.09	1.63	3 362.91	3 097.27	265.64
青 海	6.78	5.98	0.80	5 921.5	5 221.28	700.22
宁 夏	7.16	7.04	0.12	5 321.45	5 231.43	90.02
新 疆	24.95	22.88	2.06	6 220.88	5 828.23	392.64

资料来源：《中国教育经费统计年鉴2010》。

（四）高等教育的支出分配

2009 年全国普通高校预算内教育经费总额为 17 969.90 亿元，其中，中央高校 6 025.37 亿元，地方高校 11 944.53 亿元，中央与地方分别占 33.53% 和 66.47%。在全部预算内支出中，事业费为 17 000.70 亿元，基本建设支出为 939.20 亿元。分地区来看，高校预算内教育经费最多的是北京、广东和江苏，分别为 2 260.41 亿元、1 516.85 亿元和 1 456.81 亿元；最低的是海南、西藏和青海，分别为 67.06 亿元、49.81 亿元和 40.07 亿元。在上述经费中，中央高校教育经费最多的是北京、湖北和上海，分别为 1 388.60 亿元、617.04 亿元和 560.59 亿元；而山西、内蒙古、广西、海南、云南、西藏、青海等 7 个省区则没有中央高校，故该项经费总额为零。地方高校预算内教育经费最多的是广东、江苏和北京，分别为 1 246.42 亿元、1 022.73 亿元和 871.54 亿元；最少的是宁夏、西藏和青海，分别为 58.20 亿元、49.81 亿元和 40.07 亿元（见表 3 - 8）。

表 3－8　　　　　　　**2009 年普通高校预算内教育经费情况表**　　　　单位：亿元

项目\地区	全国普通高等学校			中央所属高等学校			地方所属高等学校		
	合计	事业费	基本建设支出	合计	事业费	基本建设支出	合计	事业费	基本建设支出
合计	17 969.90	17 000.70	969.20	6 025.37	5 716.16	309.21	11 944.53	11 284.54	659.99
北　京	2 260.14	2 097.71	162.43	1 388.60	1 273.80	114.80	871.54	823.91	47.63
天　津	487.74	485.74	2.00	133.74	132.54	1.20	354.00	353.20	0.80
河　北	449.43	440.86	8.58	45.41	42.66	2.76	404.02	398.20	5.82
山　西	307.01	289.91	17.10	0.00	0.00	0.00	307.01	289.91	17.10
内蒙古	273.55	268.03	5.52	0.00	0.00	0.00	273.55	268.03	5.52
辽　宁	613.15	530.92	82.23	179.86	153.62	26.23	433.29	377.29	56.00
吉　林	481.91	471.88	10.03	227.52	218.02	9.50	254.40	253.86	0.54
黑龙江	622.52	600.16	22.37	276.55	258.22	18.32	345.97	341.93	4.04
上　海	1 144.05	1 103.64	40.41	560.59	534.14	26.45	583.45	569.50	13.95
江　苏	1 456.81	1 399.40	57.42	434.08	409.86	24.23	1 022.73	989.54	33.19
浙　江	760.34	750.77	9.57	141.44	140.84	0.60	618.90	609.94	8.97
安　徽	422.34	409.97	12.37	106.19	102.50	3.69	316.15	307.47	8.68
福　建	428.02	376.80	51.22	133.59	112.61	20.98	294.43	264.20	30.24
江　西	332.70	320.61	12.09	0.17	0.17	0.00	332.53	320.44	12.09
山　东	885.32	867.80	17.51	203.36	197.10	6.26	681.96	670.71	11.25
河　南	514.19	506.29	7.90	5.22	5.22	0.00	508.96	501.06	7.90
湖　北	948.34	931.39	16.94	617.04	603.35	13.70	331.30	328.05	3.25
湖　南	568.74	557.84	10.90	141.39	137.71	3.69	427.34	420.13	7.22
广　东	1 516.85	1 247.26	269.59	270.43	268.76	1.67	1 246.42	978.50	267.92
广　西	282.23	280.13	2.10	0.00	0.00	0.00	282.23	280.13	2.10
海　南	67.06	60.92	6.15	0.00	0.00	0.00	67.06	60.92	6.15
重　庆	357.07	354.17	2.90	171.54	168.64	2.90	185.53	185.53	0.00
四　川	804.01	739.85	64.16	373.32	363.77	9.55	430.69	376.08	54.61
贵　州	216.35	200.69	15.66	0.51	0.51	0.00	215.84	200.18	15.66
云　南	291.71	289.06	2.65	0.00	0.00	0.00	291.71	289.06	2.65
西　藏	49.81	43.69	6.12	0.00	0.00	0.00	49.81	43.69	6.12
陕　西	776.41	747.06	29.35	414.83	394.86	19.96	361.58	352.19	9.39
甘　肃	295.67	284.17	11.50	112.53	111.63	0.90	183.14	172.54	10.60
青　海	40.07	39.14	0.93	0.00	0.00	0.00	40.07	39.14	0.93
宁　夏	84.57	83.87	0.70	26.37	26.37	0.00	58.20	57.50	0.70
新　疆	231.78	220.96	10.82	61.09	59.27	1.82	170.69	161.69	9.00

资料来源：《中国教育经费统计年鉴 2010》。

2009 年全国高校生均预算内教育经费平均值为 9 035.33 元，其中，事业费为 8 542.30 元，基本建设支出为 493.03 元。中央高校生均预算内教育经费为 17 055.44 元，而地方高校生均预算内教育经费仅为 7 298.36 元，尚不及中央高校的一半。分地区来看，生均预算内教育经费最高的是北京、上海和西藏，分别为 23 232.49 元、17 408.62 元和 16 277.25 元；最低的是河北、江西和河南，分别为 5 491.54 元、4 655.19 元和 4 316.82 元。其中，西藏的生均预算内教育经费位居前列是因为该地的办学成本相对较高，实际上无论是高等教育还是中小学教育，西藏的生均预算内教育经费都非常高。就中央高校而言，生均预算内教育经费最高的是黑龙江、宁夏和浙江，分别为 22 344.25 元、21 098.35 元和 20 319.96 元；最低的是江苏、湖南和河北，分别为 14 231.30 元、14 117.84 元和 10 523.32 元。地方高校生均预算内教育经费最高的是北京、上海和西藏，分别为 31 499.98 元、16 828.90 元和 16 277.25 元；最低的是湖北、安徽和河南，分别为 4 856.39 元、4 549.32 元和 4 284.80 元（见表 3 - 9）。

表 3 - 9　　　　　　2009 年普通高校生均预算内教育经费情况表　　　　单位：元

项目 地区	全国普通高等学校			中央所属高等学校			地方所属高等学校		
	合计	事业费	基本建设支出	合计	事业费	基本建设支出	合计	事业费	基本建设支出
合计	9 035.33	8 542.30	493.03	17 055.44	16 176.91	878.54	7 298.36	6 888.82	409.54
北　京	23 232.49	21 560.68	1 671.80	19 955.90	18 306.02	1 649.88	31 499.98	29 772.87	1 727.11
天　津	11 668.72	11 619.81	48.91	14 321.40	14 192.90	128.50	10 883.67	10 858.31	25.35
河　北	5 491.54	5 386.16	105.37	10 523.32	9 854.18	669.13	5 223.39	5 148.06	75.33
山　西	6 232.33	5 881.77	350.55	/	/	/	6 232.33	5 881.77	350.55
内蒙古	7 218.35	7 072.47	145.88	/	/	/	7 218.35	7 072.47	145.88
辽　宁	7 217.62	6 238.53	979.10	13 966.91	11 929.84	2 037.07	5 989.05	5 202.53	786.51
吉　林	9 129.65	8 937.21	192.44	18 899.65	18 110.66	788.99	6 196.53	6 183.19	13.34
黑龙江	9 048.45	8 732.16	316.29	22 344.25	20 886.27	1 457.98	6 210.52	6 137.91	72.61
上　海	17 408.62	16 791.75	616.88	18 051.66	17 199.80	851.85	16 828.90	16 423.87	405.03
江　苏	9 797.26	9 406.85	390.41	14 231.30	13 437.02	794.28	8 636.96	8 352.23	284.73
浙　江	10 641.68	10 504.27	137.41	20 319.96	20 233.76	86.20	9 566.54	9 423.45	143.09
安　徽	5 544.11	5 379.52	164.59	15 546.13	15 003.35	542.77	4 549.32	4 422.34	126.98
福　建	8 542.58	7 508.51	1 034.07	17 648.75	14 876.84	2 771.90	6 899.95	6 179.36	720.58
江　西	4 655.19	4 481.14	174.04	/	/	/	4 655.19	4 481.14	174.04
山　东	6 584.68	6 452.42	132.26	14 813.15	14 356.77	456.38	5 633.84	5 539.03	94.81

续表

地区 项目	全国普通高等学校			中央所属高等学校			地方所属高等学校		
	合计	事业费	基本建设支出	合计	事业费	基本建设支出	合计	事业费	基本建设支出
河 南	4 316.82	4 249.06	67.77	15 024.17	15 024.17	/	4 284.80	4 216.83	67.97
湖 北	8 980.31	8 818.49	161.82	16 831.68	16 457.73	373.95	4 756.39	4 708.70	47.69
湖 南	6 034.91	5 917.10	117.81	14 117.84	13 746.87	370.97	5 062.43	4 975.08	87.35
广 东	14 089.39	11 579.84	2 509.55	14 958.01	14 865.64	92.37	13 913.63	10 914.96	2 998.67
广 西	6 275.60	6 228.73	46.86	/	/	/	6 275.60	6 228.73	46.86
海 南	6 371.35	5 778.16	593.19	/	/	/	6 371.35	5 778.16	593.19
重 庆	7 528.53	7 466.41	62.12	13 880.09	13 645.44	234.65	5 241.45	5 241.45	/
四 川	7 841.66	7 200.72	640.94	14 809.94	14 431.09	378.86	5 496.11	4 766.95	729.16
贵 州	7 377.36	6 834.87	542.49	/	/	/	7 377.36	6 834.87	542.49
云 南	8 632.30	8 551.99	80.31	/	/	/	8 632.30	8 551.99	80.31
西 藏	16 277.25	14 275.98	2 001.27	/	/	/	16 277.25	14 275.98	2 001.27
陕 西	9 047.51	8 700.25	347.27	18 406.19	17 520.37	885.82	5 618.85	5 468.89	149.96
甘 肃	8 466.84	8 135.84	330.99	18 850.84	18 700.07	150.77	6 312.56	5 944.18	368.39
青 海	8 359.54	8 165.93	193.61	/	/	/	8 359.54	8 165.93	193.61
宁 夏	12 213.00	12 109.95	103.06	21 098.35	21 098.35	/	10 209.69	10 083.40	126.29
新 疆	7 570.21	7 169.94	400.27	/	/	/	7 570.21	7 169.94	400.27

资料来源：《中国教育经费统计年鉴2010》。

总体来看，我国财政教育支出主要以地方为主，尤以中小学教育为甚，地方所占比例可达到95%以上，而高等教育中央政府承担了33%的责任。各地财政教育支出的生均值受到经济发展水平与办学成本等因素的影响，因而经济落后地区的生均预算内教育支出并不一定会低，比如西藏、青海等地的生均经费比大部分中西部地区要高；而各地财政教育支出的总额则要受到生均经费和学生人数等因素的影响。尽管如此，北京、上海、广东、江苏等经济发达地区的各阶段教育财政性支出总额与生均值均相对较高。

三、获取服务的途径

（一）概况

我国各级政府对教育进行了大量的投入，城乡居民获得教育的途径不断增加，教育质量不断提高。1990年以来，学龄儿童入学率不断提高，到2009年

已经上升为99.4%；小学升学率从1990年的74.6%上升为99.1%，表明小升
初基本实现了无缝对接，9年义务教育得到了基本保证；初中升学率从1990
年的40.6%上升为2009年的85.6%；高中升学率从1990年的27.3%上升到
2009年的77.6%，证实了我国1999年开始的大学扩招过程在较大程度上提高
了高中的升学率（见图3－1）。

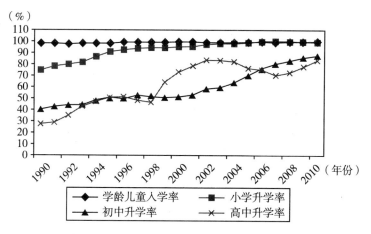

图3－1 我国学龄儿童入学率和各级普通学校毕业生升学率统计

注：1. 初中升高级中学包含升入技工学校；2. 高中升学率为普通高校招生数（含电
大普通班）与普通高中毕业生数之比。

资料来源：《中国统计年鉴2010》。

1992年以来我国初等教育阶段的生师比呈下降趋势，而中等教育和高等
教育的生师比则呈上升趋势。其中，小学教育的生师比从1992年的20.07%
下降为2010年的17.88%，但1993～1997年间小学教育的生师比有一个上升
过程，即从1992年的20.07%上升为1997年的24.16%；初中教育的生师比
从1992年的15.85%下降为2010年的14.98%，但从1993年到2002年该生师
比基本处于上升过程之中，即从15.65%到19.25%，此后则基本呈下降趋势。
普通高中的生师比从1992年的12.24%上升为2010年的15.99%，职业高中
的生师比从1992年的13.82%上升为2010年的23.66%，普通中专从1992年
的14.60%上升为2010年的29.75%，全国普通高校的生师比从1992年的
6.83%上升为2010年的17.33%，本科院校的生师比从1992年的6.63%上升
为2010年的17.38%，专科院校的生师比从1992年的7.30%上升为2010年
的17.21%（见表3－10）。

表3-10 中国各级普通学校生师比统计 单位：%

类别 年份	小学	初中	普通 高中	职业 高中	普通 中专	全国普通 高校	本科 院校	专科 院校
1992	20.07	15.85	12.24	13.82	14.60	6.83	6.63	7.30
1993	22.37	15.65	14.96	13.86	14.55	8.00	7.82	8.61
1994	22.85	16.07	12.16	14.66	15.07	9.25	9.00	10.10
1995	23.30	16.73	12.95	15.35	15.95	9.83	9.71	10.16
1996	23.73	17.18	13.45	15.38	16.43	10.36	10.32	10.20
1997	24.16	17.33	14.05	15.88	16.71	10.87	10.80	10.85
1998	23.98	17.56	14.60	16.13	17.82	11.62	11.63	11.09
1999	23.12	18.17	15.16	15.91	17.88	13.37	13.67	12.23
2000	22.21	19.03	15.87	14.71	19.09	16.30	16.04	17.65
2001	21.64	19.24	16.73	14.26	19.91	18.22	18.47	17.15
2002	21.04	19.25	17.80	16.50	21.96	19.00	20.60	14.20
2003	20.50	19.13	18.35	17.67	25.30	17.00	21.07	14.75
2004	19.98	18.65	18.65	19.10	28.13	16.22	17.44	13.15
2005	19.43	17.80	18.54	20.62	31.02	16.85	17.75	14.78
2006	19.17	17.15	18.13	22.16	31.67	17.93	17.77	18.26
2007	18.82	16.52	17.48	23.50	31.39	17.28	17.31	17.20
2008	18.38	16.07	16.78	23.47	31.27	17.23	17.21	17.27
2009	17.88	15.47	16.30	23.65	27.82	17.27	17.23	17.35
2010	17.70	14.98	15.99	23.66	29.75	17.33	17.38	17.21

资料来源：《中国统计摘要2011》。

（二）初等教育的获取途径

2009年我国普通小学拥有校舍建筑面积58 039.80万平方米，体育运动场馆面积70 235.89万平方米，教学用计算机384.96万台，图书藏量14.70亿册，固定资产4 288.52亿元，生师比为17.88%。分地区来看，学校建筑面积最多的是广东、河南和山东，分别为5 981.01万平方米、4 769.75万平方米和3 115.39万平方米；建筑面积最少的是宁夏、青海和西藏，分别为305.28万平方米、272.15万平方米和235.78万平方米。固定资产总值最多的是广东、江苏和山东，分别为565.92亿元、277.87亿元和244.47亿元，最少的是西藏、宁夏和青海，分别为25.30亿元、22.01亿元和20.39亿元（见表3-11）。

表 3 – 11　　　　我国 2009 年分地区普通小学生师比与办学条件

地区	生师比（％）	建筑面积（万米²）	体育运动场（馆）面积（万米²）	拥有教学用计算机量（万台）	图书藏量（万册）	固定资产总值（亿元）
全　国	17.88	58 039.80	70 235.89	384.96	146 971.05	4 288.52
北　京	13.14	563.99	576.04	11.08	2 360.24	80.48
天　津	13.37	353.49	471.86	4.33	949.91	31.56
河　北	15.21	2 790.13	4 970.54	26.16	10 507.32	173.94
山　西	15.73	1 813.74	2 126.65	11.96	4 400.97	118.34
内蒙古	13.00	894.54	2 112.25	5.58	2 151.38	61.68
辽　宁	15.07	1 147.49	3 068.80	17.45	3 920.97	80.05
吉　林	11.39	862.33	2 976.77	7.48	2 514.10	57.30
黑龙江	12.28	1 138.38	4 422.90	9.64	2 383.96	74.92
上　海	15.16	454.47	283.13	10.01	1 657.86	73.55
江　苏	15.55	2 778.37	3 063.86	33.52	8 367.11	277.87
浙　江	19.11	2 269.03	2 061.40	25.70	7 221.14	223.62
安　徽	19.59	2 339.19	3 015.88	11.31	5 505.51	132.61
福　建	15.29	2 001.00	2 026.63	16.22	4 902.90	128.20
江　西	20.98	2 202.28	2 460.65	7.91	4 493.59	138.58
山　东	16.07	3 115.39	5 544.92	31.78	8 706.52	244.47
河　南	21.51	4 769.75	4 515.78	15.31	13 354.39	240.61
湖　北	18.13	2 648.74	2 743.73	8.95	4 799.30	132.77
湖　南	18.74	3 086.75	2 338.49	12.21	7 487.49	155.17
广　东	21.22	5 981.01	5 019.56	42.03	16 219.10	565.92
广　西	19.78	2 809.66	2 178.28	6.22	4 839.05	128.12
海　南	15.93	507.95	787.96	2.15	958.61	53.58
重　庆	17.72	1 519.04	1 188.93	7.76	2 449.24	102.18
四　川	20.13	2 885.84	2 314.66	14.77	5 640.75	212.67
贵　州	22.94	1 720.69	1 605.19	6.08	4 284.62	91.59
云　南	19.00	2 557.36	1 380.56	6.34	4 305.98	146.67
西　藏	16.33	235.78	140.19	1.02	407.75	25.30
陕　西	15.22	1 773.32	2 128.79	12.33	5 408.32	110.51
甘　肃	18.05	1 265.05	1 898.89	6.69	2 885.09	71.76
青　海	19.90	272.15	297.94	2.11	578.34	20.39
宁　夏	20.07	305.28	513.02	3.29	896.68	22.01
新　疆	14.70	977.61	2 001.64	7.53	2 412.85	31.21

资料来源：《中国教育统计年鉴 2009》。

2009 年我国普通初中拥有校舍建筑面积 41 653.03 万平方米，体育运动场馆面积 38 164.33 万平方米，教学用计算机 316.51 万台，图书藏量 9.52 亿册，固定资产 3 191.48 亿元，生师比为 15.47%。分地区来看，学校建筑面积最多的是广东、河南和山东，分别为 3 689.60 万平方米、3 273.48 万平方米和 3 149.00 万平方米；建筑面积最少的是宁夏、西藏和青海，分别为 197.61 万平方米、175.21 万平方米和 132.05 万平方米。固定资产总值最多的是广东、江苏和山东，分别为 354.62 亿元、269.57 亿元和 249.89 亿元，最少的是天津、宁夏和青海，分别为 18.61 亿元、16.25 亿元和 11.74 亿元（见表 3－12）。

表 3－12　　　我国 2009 年分地区普通初中生师比与办学条件

项目 地区	生师比 （%）	建筑面积 （万米²）	体育运动场 （馆）面积 （万米²）	拥有教学用 计算机量 （万台）	图书藏量 （万册）	固定资产总 值（亿元）
全　国	15.47	41 653.03	38 164.33	316.51	95 224.64	3 191.48
北　京	10.48	297.59	338.00	4.16	857.19	42.26
天　津	10.84	207.66	310.19	2.11	558.47	18.61
河　北	12.99	1 921.64	2 510.35	16.73	6 949.63	136.00
山　西	14.40	1 288.29	1 163.29	9.91	2 703.65	86.98
内蒙古	12.96	643.43	1 153.20	4.10	1 536.39	61.52
辽　宁	13.39	1 197.66	1 979.26	15.62	3 428.82	93.20
吉　林	12.78	609.26	1 179.46	6.16	1 499.33	49.32
黑龙江	13.03	917.83	1 984.38	8.44	1 739.91	71.97
上　海	12.67	541.58	331.01	9.94	1 509.24	85.59
江　苏	13.61	2 681.23	2 232.10	23.80	6 049.77	269.57
浙　江	14.77	2 076.14	1 554.78	18.84	4 911.46	221.52
安　徽	18.50	1 658.11	1 655.75	14.11	3 601.14	115.92
福　建	14.23	1 006.46	911.55	7.00	2 351.67	67.81
江　西	16.05	1 436.82	1 131.16	7.80	2 780.40	80.97
山　东	13.15	3 149.00	3 811.40	25.71	6 994.53	249.89
河　南	17.06	3 273.48	2 571.52	18.28	8 707.28	189.42

续表

项目 地区	生师比 （%）	建筑面积 （万米²）	体育运动场 （馆）面积 （万米²）	拥有教学用 计算机量 （万台）	图书藏量 （万册）	固定资产总 值（亿元）
湖　北	14.71	2 269.85	1 539.56	10.56	3 780.11	137.88
湖　南	12.31	2 393.49	1 595.87	12.89	5 649.01	134.50
广　东	19.63	3 689.60	2 437.09	28.06	8 710.69	354.62
广　西	17.47	1 717.43	953.65	8.83	3 007.99	91.30
海　南	18.01	287.66	300.45	1.81	491.76	25.36
重　庆	17.37	838.08	447.95	4.71	1 084.29	51.93
四　川	17.57	2 229.14	1 420.35	14.36	3 462.51	164.13
贵　州	19.58	1 060.61	768.26	7.17	3 232.20	66.61
云　南	17.65	1 285.26	734.76	7.19	2 036.62	88.08
西　藏	16.31	175.21	57.66	0.47	227.74	19.75
陕　西	15.39	1 172.96	1 009.71	11.03	3 579.30	83.21
甘　肃	17.54	656.34	712.16	6.77	1 443.70	48.82
青　海	15.58	132.05	146.57	1.41	265.92	11.74
宁　夏	16.37	197.61	237.27	2.27	453.14	16.25
新　疆	12.62	641.56	985.64	6.29	1 620.76	56.75

资料来源：《中国教育统计年鉴2009》。

（三）中等教育的获取途径

2009 年我国普通高中拥有校舍建筑面积 39 057.69 万平方米，体育运动场馆面积 19 833.46 万平方米，教学用计算机 253.44 万台，图书藏量 6.16亿册，固定资产 4 094.65 亿元，生师比为 16.30%。分地区来看，学校建筑面积最多的是广东、江苏和山东，分别为 3 672.1 万平方米、2 709.61 万平方米和 2 548.66 万平方米；建筑面积最少的是宁夏、青海和西藏，分别为224.23 万平方米、140.32 万平方米和 63.29 万平方米。固定资产总值最多的是广东、江苏和山东，分别为 410.31 亿元、375.51 亿元和 271.00 亿元，最少的是宁夏、青海和西藏，分别为 22.84 亿元、10.45 亿元和 6.51 亿元（见表 3 - 13）。

表 3 – 13　　　　　　我国 2009 年分地区普通高中生师比与办学条件

地区 \ 项目	生师比（%）	建筑面积（万米²）	体育运动场（馆）面积（万米²）	拥有教学用计算机量（万台）	图书藏量（万册）	固定资产总值（亿元）
全　国	16.30	39 057.69	19 833.46	253.44	61 625.41	4 094.65
北　京	10.27	729.11	403.43	9.92	1 681.62	125.44
天　津	12.51	392.56	226.09	3.24	693.74	41.85
河　北	16.01	1 937.92	1 002.79	12.97	2 634.97	175.97
山　西	15.66	1 293.84	632.69	8.15	1 757.06	121.49
内蒙古	16.69	693.00	547.19	4.19	938.67	64.26
辽　宁	16.49	906.19	573.23	8.11	1 395.23	98.44
吉　林	16.96	517.05	365.12	3.87	813.71	53.89
黑龙江	15.16	711.98	632.21	5.36	836.67	75.29
上　海	10.51	638.79	271.74	8.58	1 268.40	130.88
江　苏	14.42	2 709.61	1 284.33	20.56	4 712.69	375.51
浙　江	14.14	2 013.63	984.26	13.73	3 403.47	268.41
安　徽	20.44	1 780.41	959.25	10.91	2 751.72	179.00
福　建	13.74	1 573.05	928.93	10.89	3 858.89	174.14
江　西	16.26	1 277.14	649.76	7.34	2 019.10	104.87
山　东	13.99	2 548.66	1 274.78	15.67	3 290.21	271.00
河　南	19.19	2 473.63	1 114.81	10.75	3 456.02	187.62
湖　北	18.18	1 721.75	730.48	7.18	1 882.86	155.85
湖　南	15.28	2 158.78	890.16	10.97	2 879.59	204.77
广　东	16.23	3 672.10	1 489.22	24.20	7 111.29	410.31
广　西	18.16	1 183.17	590.89	5.96	1 867.88	73.32
海　南	17.10	339.28	185.39	1.77	387.78	44.04
重　庆	19.67	1 027.79	371.80	4.96	1 146.33	99.98
四　川	18.62	2 101.04	952.96	9.93	2 963.36	219.59
贵　州	18.51	686.31	386.62	4.34	1 532.19	57.02
云　南	15.39	1 028.54	497.51	5.98	1 344.45	97.46
西　藏	14.11	63.29	24.56	0.23	69.39	6.51
陕　西	17.79	1 137.29	616.07	9.24	2 124.19	103.81
甘　肃	17.30	712.43	479.58	5.68	1 313.23	74.31
青　海	14.34	140.32	111.55	1.43	226.50	10.45
宁　夏	16.44	224.23	132.68	1.95	293.18	22.84
新　疆	14.19	664.78	523.39	5.40	971.02	66.34

资料来源：《中国教育统计年鉴 2009》。

（四）高等教育的获取途径

2009 年我国普通高校占地 14.73 亿平方米，运动场地面积 10 940.56 万平方米，一般图书资料 17.50 亿册，电子图书 782.61 亿册，教学用计算机 520.49 万台，语音实验室座位数 135.81 万个，多媒体教室座位数 1 628.81 万个，固定资产 10 152.73 亿元，生师比为 17.27%。分地区来看，学校占地面积最多的是江苏、山东和河南，分别为 12 051.65 万平方米、11 650.15 万平方米和 8 952.88 万平方米；建筑面积最少的是宁夏、青海和西藏，分别为 902.51 万平方米、399.72 万平方米和 284.69 万平方米。固定资产总值最多的是江苏、北京和山东，分别为 949.74 亿元、748.33 亿元和 707.83 亿元，最少的是宁夏、西藏和青海，分别为 29.19 亿元、15.79 亿元和 12.70 亿元（见表 3-14）。

表 3-14　　我国 2009 年分地区普通高校生师比与资产（学校产权）情况

地区	生师比（%）	学校占地面积（万米²）	运动场地面积（万米²）	图书音像资料（亿册） 一般图书	图书音像资料（亿册） 电子图书	教学用计算机（万台）	语音实验室座位数（万个）	多媒体教室座位数（万个）	固定资产总值（亿元）
全　国	17.27	147 323.87	10 940.56	17.50	782.61	520.49	135.81	1 628.81	10 152.73
北　京	15.93	3 848.13	344.37	0.88	34.32	30.17	4.76	85.25	748.33
天　津	16.64	3 222.99	216.71	0.39	31.63	10.98	2.90	29.84	211.61
河　北	17.70	6 168.21	533.41	0.75	26.75	21.29	7.15	74.92	391.89
山　西	16.67	2 633.89	255.01	0.44	7.56	10.14	3.32	29.18	162.74
内蒙古	17.77	3 105.04	243.04	0.26	11.67	7.17	1.73	23.20	137.35
辽　宁	16.83	5 750.90	482.36	0.69	16.19	23.11	6.58	57.51	426.48
吉　林	17.67	3 729.57	272.94	0.46	8.40	12.05	3.13	31.87	246.00
黑龙江	17.15	5 314.63	405.10	0.56	14.18	17.01	4.43	47.77	366.71
上　海	16.96	3 333.42	253.64	0.60	20.82	21.85	3.44	55.26	435.83
江　苏	16.08	12 051.65	886.31	1.29	104.92	50.90	10.48	155.37	949.74
浙　江	17.32	4 692.56	438.62	0.72	43.34	25.31	5.40	87.66	508.60
安　徽	18.35	5 688.85	459.84	0.61	18.86	15.55	5.21	52.71	293.24
福　建	17.07	4 239.08	346.38	0.48	22.11	15.78	4.81	52.52	300.72
江　西	16.57	6 211.99	476.62	0.68	48.08	19.63	6.37	52.61	311.43
山　东	16.80	11 650.15	868.37	1.23	43.07	34.50	8.88	112.07	707.83
河　南	17.79	8 952.88	605.37	1.01	64.14	24.15	7.62	83.56	404.67
湖　北	17.51	7 967.84	571.60	0.98	55.31	30.40	7.12	98.21	571.56

续表

地区	生师比（%）	学校占地面积（万米²）	运动场地面积（万米²）	图书音像资料（亿册）		教学用计算机（万台）	语音实验室座位数（万个）	多媒体教室座位数（万个）	固定资产总值（亿元）
				一般图书	电子图书				
湖 南	18.07	6 722.44	475.52	0.84	35.21	22.50	6.46	68.59	386.74
广 东	18.64	8 471.70	541.81	1.03	25.96	32.35	7.57	128.93	663.57
广 西	17.40	3 459.15	245.06	0.39	30.10	10.87	3.14	32.26	151.70
海 南	18.91	1 203.01	79.02	0.10	2.28	2.69	0.94	9.66	42.20
重 庆	17.46	4 069.58	267.39	0.40	13.53	11.32	3.57	41.26	270.58
四 川	18.02	7 482.32	480.30	0.78	45.01	21.23	5.86	78.50	457.06
贵 州	17.32	2 332.23	155.65	0.26	10.59	5.93	2.34	17.02	72.38
云 南	17.07	3 310.85	227.52	0.33	9.70	8.83	2.78	29.19	168.88
西 藏	15.82	284.69	18.63	0.03	1.27	0.58	0.19	2.39	15.79
陕 西	17.17	4 958.65	403.61	78.44	24.46	19.97	5.67	53.77	492.32
甘 肃	18.51	2 215.01	167.81	0.24	7.19	6.36	1.59	15.58	122.03
青 海	13.48	399.72	29.87	0.04	0.19	0.96	0.25	2.21	12.70
宁 夏	17.55	902.51	56.68	0.07	1.38	2.07	0.49	4.51	29.19
新 疆	16.25	2 950.22	132.54	0.21	4.39	4.79	1.64	15.44	92.87

资料来源：《中国教育统计年鉴2009》。

四、政策问题

（一）进一步加大财政教育投入力度

近年来，我国财政教育支出增长较快，从2001年的2 582.40亿元增长到2010年的12 550.02亿元，年均增长19.20%。但是，同期我国国内生产总值和财政支出总额均呈高速增长势头，故而财政教育支出占GDP和财政支出总额的比重并没有显著上升。另一方面，我国教育事业的发展对财政资金提出了更高的需求。因此，进一步加大财政教育投入成为我国下一阶段教育发展的重要条件。2011年财政部和教育部联合发文，明确要求各地应将10%的土地出让净收益用做教育经费，重点用于农村学前教育、义务教育和高中阶段学校的校舍建设和维修改造，从而在一定程度上充实了财政教育资金的来源。同时，还必须按照《教育法》、《义务教育法》、《高等教育法》等法律的要求，不断拓宽财政教育资金的来源，加大财政教育资金投入，从而实现教育事业的稳定发展。

（二）完善对地方教育的转移支付制度

在我国非对称的分税制管理体制下，财政教育投入形成了"以县为主"的模式，地方财政（特别是基层财政）的教育投入能力受到极大的限制。要加速教育事业的发展，必须完善我国的教育投入模式，加大政府间转移支付力度，促进地区间均衡发展。目前，我国设立的教育专项资金包括国家贫困地区义务教育工程、中小学危房改造工程、职业教育专款、师范教育专款、义务教育专款、特殊教育专款、少数民族教育专款等，并设立有中央（或上级）政府对地方（或下级）政府的教育财政专项补贴。为了更加有效的发挥转移支付资金的作用，一是要整合上述教育专项资金，按照规范化的方法和确定的思路对特定教育项目给予补助。二是要将义务教育和中等教育阶段的支出责任上移，让中央政府和省级政府承担较多的责任，并通过转移支付的方法向基层政府提供资金，进而实现基础教育的均衡化。

（三）提高财政教育投入的效率

提高财政教育投入的效率，必须转变政府教育投入方式，确立教育投入重点。从目前来看，财政教育投入的绝大部分均用于事业费，而且主要是人头经费，而基本建设支出和公用经费投入相对欠缺。因此，我国一方面要加大教育公用经费投入，保证资金投入到现代教学技术和师资培养上来，真正落实到教学质量的提高上来；二是要加强教育绩效考核，将教师队伍的工资福利待遇与教育绩效挂钩，避免工资福利与学历学位的简单联系，切实提高教育质量。

要继续加大初等教育的投入，保证欠发达地区和农村学校的师资力量。逐步实行城乡统一的中小学编制标准，继续义务教育的"两免一补"和对农村边远地区实行倾斜政策。继续保证普通高中的教育投入，增强人口密集地区的师资配备，提高教师待遇；改革职业教育体系，提高职业教育地位，加强劳动者技能培训。重点消除中央和地方高校的资金差异，提升地方高校的教学质量和科研水平，杜绝盲目办学，努力化解高校债务。

（四） 改善财政教育投入的公平度

教育作为推进社会公平的重要手段，而财政教育投入的公平则是实现社会公平的重要前提。财政教育投入的公平，重点是加强对弱势群体的教育投入。具体来说，政府要重点支持农村地区、中西部地区、留守儿童、流动儿童、残障儿童等特殊困难群体的教育问题，着力提高他们接受教育的质量，特别是义务教育的质量。其中，中西部农村地区的教育问题是财政教育投入优先关注的重点，完善国家助学贷款制度、奖学金制度及其他有助于缓解农村家庭教育支出压力的各项制度。

参考文献：

［1］马海涛、姜爱华：《政府间财政转移支付制度》，经济科学出版社 2010 年版。

［2］陈志勇、李祥云：《财政分权视角下中国县级义务教育财政支出不足的成因》，载于《财政税收理论与政策研究》，中国财政经济出版社 2009 年版。

［3］娄鹏飞：《财政教育投入分析》，载于《财政税收理论与政策研究》，中国财政经济出版社 2009 年版。

［4］宋光辉：《财政分权与各级政府的教育责任》，载于《当代经济研究》2009 年第 10 期。

［5］阎宇、曾媛：《基础教育均等化中的政府责任机制》，载于《吉林师范大学学报（人文社会科学版）》2010 年第 6 期。

［6］朱荣：《高校债务风险的形成机理与化解对策研究》，载于《财政研究》2010 年第 4 期。

［7］方芳：《我国中等职业教育财政和财政制度现状及面临的问题》，载于《职业教育研究》2007 年第 1 期。

第三节　医　疗

一、责任的分配

医疗体系的完善是百年大计，从公共产品理论分析，医疗卫生服务其实准确定义是一个准公共产品，它既有私人产品的性质也有公共产品的性质，即具有不完全的竞争性和排他性，其价格不能完全反映全部成本或收益。一方面，医疗卫生与个人劳动能力有密切关系，而劳动能力又与劳动者的收入有密切关系，因此，一般而言，拥有高收入水平的人口要比拥有低收入水平的人口得到的医疗卫生服务的水平更高。从这个层面来讲，医疗卫生服务具有私人产品的性质。另一方面，有些医疗卫生问题并非处于个人所能控制的范围，如基本的医疗卫生设施，传染病的预防与治疗、健康教育与咨询以及环境卫生、食品卫生、劳动卫生、放射卫生监督与检测等。如果这些问题仅依靠市场来解决的话，会出现大量的免费搭便车情况结果造成供给不足而市场失灵的现象，这里医疗卫生服务就表现出来公共产品的性质，所以对于相当一部分医疗卫生服务政府必须承担起相应的责任。而这一部分医疗卫生服务就属于公共医疗体系。

公共医疗服务是一个国家能够取得可持续发展的基础性公益产品，多数国家把公共医疗定义为中央政府的主要职能。从医疗支出来看，世界上大多数国家把医疗公共服务的权限界定在中央政府的职能上，比如英国，中央政府几乎承揽了所有公共医疗体系的投入。在美国、德国、法国等发达国家，中央政府对医疗体系的投入占完全主导地位。

我国改革开放以来，社会的进步和经济的发达，使得现有的公共医疗体系远远不能满足当代人的公共需求。为了顺应当前社会发展的趋势，我国出台了新的医改政策，即 2009 年 7 月财政部、发展改革委、人力资源和社会保障部、民政部、卫生部等五部门联合出台《关于完善政府卫生投入政策的意见》（以下简称《意见》）。《意见》从政府卫生投入的基本原则、范围和方式、各级政府的投入责任以及管理监督等方面做出了具体规定。该《意见》明确划分中央和地方公共卫生支出责任。从《意见》中可以看出，我国的公共医疗服务原则是：优先保障所有人的基本医疗需求，在此基础上，尽可能满足更多社会成员更多的医疗卫生需求。

我国医疗卫生支出主要由地方政府承担。2011 年度财政预算，我国政府安排医疗卫生支出 5 360 亿元，其中中央财政卫生支出 1 727.58 亿元，地方财政卫生支出 3 532.42 亿元。2010 年度，我国卫生总费用接近 2 万亿元（初步统计为 19 600 亿元）。2011 年度 5 360 亿元的政府投入，只相当于我国 2010 年度卫生总费用的 27.5%。根据第四次国家卫生服务调查，我国城乡居民两周内新发病例未就诊的比例为 38%；经医生诊断需要住院未住院的比例为 21%。2011 年度，如果所有需要住院治疗的病人都能住院治疗，我国的卫生总费用将远远超过 2010 年度的 2 万亿元。

图 3 - 2 是我国从 2002～2010 年地方政府对中央政府医疗卫生支出的比例。该比例从 2002 年的 34 倍增长到 2010 年的 64 倍。即在 2010 年，当中央政府投资 1 元，各地方政府合计投入 64 元。但如果考虑到中央对地方的转移支付，实际的比例大大下降。以 2010 年为例，全国医疗财政总投入 4 804 亿元，其中地方政府对医疗投入 4 730 亿元，中央 73.56 亿元，但中央对地方在医疗方面的转移支付高达 1 411.79 亿元。因此加入转移支付因素后，实际的地方对中央的比例仅为 2.23 倍。因此加上转移支付后，政府对公共医疗体系支出的投入就是中央政府和地方政府共同承担的。这一现象体现了我国 2009 年医改的思路。

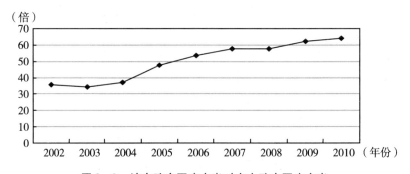

图 3 - 2　地方政府医疗支出对中央政府医疗支出

资料来源：中经网统计数据库。

为了提高政府对公共医疗卫生的投入，更合理地利用公共卫生医疗资源，实现公共医疗卫生服务的均等化，满足国民对公共医疗卫生服务的需求，很有必要合理划分中央财政和地方财政以及各级地方财政间的卫生医疗支出责任。要合理划分中央政府和地方政府对卫生医疗的支出责任，就必须根据财权与事权相对应的原则，明确政府间的事权和财权，并且科学界定政府间卫生医疗职责。

从世界范围来看，大多数市场经济国家通常由中央级和省级财政为主承担主要的卫生医疗支出，中央级财政主要负责保障全体公民享有公共卫生和最基本的医疗服务。从我国的实践来看，当前，中央财政将全国性的基本公共卫生服务作为保障范围，同时通过制度性的转移支付对农村和城市基本医疗服务、困难群体的基本医疗保障予以补助；省级财政对辖区内的公共卫生服务、基本医疗服务及困难的基本医疗保障予以支持；省以下地方财政主要负担公共卫生机构的基本支出和公立医疗机构的补助支出。总体上看，考虑到公共卫生和基本医疗涉及经济社会、城乡协调发展的大局，在财政收入占 GDP 的比重和中央财政收入占全国财政收入的比重日益提高的前提下，目前各级财政特别是中央和省级财政承担更多的卫生医疗支出责任是可行的，在 2003 年颁布的《突发公共卫生事件应急条例》中，中央政府与地方政府在公共医疗方面对于突发事件责任的划分如下：

中央政府：突发事件发生后，国务院设立全国突发事件应急处理指挥部，由国务院有关部门和军队有关部门组成，国务院主管领导人担任总指挥，负责对全国突发事件应急处理的统一领导、统一指挥。国务院卫生行政主管部门和其他有关部门，在各自的职责范围内做好突发事件应急处理的有关工作。国家对边远贫困地区突发事件应急工作给予财政支持。国务院卫生行政主管部门按照分类指导、快速反应的要求，制定全国突发事件应急预案，报请国务院批准。

地方政府：突发事件发生后，省、自治区、直辖市人民政府成立地方突发事件应急处理指挥部，省、自治区、直辖市人民政府主要领导人担任总指挥，负责领导、指挥本行政区域内突发事件应急处理工作。县级以上地方人民政府卫生行政主管部门，具体负责组织突发事件的调查、控制和医疗救治工作。县级以上地方人民政府有关部门，在各自的职责范围内做好突发事件应急处理的有关工作。县级以上各级人民政府应当组织开展防治突发事件相关科学研究，建立突发事件应急流行病学调查、传染源隔离、医疗救护、现场处置、监督检查、监测检验、卫生防护等有关物资、设备、设施、技术与人才资源储备，所需经费列入本级政府财政预算。

综上，可以看出在公共医疗方面，中央政府的支出责任主要是针对具有全国广泛效应的公共医疗服务提供统筹规划、医疗指导、政策支持、责任支持以及医疗的转移支付，这是宏观层面上的；而地方政府就要针对该地区的实际情况来确定相应的卫生经费支出预算，这是微观层面上的。

二、支出的分配

对比世界各国的医疗卫生支出投入和我国的投入（见表 3 - 15），可以看出我国的公共医疗卫生投入比重占整个财政支出的比重还比较低，远低于其他国家。

表 3 – 15　　　　　　　　各国对公共医疗支出的投入对比　　　　　单位：%

国家名称	卫生总支出占GDP 的比重		政府支出占卫生总支出的比重		政府卫生支出占政府开支总额的比重	
	2000 年	2005 年	2000 年	2005 年	2000 年	2005 年
美国	13.2	15.2	43.7	45.1	19.5	21.8
英国	7.2	8.2	80.9	87.1	14.8	16.2
法国	9.6	11.2	78.3	79.9	14.6	16.6
德国	10.3	10.7	79.7	76.9	18.2	17.6
加拿大	8.8	9.7	70.4	70.3	15.1	17.5
日本	7.6	8.2	81.3	82.2	15.7	17.8
澳大利亚	8.3	8.8	67.0	67.0	16.0	17.0
新西兰	8.1	8.9	79.1	77.4	16.2	18.0
比利时	9.1	9.6	71.8	71.4	13.4	13.9
丹麦	8.3	9.1	82.4	84.1	12.6	14.4
瑞士	10.3	11.4	55.6	59.7	17.1	18.7
瑞典	8.2	9.2	84.9	81.7	12.4	13.6
韩国	4.5	5.9	50.0	53.0	9.4	10.9
印度	4.3	5.0	22.2	19.0	3.4	3.5
南非	8.1	8.7	42.4	41.7	7.9	9.9
中国	4.6	4.7	38.3	38.8	1.1	1.0

资料来源：凤凰网医改专题。

　　因此可以得出如下结论：目前我国的医疗卫生服务系统无论是从总量上还是结构上并没有完全满足全体社会成员获得基本卫生保健服务的需求，存在着财政投入总量不足、医疗卫生资源配置不合理以及使用效率不高、农村和城市社区缺医少药的状况严重等问题。其中财政投入总量在中央政府和地方政府之间如何分配又是其问题的一大关键，因此我们不但要提高政府对公共医疗卫生的投入总量，而且更要确定好中央，省级政府、地方政府之间关于基本医疗保障制度、基本和重大公共卫生服务项目以及支持城乡基层医疗卫生机构的支出分配。

（一）建立基本医疗保障制度的支出分配

　　我国基本医疗保障体系包括城镇职工基本医疗保险、城镇居民基本医疗保

中国公共财政监测报告

险、新型农村合作医疗和城乡医疗救助制度。对于我国现阶段的基本医疗保障制度，总体思想是："低水平，广覆盖，双方负担，统账结合，多层保障"。但是我国医疗保障制度仍然不完善，还存在很多问题，政府层级之间如何合理规划各级城府对基本医疗保障制度的支出分配显得尤其重要。

在《意见》中，对上述问题明确划分了中央与各省建立基本医疗保障制度的支出分配：

（1）中央和地方财政共同支持基本医疗保障体系的建设。

（2）政府对新型农村合作医疗、城镇居民基本医疗保险的补助资金，由中央财政和地方财政按照国家有关规定分级负担。

（3）对关闭破产国有企业退休人员参加医疗保险所需补助资金，按照隶属关系由同级财政补助，中央财政和省级财政按规定对困难地区国有关闭破产企业退休人员参保给予适当补助。

（4）对城乡医疗救助所需资金，由市、县级财政负担，中央财政和省级财政给予补助。

（二）　实施基本和重大公共卫生服务项目支出分配

我国在实施基本和重大公共卫生服务项目支出上，还存在地域差异，各地区之间公共卫生服务的设施和设备参差不齐，落后及困难地区公共卫生服务还没有完全覆盖，东部、中部、西部地区还存在很大的差异性。

为了解决东西中部的公共卫生服务的均等化问题，《意见》指出：

（1）地方政府对于辖区内重大传染病预防控制等公共卫生承担主要投入责任，中央政府对于跨地区的重大传染疾病预防控制等公共卫生给予补助。

（2）纳入国家免疫规划的常规免疫以及国家确定的群体性预防接种和重点人群应急接种所需疫苗和注射器的购置费用由中央政府承担，省级及以下地方人民政府确定的群体性预防接种、应急接种所需疫苗和注射器的购置费用由地方政府承担。

（3）地方政府要结合城乡基本公共卫生服务经费保障机制，切实保障实施国家免疫规划相关冷链系统的建设、运转和预防接种等工作经费，中央政府对困难地区给予必要支持。

（4）对于重大突发性公共卫生事件所需经费，以地方政府投入为主，中央政府给予适当补助。

（三）支持城乡基层医疗卫生机构的支出分配

在合理划分支持城乡基层医疗卫生机构的支出分配上，《意见》指出：

（1）地方各级政府特别是省级政府要承担基层医疗卫生机构投入的主要责任，中央政府对基层医疗卫生机构的基本建设、设备购置、人员培训和人才招聘等予以补助。

（2）公立医院发展建设支出、符合国家规定的离退休人员费用和政策性亏损补贴，主要由同级政府安排。

（3）省级政府对辖区内困难地区公立医院的基本建设和设备购置给予适当补助。

（4）中央政府对困难地区公立医院的基本建设和设备购置等予以补助。

三、获取服务途径

（一）人均医疗资源

判断一个省份的医疗资源是否适应当地需求，需要从各地每千人口医生数、卫生机构床位数等一系列指标多少来判断。图3-3、图3-4分别表明了各省每千人医生数、每千人床位数。

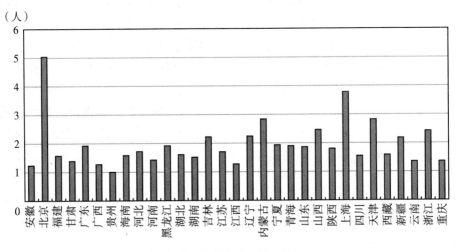

图3-3　各省每千人医生数量

资料来源：中经网统计数据库。

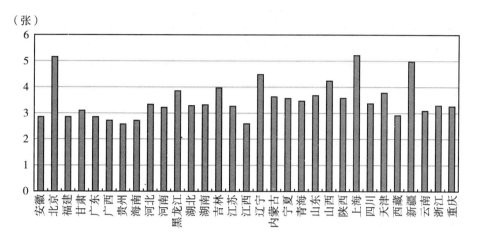

图3-4　各省每千人病床位数量

资料来源：中经网统计数据库。

从以上数据的对比可以看出我国公共卫生资源配置的区域差距：

从总量上看，东部地区医院床位数和卫生技术人员占全国的比重大于其总人口数占全国的比重数，而中西部地区低于其总人口比重，尤其是西部地区的卫生技术人员。

由于国际惯例一般把每千人医疗机构床位数和每千人卫生技术人员数作为衡量一个国家或地区卫生资源配置水平的重要标准。因此：

（1）从每千人拥有的卫生技术人员来看，北京、上海两地的每千人医生数量远高于其他地区，分别达到5.04人、3.79人，高于美国2005年3.59人。而大部分中西部地区低于中等收入国家的人均医生1.6人（见表3-16），比如海南省、湖北省、福建省、西藏自治区、四川省、湖南省、河南省、甘肃省、重庆市、云南省、广西壮族自治区、江西省、安徽省以及贵州省。贵州省最低，人均千人医生数仅为1人。中西部地区均低于全国平均水平；东部地区是中部地区的1.32倍，是西部地区的1.41倍排在全国前三位的是东部地区的北京（12.91人）、上海（9.48人）和天津（6.9人）；排在全国最后三位的是中部地区的安徽（3.07人）、西部地区的重庆（3.05人）和云南（3.02人）。

表 3 – 16　　　　　　　　各国医疗资源分布

国家和地区	每千人口医生数（人）			每千人口床位数（张）		
	1990 年	2000 年	2005 年	1990 年	2000 年	2005 年
世界	1.4	——	——	3.6	——	——
高收入国家	1.9	2.7		6.3	6.5	6.2*
中等收入国家	1.6	——		3.5		2.3*
中国	1.5	1.6	1.5	2.6	2.5	2.4
孟加拉国	0.2	——	0.3	0.3	——	
柬埔寨	——	0.2	——	2.1	——	0.6**
印度	——	——	0.6**	——	——	0.9*
印度尼西亚	0.1	0.2	0.1*	0.7	——	
伊朗	——	——	0.9	1.4	——	1.7
以色列	3.2	3.8	3.8*	6.2	6.1	6.3
日本	1.7	1.9	2.1**	——	14.7	14.3*
哈萨克斯坦	4.0	3.3	3.7	13.7	7.2	7.7
韩国	0.8	1.3	1.6*	3.1	6.1	7.1*
老挝	0.2	——	0.4**	2.6	——	
马来西亚	0.4	0.7	——	2.1	——	
蒙古	2.5					
缅甸	0.1	0.3	0.4**	0.6	0.6	
巴基斯坦	0.5	——	0.8	0.6	——	0.7*
菲律宾	0.1	0.6	——	1.4	——	
新加坡	1.3	——	1.5*	3.6	——	2.8*
斯里兰卡	——	0.4	0.6**	2.7	——	
泰国	0.2	0.4	——	1.6	2.2	——
越南	0.4			3.8		

续表

国家和地区	每千人口医生数（人）			每千人口床位数（张）		
	1990 年	2000 年	2005 年	1990 年	2000 年	2005 年
埃及	0.8	2.1	2.4	2.1	—	2.2
尼日利亚	—	0.3	0.3*	1.7	1.2	—
南非	—	—	0.8**	—	—	—
加拿大	2.1	2.1	2.1*	6.0	3.8	3.6*
墨西哥	1.0	2.0	1.5*	1.0	1.1	1.0**
美国	1.8	2.6	—	4.9	3.5	3.3*
阿根廷	2.7	—	—	4.6	4.1	—
巴西	1.4	1.2	—	3.3	—	—
委内瑞拉	1.6	—	—	2.7	—	0.9*
白俄罗斯	3.6	4.6	4.6*	13.2	12.6	11.1
捷克	2.7	3.4	3.5*	11.3	8.8	8.4
法国	3.1	3.3	3.4**	9.7	8.1	7.5**
德国	—	3.3	—	10.4	9.1	8.4
意大利	—	4.2	4.2**	7.2	4.7	4.0**
荷兰	2.5	3.2	3.7	5.8	4.8	—
波兰	2.1	2.2	2.0	5.7	4.9	5.3**
俄罗斯联邦	4.1	4.2	—	13.1	10.9	9.7
西班牙	—	3.2	—	4.6	4.1	3.5*
土耳其	0.9	1.3	1.3	2.4	2.6	2.6
乌克兰	4.3	3.0	3.0*	13.0	8.8	8.7
英国	1.6	1.9	2.2*	5.9	4.2	3.9**
澳大利亚	2.2	2.5	—	—	7.8	—
新西兰	1.9	2.2	2.2*	8.5	—	—

注：* 为 2003 年数据。** 为 2004 年数据。

资料来源：世界银行数据库。

（2）从每千人拥有的医疗机构床位数来看，东部经济发达地区的医疗床位数要明显高于中西部地区。北京、上海两地的每千人床位数远高于其他地区，分别达到 5.13、5.19，已经接近发达国家的平均水平 6.3。而新疆、辽宁、山西紧随其后分别达到 4.97，4.43 和 4.22。人均床位数最低的地区基本为内陆经济欠发达省份,如贵州、江西、广西等地(见图3-4)。

以上数据和分析均说明了,我国中西东部的人均医疗资源分布的不平衡,区域差异明显,我国要实现公共医疗资源服务的均等化任务艰巨,是一个需要长期坚持的过程。

(二)人均医疗花费

1978~2009年,人均卫生总费用由11.45元增长到1 192.2元,按照当年价格计算,2009年人均卫生总费用是1978年的80倍。2008年卫生总费用中,政府、社会和个人卫生支出分别为24.7%、34.9%和40.4%。与2007年比较,政府支出比重上升4.4个百分点,个人卫生支出比重下降4.8个百分点(见图3-5)。图3-5显示出1989~2009年我国医疗支出的组成比例,在这些年中,个人医疗费用占总费用比例在2002年最高达到60%,随后大幅下降,而社会和国家支出近年不断攀升。

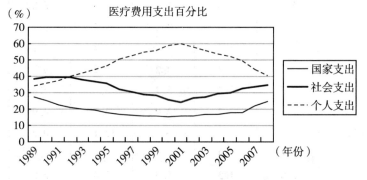

图3-5　医疗费用支出比例

资料来源:中经网统计数据库。

四、政策问题

(一)医疗支出责任划分存在的主要问题

由于20世纪80年代实行多种形式的财政分级包干体制以后,医疗卫生事业发展的责任特别是政府的投入责任主要由地方财政承担。由于地区间经济发展水平和地方财政能力存在很大差距,使得不少落后地区缺乏发展医疗卫生事业的基本能力,以至于不得不采取一些错误的改革和发展方式。90年代税制改革以后，中央财力有了很大增强，但依然没有形成有效的转移支付制度。另外，医疗卫生事业管理体制上的条块分割，也导致了改革方向和目标上的不协调、不统一问题。财权上移事权下移使得地方政府承担了大部分的公共医疗支出。地方政府财政收入区域差距大，东部地区收入高于中西部地区，使得东部地区公共医疗供给明显高于中西部地区，产生医疗公共产品严重缺乏和供给不足的局面，地方政府的财政困局也因此越发明显。

此外，公共卫生事业发展中的事权下移和经费投入的结构不合理，也影响了公共卫生产品提供的质量与效率。我国公共卫生资源的配置呈现出较明显的"二元"结构特征，城乡之间、不同地区之间，同一地区不同等级的医疗卫生机构之间卫生资源的占有都存在较大的差异。公共卫生支出亦是，明显偏重于城市，农村的公共卫生体系非常落后、脆弱。

中央大幅度削弱医疗投入的另外一个后果是，缺乏国家主导的再分配的局面。最后结果是富裕地区拥有比较好的医疗条件，贫困地区医疗设施严重不足甚至退化，高收入阶层的民众可以到市场上购买高质量的医疗"商品"，而低收入阶层则无力支付迅速上涨的、商品化的医疗产品。因此我们应该合理配置公共卫生资源，提高公共卫生资源的整体绩效。由于公共卫生事权的地区化，资源配置的不合理直接降低了有限卫生资源整体效率的下降。所以，当前政府的公共卫生投入应将重点放在提高全社会、尤其是农村社会的基本医疗卫生服务水平上，降低城乡卫生资源配置不合理的程度，同时调整公共卫生支出的事权结构，提高中央政府在基础医疗卫生领域的支出责任，中央政府应通过适当的转移支付和支出安排为不同地区提供相对公平的基本医疗卫生服务。由此可见，中央政府对医疗产品的投入是非常必要的，其分配功能是不可替代的，在当前中国则是非常紧迫的。

2009年的医改意见明确指出了医疗支出主要是地方投入，中央政府对困难地区给予适当补助。这一意见在缓解地方政府的财政困境和医疗资源分配不公上起到了非常积极的作用。中央对地方的转移支付由2008年的780.02亿元迅速增长到2009年的1 411.79亿元。

（二）规范政府间医疗支出责任划分

首先要规范政府间医疗支出责任，就必须先搞清楚哪些地方政府需要投入，具体来说有四个方面，即基础性公共卫生服务支出、基本医疗服务支出、公共医疗卫生立法监督支出，以及公共医疗卫生教育科研支出。

其次我们要明确这一点，政府投入不足的确是近年来公共卫生事业出现问题的一个重要因素，但并不是唯一的因素。除投入不足外，医疗服务体系与公共卫生体系的割裂问题、公共卫生组织体系之间的条块分割问题、公共卫生机构组织与管理上的体制缺陷，以及由此导致的行为偏离等问题都是非常严重的。

因此没有综合性的配套改革，仅靠增加政府投入，解决不了以上这些矛盾。即使在投入问题上，也需要以体制完善为基础，尤其是要建立不同层级政府间规范的责任分担与资金筹集机制。否则即使增加了政府投入，也无法确保公共卫生事业的稳定发展。

（三）医疗支出的有效性以及合理分配选择

公共医疗支出的有效性，可以从公共卫生支出对改善社会的整体健康状况和卫生环境所产生的影响，比如人口寿命的延长等方面来评价。具体来说有这么几个方面：

对于基础性公共卫生服务支出的有效性评价包括，卫生保障覆盖率、死亡率下降水平、妇幼保健水平、城乡公共卫生资源分布不公平程度。

对于基本医疗服务支出的有效性评价有，地方病受灾区县下降水平、患者死亡率下降水平、15~60岁人口城乡死亡率差异、医疗事故发生次数下降程度。

对于公共医疗卫生立法监督支出的有效性评价有，食品卫生安全发生的次数下降水平、食品安全问题造成的中毒死亡人数下降水平、产品卫生合格率的上升水平。

对于公共医疗卫生教育科研支出的有效性评价有，增加的医疗卫生高级人才水平、增加的普通医疗卫生人才水平、医疗卫生教学科研成果获国家级奖励数量。

医疗支出的分配不合理体现在公共卫生经费投入结构不合理，城乡医疗卫生资源分布不公，农村居民因病致贫、因病返贫的现象非常普遍。

针对上面的结论，我们可以有以下的合理选择：

（1）明确政府在整个医疗卫生体系中的地位和作用，加大公共卫生支出力度。改革开放以来，我国一直强调将经济增长作为主要目标，提出了"以人为本"、"建设和谐社会"等口号，我国公共卫生整体投入相对于国民经济和社会其他领域来说还是处于一个较低的水平。因此政府应该建立一个由法律保障的稳定的资金来源，增加医疗公共卫生支出规模，增强政府在公共卫生事业中的支出责任，以确保对公共卫生的支出能够保持一个稳定增长的速度。

（2）加大农村公共卫生支出力度，缩小城乡之间差别。当前农村公共卫生事业发展严重滞后，阻碍了农村经济发展和税费改革等工作的进行。首先，要强化政府对农村公共卫生服务支出的责任意识，加强对农村公共卫生投资的预算管理，明确不同卫生服务的供给政策和各级政府的成本分担责任。其次，增加公共卫生投入，加大中央政府的拨款力度，进一步加大农村卫生基础设施建设力度。最后，积极推进新型农村合作医疗试点工作，适当增加中央政府补助经费力度，加强合作医疗基金的筹集和管理，结合农村养老保险制度的建立和税费改革工作的进行，把农村卫生服务体系建设与新型农村合作医疗制度建设有机统一起来，整体推进。

（3）合理配置公共卫生资源，提高公共卫生资源的整体绩效。资源配置的不合理直接降低了有限卫生资源整体效率的下降。而我国原本投入到公共支出中的资金总量就不足，所以当前政府的公共卫生投入应将重点放在提高全社会、尤其是农村社会的基本医疗卫生服务水平上，降低城乡卫生资源配置不合理的程度，提高中央政府在基础医疗卫生领域的支出责任，中央政府应通过适当的转移支付和支出安排为不同地区提供公平的基本医疗卫生服务。

第一，在地方经济发展的同时，应该坚定不移地加大政府公共卫生方面的支出，让全体人民共享经济发展的果实，实现社会发展与经济发展的协调并进。

第二，我国现在政府的行政管理支出是逐年增加的，政府规模也是不断扩大的，针对这种现状，精简机构和减少政府工作人员就显得尤为重要了。同时应该坚持公共卫生事业的公益性质，对于一些大型的医院实行政事分开。

第三，关于财政分权，目前我国财权主要集中在中央，事权层层下放，而地方政府缺乏有效的收入自主权，这就严重制约了各级地方政府根据各自发展规划进行有针对性的财政支出安排。所以必须要使地方政府的财权与事权相统一，并赋予地方政府一定的收入自主权，建立稳定的公共卫生支出投入保障机制来确保政府公共卫生支出的增加。另外，我国目前的官员任命制上，考核的标准也主要是由地方 GDP 来衡量，这就使得政府官员在本来就有限的财政收入下还要优先考虑本地区经济发展的目标。因此，应迫切地改变目前政府官员的激励机制，建立恰当的政府官员考核机制，适当的把改善居民医疗卫生水平、提高卫生服务水平等纳入考核指标，使地方政府在发展地区经济的同时更要关注有关民生方面的建设。

第四，要加强预算管理，提高财政预算的透明度，有选择地借鉴西方发达国家的编制方法，逐步克服我国现有编制方法的缺陷。同时对预算的执行情况要进行严格的监管。

第五，还要不断地完善政府间的转移支付制度，以解决我国各地区的公共卫生支出的差异。

第四节　社会保障

社会保障是社会经济发展到一定阶段的产物，并随着社会经济的发展和社会保障实践活动的发展而不断发展变化。在现代社会中，社会保障担负着其他任何一项社会经济制度所无法取代的功能，对经济和社会的发展起着重要作用，被称为经济社会可持续发展的"减震器"和"安全网"。

新中国成立以来，各级政府积极探索构建公民"老有所养，病有所医"的保障体制，但由于计划经济体制及思想观念方面的限制，这一时期的社保体制并非真正意义的现代社会保障体制。为适应改革开放和发展经济的需要，1986年起中国政府开始推动建立与市场经济相适应的社会保障体系，经过20余年的不断探索与实践，目前我国初步建立了以养老保险、失业保险和医疗保险为主要内容，多渠道筹措保障基金，管理和服务社会化的城市社会保障体系，并开始积极探索构建新型农村社会保障体制。

一、责任的分配

社会保障的责任划分有两个基本层面。一是政府与市场的社会保障责任划分，二是中央与地方政府的社会保障责任划分。从国际惯例来看，政府与市场的社会保障责任划分的主流模式为：社会保障体系中的社会救济、社会福利以及优抚安置的内容基本以地方政府负责为主，当然重大灾害救助也由中央政府负责；社会保险中的基本保险部分多以基金平衡为主，只是在出现制度性缺口的情况下，政府才予以补助；补充保险部分，则多以市场化运作为主。在中央与地方政府的社会保障责任划分上，一般的模式是社会救济、社会福利和优抚安置归地方政府；社会保险中除养老保险外，其他保险大多归属地方政府。此外，极少国家将失业保险归于中央政府。

从理论上说，划分中央与地方政府的社会保障责任，既要有利于中央与地方政府财力平衡，调动双方的积极性，又要有利于明晰责任，便于度量和实施。

这样才有利于各政策主体利益的结合，减少政策执行阻力，提高政策效果。

在我国，中央与地方社会保障责任的大框架已基本清晰：一般社会救济与优抚安置连同社会保险的医疗、失业、工伤、生育保险，基本以地方为主。养老保险主要由中央政府来承担。

（一）养老保险的责任分配

我国城镇职工养老保险制度经历了50多年的改革，至今已基本建立起了适合我国国情，适用城镇各类企业职工，保障方式多层次、社会统筹与个人账户相结合、权利与义务相对应的养老保险制度。从资金筹集模式上看，我国城镇职工养老保险经历了从"企业＋社会"到"企业保险"再到"社会保险"的发展模式。

根据现行办法，城镇职工养老保险费用由国家、企业和个人三方共同承担。社保基金实行收支两条线管理，各级统筹政府应按照收支均衡、略有结余的原则合理确定本地区养老保险待遇，其差额部分由地方政府在本级政府辖区内统一调剂，资金收支仍有差额的由中央财政补贴。

（二）失业保险的责任分配

1986年，国务院《国营企业职工实行待业保险暂行规定》标志着我国失业保险制度的初步建立。之后，经过各级地方政府的探索与实践，基本确立了失业保险实行市级统筹，企业和职工共同承担失业保险所需的筹资方式。

（三）医疗保险的责任分配

20世纪50年代初中国建立的公费医疗和劳动医疗制度开创了中国城镇职工医疗保险制度的最初形式。但是，这种由国家和企业对职工医疗费用完全负责的制度导致医疗费用的严重浪费。1978年，国务院开始在部分地区试点建立由国家、企业和个人三方共同负责的新型医疗保障制度。此后，经过20多年的改革探索，1998年12月，国务院发表了《关于建立城镇职工基本医疗保险制度的决定》，要求在全国范围内建立以城镇职工基本医疗保险制度为核心的多层次的医疗保障体系，并明确了企业和职工为承担主体医疗保险筹资责任。

（四）其他社会保障的责任分配

除上述三种基本社会保险外，我国还为城镇在职职工建立了工伤保险和生育保险。从支出责任来看，目前工伤保险和生育保险均由企业按本年度发放工资总额的一定比例向相关负责机构缴纳，所缴费用纳入专项基金，由市级地方政府在本辖区统一调剂，具体缴费比例不同地区有所不同。此外，我国政府还建立了社会救济和社会福利制度，用于资助特殊群体，从支出责任划分来看，这两项支出完全由财政负担。

二、支出的分配

社会保障资金的分担机制，直接决定着政府社会保障负担及其结构的优化。从表3－17我们可以看到，总体上来看，我国社会保障的财政支出主要是由地方政府来承担。2002年，中央社会保障财政支出的比重仅为5%左右。此后，中央财政对社会保障的支付有了大幅度的提高。2003～2006年期间，中央财政对社会保障的支付维持在11%～13%左右的水平。另外，如表3－17所示，2007～2009年期间，在包含社会保障和就业的政府财政支出分担上，仍然是地方政府承担了绝大部分，在比重上达到了近95%。

表3－17　　　　　　　　2002～2009年期间国家政府财政支出　　　　　单位：亿元

项目 年份	社会保障补助支出				
	全国	中央支出	中央比例（%）	地方支出	地方比例（%）
2002	1 017.23	55.81	5.49	961.42	94.51
2003	1 262.12	144.40	11.44	1 117.72	88.56
2004	1 524.50	195.66	12.83	1 328.84	87.17
2005	1 817.64	236.71	13.02	1 580.93	86.98
2006	2 123.90	241.20	11.36	1 882.70	88.64
项目 年份	社会保障与就业支出				
	全国	中央支出	中央比例（%）	地方支出	地方比例（%）
2007	5 447.16	342.63	6.29	5 104.53	93.71
2008	6 804.29	344.28	5.06	6 460.01	94.94
2009	7 606.68	454.37	5.97	7 152.31	94.03

资料来源：《中国统计年鉴》（2003～2009）。

从分地区的角度分析，不同地区财政补助社保支出占该地区财政总支出比重有着明显差异。表3－18列出了2001～2009年部分省市财政补助社保支出情况。需要说明的是，2007年之后，由于统计口径发生了变化，社保基金补

表 3-18　2001~2009 年部分省市财政补助社保支出情况

年份 类别 地区	2001		2002		2003		2004		2005	
	社保补助支出（万元）	社保支出占财政支出比重（%）	社保补助支出（万元）	社保支出占财政支出比重（%）	社保补助支出（万元）	社保支出占财政支出比重（%）	社保补助支出（万元）	社保支出占财政支出比重（%）	社保补助支出（万元）	社保支出占财政支出比重（%）
A:										
黑龙江	514 943	10.03	565 276	9.99	620 253	10.23	967 071	12.74	1 098 148	12.75
辽宁	1 045 161	16.45	1 194 421	16.45	1 276 451	16.28	1 308 715	14.05	1 650 379	13.70
B:										
北京	63 285	1.13	94 275	1.50	128 102	1.74	226 616	2.52	250 954	2.37
上海	99 019	1.40	163 144	1.89	331 291	3.04	502 373	3.63	720 825	4.38
浙江	91 514	1.53	152 798	2.03	220 311	2.46	255 527	2.40	289 424	2.29
广东	299 266	2.27	374 256	2.46	370 069	2.18	435 836	2.35	393 745	1.72
C:										
青海	86 538	8.54	97 735	8.23	107 051	8.77	120 968	8.81	136 332	8.03
甘肃	100 898	4.29	188 222	6.87	370 725	12.36	396 647	11.11	475 215	11.07
宁夏	73 194	7.82	187 490	16.36	88 764	8.39	57 117	4.64	70 364	4.39
江西	212 844	7.50	321 787	9.43	414 471	10.85	372 631	8.21	393 028	6.97
四川	441 005	7.42	567 652	8.09	535 911	7.32	649 986	7.26	804 604	7.44
重庆	214 719	9.04	332 296	10.86	339 682	9.94	327 589	8.28	431 288	8.85

续表

年份 / 类别 地区	2006 社保补助支出(万元)	2006 社保支出占财政支出比重(%)	2007 社保补助支出(万元)	2007 社保支出占财政支出比重(%)	2008 社保补助支出(万元)	2008 社保支出占财政支出比重(%)	2009 社保补助支出(万元)	2009 社保支出占财政支出比重(%)
A:								
黑龙江	1 349 257	12.67	2 170 582	16.37	2 286 253	13.31	3 396 400	16.22
辽宁	2 024 175	14.23	4 029 808	22.86	4 699 675	21.84	5 180 700	19.54
B:								
北京	374 205	2.89	1 792 806	10.89	2 093 285	10.70	2 342 900	10.18
上海	1 006 739	5.61	2 742 171	12.57	3 349 669	12.91	3 360 800	11.24
浙江	361 897	2.46	1 079 848	5.98	1 415 223	6.40	1 530 800	5.77
广东	492 191	1.93	2 834 795	9	3 628 345	9.66	4 015 000	9.33
C:								
青海	176 788	8.24	511 790	18.14	655 673	18.03	941 400	19.34
甘肃	425 362	8.05	1 068 675	15.82	1 536 984	15.87	1 997 500	16.03
宁夏	112 041	5.80	254 973	10.56	370 490	11.41	476 800	11.03
江西	486 189	6.98	1 261 449	13.94	1 865 249	15.41	2 193 400	14.04
四川	894 102	6.64	2 721 240	15.45	4 489 554	15.14	4 559 100	12.70
重庆	527 904	8.88	1 389 682	18.12	1 722 665	17.04	2 346 200	12.99

资料来源：表中所引数据均出自历年《中国财政年鉴》。

中国公共财政监测报告

助支出调整为财政对社保基金和促进就业支出之和。因此，我们把 2007 年作为分界点来分析数据。从 2001～2006 年的数据来看：首先，以黑龙江和辽宁两省为代表的老工业基地所在地区地方政府承担了较大的社保负担。从表中我们可以看到，这些地区的社保补助支出占财政总支出比重均接近或高于 10%，其中辽宁省 2001～2003 年这一比重更是超过 16%。其次，以北京、上海和广东为代表的经济发达地区及江浙地区为代表的沿海轻工业城市政府所面临的社保压力明显低于其他地区，其社保支出比重多处在 2%～3% 的水平。最后，以青海、甘肃和四川为代表的内陆省份政府承担的社保负担居中。在这些省份当中，经济相对落后的地区，由于企业经济效益差，企业无力承担社保责任，因而其地方政府面临较大社保支出压力，如甘肃和青海两省。此外，作为内陆地区的重工业城市，重庆也同样承担了相对较大的社保负担。2007 年后，尽管统计口径发生了变化，上述趋势也基本得以维持。

（一）基本养老金支出分配

近年来，随着人口老龄化的加速，城镇基本养老保险面临的资金短缺压力不断上升。为了确保城镇离退休人员基本养老保险得到足额和及时的发放，各级财政对基本养老保险基金的补助支出呈不断增长趋势。如表 3－19 所示，2001～2010 年各级财政对基本养老金补助支出比重一直维持在 15% 左右，以 2010 年为例，各级财政对城镇养老保险基金补助支出达 1 954 亿元，占全年基金总收入 14.60%。

表 3－19　　　　　　　历年各级财政对基本养老金补助支出

年　份	2001	2002	2003	2004	2005
财政补助支出（亿元）	343	517	530	614	651
财政补助支出占社保基金比例（%）	13.40	16.30	14.40	14.40	12.80
年　份	2006	2007	2008	2009	2010
财政补助支出（亿元）	971	1 157	1 437	1 646	1 954
财政补助支出占社保基金比例（%）	15.40	14.70	14.70	14.30	14.60

資料来源：2001 年和 2002 年数据来自《中国财政年鉴 2006》。2003～2010 年数据来自人力资源和社会保障部发布的历年《人力资源和社会保障事业发展统计公报》。

从我国财政资金补助支出的结构看，仍以中央财政支出为主。在 1998 ~ 2001 年期间，国家财政对养老保险的补贴中，90% 以上均来自于中央财政，地方财政不足 10%（黄书亭、周宗顺，2004）。此外，如表 3 - 20 所示，2002 ~ 2008 年期间，中央财政补助支出占财政总补助支出的 80% 左右。但是，从表 3 - 20 中我们也可以看到，中央财政补助支出的比重自 2003 年以来呈下降趋势。2003 年，这一比重高达 90%。此后逐年下降，到 2008 年，中央财政补助支出占财政总补助支出的比重略高于 78%。

表 3 - 20　　　2003 ~ 2008 年各级财政补助基本养老金支出变动情况

年　份	2003	2004	2005	2006	2008
中央财政支出（亿元）	474. 30	522	544	971	1 128
地方财政支出（亿元）	55. 70	92	107	774	309
中央财政支出占财政支出总额比重（%）	89. 40	85	83. 60	79. 70	78. 50

资料来源：表中所引数据均出自人力资源和社会保障部公布的历年《人力资源和社会保障事业发展统计公报》，其中 2007 年中央支出具体数据无法获取，因而表中省略了 2007 年相关数据。

（二）城镇失业保险支出分配

2001 年改革后的城镇失业保险基本确立了以企业和个人为缴费主体的失业保险基金筹资体制，由于失业保险基金在管理方式上实行"现收现付"制，各市级行政主体根据辖区实际失业情况，合理确定失业保险金支付水平，基本实现量入为出，略有结余，因此，不同于基本养老保险，各级政府对失业保险基金承担的财政支付责任较低。表 3 - 21 列示了 2002 ~ 2004 年期间不同地区政府用于失业保险金的财政支出基本情况。从中不难看出：（1）从总体来看，政府对失业保险承担的财政支付责任远低于财政对基本养老金的支出。表中所列示的 3 年内，全国范围内用于补助失业保险基金的财政支付占失业保险基金总收入的比重一直维持在 4% 左右。（2）不同地区财政承担的失业保险支出责任迥然不同。例如，2002 ~ 2004 年期间，浙江省和安徽省财政所承担的失业保险基金负担一直居高不下。安徽省三年内财政补助支出在失业保险基金收入总额中所占比重一直远高于 10%。相反，以北京和上海为代表的一些城市，财政对失业保险基金的补助支出几乎可以忽略，甚至为零。（3）同一地区，不同年份，财政对失业保险的补助支出存在较大差别。以湖北省为例，2002 年财政对失业保险补助支出金额高达20 615 万元，占同期失业保险补助基金总收入的 25.19%。2004 年，这一比值迅速降低为 1.11%。

表 3-21　　　　　2002～2004 年分地区财政对失业保险补助支出情况

地区	2002 年			2003 年			2004 年		
	失业保险基金收入（万元）	财政补助支出（万元）	财政支出比重（%）	失业保险基金收入（万元）	财政补助支出（万元）	财政支出比重（%）	失业保险基金收入（万元）	财政补助支出（万元）	财政支出比重（%）
全 国	2 155 740	75 080.90	3.48	2 495 178	82 980	3.33	2 907 791	142 156.30	4.89
北 京	118 013.80	10.60	0.01	125 844.40	14.10	0.01	155 597		
天 津	53 486.50			56 578.80			64 578.70		
河 北	74 534.40	188.10	0.25	91 349.10	35.80	0.04	101 162.70	827.80	0.82
山 西	33 418.70	47	0.14	37 974.20	51.60	0.14	42 521.90	80	0.19
内蒙古	32 980.50	1 740.60	5.28	36 925.20	3 066.60	8.30	36 494.50	1 096.40	3
吉 林	43 270	404	0.93	53 674.20	2 745	5.11	56 447	353	0.63
黑龙江	65 100.90	1 908.10	2.93	84 046	2 447.10	2.91	65 100.90	1 908.10	2.93
上 海	234 685.60			260 916.40			295 110.60		
江 苏	201 715.70	5 911	2.93	235 174.40	10 293.80	4.38	266 936.20	4 622.40	1.73
浙 江	128 316.10	22 914.20	17.85	134 360.60	11 854.40	8.82	157 718.80	6 338.50	4.01
安 徽	62 768.30	7 251.50	11.55	70 237.80	8 197	11.67	80 319.30	10 548.80	13.13
福 建	51 338.60	5 787.40	11.27	61 422.50	4 337.20	7.06	——	——	
江 西	25 662.10	234.20	0.91	30 953.20	169.50	0.55	36 655.90	126.50	0.35
山 东	144 225.50	700	0.49	184 019	2 335.80	1.27	205 434	1 430	0.70
河 南	77 075	804.30	1.04	85 576.90	956.60	1.17	98 724.60	997	1.01
湖 北	81 805.60	20 615	25.19	76 482.40	10 215	13.40	77 454	863	1.11
湖 南	50 703.20	766.50	1.51	61 624.70	191.50	0.31	67 888.30	23.10	0.03

地区	2002 年			2003 年			2004 年		
	失业保险基金收入（万元）	财政补助支出（万元）	财政支出比重（%）	失业保险基金收入（万元）	财政补助支出（万元）	财政支出比重（%）	失业保险基金收入（万元）	财政补助支出（万元）	财政支出比重（%）
广 东	18 717	915	4.49	246 585.20	310	0.13	279 832	314	0.11
广 西	41 237.70	349.90	0.85	43 111.10	589.80	1.37	56 081.60	41.60	0.07
海 南	11 565.30	766.70	6.63	11 791.70	81.50	0.67	16 252	25.40	0.16
重 庆	26 130.60	452.50	1.73	26 476.30	19.90	0.08	36 372.50	5	0.01
四 川	73 989.40	415.80	0.56	84 169.30	3 298.60	3.92	90 719.90	608.50	0.67
贵 州	27 072.30	57.20	0.21	31 467.40	58.80	0.19	36 169.30	44.90	0.12
云 南	40 691.70			44 576.70	5	0.01			
陕 西	41 125.20	6.40	0.02	41 349.10			64 191.50	467	0.73
甘 肃	26 902.30	369.90	1.38	29 828.40	9.40	0.03	31 223.50	106	0.34
青 海	8 715			9 023.60	254.80	2.82	10 002.10		
宁 夏	6 046.90			7 813.50			8 726.10	116.90	1.34

资料来源：表中所引用数据均来自于《中国财政年鉴》（2003～2005）。表中空白处表示该项对应数值为 0。

三、获取服务途径

（一）养老保险的获取途径

随着城镇基本养老保险制度改革的推进，基本养老保险覆盖面不断扩大。表 3-22 列示了 1989～2009 年 20 年间城镇基本养老保险参保情况，从中可以看出这 20 年间城镇基本养老保险扩面工作取得了可喜成果，截至 2009 年末，城镇基本养老保险参保人数达 23 549.90 万人，较 1989 年参保人数增长了近 5 倍。从参保人员的结构组成来看，随着人口老龄化时代的到来，参保人群中享受养老保险待遇的离退休老年人比重逐年上升，自 2003 年以来，这一比重一直维持在 25% 左右。

表 3－22　　　　　1989～2009 年间城镇基本养老保险参保情况

年份	参保人数合计（万人）	在职职工人数（万人）	离退休人员比重（%）
1989	5 710. 30	4 816. 90	15. 60
1990	6 166	5 200. 70	15. 70
1991	6 740. 30	5 653. 70	16. 10
1992	9 456. 20	7 774. 70	17. 80
1993	9 847. 60	8 008. 20	18. 70
1994	10 573. 50	8 494. 10	19. 70
1995	10 979	8 737. 80	20. 40
1996	11 116. 70	8 758. 40	21. 20
1997	11 203. 90	8 670. 90	22. 60
1998	11 203. 10	8 475. 80	24. 30
1999	12 485. 40	9 501. 80	23. 90
2000	13 617. 40	10 447. 50	23. 30
2001	14 182. 50	10 801. 90	23. 80
2002	14 736. 60	11 128. 80	24. 50
2003	15 506. 70	11 646. 50	24. 90
2004	16 352. 90	12 250. 30	25. 10
2005	17 487. 90	13 120. 40	25
2006	18 766. 30	14 130. 90	24. 70
2007	20 136. 90	15 183. 20	24. 60
2008	21 891. 10	16 587. 50	24. 20
2009	23 549. 90	17 743	24. 70

资料来源：《中国人力资源和社会保障年鉴 2010》。

自 1990 年来，我国基本养老保险支出始终保持较高的增长比例，如表 3－23 所示，2009 年国家用于城镇离退休人员基本养老保险的资金支出达 8 894 亿元，造成这种基金支出增长率居高不下的原因应主要有两个方面：

中国公共财政监测报告

表 3 - 23　　　　　　　　　1989～2009 年城镇基本养老金支出情况

年份	城镇基本养老保险基金支出（亿元）	基金支出增长比（%）
1989	118.80	
1990	149.30	25.70
1991	173.10	15.90
1992	321.90	86
1993	470.60	46.20
1994	661.10	40.50
1995	847.60	28.20
1996	1 031.90	21.70
1997	1 251.30	21.30
1998	1 511.60	20.80
1999	1 924.90	27.30
2000	2 115.50	9.90
2001	2 321.30	9.70
2002	2 842.90	22.50
2003	3 122.10	9.80
2004	3 502.10	12.20
2005	4 040.30	15.40
2006	4 896.70	21.20
2007	5 964.90	21.80
2008	7 389.60	23.90
2009	8 894.40	20.40

资料来源：《中国人力资源和社会保障年鉴 2010》。

　　首先，城镇基本养老保险受益人群规模不断扩大。根据历年《中国人力资源和社会保障年鉴》统计数据，1989 年全国领取城镇养老保险的人数仅为893 万人，而 2010 年的统计结果显示当年城镇基本养老保险受益人口达到5 807 万人，20 年时间增长了近 7 倍。其次，基本养老保险待遇不断提高。如表3 - 24 所示，为保障离退休人员的生活水平，近年来各级政府不断提高辖区内离退休老年人的养老保险支出水平，基本保持了养老保险待遇水平与本地区居民消费支出水平同步增长。2010 年全国养老保险待遇平均水平达 1 362 元/月，基本与同期城镇居民人均消费支出水平相等。

表 3－24　　　　　　　2003～2010 年基本养老金待遇水平

年　份	2003	2004	2005	2006
基本养老金待遇（元/月）	674	705	758	873
年　份	2007	2008	2009	2010
基本养老金待遇（元/月）	925	1 100	1 255	1 362

资料来源：人力资源与社会保障部公布的历年《人力资源与社会保障事业发展统计公报》。

（二）失业保险的获取途径

自 1999 年城镇职工失业保险制度建立以来，各级政府积极推进失业保险扩面工作，探索将进城务工农民工纳入失业保险覆盖范围，失业保险参保人数不断增加。从表 3－25 可知 ，截至 2010 年末。全国失业保险参保人数达到 13 376 万人，为 1999 年的 1.36 倍。

表 3－25　　　　　　　1999～2010 年全国失业保险参保人数　　　　　　　单位：万人

年份	年末参保人数	年末领取失业保险金人数
1999	9 582	109
2000	10 408	190
2001	10 354.60	312
2002	10 181.60	440
2003	10 372.40	414.90
2004	10 583.90	419
2005	10 647.70	362
2006	11 186.60	327
2007	11 644.60	286
2008	12 400	261
2009	12 715	235
2010	13 376	209

资料来源：《中国劳动统计年鉴 2010》。

表 3－26 表明，与城镇基本养老金支出规模迅速膨胀相比，1999～2009 年间，失业保险金的支出增长幅度相对较小，2006 年甚至出现了负增长，2007 年以后增长幅度开始上升，截至 2009 年年底，基金支出为 366.80 亿元，

约为 1999 年的 3.70 倍。

表 3－26　　　　　　　1999～2010 年失业保险基金支出情况

年份	失业保险基金支出（亿元）	失业保险基金支出增长率（％）
1999	91.60	76.40
2000	123.40	34.70
2001	156.60	26.80
2002	186.60	19.20
2003	199.80	7.10
2004	211	5.60
2005	206.90	－1.90
2006	198	－4.30
2007	217.70	9.90
2008	253.50	16.40
2009	366.80	44.70
2010	91.60	76.40

资料来源：《中国劳动统计年鉴 2010》。

从失业保险基金的支出结构来看，失业保险支出主要用于保障下岗职工失业期间基本生活需要和促进失业人员再就业两个方面。此外，自 2006 年起，部分地区开始试行对提前终止劳动合同或不再续签的进城务工人员给予一次性生活补贴。历年社会保障年鉴相关统计资料显示，自 2000 年以来，各级地方政府积极改进失业保险支出结构，失业保险的中心由保障下岗职工生活需要转向促进再就业，2005 年失业保险基金用于保障失业人员基本生活需要的支出金额为 148 亿元，占基金支出总额 71.50％，用于促进下岗职工再就业支出44.60 亿元，占支出总额 21.60％；而 2008 年这两项支出占同期失业基金支出总额比重分别为 59.80％和 37.09％。

（三）医疗保险的获取途径

表 3－27 表述了 2001～2010 年间城镇医疗保险的发展情况，相关数据表明，自 2001 年以来，城镇医疗保险制度改革在全国范围推广以来，城镇

医疗保险参保人数一直稳步上涨。直到 2007 年将城镇居民纳入医保体系，城镇医疗保险参保人数迎来第二次快速增长时期。但是，这一增长趋势在 2010 年开始回落，截至 2010 年年底，城镇医疗保险参保人数为 43 263 万人。

此外，表 3 - 27 还向我们展示了 2001~2010 年间医疗保险参保人群结构方面的信息，2001~2010 年十年间，参保对象结构的变化主要体现在两个方面：首先，城镇居民参保人群比重不断增大；2007 年国务院出台相关规定，将城镇居民纳入城镇医疗保险体系。2007 年参与城镇医疗保险的城镇居民人数为 4 291 万人，占当年医疗保险参保总人数的 19.20%。此后 3 年，城镇居民参保人数迅速增加。截至 2010 年年末，城镇居民参保人数达 19 528 万人，占参保总人数的比重达到 45.10%。其次，农民工参保人群占城镇参保在职职工人群比重不断上升。2006 年参保进城务工农民人数为 2 367 万人，占参保职工总数的 15%。截至 2010 年，农民工参保人数达 4 583 万人，几乎为 5 年前的 2 倍，占参保职工人群比重 19.30%。

表 3 - 27		2001~2010 年医疗保险参保人数		单位：万人
年份	年末参保人数	职工医疗保险参保人数	农民工参保人数	城镇居民参保人数
2001	7 286	7 286		
2002	9 401	9 401		
2003	10 901	10 901		
2004	12 404	12 404		
2005	13 783	13 783		
2006	15 732	15 732	2 367	
2007	22 311	18 020	3 131	4 291
2008	31 822	19 996	4 266	11 826
2009	40 147	21 937	4 335	18 210
2010	43 263	23 735	4 583	19 528

资料来源：表中所引数据均出自历年人力资源与社会保障部公布的《全国人力资源与社会保障事业发展统计公报》。

从医保受益人数方面看，近年来职工医疗保险受益人数不断增加。从表 3 - 28 可知，2007 年，享受医疗保险待遇的在职职工为 5 599 万人次；2010 年享受医疗保险待遇的在职职工人数达到 10 786 万人次。

中国公共财政监测报告

表 3 - 28　　　　　　　　2007～2010 年医疗保险收益人数及支付水平

	2007 年	2008 年	2009 年	2010 年
年末职工医疗保险受益人次（万）	5 599	6 150	8 567	10 786
职工医疗保险人均支付金额（元/人次）	3 035	4 759	5 131	5 648

资料来源：人力资源社会保障部公布法人历年《全国社会保险情况》报告。

从医疗保险给付水平上看，2006～2010 年间医保支出金额保持了较快的增长速度。从表 3 - 29 列示的最近 10 年城镇医疗保险基金支出情况相关数据可以看出，2006 全年用于城镇职工医疗保险基金支出为 1 276.70 亿元，2009 年医保支出金额达 2 797.40 亿元，基金支出年均涨幅为 30%。

表 3 - 29　　　　　　　1999～2009 年城镇医疗保险基金支出情况

年份	城镇医疗保险基金支出（亿元）	医疗保险基金支出增长率（%）
1999	69.10	29.60
2000	124.50	80.30
2001	244.10	96
2002	409.40	67.70
2003	653.90	59.70
2004	862.20	31.90
2005	1 078.70	25.10
2006	1 276.70	18.40
2007	1 561.80	22.30
2008	2 083.60	33.40
2009	2 797.40	34.30
2010	69.10	29.60

资料来源：《中国劳动统计年鉴 2010》。

近年来，各地区医疗保险待遇水平不断提高，表 3 - 28 相关数据显示，2007 年全国医疗保险基金对住院职工给付水平为 3 035 元/人次，到 2010 年在职职工住院医疗补助水平提升为 5 648 元/人次，保障水平有了大幅提高。

（四）其他社会保障的获取途径

2001～2010 年间，我国生育保险和工伤保险等社会保险辅助项目也取得长足发展。表 3 - 30 对这十年间工伤保险和生育保险执行情况做了简要汇总。截至 2010 年，全国生育保险和工伤保险参保规模分别达到 12 336 万人和 16 161 万人，较 2001 年分别增长了 2.57 倍和 1.30 倍。2010 年，共有 211 万人领取生育保险金，人均支出 8 072 元。全年生育保险基金总支出为 100 亿元，是 2001 年基金支出额的 11.47 倍。2010 年，全国累计发放工伤保险 147 万人次，为 2001 年受益人数的 7.86 倍。全年工伤保险支出 192 亿元，为 2001 年基金支出额的 11.64 倍。

表 3 - 30　　　　　　2001 ~ 2010 年工伤保险/生育保险执行情况　　　　单位：万人

年份	工伤保险		生育保险	
	参保人数	受益人数	参保人数	受益人数
2001	4 343.45	18.70	3 455	24.50
2002	4 405.64	26.50	3 488	28.30
2003	4 574.83	32.85	3 655	36.40
2004	6 845.17	51.88	4 384	46.10
2005	8 477.80	65.50	5 408.50	62.30
2006	10 268.46	77.82	6 458.90	108
2007	1 217.36	96	7 775.26	113
2008	13 787	118	9 254	140
2009	14 896	130	10 876	174
2010	16 161	147	12 336	211

资料来源：人力资源社会保障部公布的历年《全国社会保障基本情况》报告。

四、中国财政社会保障支出中存在的问题

与世界其他国家相比，我国企业承担了较高的社保缴费负担，从表 3 - 31 可以看出，目前我国企业承担的包括住房公积金在内的社会保障支出占企业本年度发放工资总额的 40% 左右，远高于世界银行划定的 25% 的警戒线。例如，同样以职工工资为社保缴费基数的美国，由企业负担的社保费用约为职工工资总额的 17.50%。即使是以高福利著称的瑞典，其企业负担的缴费占职工工资总额比重也仅为 21.70%。目前我国企业承担的社保负担不仅高于发达国家，也高于巴西、俄罗斯等发展中国家（陈亚东，2011）。而另一方面，中国政府

提供的社保服务水平远不及上述国家。过高的社会保障负担不仅削弱了企业的资金流动性，也阻碍了企业国际竞争力的提升。

表3-31　　　　　2010年全国主要大中城市企业社保负担　　　　单位：%

城市	基本养老保险	城镇失业保险	城镇医疗保险	工伤保险	生育保险	住房公积金	合计
北京	20	1	10	0.30	0.80	12	44.10
上海	22	2	12	0.50	0.50	7	44
成都	22	1.50	6.50	0.84	0.30	6	37.14
武汉	20	2	8	0.50	0.70	8	38.20
郑州	20	1	8	0.50	1	8	38.50
杭州	20	1	8	0.50	1	8	38.50
大连	19	1.50	7	0.50	0.50	7	35.50
青岛	20	1	9	0.30	0.70	7	38
广州	12	2	7	0.40	0.85	5~12	27.25~34.25
长沙	20	2	7	0.50	0.60	5~12	35.10~42.10
贵阳	18	2	7.50	0.60	0.70	5~15	33.80~40.80
昆明	20	1	10	0.30	0.80	5~10	37.10~42.10
兰州	20	2	6	0.50	1	7~15	36.50~44.50
南京	20	2	8	0.60	0.90	8~12	39.50~43.50
深圳	11	0.40	4.50	0.25	0.50	13	29.65
太原	20	1.50	6.50	0.60	0.50	10	39.10
重庆	15	2	7	0.50	0.70	7~15	32.20~40.20

资料来源：表中所引用数据均根据各市人力资源与社会保障局网站提供的相关信息整理而成。

从中央政府与地方政府之间责任的分配来看，中央政府在我国政府间财力划分中居于主导地位，地方政府财权有限。现阶段中国财政收入中，中央与地方的比例为55∶45，而支出的比例却为30∶70（寇铁军、周波，2006）。可见地方政府的事权和财力不对称。弥补收支缺口实际上已经成为地方政府滥用收费权，依赖土地财政的重要诱因。表3-32为部分发达国家中央和地方财政社会保障支出结构的比较。可以看到，中央政府在社会保障和福利支出方面的责任较大。法国和澳大利亚甚至超过了90%，大大超出了我国的水平。

表 3 – 32　　　部分发达国家中央和地方财政社会保障支出比重分析　　　单位：%

国家	年份	社会保障和福利支出	
		中央	地方
美国	2000	67.82	32.18
加拿大	2001	69.09	30.91
英国	1998	79.67	20.33
德国	1996	78.62	21.38
法国	1993	91.19	8.81
澳大利亚	1998	90.28	9.72

资料来源：国际货币基金组织《政府财政统计年鉴 2002》。

参考文献：

［1］寇铁军、周波：《政府间支出责任划分：国际经验与中国的选择》，载于《公共经济评论》2006 年第 7 期。

［2］黄书亭、周宗顺：《中央政府与地方政府在社会保障中的职责划分》，载于《经济体制改革》2004 年第 3 期。

［3］蔡杜文：《政府间社会保障事权和支出责任划分的理论和国际经验》，载于《税务研究》2004 年第 8 期。

［4］陈亚东：《内地企业负担社会保障费用研究——以重庆为例》，载于《社会保障研究》2011 年第 1 期。

第五节　中国的保障性住房建设

一、责任分配

（一）地方政府是责任主体

住房，是人类生存和发展的基础。联合国人权公约规定，享受基本住房服务属基本人权。因此，对公民住房权利的保障是政府必须承担的责任。在解决这一问题的过程中，政府对自身的角色定位十分重要。

目前中国"土地公有"的制度安排，决定了住房尤其具有准公共产品的特殊属性。个中逻辑在于：土地公有（无论是国家所有还是集体所有），意味着在我国人人都拥有相应份额的土地——每一位公民都可以凭借其所拥有的土地份额，获得相应的基本的居住条件。

正因为此，中国政府尤其是地方政府应当切实履行其为社会公众提供公共产品与公共服务的职能，着力推进和完善住房保障体系，进而实现住房保障均等化。

近年来我国实施的保障性安居工程，对低收入家庭住房实行保障，对中等偏下收入群众住房给予支持，是人民群众的热切期望，是各级政府的重要职责，也是现时期的重要任务。由于实施保障性安居工程，需要从各地实际出发、突出重点、分类指导，因此地方政府是责任主体。

可以说，地方政府作为土地及其出让收益管理的主体、房地产调控政策的执行者、保障性住房建设的组织者，肩负着重要职责。

从建立目标责任制的角度看，省级人民政府对本地区保障性安居工程工作负总责；市县人民政府具体实施，负责落实项目前期工作、建设资金、土地供应、工程质量监督、保障性住房租售管理和使用监管等。

（二）现实目标

住房问题关系国计民生，既是经济问题，更是影响社会稳定的重要民生问题。而住房保障作为中国政府提供基本公共服务的重要内容组成，也是各级政府责无旁贷的一项长期任务。

改革开放以来，我国居民住房水平明显提高。1978 年到 2010 年，城镇人均住宅建筑面积从 6.70 平方米提高到 30 平方米以上；农村人均住房面积从 1978 年的 8.10 平方米提高到 2009 年的 33.60 平方米以上。住房质量和功能不断提升。

在此过程中，我国住房保障渐显成效：初步形成了以经济适用住房、廉租住房、公共租赁住房为主，多种渠道解决中低收入家庭住房困难的住房保障体系。"十一五"期间，解决了 1500 万户城镇低收入和中等偏下收入家庭住房困难问题（其中用租金补贴方式解决了 400 万户），改造农村危房 200 多万户。

然而，近年来我国房价过高、上涨过快，不仅加大了普通居民通过市场解决住房问题的难度，而且增加了金融风险，更不利于经济社会协调发展。在这种背景下，国务院于 2010 年 4 月 17 日提出"加快保障性安居工程建设"的政策举措。此后，住房和城乡建设部于 2010 年 6 月 11 日确定了 2010～2012 年保障性住房建设规划和"十二五"住房保障规划的基本目标，主要包括：

1. 着力解决低收入家庭住房困难问题

"十二五"期间，我国将通过城市棚户区改造和新建、改建、政府购置、租赁等方式增加廉租住房和经济适用住房房源，加大租赁住房补贴力度，着力解决城市低收入家庭的住房困难。力争到 2012 年末，基本解决 1 540 万户低收入住房困难家庭的住房问题，2013～2015 年结合各地实际，稳步扩大制度覆盖面，适当提高保障标准，力争到规划期末，人均住房建筑面积 13 平方米以下低收入住房困难家庭基本得到保障。

2. 努力解决中等偏下收入家庭住房困难

规划期内，我国将加快建设公共租赁住房、限价商品住房，解决中等偏下收入家庭的住房困难。各级地方政府将加大政策支持力度，加快发展公共租赁住房，解决城市中等偏下收入包括符合条件的新就业职工、进城务工人员的住房问题。商品住房价格过高、上涨过快的城市，要大幅度增加公共租赁住房、经济适用住房和限价商品住房的供应。

3. 推进各类棚户区改造和旧住宅区综合整治

全面启动城市和国有工矿棚户区改造工作，继续推进中央下放地方煤矿棚户区改造、国有林区棚户区和国有林场危旧房改造、国有垦区危房改造。

到 2013 年末，基本完成集中成片城市和国有工矿棚户区改造；有条件的地区争取到 2011 年末基本完成。2014～2015 年，稳步推进非成片棚户区和零星危旧房改造，稳步推进旧住宅区综合整治，完善基础设施配套，改善居住环境；有条件的地区 2012 年开始加快改造、整治。

4. 建立和完善住房保障政策、技术支撑体系

加快住房保障立法，依法强化各级政府的住房保障责任，健全组织机构、政策、技术支撑体系，实施住房保障关键技术研究及应用示范，加快推进信息化建设。力争到 2012 年末，所有县、市健全住房保障管理机构和具体实施机构，实现住房保障业务系统全国互联互通，到 2015 年末，基本建立全国住房保障基础信息管理平台。

中国公共财政监测报告

（三）具体任务

近年来，我国棚户区改造、廉租房、公租房等保障性住房建设力度逐步加大。

保障性安居工程建设力度的加大，不仅对于"稳预期控房价、惠民生促和谐、扩内需转方式"具有重大意义，而且也是调整收入分配结构的重要举措。正因为此，"十二五"期间（2011～2015年），我国将总共建设3 600万套保障性住房。

相关数据表明，自2008年12月20日国务院办公厅发布《关于促进房地产市场健康发展的若干意见》（国办发2008"131号文"）以来，保障性安居工程建设规模以每年倍增的速度扩大：2008年的保障性住房建设规模仅有100多万套，2009年达到330万套，2010年保障性安居工程建设规模达到580万套。

2011年，全国保障性安居工程住房建设规模更是高达1 000万套，相比2010年的580万套，增长72.40%。具体来看，2011年1 000万套保障性安居工程包括保障性住房近600万套、各类棚户区改造住房400多万套。其中，廉租住房近170万套、公共租赁住房近230万套、经济适用住房110多万套、限价商品住房80多万套。

到2011年年底，我国将全部解决现有登记在册的符合廉租住房保障条件的低收入住房困难家庭的住房问题；用3～5年时间完成城市棚户区和国有工矿棚户区改造任务。

二、支出分配

（一）理论和现实

公共财政理论涉及收入再分配的福利政策一般由中央政府承担支出责任，这样才能够得到有效的执行。由于劳动力是可以自由流动的，所以地方政府通常缺乏相应的动机。如果由地方政府来实施福利政策，被征税的群体（一般是高技能劳动力）将会逐渐离开本地区，而享受福利的群体（一般是低技能劳动力）将会被大量吸引到本地区，这会导致地方政府财政收入的减少和财政负担的增加，无法长久维持。

这样看来，理论上讲，似乎应以"中央政府为主，地方政府为辅"方式来划分保障性住房建设的财政支出责任。

然而，现实考察来看，由于住房具有本地化特征，加之长期以来土地财政一直是地方政府财政收入的主力军，理应拿出相当一部分用于保障性住房建设；中央政府则主要通过转移支付将住房保障资金拨付地方政府，由地方政府来具体实施各项保障计划。可是目前在我国，地方政府往往以"财力不足"为借口，消极对待保障性住房建设，缺乏应有的动力。这主要表现为，地方政府对于"土地出让净收益用于保障性住房建设的比例不低于10%"的硬性规定执行不力。

根据财政部的统计数据测算，2010年全国廉租住房保障支出仅占当年地方政府土地出让总收入的1.59%。而在当年土地出让收入各项开支中，廉租住房保障支出仅占到1.70%。[①] 国家审计署的报告显示，北京、上海、重庆、成都等22个城市，2010年从土地出让净收益中提取廉租住房保障资金的比例，没有达到规定要求。

不仅如此，一些地方甚至出现"套取挪用廉租房保障资金"等违法违规行为。2010年底，国家审计署针对廉租房建设所发布的审计结果，在重点调查的32个城市中，有6个城市和4个县将廉租住房保障资金用于回购经济适用房和工作经费等支出，共计15 231.30万元；有6个城市的34个项目利用虚假申报材料等，套取新建廉租住房中央预算内投资补助资金6 129万元。[②]

历史路径依赖性表明，要将保障性住房建设的支出责任提高到由"中央政府转移支付补助，地方政府预算安排为主"的格局，显然缺乏现实支撑，至少现阶段不可行，只能"广辟蹊径，多路筹资"。

（二）资金筹措

1. 资金筹措渠道

保障性安居工程的资金筹措渠道，主要包括：各级财政支出安排和社会资金参与。

---

① 李松涛：《地方政府被指建保障房缺乏动力　福利房变种充数》，载于《中国青年报》2011年7月22日。

② 杜晓实、李媛：《地方政府建保障房不力问题频出　有待细化问责"加压"》，载于《法制日报》2011年9月6日。

（1）财政支出安排。财政部门筹措保障性安居工程资金的渠道和方式主要有：中央财政转移支付；省级财政加大投入力度，对财政困难市县给予倾斜；地方财政（市县）预算安排，包括通过住房公积金增值净收益和土地出让净收益按规定比例提取（用于保障性安居工程）的部分。

截至 2005 年底，全国累计用于最低收入家庭住房保障的资金为 47.40 亿元；2007 年全国安排廉租住房资金 77 亿元，超过历年累计安排资金的总和；2008 年，廉租住房保障资金首次写入政府工作报告，当年中央财政安排保障性安居工程支出 181.90 亿元；2009 年保障性住房财政支出达到 550.56 亿元，这一年，中央政府加大对财政困难地区廉租住房保障补助力度：西部地区 400元/平方米，中部地区 300 元/平方米，辽宁、山东、福建省的财政困难地区200 元/平方米；2010 年中央政府安排保障性安居工程专项补助资金达 802亿元。

来自住房城乡建设部的数据显示，"十一五"期间，中央政府累计安排保障性安居工程专项补助资金高达 1 336 亿元。[①]

（2）社会资金参与。以税费优惠等措施，吸引社会力量参与保障性住房建设，主要有：社会民间资金、保障性住房开发贷款、债券发行以及社保信托产品。

2. 现时期的资金筹措状况

具体到现时期，根据住房和城乡建设部的预估，2011 年保障性住房建设共需资金约 1.30 万亿元。2011 年 3 月的国务院《政府工作报告》指出，2011年中央财政保障性住房的补助资金为 1 030 亿元，比上年增加 265 亿元。剩余的 1.20 万亿元左右则需要地方财政、银行信贷、社保、保险资金以及开发商等民间资金的集体参与。

就财政资金安排而言，2011 年以来，中央财政预算安排资金 1 030 亿元，加上执行中追加 395 亿元以及通过使用以前年度结转结余资金安排的 280 亿元，目前已全部下达。财政部将加快建立保障性安居工程建设资金稳定来源机制，大力支持保障性安居工程建设。

而在保障房建设的政府投资中，地方政府资金往往存在较大缺口。对此，住建部除要求地方政府将保障性安居工程建设资金纳入本级财政预算外，还强

---

① 杜宇：《十一五期间我国大力推进保障性住房建设综述》，新华网，2011 年 1 月 6 日。

调严格执行"土地出让净收益用于保障性住房建设的比例不低于 10%"的规定。同时，各地公积金增值收益扣除风险准备金等费用后，要全部用于廉租住房建设。

值得关注的是，在各项政策的大力引导下，银行系统中的资金流入保障性住房建设日益显著，保障性住房开发贷款增长较快。2011 年 7 月 26 日中国人民银行在其公布的《2011 年上半年金融机构贷款投向统计报告》中提到，2011 年上半年保障性住房开发贷款累计新增 908 亿元，比年初增长 54.80%，高出同期房地产开发贷款比年初增速 48.30%。

不仅如此，作为监管部门的中国银监会，也要求银行机构积极加大对廉租房、公租房和棚户区改造为主的保障性住房建设支持力度。由此推测，2011年下半年保障房建设贷款仍将保持较快增速，甚至会更快。

（三）土地供应

毋庸置疑，保障性住房建设大规模推进，确保土地供应至关重要：土地是住房建设的基础，确保了土地供给，无疑有利于保障性住房建设的顺利展开。

2010 年 1 月 14 日，国土资源部在《关于改进报国务院批准城市建设用地申报与实施工作的通知》中明确规定：申报住宅用地的，经济适用住房、廉租住房和中低价位、中小套型普通商品住房用地占住宅用地的比例不得低于 70%。

2010 年 4 月 15 日，国土资源部公布了各地 2010 年住房供地计划和有关情况（表 3 - 33）。全国来看，保障房及中小套型普通商品房用地占比为 76.60%。

表 3 - 33　　　　2010 年各省（区、市）住房供地计划汇总　　单位：公顷

行政辖区	住房建设用地供应总量	廉租房用地	经济适用房用地	棚改房用地	中小套型商品房用地	三类用地占总量（％）
合　计	184 748.85	7 051.29	17 402.3	36 605.56	80 430.99	76.60
北　京	2 500	10	200	820	720	70.00
天　津	1 740	0	228	0	1 059	74.00
河　北	10 825.91	292.32	427.37	3 068.34	4 104.87	72.90
山　西	4 730.02	357.34	674.63	1 355.04	1 274.23	77.40
内蒙古	10 488.93	347.15	950.28	3 447.37	3 465.11	78.30

续表

行政辖区	住房建设用地供应总量	廉租房用地	经济适用房用地	棚改房用地	中小套型商品房用地	三类用地占总量（%）
辽　宁	12 708.37	98.42	982.52	1 576.79	7 729.8	81.70
吉　林	5 564.9	237.81	166.25	2 535.67	1 630.44	82.10
黑龙江	8 753.3	298.48	600.54	3 525.47	2 590.62	80.10
上　海	1 100	0	250	450	70	70.00
江　苏	13 009.53	155.9	1 890.12	2 183.53	5 288.2	73.20
浙　江	8 239.92	115.37	459.99	1 919.98	3 526.66	73.10
安　徽	10 673.73	548.46	875.6	2 728.92	3 969.75	76.10
福　建	4 234.26	138.69	178.2	556.15	2 484.97	79.30
江　西	4 391	368.64	198.95	791.04	2 030.25	77.20
山　东	18 165.02	134.72	1 091.37	3 364.24	9 233.97	76.10
河　南	7 372.35	451.97	1 172.07	1 649.01	3 176.73	87.50
湖　北	5 548.11	305.23	433.67	583.51	2 821.24	74.70
湖　南	3 180.15	319.27	421.8	583.97	1 022.12	73.80
广　东	7 503.55	172.15	239.25	124.02	4 844.68	71.70
广　西	5 002.09	176.07	726.54	305.69	2 430.97	72.80
海　南	1 564	44.92	348.67	62.59	672.46	72.20
重　庆	6 449.01	264.88	1 279.74	191.39	3 033.01	73.90
四　川	8 160.23	351.02	1 033.29	682.63	4 137.4	76.00
贵　州	4 543.71	393.42	456.98	551.74	2 086.52	76.80
云　南	4 969.78	336.23	192.91	603.44	2 408.87	71.30
西　藏	0	0	0	0	0	0
陕　西	3 465.94	297.45	795.91	513.27	1 085.85	77.70
甘　肃	2 420.41	240.47	243.72	447.68	1 011.48	80.30
青　海	835.41	77.59	37.4	304.65	158.59	69.20
宁　夏	1 787.47	71.35	224.06	166.99	838.6	72.80
新　疆	4 821.74	445.99	622.47	1 512.44	1 524.6	85.10

注：1. 为统一统计口径，住房用地分为保障性住房用地、棚改房用地、中小套型普通商品房用地、大户高档用地；2. 北京市的棚改房用地为定向安置房用地；3. 用划拨土地建设的租赁住房，土地供应计划纳入经济适用房供应计划中；4. 2009 年全国实际供应住房用地 76 461 公顷，供应保障性住房用地 10 958 公顷。

资料来源：住房和城乡建设部网站。

（1）计划供应住房用地总量明显增长，保障性住房、棚户区改造和中小套型商品房占比超70%。据统计，全国30个省、市、区（西藏除外）2010年度住房用地计划供应量为大数18万公顷。与2009年全国住房实际供地76 461公顷和前五年平均年度实际供地量54 650公顷相比，有大幅度增加。保障性住房、棚户区改造和中小套型商品房用地计划供应量占住房用地计划供应总量的76.60%。

（2）计划供应保障性住房用地大幅增长，能够满足保障性住房用地需求。在全国住房用地计划中，保障性住房用地为24 000多公顷，与2009年相比增加1倍多。其中，经济适用房用地占保障性住房用地总量的71%，与2009年实际供地相比增加79%；廉租房用地占保障性住房总量的29%，与2009年实际供地相比增加4.70倍。

2010年300万套保障性住房（含廉租房和经济适用房）建设任务，按照单套面积60平方米、平均容积率1.50计算，300万套住房全部实行新建所需土地规模为12 000公顷，目前的供应计划总量24 454公顷完全可以满足需求。

（3）棚户区改造用地计划首次纳入住房用地计划管理。国土资源部对城市和国有工矿棚户区改造工作高度重视，在住房用地计划中对棚户区改造用地计划实行单列，将其纳入整个住房用地计划大盘子。2010年全国棚户区改造的任务是280万套，编制的棚户区改造用地计划35 786公顷，占住房供地计划的19%。按照棚户区改造的相关规定，在坚持节约集约用地、严格建设标准的情况下，计划用地能够满足改造的需要。在棚户区改造用地中属于保障性住房用地的还有20 462公顷，占棚户区改造用地的57%。与上述全国保障性住房用地相加，2010年计划用于解决低收入住房困难家庭的住房用地占住房用地总量的比重达24%。

2011年1月26日，国务院办公厅在《关于进一步做好房地产市场调控工作有关问题的通知》中，提出了比以往更加具体的用地供应管理目标，强调在新增建设用地年度计划中，要单列保障性住房用地，做到"应保尽保"。包括2011年在内的整个"十二五"期间，国土资源部明确表示将确保保障性住房、棚户区改造和自住性中小套型商品房用地不低于住房建设用地供应总量的70%。

根据国土资源部披露的数据，2011年，全国住房用地计划供应21.80万公顷，比2010年全国住房用地供应计划18.47万公顷增加18.50%，超过前两年年均10.17万公顷的实际供地量，且比实际供地量12.63万公顷增加72.60%。

这其中，保障性安居工程用地和中小套型商品房用地计划是 17.13 万公顷，占住房用地供应计划的 78.60%，比 2010 年提高 2 个百分点。保障性安居工程用地计划是 7.74 万公顷，占住房用地供应计划的 35.50%，均高于 2010 年计划（6.58 万公顷）和实际供地量（3.24 万公顷）。

三、获取服务的途径

（一）供给方式与配套措施

综合来看，世界各国的住房保障方式主要有"砖头补贴"和"人头补贴"。"砖头补贴"也称实物补贴，是政府直接提供公共住房建设或为建设者提供资助；"人头补贴"即货币补贴，是政府向住房需求者提供补贴以提高中低收入群体的住房支付能力。

我国政府在提供保障性住房方面，可以有多种选择方式，既可以采用实物配给的间接方式，也可采用货币补贴的直接方式。而在保障性住房的房源筹集方面，同样应当"多元化"，可采用新建、采购、配建等方式，切不可陷入"单纯建设保障性住房"的思维定式。

1998 年住房制度改革的目标之一就是建立和完善"以经济适用住房为主的多层次城镇住房供应体系"，对不同收入家庭实行不同的住房供应政策，通过调整住房投资结构，重点发展经济适用住房（安居工程），加快解决城镇住房困难居民的住房问题。而近些年保障房供应的不足、商品房价格节节攀升，使得中低收入家庭买房难、住房难的问题日益突出。

因此，与此前调控不同，2010 年中央政府把"保障性住房建设"问题提高到了前所未有的高度，具体相关配套措施如下：

（1）大幅增加土地供给，提高保障房用地比重。

（2）通过减免税费，鼓励保障房建设。为落实 2010 年 4 月"国十条"精神，加快发展公共租赁住房，2010 年 6 月 8 日，住建部、国土部、央行、银监会等 7 部委联合出台了《关于加快发展公共租赁住房的指导意见》，指出对公共租赁住房的建设和运营给予税收优惠。

根据《指导意见》，财政部、国税总局发布了《关于支持公共租赁住房建设和运营有关税收优惠政策的通知》，对公租房建设用地及公租房建成后占地免征城镇土地使用税、印花税，对经营公租房所取得的租金收入免征营业税、房产税等。保障房面对的是中低收入家庭，价格受限制，企业在参与建设、运营的过程中利润较低，给予税费减免优惠能鼓励企业积极参与保障房建设。

（3）金融支持保障房建设。2010年5月，国务院《关于鼓励和引导民间投资健康发展的若干意见》，鼓励民间资本参与政策性住房建设，支持和引导民间资本投资建设经济适用住房、公共租赁住房等政策性住房，参与棚户区改造，享受相应的政策性住房建设政策。

同年6月，住建部、国土部、央行、银监会等7部委联合出台的《关于加快发展公共租赁住房的指导意见》，鼓励金融机构发放公共租赁住房中长期贷款，支持符合条件的企业通过发行中长期债券等方式筹集资金，专项用于公共租赁住房建设和运营，探索运用保险资金、信托资金和房地产信托投资基金拓展公共租赁住房融资渠道。

资金是保障房建设的难题，金融支持措施的出台将拓宽保障房建设的资金来源渠道，一定程度上鼓励了企业参与保障房建设。

（二）目标责任落实与完成

2010年5月19日，住房和城乡建设部与各省、自治区、直辖市人民政府以及新疆生产建设兵团签订了2010年住房保障工作目标责任书，要求确保完成2010年工作任务，全年共建设各类保障性住房和棚户区改造住房580万套，改造农村危房120万户。

责任书的签订，是对2010年3月出台《关于2009年国民经济和社会发展计划执行情况与2010年国民经济和社会发展计划草案的报告》的落实。《报告》提出要在2010年建设300万套保障性住房，改造棚户区280万套，责任书意在敦促地方政府切实执行上述目标。

到2010年末，全国各类保障性住房和棚户区改造住房开工590万套，基本建成370万套，超额完成当年初国务院部署的任务。在建设任务重、自然灾害多的情况下，取得这一成绩实属不易。

根据统计，截至2011年6月底，全国保障房建设开工率为56.60%，比5月底增加了160万套，建设进度明显好于2010年同期水平，开局良好。

住建部公布的数据显示，2011年1~7月，全国保障房开工建设721.8万套，开工率72%（不含西藏自治区）。7月份开工量比6月底大幅度增长，这其中陕西和辽宁开工率已经超过100%，北京开工率为70%，上海、天津、广东三地开工率不足60%，见表3-34。

中国公共财政监测报告

236

表 3－34　　2011 年 1～7 月各省（区、市）城镇保障性安居工程开工情况

地区	保障房开工数（万套）	开工率（%）
北　京	14.2	70
天　津	14.9	57
河　北	31.6	83 *
山　西	29	87 *
内蒙古	29.2	75
辽　宁	36.2	开工率超过 100%
吉　林	20.6	65 *
黑龙江	60.3	71 *
上　海	13.3	51
江　苏	26	74
浙　江	12.6	70
安　徽	31.7	80 *
福　建	20.1	82
江　西	22.4	70
山　东	24.8	76 *
河　南	29.4	65 *
湖　北	22	66 *
湖　南	27.1	62
广　东	18	59
广　西	17.3	69 *
海　南	6.8	73
重　庆	37.6	74 *
四　川	27.3	77 *
贵　州	14.5	62 *
云　南	19.4	62
陕　西	45	开工率超过 100%
甘　肃	14 .	76 *
青　海	11	61 *
宁　夏	6.8	88 *
新　疆	22.3	66 *
兵　团	16.4	92 *

　　注：1. 西藏自治区未统计；2. ＊为按增加任务量后计算的开工率。
　　资料来源：住房和城乡建设部网站。

四、政策问题

当前，我国保障性住房建设中尚存在诸多问题和矛盾。基于此，政府今后应当着力从制度构建与政策支持等方面入手，有针对性地加以应对和解决。

（一）明确政府住房保障的职能定位

如果说1998年城镇住房制度改革以来的住房保障供给更多是鼓励中低收入群体"购房"的话，那么下一阶段的重心则应放在引导人们"租住"上。而政府住房保障的职能定位是"住有定所"而非"居有其屋"，其托底政策落脚为廉租房、经济适用房和公共租赁房。在此过程中，应"淡化产权，引导租住"。

（二）将保障性住房建设纳入公共财政体系，建立有效的"问责机制"

地方政府及相关部门应通过普查掌握相关数据信息进而编制《公共住房保障规划》，以明确住房保障建设的目标、相应的土地供应和财政投入等，并纳入公共财政体系，建立稳定的财政资金渠道，实行切实、有效的"问责机制"。

（三）建立健全保障性住房管理机构和运作机制

保障性住房要有法定专门机构来组织运作，同时指定一个牵头部门，协调各方关系，特别是廉租房和公共租赁房，要建立个人收入和房地产档案，健全准入和退出机制。

在此过程中，我国可借鉴新加坡的成功经验（即"政府组屋"从规划、建筑、分配、出售、租赁都由非盈利的新加坡国家建屋局直接操作，绝不假手于他人），成立自上而下的公共住房管理机构，对廉租房、经适房、公共租赁房等实行集中、统一管理，"封闭运行"。

（四）针对不同收入群体，建立多层次的住房保障体系

地方政府的住房保障体系，应当是多层次的，具有协整性、联动性的：即让低收入家庭住得上廉租房；新就业员工等租得起公共租赁房；中等偏下收入

家庭住得起经适房或买得起"限价房"。进而建立起由"廉租房—公共租赁房—经适房—限价房"等为内容的"梯级保障",实现对不同收入群体的"无缝覆盖"。

(五) 将进城务工人员纳入规划

我国住房保障制度的保障目标和供给对象定位相对模糊,供给方式和程序存在制度性漏洞。从原则上说,城镇居民租房保障对象应当包括城镇中低收入家庭和进入城镇长期务工人员。随着城市化进程加快,进入城镇长期务工人员将来会有很大比例转变为城市常住人口,其中多为中低收入人群,如何制定针对这一庞大人群的住房保障标准,成为当前住房保障政策中的难题。住房保障制度不但应有解决短期问题的考虑,更应有长期持续的目标,政府部门不仅要保障和解决具有"城市身份"居民的住房问题,还应包括已经长期居住在城市的务工人员。

(六) 加快建立政策性住房金融制度

随着我国住房制度改革的推进,政策性住房金融的发展已成为推动住房保障制度建设的关键。住房是资金密集型的产品,单位价值高,一般都远远超过中低收入家庭的收入水平。政府部门应对个人购房提供金融支持,来提高他们的支付能力。目前我国政策性住房金融除住房公积金贷款以外,尚未有直接面向中低收入家庭发放的低息或无息贷款的政策性住房金融机构。因此,必须建立规范的政策性住房金融制度。

参考文献:

[1] 李松涛:《地方政府被指建保障房缺乏动力 福利房变种充数》,载于《中国青年报》2011 年 7 月 22 日。

[2] 杜晓实、李媛:《地方政府建保障房不力问题频出 有待细化问责"加压"》,载于《法制日报》2011 年 9 月 6 日。

[3] 杜宇:《十一五期间我国大力推进保障性住房建设综述》,新华网,2011 年 1 月 6 日。

[4] 周雪飞:《当前我国土地财政"倒逼金融"现象分析及对策研究》,载于《财政研究》2008 年第 9 期。

[5] 周雪飞:《低收入者"弃购经济适用房"现象透析》,载于《财政部财科所财政研究简报》2009 年第 26 期。

第六节 基础设施的支出

一、责任的分配

基础设施是指为社会生产和居民生活提供公共服务的物质工程设施，是用于保证国家或地区社会经济活动正常进行的公共服务系统。一个国家或地区的基础设施是否完善，是其经济是否可以长期持续稳定发展的重要基础。无论中央政府还是各级地方政府都着重于基础设施的发展和改善，并积极承担基础设施支出的角色。

根据公共产品的性质和外部性可以划分中央、省、市、县、乡各级政府事权。全国性公共产品，譬如全国性公路，由中央政府提供（或出资外包）；地方性和区域性公共产品则主要由相关的地方政府联合提供。地方性公共产品主要依靠地方政府的财政支出，当地方政府因为财力限制而难以提供基本的区域公共产品时，则由中央政府给予一定的纵向转移支付支持。特殊情况下，由单一地方政府提供区域公共品时，相关的其他地方政府给予横向转移交付。①

根据以上思路，各级地方政府承担的基础设施的支出责任列举在下面的表3－35中。

表3－35　　　　　我国各级政府承担的基础设施的支出责任

级别	分类	政府性质	基础设施支出责任
全国	中央	全国型	全国重大基础设施
省级	各自治区 直辖市	区域型 城市区域结合型	省内重大基础设施 城市建设
地级	地区 辖县/不辖县	区域政府 城市政府	城区重大基础设施 城市建设，区内基础建设
县级 乡级	县 乡镇	区域政府 农村政府	区内基础设施和城镇建设 乡内基础设施和建设

① 宋立、刘树杰：《各级政府公共服务事权财权配置》，中国计划出版社2005年版。

具体而言，中央政府的基础设施财政支出着重于国道等全国性基础设施；地方政府主要提供道路、交通、电力、自来水、下水道、路灯、垃圾收集与处理乃至港口、机场、车站等基础设施。

二、中央和地方各级政府基础设施支出的分配

在《中国统计年鉴》中可以获得各级政府基础设施项目的支出。然而，自2008年统计年鉴（即2007年的数据），中央和地方主要财政支出的指标划分，相对于之前的统计年鉴，有很大的改变。为了保证指标的统一性和可比性，本章节内容主要列举2007年以来各级地方政府的基础设施支出。

表3-36列举了2007~2010年的基础设施的三大支出指标，分别是：（1）交通运输；（2）城乡社区事务；（3）环境保护。其中，交通运输指政府交通运输和邮政业方面的支出，包括公路运输支出、水路运输支出、铁路运输支出、民用航空运输支出、邮政业支出等。城乡社区事务的支出包括城乡社区管理事务支出、城乡社区规划与管理支出、城乡社区公共设施支出、城乡社区环境卫生支出、建设市场管理与监督支出等。政府环境保护支出包括环境保护管理事务支出、环境监测与监察支出、污染治理支出、自然生态保护支出、天然林保护工程支出、能源节约利用、污染减排、可再生能源和资源综合利用，等等。

在这三大支出指标中，交通运输支出是反映基础设施最基本和关键的指标。该指标的定义与世界银行定义的基础设施指标相吻合。城乡社区事务的支出基本反映各级政府在基础设施的财政投入，其内部包含的城乡社区公共设施支出和城乡社区环境卫生支出是地方政府的主要支出部分。本章节使用的环境保护支出相对而言包含过多支出项目，不能精确的说明基础设施的支出，然而它可以用于简单的参考并且大致反映各级政府支出的变化趋势。

表3-36　　　　各级政府的主要基础设施指标的财政支出以及比重　　　单位：亿元

年份	交通运输		城乡社区事务		环境保护	
	中央	地方	中央	地方	中央	地方
2007	782.25 (40.84%)	1 133.13 (59.16%)	6.2 (0.19%)	3 238.49 (99.81%)	34.59 (3.47%)	961.23 (96.53%)
2008	913.20 (38.39%)	1 440.80 (61.21%)	14.33 (0.34%)	4 191.81 (99.66%)	66.21 (4.56%)	1 385.15 (95.44%)
2009	1 069.22 (23.01%)	3 578.37 (76.99%)	3.91 (0.08%)	5 103.75 (99.92%)	37.91 (1.96%)	1 896.13 (98.04%)
2010	1 489.58 (27.14%)	3 998.89 (72.86%)	10.09 (0.17%)	5 977.29 (99.83%)	69.48 (2.83%)	2 372.50 (97.17%)

注：括号内数字代表中央和地方政府占三大基础设施指标的支出比重。

资料来源：国家统计局《中国统计年鉴》。

　　表3-36分别列举了中央和地方政府在交通运输、城乡社区事务和环境保护的财政支出及比重。首先，中央政府和地方政府均在交通运输的财政支出上逐年增加。比如，中央政府在交通运输的财政支出由2007年的782.15亿元增加到2010年1 489.58亿元；相应的，地方政府在交通运输方面的投入在2010年达到3 998.89亿元，是2007年投入的3倍之多。虽然各级政府的交通运输总支出逐年增加，但是地方政府相对于中央政府承担更重要的责任。第2和第3列的数据明确显示中央政府承担交通运输的支出从2007年的40.84%下降到2009年的23.01%；而地方政府承担的交通运输支出比重相应地从2007年的59.16%上升为76.99%。截至2010年，地方政府处于交通运输支出的主导地位，占交通运输总支出的72.86%。

　　其次，在城乡社区事务和环境保护的财政支出中，地方政府基本承担全部的责任。由于城乡社区事务是区域性公共品，它的事权主要来自地方政府。这种区域性公共品特性决定了城乡社区事务的支出几乎全部由地方政府承担。表3-36数据表明地方政府承担高达99%的城乡社区事务的财政支出，中央政府的相应支出不足1%。环境保护的支出非常类似城乡社区事务的支出，地方政府承担超过95%的总支出。同时，该表格显示地方政府在城乡社区事务和环境保护的财政支出逐年增加。比如，地方政府在这两大基础设施支出中从2007年的3 238.49亿元和961.23亿元分别上升为2010年的5 977.29亿元和2 372.50亿元。

　　最后，就这三大支出横向比较而言，地方政府在城乡社区事务的支出远远超过环境保护和交通运输的支出。由此可见，地方政府把城乡的基础设施的建造和城建规划放在地区经济发展的首要地位。

　　表3-37详细说明各省政府在交通设施和城乡社区事务的财政支出，对应

交通运输和城乡社区事务两大基础设施指标，分别列举了自 2007～2010 年的各省相应的财政支出。

表 3－37　　　　各地区在交通运输和城乡社区事务的财政支出　　　单位：亿元

类别 地区　　年份	交通运输				城乡社区事务			
	2007	2008	2009	2010	2007	2008	2009	2010
北　京	33.09	80.35	147.07	154.99	187.43	199.84	347.82	294.30
天　津	8.49	14.16	49.44	46.95	155.72	185.01	261.07	355.29
河　北	32.99	28.92	161.06	155.72	99.38	132.50	149.57	178.75
山　西	28.15	33.60	93.68	131.65	62.57	101.18	85.31	111.57
内蒙古	48.49	49.31	132.90	121.05	121.93	170.44	210.03	237.75
辽　宁	26.92	37.25	106.60	140.29	171.78	217.22	289.66	360.31
吉　林	23.49	29.30	57.66	89.78	46.12	85.37	82.58	108.90
黑龙江	42.56	52.33	103.78	147.72	69.17	98.54	104.17	141.13
上　海	16.23	17.08	81.84	80.43	366.76	468.63	602.36	475.47
江　苏	79.15	117.21	230.87	276.00	311.22	361.79	474.93	624.53
浙　江	45.07	59.42	246.36	233.37	154.63	193.95	224.61	272.30
安　徽	49.50	51.82	142.73	124.86	89.96	147.87	165.85	236.18
福　建	26.63	45.61	127.62	125.21	61.56	75.09	78.44	107.68
江　西	30.99	37.60	112.96	107.31	51.53	70.78	79.71	102.47
山　东	27.00	30.05	174.25	230.50	266.95	289.46	311.93	388.40
河　南	40.30	43.17	177.62	173.84	111.27	135.38	130.89	165.30
湖　北	30.21	38.31	84.92	124.03	56.22	85.22	112.34	119.63
湖　南	48.72	56.96	117.24	153.03	90.16	120.02	144.05	186.98
广　东	57.12	105.84	249.13	318.17	240.41	283.29	358.63	407.64
广　西	41.27	58.48	81.55	93.71	58.64	72.30	104.08	103.87
海　南	9.10	11.43	28.50	26.23	12.68	22.51	28.90	36.81
重　庆	36.08	47.93	64.54	81.85	91.08	124.61	177.08	251.26
四　川	73.07	105.36	170.63	192.98	108.78	136.48	154.05	179.19
贵　州	48.84	49.38	120.80	109.61	27.42	46.51	43.74	53.00
云　南	61.64	60.84	159.52	139.88	45.55	67.51	75.78	86.66
西　藏	32.43	35.10	54.92	64.06	6.92	26.00	19.12	20.51
陕　西	48.80	54.23	109.40	129.06	58.50	86.78	97.07	126.84
甘　肃	28.05	34.80	61.17	66.58	27.66	44.78	45.47	56.82
青　海	15.99	11.05	43.35	46.68	9.69	20.48	22.93	30.60
宁　夏	8.48	10.08	20.39	21.80	17.43	33.38	42.56	61.89
新　疆	34.27	33.85	65.91	91.54	59.37	88.88	79.03	95.28
平均值	36.55	46.48	115.43	129.00	104.47	135.22	164.64	192.82

资料来源：国家统计局《中国统计年鉴》。

　　2007 年的各省交通运输支出的平均值为 36.55 亿元，各地区交通运输的财政投入有较大的差距。财政支出最多的江苏省，达到 79.15 亿元。紧随其后的四大省分别是四川、云南、广东和安徽（见表 3 – 37）。首先，华北、东北和西北三大地区没有一个省进入前 5 位，暗示这三大地区对交通运输投入相对较少。就绝对数字而言，西北地区除了山西省在 2007 年的交通运输支出超过平均值，达到 48.80 亿元，该区其他的省都低于平均值。尤其宁夏的交通支出在 2007 年仅有 8.48 亿元，排在最后一位。在经济较为发达的华北地区，除了内蒙古在 2007 年的交通运输支出超过平均值外，包含北京在内的省、直辖市都低于平均水平。其中天津的交通运输仅有 8.49 亿元，基本与宁夏持平。与之对应的，西南地区和经济发达的华东地区各有两个省份进入交通运输支出的前 5 位。

　　2008 年，交通运输支出的前 5 大省发生了细微变化，分别是江苏、广东、四川、北京和云南。其中北京市在该年的交通运输支出迅速上升到 80.35 亿元，取代安徽（其支出为 51 亿元）挤入前 5 位。而其他 4 大省除了排位有些变化，继续保持交通运输的高支出势头。同时，东北地区和西北地区依然没有一个省进入交通运输财政支出的前 5 位。

　　2009 年，交通运输的前 5 大省发生了重大变化，分别是广东、浙江、江苏、河南和山东。最为明显的变化是山东和河南两省的 2008 年的交通运输支出是其 2007 年支出的 4 ~ 5 倍。反映出这两个省对改善交通与运输能力的迫切性。与之相反的是西南地区的四川和云南双双退出前 5 位。实际上这两个省在 2009 年的支出依然处于高位，分别是 170.63 亿元和 159.52 亿元，排在第 6 和第 7 位。它们的退出不在于交通运输支出的减少，而是其他省市的超额的交通运输支出所导致的。另外，由于山东省的入围，华东地区有 3 个省成为交通运输支出的前 5 位。这表明华东地区对交通运输投入的关注。而东北和西北地区内所有省的支出依然低于平均支出水平（仅有 115.43 亿元）。

　　在 2010 年，交通运输的前 5 大省分别是广东、江苏、浙江、山东和四川。这个结果基本上与 2009 年相似。除了河南在交通方面的支出为 173.84 亿元，退出前 5 位交通支出大省行列，其他四大省继续保持高速的交通基础设施支出的发展势头。华东地区是交通运输支出最多的地区，而西北地区的交通运输方面的总支出相对全国水平还是偏低。

　　表 3 – 37 的后 4 列数据显示了从 2007 ~ 2010 年各省在城乡社区事务的支出。在最近 2007 年到 2009 年期间，上海高居榜首不变，紧随其后是江苏省。除了 2008 年，辽宁的城乡社区事务的支出达到 217.22 亿元，稍微高出北京，

从而代替北京排进前 5 位，其他三位主要的城乡建设支出大省主要是广东、山东和北京，虽然它们的排名有轻微变化。

在 2010 年，城乡社区事务的支出前 5 大省分别是江苏、上海、广东、山东和辽宁。其中最为显著的变化是江苏省的城乡社区事务的支出从 2009 年的 474.92 亿元迅速上涨为 2010 年的 624.53 亿元。而上海在 2010 年相应的支出降为 475.47 亿元，显著低于其在 2009 年的 602.36 亿元的城乡社区事务的支出。相应的，江苏省越过上海成为最大的城乡社区事务支出的大省。此外，辽宁省的相应支出也大幅提高，再一次挤出北京，成为第五大省。最后，另外 3 大省继续保持较高的城乡社区事务的支出额。

从城乡社区的支出可以看出，华东地区当仁不让的处于全国领导地位。具体而言，从 2007~2010 年，处于华北地区的北京、天津和内蒙古在城乡社区事务的支出都高于省级的平均支出水平；而在东北三省，只有辽宁的支出高于全国省级政府的平均值；河南省是华中地区支出最高的省份，基本与全国平均水平持平；而广东是华南地区当仁不让的领头羊；反观西南和西北地区，只有重庆和成都的城乡建设支出在平均水平波动，其他各省的支出都远远低于平均支出水平，尤其西藏和青海的城乡建设投入很少，处于最后两位，比如在 2010 年，西藏的城乡社区事务的支出仅有 20.51 亿元。由此，可以看出经济相对发达的省更加重视城市社区规划和建设，并且也有雄厚的资金进行城乡基础设施的发展和改善。

总体而言，从 2007~2010 年，各省在交通运输和城乡社区事务的支出有很大的提高。在这段时间内，各省交通运输支出的平均值从 36.55 亿元增至 129 亿元；城乡社区事务的支出平均水平从 104.47 亿元增加为 192.82 亿元。这表明各地区政府对基础设施的财政支出是不断提高的，地方政府在提供区域性公共品上承担越来越主要的角色。

表 3-38 计算出各省的交通运输和城乡社区事务支出的年度增加比率。具体而言，2009~2010 年的增加比率定义为 2010 年的某省支出数额减去 2009 年该省的相应支出数额，然后除以 2009 年的支出数量。支出增长比率可以反映出各省每年的基本设施支出的增长水平。不同于表 3-37 的纵向比较（即各地区间比较），表 3-38 侧重于横向分析，更加直观地反映出每个省在交通运输和城乡社区事务支出的变化。虽然某些省支出总量少，无法进入支出大省的行列，但是这些省在现有的基础上，迅速提高相应的投资，表明他们对基础设施的重视和积极的财政投入。

表 3－38　　　　　　　　各省基本设施支出的增加比重　　　　　　　单位：%

地区	交通运输			城乡社区事务		
	2007～ 2008 年	2008～ 2009 年	2009～ 2010 年	2007～ 2008 年	2008～ 2009 年	2009～ 2010 年
北　京	142.82	83.04	5.38	6.62	74.05	－15.39
天　津	66.78	249.15	－5.03	18.81	41.11	36.09
河　北	－12.34	456.92	－3.32	33.33	12.88	19.51
山　西	19.36	178.81	40.53	61.71	－15.68	30.78
内蒙古	1.69	169.52	－8.92	39.79	23.23	13.20
辽　宁	38.37	186.17	31.60	26.45	33.35	24.39
吉　林	24.73	96.79	55.71	85.10	－3.27	31.87
黑龙江	22.96	98.32	42.34	42.46	5.71	35.48
上　海	5.24	379.16	－1.72	27.78	28.54	－21.07
江　苏	48.09	96.97	19.55	16.25	31.27	31.50
浙　江	31.84	314.61	－5.27	25.43	15.81	21.23
安　徽	4.69	175.43	－12.52	64.37	12.16	42.40
福　建	71.27	179.81	－1.89	21.98	4.46	37.28
江　西	21.33	200.43	－5.00	37.36	12.62	28.55
山　东	11.30	479.87	32.28	8.43	7.76	24.52
河　南	7.12	311.44	－2.13	21.67	－3.32	26.29
湖　北	26.81	121.67	46.06	51.58	31.82	6.49
湖　南	16.91	105.83	30.53	33.12	20.02	29.80
广　东	85.29	135.38	27.71	17.84	26.59	13.67
广　西	41.70	39.45	14.92	23.29	43.96	－0.20
海　南	25.60	149.34	－7.96	77.52	28.39	27.35
重　庆	32.84	34.65	26.82	36.81	42.11	41.89
四　川	44.19	61.95	13.10	25.46	12.87	16.32
贵　州	1.11	144.63	－9.26	69.62	－5.96	21.18
云　南	－1.30	162.20	－12.31	48.21	12.25	14.35
西　藏	8.23	56.47	16.64	275.72	－26.46	7.25
陕　西	11.13	101.73	17.97	48.34	11.86	30.67
甘　肃	24.06	75.78	8.84	61.89	1.54	24.96
青　海	－30.89	292.31	7.69	111.35	11.96	33.43
宁　夏	18.87	102.28	6.93	91.51	27.50	45.42
新　疆	－1.23	94.71	38.88	49.71	－11.08	20.56
平均值	26.08	172.09	11.75	50.31	16.39	17.11

　　资料来源：国家统计局《中国统计年鉴》。

2007～2009 年，交通运输的平均增长率从 26.08% 上涨到 172.09%（表 3－38 的最后一列）；而城乡社区事务支出的增加率相对下降，50.31% 的平均增长率下降到 16.39%。这个结果反映出虽然各省都加大交通运输和城乡社区事务的支出，前者的增幅呈倍数迅速增长，而后者的增长速度相对减弱。在交通运输环节，相对于 2007 年，北京、广东、福建、天津和江苏在 2008 年的支出增幅处于前 5 位。根据表格 3－38 的结果，可以看出江苏和广东省不仅是交通运输支出的绝对数值的大省，也是支出增幅最快的省份。天津的交通运输支出绝对值相对低（在 2008 年，仅有 14.16 亿元），但是天津的支出增幅却是很大的，它在 2008 年的交通运输支出，相对 2007 年增长了 66.78%。

2008～2009 年，交通运输增长率最高的 5 省分别是山东、河北、上海、浙江和河南。类似的，华东地区有 3 大省份进入前 5 位，再一次证明华东地区不仅支出绝对数大，而且支出的增幅也是最大的地区。尤其突出的是，各个省在 2009 年都极大的增加交通运输的投资，从而使得 2008～2009 年的交通运输平均增长率达到 172.09%。这意味着 2009 年的交通运输的支出数额是 2008 年投资总额的 1.7 倍。

从 2009～2010 年期间，上述格局被彻底打破。首先，在 2010 年，很多省在交通运输支出方面减少，导致表 3－38 第 4 列的很多增长率为负值。其中减幅最大的省是安徽省，它的增长率在经过 2009 年的 175.43% 的增长后，减少为 2010 年期间的 －12.52%。对应的，全国在交通运输的平均增长率从 2009 年的 172.09%，减至为 2010 年期间的 11.75%，这意味着经过 2009 年交通运输的巨大支出增幅后，各省政府在 2010 年主要目标是维持交通运输方面的财政支出。其次，在 2010 年，增长率前 5 位分别是吉林、湖北、黑龙江、山西和新疆，完全不同于前几年的结果。这主要有两个原因导致。一是，大多省份是以维持交通运输的支出为主，所以增加幅度相对减少。二是，这 5 个省的绝对支出总额不是很高，还存在较大的支出上升空间。

表 3－38 的后 3 列显示了各省在城乡社区事务支出的增长率。从 2007～2008 年，西藏、青海、宁夏，海南和吉林是增长率最高的 5 大省。这个结果与表 3－37 在 2008 年的城乡社区事务支出总额形成鲜明的对比。这 5 个省是城乡建设支出远低于各省平均支出水平的省份，然而确是相应支出提高最快的省。这也意味着这些经济相对不发达的地区间开始重视城乡建设和城市基础设施的投入。从 2008～2009 年，处于城乡社区事务支出增幅前 5 位的分别是北

京、广西、重庆、天津和辽宁。该结果显示前5位的排名发生了彻底变化。西北等地区的省份在2009年的支出增长率相对放缓，其中西藏的城乡社区事务的支出总数量下降，其增长率为 −26.46%。而新进榜单的这5个省份/直辖市的增长率也相对下降很多，比如北京的支出增长率是74.05%。而全国各省的平均的城乡社区事务支出的增长率仅为16.39%。从2009~2010年，城乡社区事务支出增幅最大的前5省/直辖市是宁夏、安徽、重庆、福建和天津。尽管排在首位的宁夏的财政支出总额低于全国的平均支出水平，宁夏注重大力改善城乡社区的建设，力争缩小与其他发达省份间的差距。重庆和天津继续保持较高的增长率。引人注目的是上海和北京在城乡社区事务的支出有了大幅的下降，分别降低了21.07%、15.39%。总体而言，从2009~2010年，全国平均城乡社区事务支出的增长率为17.11%，较前年的增长率有稍微的提高。

三、国家和地方政府提供的基础设施的可获得性

为了测量基础设施的可获得性，需要选取恰当的指标来度量全国和地方基础设施的水平和发展状况。基础设施指标主要由交通基础设施、能源基础设施、通讯基础设施和城市基础设施构成。交通基础设施主要由三个指标组成，即铁路营运里程、内河航道里程和等级公路里程。能源基础设施由电力消费量和能源消费量指标组成。通讯基础设施涵盖了邮政、电信和互联网三大方面。其中，邮政基础设施由邮政局所个数指标衡量，电信基础设施由固定电话、移动电话用户等衡量。城市基础设施指标主要包括：城市用水普及率、城市燃气普及率、每万人拥有公交车辆、人均拥有道路面积、人均公共绿地面积、每万人拥有公共厕所。

表3−39列举了2000~2010年度城乡建设基础设施的几大指标。根据数据的可获得性，主要在城乡建设方面，选择了城市供水，燃气和供热，城市市政设施，城市公共交通，城市绿化和园林以及市环境卫生5大基本指标。在城市供水、燃气和供热方面，无论是用水和煤气的普及率，还是供热管道都有显著的提升。比如，城市的用水普及率由2000年的63.9%增加为2010年的96.7%。在城市市政设施方面，2010年每万人拥有道路达到7.5公里，大约是2000年的2倍。在城市公共交通方面，每万人拥有公共车辆数逐渐提高。从2000年的5.3台到2010年的9.7台。在城市绿化和园林方面，2010年人均公园绿地面积达到11.2平方米，大约是2000年人均公园绿化面积的3倍。在

城市环境卫生方面，每万人拥有的公厕从 2000 年的 2.7 座增加为 2010 年的 3 座。总体而言，中国的城市建设和基础设施有了很大的提高和改善，这为建立良好的民生构建了基本的框架。

表 3 - 39　　　　全国城市基础设施主要指标的可获得性

2000 年	2001 年	2002 年	2003 年	2004 年	2005 年	2006 年	2007 年	2008 年	2009 年	2010 年
城市供水、燃气及集中供热										
全年供水总量（亿立方米）										
469.0	466.1	466.5	475.3	490.3	502.1	540.5	501.9	500.1	496.8	507.9
人均生活用水（吨）										
95.5	56.03	77.8	77.1	76.9	74.5	68.7	65.1	65.0	64.5	62.6
用水普及率（%）										
63.9	72.3	77.9	86.2	88.9	91.1	86.7	93.8	94.7	96.1	96.7
人工煤气供气量（亿立方米）										
152.4	136.9	198.9	202.1	213.7	255.8	296.5	322.4	355.8	361.6	279.9
天然气供气量（亿立方米）										
82.1	105.5	125.9	141.6	169.3	210.5	244.8	308.6	368.0	405.1	487.6
液化石油气供气量（万吨）										
1 054	976	1 136	1 126	1 127	1 222	1 264	1 467	1 329	1 340	1 268
供气管道长度（万公里）										
8.9	5.0	11.4	13.0	14.8	16.2	19.0	22.1	25.8	27.4	30.90
燃气普及率（%）										
45.4	60.4	67.2	76.7	81.5	82.1	79.1	87.4	89.6	91.4	92.0
城市市政设施										
年末实有道路长度（万公里）										
16.0	17.6	19.1	20.8	22.3	24.7	24.1	24.6	26.0	26.9	29.4
每万人拥有道路长度（公里）										
4.1	8.2	5.4	6.2	6.5	6.9	6.5	6.6	7.0	7.1	7.5
城市排水管道长度（万公里）										
14.2	15.8	17.3	19.9	21.9	24.1	26.1	29.2	31.5	34.4	37.0
城市排水管道密度（公里/平方公里）										
6.3	7.4	6.7	7.0	7.2	7.4	7.8	8.2	8.7	9.0	9.0

中国公共财政监测报告

续表

	2000 年	2001 年	2002 年	2003 年	2004 年	2005 年	2006 年	2007 年	2008 年	2009 年	2010 年
城市公共交通											
年末公共交通运营数（万辆）											
	22.6	23.0	24.6	26.4	28.2	31.3	31.6	34.8	37.2	37.1	38.3
每万人拥有公交车辆（标台）											
	5.3	10.1	6.7	7.7	8.4	8.6	9.1	10.2	11.1	11.1	9.7
出租汽车数（万辆）											
	82.5	87.00	88.4	90.3	90.4	93.7	92.9	96.0	96.9	97.2	98.6
城市绿化和园林											
城市园林绿地面积（万公顷）											
	86.5	94.7	107.2	121.2	132.2	146.8	132.1	170.9	174.8	199.3	213.4
人均公园绿地面积（平方米）											
	3.7	38.6	5.4	6.5	7.4	7.9	8.3	9.0	9.7	10.7	11.2
公园个数（个）											
	4 455	4 850	5 178	5 832	6 427	7 077	6 908	7 913	8 557	9 050	9 955
公园面积（万公顷）											
	8.2	9.1	10.0	11.3	13.4	15.8	20.8	20.2	21.8	23.6	25.8
城市环境卫生											
生活垃圾清运量（万吨）											
	11 819	13 470	13 650	14 857	15 509	15 577	14 841	15 215	15 438	15 734	15 805
粪便清运量（万吨）											
	2 829	2 990	3 160	3 475	3 576	3 805	2 131	2 506	2 331	2 141	1 951
每万人拥有公厕（座）											
	2.7	5.0	3.2	3.2	3.2	3.2	2.9	3.04	3.1	3.1	3.0

资料来源：国家统计局《中国统计年鉴》。

表 3 - 40 说明了 2001～2010 年的全国交通运输基础设施的可获得性。具体包含铁路营业里程、公路里程、内河航道里程、民航航线里程以及管道输油（气）里程等基本的交通运输基础设施指标。无论哪个交通运输指

标，都表明交通运输基础设施的可获得性增强。譬如，公路里程从 2001 年的 168.9 万公里增加为 2010 年的 400.82 万公里。铁路里程从 7.01 万公里上升为 2010 年 9.12 万公里。铁路、公路、民航里程以及管道输油里程的提高均意味着全国交通运输基础设施在近十年一直处于发展和改善环节。

表 3－40　　　　　　全国交通运输主要指标的可获得性　　　　单位：万公里

年份	铁路营业里程	公路里程	高速公路里程	内河航道里程	民航航线里程	管道输油（气）里程
2001	7.01	169.8	1.94	12.15	155.36	2.76
2002	7.19	176.52	2.51	12.16	163.77	2.98
2003	7.3	180.98	2.97	12.4	174.95	3.26
2004	7.44	187.07	3.43	12.33	204.94	3.82
2005	7.54	334.52	4.1	12.33	199.85	4.4
2006	7.71	345.7	4.53	12.34	211.35	4.81
2007	7.8	358.37	5.39	12.35	234.3	5.45
2008	7.97	373.02	6.03	12.28	246.18	5.83
2009	8.55	386.08	6.51	12.37	234.51	6.91
2010	9.12	400.82	7.41	12.42	276.51	7.85

资料来源：国家统计局《中国统计年鉴》。

表 3－41 主要说明了全国 2000 年到 2010 年的通讯基础设施的变化和发展。在通讯基础设施的指标中，主要选择了邮政通信水平和电信通信水平。在邮政通信方面，平均每一营业网点服务的人口到 2010 年增至 1.77 万人，而且已经通邮的行政村比例从 2000 年末的 78.7% 升至为 2010 年的 99%。到 2010 年底，基本上全国的行政村都实现通邮。随着经济和技术的发展，电信通信基础设施更是实现大跃进的发展。其中电话普及率从 2000 年的每百人 20.1 部增加为 2010 年的 86.41 部。而移动电话的普及率更是在 2010 年达到每百人 64.36 部，大约是 2000 年的移动电话普及率的 10 倍。这些数据说明中国电信和邮政服务在近十年的迅猛发展。

表 3 – 41　　　　　　　全国通讯指标的可获得性

2000 年	2001 年	2002 年	2003 年	2004 年	2005 年	2006 年	2007 年	2008 年	2009 年	2010 年
邮政通信水平										
平均每一营业网点服务面积（平方公里）										
135.3	168	123.8	148.8	142.4	145.6	152.9	135.9	138.8	146.2	126.8
平均每一营业网点服务人口（万人）										
1.7	2.2	1.7	2.02	1.95	1.97	2.09	1.9	1.9	2.03	1.77
已通邮的行政村比重（%）										
78.7	77.6	81.9	82.8	82.4	98.96	99.4	98.4	98.5	98.8	99.0
电信通信水平										
移动电话漫游国家和地区（个）										
	90	116	155	184	203	219	231	237	237	239
电话普及率（包括移动电话）（部/百人）										
20.1	25.9	33.6	42.16	50.03	57.22	63.4	69.45	74.29	79.89	86.41
移动电话普及率（部/百人）										
6.77	11.2	16.1	21.02	25.91	30.26	35.3	41.64	48.53	56.27	64.36

资料来源：国家统计局《中国统计年鉴》。

最后，表 3 – 42 列举了 2004～2010 年各地区（省）的公路里程的可获得性。横向比较的结果显示各省的地区公里数都有很大的提高。比如，在经济较为发达的江苏省，公路里程从 2004 年的 78 262 公里增至 2010 年的 150 307 公里。即使经济相对落后的省份，如青海省，该省的公路里程从 2004 的 28 059 公里上升为 2010 年的 62 185 公里，增幅大约是 3 倍左右。所有数据表明全国的地区公路基础设施的可获得性增强，处于迅速发展的地位。

表 3 – 42 的纵向比较表明地区间公路基础设施有差距。其中东北和西北地区的公路建设相对较少。而山东、云南、四川等省重视公路的基础设施发展。

表 3 - 42　　　　　　　　　2004 ~ 2010 年各地区公路里程的可获得性　　　　　单位：公里

地区＼年份	2004	2005	2006	2007	2008	2009	2010
北　京	14 630	14 696	20 503	20 754	20 340	20 755	21 114
天　津	10 514	10 836	11 316	11 531	12 060	14 316	14 832
河　北	70 200	75 894	143 778	147 265	149 503	152 135	154 344
山　西	65 813	69 563	112 930	119 869	124 773	127 330	131 644
内蒙古	75 976	79 029	128 762	138 610	147 288	150 756	157 994
辽　宁	52 415	53 521	97 786	98 101	101 144	101 117	101 545
吉　林	46 796	50 308	84 444	85 445	87 099	88 430	90 437
黑龙江	66 821	67 077	139 335	140 909	150 845	151 470	151 945
上　海	7 805	8 110	10 392	11 163	11 497	11 671	11 974
江　苏	78 262	82 739	126 972	133 732	140 930	143 803	150 307
浙　江	46 935	48 600	95 310	99 812	103 652	106 952	110 177
安　徽	71 783	72 807	147 611	148 372	148 827	149 184	149 382
福　建	56 208	58 286	86 560	86 926	88 607	89 504	91 015
江　西	61 860	62 300	128 236	130 515	133 815	137 011	140 597
山　东	77 766	80 131	204 910	212 237	220 688	226 693	229 859
河　南	75 719	79 506	236 351	238 676	240 645	242 314	245 089
湖　北	89 673	91 131	181 791	183 780	188 366	197 196	206 211
湖　南	87 875	88 200	171 848	175 415	184 568	191 405	227 998
广　东	111 452	115 337	178 387	182 005	183 155	184 960	190 144
广　西	59 704	62 003	90 318	94 202	99 273	100 491	101 782
海　南	20 873	21 162	17 577	17 789	18 563	20 041	21 236
重　庆	32 344	38 215	100 299	104 705	108 632	110 950	116 949
四　川	113 043	114 694	164 688	189 395	224 482	249 168	266 082
贵　州	46 128	46 893	113 278	123 247	125 365	142 561	151 644
云　南	167 050	167 638	198 496	200 333	203 753	206 028	209 231
西　藏	42 203	43 716	44 813	48 611	51 314	53 845	60 810
陕　西	52 720	54 492	113 303	121 297	131 038	144 109	147 461
甘　肃	40 751	41 330	95 642	100 612	105 638	114 000	118 879
青　海	28 059	29 720	47 726	52 626	56 642	60 136	62 185
宁　夏	12 456	13 078	19 903	20 562	21 008	21 805	22 518
新　疆	86 824	89 531	143 736	145 219	146 652	150 683	152 843
平均值	60 344	62 276	111 516	115 604	120 328	124 543	129 298

资料来源：国家统计局《中国统计年鉴》。

四、政策问题

随着财政分权体制的确立，地方政府开始逐渐获得地方基础设施的投资决策权，地方项目越来越多。中央项目的基础设施财政支出比例不断下降，这表明中国对基础设施建设的投入开始转入以地方投资为主的阶段。目前，中国的经济发达地区承担地方基础设施建设的主要责任。对于各级政府基础设施支出主要有以下几个问题。

（一）明确基础设施支出的划分问题

在划分政府间的基础设施投资权时，要充分考虑基础设施投资项目的规模、对经济社会的影响以及受益范围。原则上，凡属于全国性的公共产品、公益面广、投资巨大的财政支出应由中央政府参与；而对于一些地区性基础设施建设、地区性公共服务项目等，可由地方政府投资参与。对于地区与中央有交叉性的公共品，则由地方和中央共同进行提供。

（二）缓解区域间差距

本章节数据表明东西部地区的基础设施水平有着显著的不同。新疆、甘肃等经济欠发达省的基础设施支出相对而言数量较少，比如交通设施和城乡社区事务的财政支出。而经济发达的省份，包括广东，江苏等，无论基础设施投入总量还是增长率都处于全国领先的地位。尤其在城乡社区事务的财政支出方面，与各省的经济实力呈正相关性。其理由是显而易见的，经济落后的省份缺乏能力进行基础设施的改革，也缺乏项目资金的来源。因此，中央政府对于这些省份予以积极的财政支出或补贴，不能完全将基础设施的重担强加到地方政府。随着政府的财政支出和经济落后地区的经济发展以及独立获取资金来源的能力增强，基础设施支出的责任可以逐渐由地方政府决策和提供。

（三）稳定持续地增加基础设施支出

基础设施的发展是民生经济的基础和结构，各级地方政府应该稳定地、持续地增加基础设施支出。本章节的数据表明有些省份如广东、江苏、山东等经济发达的省份在交通和城乡社区事务的财政支出稳步增长。而有些省份，如辽宁等，仅在某年突然大规模投入基础设施建设，而之后又迅速降低财政支出。

所以应该减少为某目的或某项目的一次性大规模的投入，而是着重经济长远发展，逐步的增加基础设施的财政支出。

（四） 优化财政支出结构和提高投资效益

不是全部的基础设施都由政府提供才是最有效的。首先要明确基础设施公共品的性质。根据竞争性和排他性，基础设施的产业分为三类：一是纯公共品生产领域，如电力传输、有线通讯、城市照明和绿化系统等。对于这类基础设施，政府投资是最适合的。二是私有产品，如出租车辆，移动电话等。这类产品应该完全由市场提供。三是混合产品，它兼有公共品和私人物品的双重属性。尽选择公共提供还是混合提供的方式取决于税收成本和税收效率的比较。

（五） 财政基础设施投资的多样化

对于纯公共品的基础设施，必须采取财政预算内直接支出的形式，资金主要来源于税收。而对于混合公共品的基础设施应该采取多元化的投资方式，比如国债资金、财政资金的参股和控股形式，给这种基础设施项目的风险担保和补偿等。

参考文献：

[1] 李有智：《中外公共支出绩效评价之比较》，载于《财贸研究》2005 年第 5 期。

[2] 窦玉明：《财政支出效益评价综论》，载于《财政研究》2004 年第 10 期。

[3] 张新：《关于政府公共支出绩效考评制度的研究》，载于《经济学动态》2003 年第 7 期。

[4] 陆庆平：《公共财政支出的绩效管理》，载于《财政研究》2003 年第 4 期。

[5] 叶波、梁辉：《基础设施概念及其投资效应的时代演变研究》，载于《经济论坛》2011 年第 10 期。

[6] 缪仕国、蔡笑：《基础设施投资对社会其他部门投资影响效应》，载于《经济地理》2006 年第 5 期。

[7] 钱文荣、陆建琴：《论政府在城镇基础设施建设中的角色定位》，载于《学术交流》2004 年第 4 期。

[8] 吴庆：《基础设施的公共性及其政策启示》，载于《城市》2001 年第 3 期。

[9] 宋立、刘树杰：《各级政府公共服务事权财权配置》，中国计划出版社 2005 年版。

第七节 农村服务

一、引言

在我国 13 亿多人口中，农民的数量超过 8 亿，农民问题一直是我们中国社会发展中的重点，党和政府也十分关注于如何解决好农民问题。因此，近几年政府颁布了一系列的相关政策，例如"三农"、建设"新农村"、取消"农业税"等等，但是根据其他地方的实践经验表明，农村想要得到发展，一套完善的农村公共服务体系起着至关重要的作用。农村公共服务主要包括农村教育、文化、医疗卫生、社会保障与农村基础设施建设等诸多方面。农村公共服务的好坏直接关系到农民的生存和发展，并且关系到农业的可持续发展和农村的长期稳定。2008 年 10 月，中共中央十七届三中全会做出的《中共中央关于推进农村改革发展若干重大问题的决定》中明确提出：加快构建以公共服务机构为依托、合作经济组织为基础、龙头企业为骨干、其他社会力量为补充、公益性服务和经营性服务相结合、专项服务和综合服务相协调的新型农业公共服务体系。这为我国农业发展提供全方位的社会服务指明了方向、建构了框架，近年来国家和地方也根据该政策采取了有效措施推动了新农村建设和农村公共服务体系的建立。但是长期以来形成的城乡二元社会结构使得农村和城市居民拥有不同的身份、教育体系、就业体系与公共服务体系，城乡在公共服务上存在的差距不可能在短时间内得到解决。从当前情况看，我国的农村公共服务无论是理论还是实践上都还处于"婴幼儿"时期，农村公共服务出现供给严重不足、分配不够均衡、服务效率低下、缺乏有效监督、无法满足农民群众日益增长的物质文化与生活需求等诸多问题。因此，必须积极着眼于农村公共服务体系建设，深入研究农村公共服务供给问题，探索如何解决资金不足的问题，找出改进农村公共服务供给的策略，推动农村经济社会的不断发展，缩小城乡差距并实现城乡间的一体化社会结构。

对于我国农村公共服务的研究逐渐变多，首先就是集中在对我国农村公共服务存在问题上的探讨。王野秋（2011）提出目前我国的农村公共服务存在的问题主要有提供仍然不足，与城市差距大；公共服务体系与农村地区日益发展变化间的脱钩；资金不足；公共服务提供的执行机制弱。另外，周淑梅（2010）还提出了农村环境问题以及农村公益性公共服务的缺位问题。农业公共服务体系在农业生产中孕育并逐渐成为一种多元主体参与的社会化服务体系，尽管西方发达国家农业公共服务的结构比较完善，但这一概念最早是由我国政府提出的（郑文凯、李芹，2007）。近几年来虽然国内外并不乏学者投入到农村卫生服务、农村教育服务、农民养老保障服务等研究中，但对农村服务体系构建方面的研究并不多见。淳伟德（2005）对农村社会化服务体系进行了阐述，并将其分解为农业生产服务体系、农村基础设施服务体系、农村社会事业服务体系。但这篇文章侧重于对农村社会化服务体系建设的问题与对策的阐述，并没有完整的构建一个农村服务要素指标体系，加上文章没有将农村服务体系与农业发展、农民增收综合起来研究，因此，不能够对农村服务体系进行客观地评价。胡继华（2010）针对中国现状，系统地提出了一个考核农村服务能力的综合评价指标体系。该指标体系由 16 个要素组成来综合判断农村的综合服务能力，从而找出不同地区农村在某一要素方面存在的不足，并通过改进，提高自身的服务能力。在农村信息服务体系方面，国外发达国家在这方面的研究比较成熟。相比于国外发达国家，我国受农村经济落后、单户经营体制、农民素质不高等多种因素的影响，对农村信息服务的研究重点主要是对农业信息化内涵和外延的理解、农业发展历史阶段的划分以及农业信息化发展战略的研究。梅方权（2001）提出了一个农业信息化的系统概念认为农业信息化应当是农业全过程的信息化，是用信息技术装备现代农业，依靠信息网络化和数字化支持农业经营管理，监督管理农业资源和环境，支持农业经济和农村社会信息化。张玉香（2003）提出了一套农业信息化发展综合框架。

本报告将在上述研究成果的基础上，结合一些数据和图表再次分析探讨我国农村公共服务在现实中取得的成就以及存在的不足，进而提出完善我国农村公共服务的方法和建议。

二、相关概念界定

农村公共服务：指为满足农村发展或农民生产、生活共同所需而提供的具有一定的非排他性和非竞争性的社会服务。农村公共服务一般可分为两大类，一类指包括基层政府（县乡）提供的行政服务，如农村计划生育服务、农业发展战略研究（行政村道路规划）、农村环境保护、为降低农业灾害所修建的灾害预报设施等；另一类是指农村义务教育、农村公共卫生、农村社会保障、农村道路建设、农田改造、农村水利灌溉系统建设、小流域防洪涝设施建设、农业科技成果推广、农田防护林等公共产品与服务。

农村基础设施： 指为发展农村生产和保证农民生活而提供的公共服务设施的总称。包括交通邮电、农田水利、供水供电、商业服务、园林绿化、教育、文化、卫生事业等生产和生活服务设施。它们是农村中各项事业发展的基础，也是农村经济系统的一个重要组成部分，应该与农村经济的发展相互协调。

农村社会保障： 社会保障是指国家和社会通过立法对国民收入进行分配和再分配，对社会成员特别是生活有特殊困难的人们的基本生活权利给予保障的社会安全制度。而农村社会保障则是在农村实现这样的社会保障制度。相比于城镇社会保障，农村社保有以下特点：个人缴费与政府补贴相结合；缴费基数低于城镇；某些地方可以将政府的其他补贴拿来抵社保费用，比如耕地保护金；覆盖人口众多；起步晚，需要一步一步完善；各地经济发展水平不一样，允许地方出台政策与国家政策相结合。

农村公共卫生： 农村公共卫生的具体内容包括对重大疾病尤其是传染病（如结核、艾滋病、SARS 等）的预防、监控和医治；对食品、药品、公共环境卫生的监督管制，以及相关的卫生宣传、健康教育、免疫接种等。

三、我国农村公共服务的成就

近几年来，我国政府不断加强对农村公共服务的投入，努力完善农村公共服务体系，让更多的农民能够享受到更好的服务。最近几年，我国在农村公共服务方面的建设取得了一些显著的成就。

（一）农村水电站的建设取得显著成果

2010 年，全国农村水电站装机容量达 1 198 万千瓦时，年发电量达 376 亿度。解决无电人口 28.5 万户，农村电网户表覆盖率达到 84%，农村乡镇通电率达到 100%，行政村通电率由 99% 上升到 99.9%，农户通电率由 92% 上升到 98.8%。从四川省乡村办水电站个数的逐年增加，我们可以看出政府对农村的电力设施投入了大量资金。如下图所示（图 3 - 6），四川省乡村办水电站的数量从 2000 年的 3 070 个增加到 2009 年的 4 141 个。

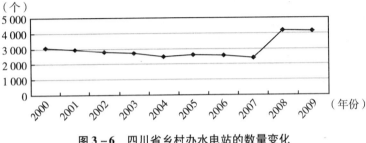

图 3-6　四川省乡村办水电站的数量变化

资料来源：《中国统计年鉴 2010》。

258

（二）　交通运输、仓储和邮政业农村固定资产投资逐年增加

交通运输、仓储和邮政业作为国民经济的基础产业，新中国成立以来得到进一步加强，特别是改革开放后，交通运输、仓储和邮政业得到了快速发展，交通建设全面提速，服务功能大大提高，运输方式协调发展；仓储和邮政业基础服务条件大为改善，为农村经济的加速发展奠定了坚实的基础。尤其是农村交通运输的建设是推动农村快速发展、脱贫的必要因素之一，农村交通运输对于增加农民收入、刺激商业活动、加强地区之间的联系与沟通、提高生活质量、推进城镇化建设和新农村建设等方面有着非常积极的作用。

图 3-7 是关于中国交通运输、仓储和邮政业农村固定资产投资额的图表。从图中，我们可以看出我国对农村交通运输、仓储和邮政业的投资不断加强，从 2000 年的 350.5 亿元增加到 2009 年的 1 703.3 亿元，增长了大约 5 倍。加快农村交通运输、仓储和邮政业的建设，是改善农村生产、生活条件，发展农村经济，解决"三农"问题的基础。农村交通运输、仓储和邮政业的建设，对于推动农村经济社会又好又快发展具有极其重要的现实意义。

（三）　农村教育、文化、卫生、社会保障等社会公共服务有所加强

近几年，财政对农村文化、卫生、教育、保障补助、合作医疗等专项投入逐年加大，为农村的各项公共服务的构建提供了财力保障。有效的促进了建设社会主义新农村，满足广大农民群众多层次多方面的精神需要。有效解决了农村看病贵、看病难问题，也提高了农民生活水平，义务教育的普及。其中，图3-8 和图 3-9 是关于 2003～2008 年财政对成都农村公共服务主要项目的投入的折线图。从图中，可以得出政府对农村各项公共服务的资金投入逐年增

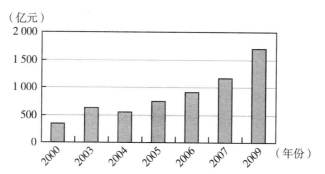

图 3-7 中国交通运输、仓储和邮政业农村固定资产投资额

资料来源：《中国统计年鉴 2010》。

加，尤其是教育和保障补助的增长更为显著，成都农村教育的财政投入从 2003 年的 12 775 万元增长到 2008 年的 337 551 万元，对保障补助的财政投入从 2004 年的 4 000 万元增长到 147 743 万元。有力地提高了成都农民的生活水平和医疗保健，为成都农民带来更多的文化娱乐和交通便利。

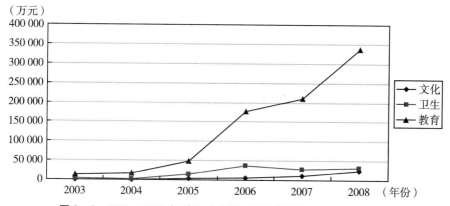

图 3-8 2003～2008 年财政对成都农村公共服务主要项目的投入

资料来源：《成都统计年鉴》相关各期。

2009 年，成都市启动统筹城乡劳动保障四维公共服务体系试点，将劳动保障公共服务体系归结为政策制度、组织架构、运行机制和保障措施"四个维度"，通过梳理服务项目、再造服务流程、整合公共资源、延伸服务项目、实行网上经办，在 7 个区（市）县共 20 个街道和社区、10 个医疗机构试点运行，基本形成了"成都统筹城乡劳动保障四维基本公共服务体系"模型。2010 年，温江区开展统筹城乡劳动保障四维公共服务体系全域示范，目前全区 33 个就业社保服务中心（站）基本实现服务能力和业务功能全覆盖。

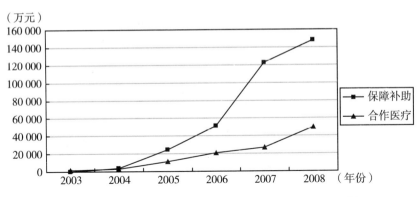

图3-9　2003~2008年财政对成都农村公共服务主要项目的投入

资料来源：成都市财政局。

（四）农民消费与农村服务的进步

以上内容我们是从财政投入的角度分析农村公共服务的改善，以下部分是从农民消费的角度来观测农村服务的进步。从图3-10可以看出，农民在医疗保健、交通和通讯以及文化娱乐用品及服务方面的支出基本上是逐年增加。说明政府为农民提供了更多的享受公共服务的机会，同时为农民的收入提供了更多的社会保障，从而刺激农民更多的消费在服务上。完善农村的公共服务，不仅可以提高农民的生活水平，缩小城乡差距，而且可以刺激消费，拉动内需，促进经济的增长。因此，加强农村公共服务的建设力度，可以为社会带来多方面的作用。

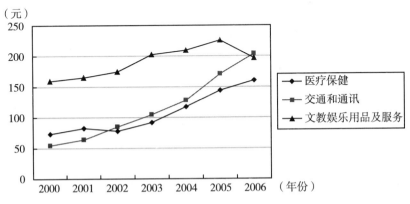

图3-10　农村家庭平均支出

资料来源：《中国统计年鉴2007》。

四、我国农村公共服务中存在的问题

我国的农村公共服务虽然在各方面都有了进步，但是针对一个拥有8亿多农民的中国来说，农村公共服务还需要更多的发展。现阶段我国农村公共服务中存在的问题主要有以下几点。

（一）农村公共服务供给总量不足

虽然，我国在农村公共服务上的投资额在逐年加大，各个地方的政府也在加强农村公共服务的建设，但是，当前我国农村公共服务的总体状况是供给严重不足，公共产品的供给远远无法满足农民的实际需要。从全国范围来看，还有相当多的乡镇未通自来水、未通电话、未通公路；很多偏僻山村的电视接收信号十分微弱；大量乡镇没有设立文化站；公共医疗保健服务供给也十分落后，许多乡村的基本医疗保健服务指标无法达到标准；同时，大量的农村人口缺乏医疗保险、社会保障。由市场所提供的公共服务也往往由于农村经济的发展缓慢、资金匮乏等原因，造成供给十分有限，从而使农村公共服务供给普遍不足，现有的公共物品不论是在层次上，还是在质量上，与城市相比，差距都十分大。

从图3-11可以看出，中国在对农村教育的固定投资上并不是很稳定，并且总资金额并不是很大，从2003～2009年的固定资产投资额分别为197亿元、221.8亿元、242.3亿元、141.4亿元、154.7亿元、278.7亿元，其中2006年和2007年的固定资产投资额明显低于其他年份，对于拥有8亿多农村人口的中国来说，投资额严重不足。

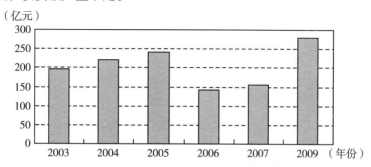

图3-11　中国教育农村固定资产投资额

资料来源：历年《中国统计年鉴》。

（二）农村公共服务的供给主体缺失

在农村地区，因为地方各级政府间及政府与村民自治组织间的公共产品供给权责划分不够清晰、交叉重叠现象严重，由此造成了农村公共产品供给主体的缺失。乡镇政府实际上承担了大量本应由上级政府承担的义务教育、计划生育等任务，这不但加剧了基层政府的财政紧张状况，而且本该由政府提供，或由政府与农民一起承担的公共产品成本，实际上却完全由农民来承担，这也加大了农民的负担。可见，在目前的供给体制下，基层政府不但要承担范围十分广泛的公共服务，而且还要完成上级政府下达的各种指标，财政负担沉重，可能会使地方政府走向少资金也少提供公共服务的方向。

（三）农村的教育文化卫生社会事业发展滞后

一个国家兴旺发达的标志，不仅在于经济的发展，更在于社会事业的进步。教育、文化、卫生事业的发展，事关人民福祉和国家未来，并且具有持久性。对于拥有8亿多农民的中国来说，建设好农村的教育文化卫生事业，对于整个国家的发展和进步尤其重要。但是，基于现实情况，中国农村的教育、文化、卫生事业的发展相当滞后。图3-11虽然在一定程度上说明了农民在教育、文化、卫生的支出在逐年增长，但是我们不得不注意到，农民在这些方面支出的绝对额还是很低的。

图3-12和表3-43是关于中国乡村受教育程度的人口抽样调查，从图3-12中可看出，中国的乡村义务教育并未全面普及，仍有未上学的乡村人口存在。

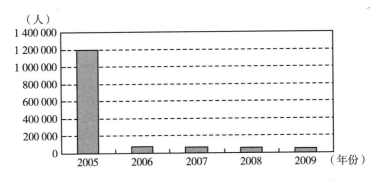

图3-12　中国乡村受教育程度人口（抽样数）（未上过学）

资料来源：《中国人口统计年鉴2006》、《中国人口和就业统计年鉴》（2007~2010）等。

表 3 –43　　　　中国乡村受教育程度的人口（抽样数）（大专及以上）　　　　单位：人

年份	2001	2002	2003	2004	2005	2006	2007	2008	2009
人口数	4 660	5 099	4 398	6 137	65 921	6 092	6 634	7 027	8 390

　　资料来源：《中国人口统计年鉴》（2003、2005、2006）、《中国人口和就业统计年鉴》（2008～2010）等。

　　从表 3 –43 中可以得出，乡村人口中受过高等教育的人口还是极少数，表中给出了 2001～2009 年中国乡村受过大专及以上教育程度的人口数量，除 2005 年的人口数量较多，其余各年的人口数量并未有多大改变，可见，国家对于农村的教育资助力度还不够，农村教育还是很滞后。

（四）农村建设缺乏科学规划

　　农村建设的宗旨是要逐步缩小城乡之间的发展差距，要让农民和城市居民一样作为公民能够公平地享受经济发展和社会发展的成果，逐步建设一个公平、公正、和谐的社会。但在实际的推行过程中，很多地方缺乏规划，来了项目，随便找块地就上，为以后全面发展埋下了后患。还有些地方，领导为了政绩工程，只注重"点"的建设，在比较发达、靠近公路等交通方便的地方，集中人、财、物大力扶持，甚至造成一些公共服务设施的过剩，而忽视了全面的发展，使得原来比较落后的地方继续落后。还有些地方只做表面文章，把农村建设变成了领导作秀。当地很多村民吃水难、行路难，但农村建设示范村却大笔地花钱，大张旗鼓地建设大广场、修花坛、栽大树，甚至农民的住房都要按统一标准粉刷，外表是漂亮了，但农民却穷得叮当响。

五、完善我国农村公共服务的建议和措施

　　我国的贫富差距主要体现在城乡居民间的贫富差距，即使在广东深圳这些经济比较发达地方的城乡贫富差距也是很大的，虽然这些发达地方的农村相对来说得到了相比于中国其他地方的农村更好的支持和发展条件，但实际上东部发达地区城乡贫富差距程度已超过了其他省份的城乡贫富差距，并且还有不断扩大的趋势。究其根源可以看到其实正是因为初始创造的发展环境以及享受的公共服务不同所致。所以，积极推进农村公共服务建立，为农村的发展创造出良好的环境，带领农民找到可持续的发展方向，才能从根本上使农民增收，真

正过上小康生活，从而缩小与城镇居民之间的差距，实现全社会的和谐发展和共同富裕。

（一）加大对农村公共服务供给的力度

一是要增加对农村地区财政经费与基础建设的经费，切实提高农村基础教育、农村医疗卫生的质量与水平。各级政府的财政支出应秉持公平与效率的原则，有目的地向农村地区的基础教育、医疗卫生上倾斜。这就要求不断更新与调整财政支持经济发展的方式。财政资金一定要从竞争领域转到公共服务领域上来，通过开展技术更新与改善投资环境，以便吸引投资，增强经济的核心竞争力。如此一来，在不断增加财力的基础上，财政资金能够不断向农村公共服务领域进行倾斜，以便于提高农村公共服务水平。二是要对欠发达农村地区实施优惠政策。政府对欠发达地区实施政策倾斜，是平衡不同地区贫富差距的重要手段，重点应针对欠发达农村中那些关系到农民基本生存状况的公共服务，从而解决公共服务的地区失衡及城乡失衡问题。要按照不同农村地区的经济发展水平与公共服务现状，按照兼顾公平与效率的原则，对公共服务比较落后的农村地区实施政策倾斜，制定出有利于农村地区迅速发展的优先政策。三是关注农村生活困难群体，健全农村最低生活保障制度。目前，农村困难群体的不断增加，其利益的绝对受损，已成为众所周知的客观现实，从而严重影响到社会的公平、公正。所以，政府部门要尽快健全农村最低生活保障体系，从而将生活困难群体纳入到农村公共服务供给体系之中，通过提供最基本的公共服务保障，以确保其基本的生存权与发展权。

（二）进一步构建农村公共服务事业建设的多元化投融资机制

农村公共服务事业发展相对滞后，建设任务繁重，资金需求巨大。仅仅依靠政府投入，难以完全满足城乡基本公共服务均等化的内在需要。必须进一步加大公共服务供给体制改革力度，引导、鼓励企业、个人和各类社会组织加大对农村公共服务的投入，逐步改变农村公共服务投资过度依赖政府的现状，突破农村公共服务资金短缺的瓶颈。从国际经验来看，市场组织和社会组织在农村公共服务事业建设中也扮演了重要角色。在统筹城乡发展过程中，应借鉴其他国家和国内其他地区在城乡公共服务一体化建设过程中的成功经验，加快探索农村公共服务多元化投入机制。

（三）深化改革财政管理体制

要增加农村基础设施的供给，必须按照公共财政的基本要求，构建城乡协调平衡、公平合理的基础设施财政供给新体制。第一，通过进一步调整和理顺各级政府的财政分配关系，合理划分、科学确定农村基础设施供给的事权和财权，使两者相对称、相统一。第二，根据受益范围的大小，合理划分全国性、区域性、地方性农村基础设施的界限，并由相应层级的政府予以提供。交通、通讯、供电、基础教育、减灾防疫、环境保护等具有"外溢性"的区域性基础设施，由主受益地区举办，中央给予补助。田间公路、六小工程等受益范围局限于某个地区的地方性基础设施，原则上应由地方政府承担，但政府应根据公平的原则，按贫困程度予以支持。第三，建立和完善政府间特别是省级政府以下财政转移支付制度。由于地方政府提供的基础设施大多具有正外溢性，如果没有相应的补偿，这些产品的供给就会陷入不足的境地。因此，建立和完善政府间转移支付制度，由上级或邻近地区政府对其进行适当的补助是必然选择。从目前财政管理体制来看，这不仅要求进一步完善纵向转移支付制度，还应建立健全省级以下政府间横向转移支付制度。

（四）改革和完善农村基础设施经营管理体制

过去对农村基础设施的管理主要是一种实物管理和设备管理，谈不上什么资产经营管理。无偿服务越大，实现扩大再生产步履维艰。因此，建立与市场经济相适应的经营管理体制就成为有效增加农村基础设施供给的一个重要途径。第一，经营性或竞争性基础设施要逐步改造成公司制，实行现代企业制度，按一般生产企业运作，企业应独立自主、自负盈亏，为农业生产提供的各种服务都要收费。这里，"费"的本质就是服务产品的价格。第二，非经营性或非竞争性基础设施实行以价值管理为主、以实物管理为辅的体制。这类设施以社会效益为主旨，可以是无偿服务或低偿服务，投资和经费来源主要由财政负担。但内部也要讲究经济效益，讲究责、权、利相统一。第三，所有农村基础设施要尽可能实行资本化和价值化管理，实现保值、增值。第四，农村各类小型基础设施可改建成各种合作经济、股份经济、股份合作经济等形式，明晰产权，按企业化原则经营。

参考文献：

［1］胡继华：《我国农村服务体系创新机制分析》，载于《安徽农业科学》2010 年第 3 期。

［2］马海涛、程岚、秦强：《论我国城乡基本公共服务均等化》，载于《财经科学》2008 年第 12 期。

［3］黄金辉、丁忠毅：《成就与问题：成都农村公共服务事业建设审视——以城乡统筹发展为视角》，载于《财经科学》2010 年第 1 期。

［4］匡小平、肖建华：《公共服务供给不足的财政体制原因分析》，载于《财政研究》2010 年第 12 期。

［5］李禄俊：《农村公共服务供给现状及其改进策略》，载于《中共四川省委党校学报》2010 年第 2 期。

［6］吕微、唐伟、韩晋乐：《基于多方合作的农村服务体系供给研究》，载于《中国行政管理》2010 年第 6 期。

［7］乔宝云、范剑勇、彭骥鸣：《政府间转移支付与地方财政努力》，载于《管理世界》2006 年第 3 期。

［8］王晓峰：《构建社会主义新农村公共服务体系：一个综述性的观点》，载于《北方经济》2008 年第 5 期。

［9］王爱民：《农村公共服务模式选择——基于城乡一体化的视角》，载于《中国经贸导刊》2011 年第 13 期。

［10］周淑梅：《我国农村公共服务的现状及问题》，载于《党政干部学刊》2010 年第 7 期。

［11］杨林、韩彦平、孙志敏：《公共财政框架下农村基础设施的有效供给》，载于《宏观经济研究》2005 年第 10 期。

［12］朱玉春、唐娟莉、刘春梅：《基于 DEA 方法的中国农村公共服务效率评价》，载于《软科学》2010 年第 3 期。

第四章

地 方 政 府 融 资

第一节　概　　述

一、地方政府融资的含义

地方政府融资是指地方各级政府为实现经济和社会发展目标，通过财政、金融等渠道筹措财政资金的行为、过程和活动。按照地方政府融资的基本依据和不同方式划分，主要可以分为地方税收、地方政府收费、地方政府借贷和地方政府补助收入等。

（一）地方税收

地方税收是指为了实现地方政府的职能，由中央或者地方立法，地方负责征收并拥有一定的管理权限，收入完全归地方政府支配管理，属于各级地方政府的财政收入的各个税种的统称。在我国，由于税收立法权集中于中央，因此我国的地方税收收入是指按照 1994 年的分税制改革和 2001 年的所得税改革，由各级地方政府组织征收的应该划归地方各级政府的地方固定税种收入和地方从共享税中分享的税收收入。

我国现有的地方税收主要包括以营业税为主体的流转税，以土地税为主体的财产税和以城市建设维护税为主体的目的税。由于我国的地方政府目前除了个别小税种外，没有税收立法权，因此从根本上讲地方政府无法通过地方税的立法、征收、调整和减免等项权限，依据不同地方税种的特点和作用范围对地方经济进行全面调节，这便制约了地方政府通过税收手段调节地方经济的主动性。

（二）地方政府收费

在市场经济条件下，税收不是地方政府的唯一财政收入形式。政府收费是重要的非税财政收入形式，从各国的财政实践来看，政府收费收入在中央政府财政收入中所占比重一般都非常小，但其在地方财政收入中所占的比重相对要高许多，不管是在发达国家还是发展中国家都是如此。近年来，随着收费种类的不断增加和规模的不断扩大，地方政府收费收入已经成为我国各级地方政府进行融资的一个重要财源和主要渠道之一。

所谓地方政府收费是指地方政府公共部门中的一些行政单位和事业单位在向社会提供管理服务或事业服务时，以供应者的身份向被管理对象或接受服务的消费者收取的费用，一般由行政管理性收费、事业服务性收费和专项收费构成。这类收费虽然由于种类较多而各有特点，但是有两点是共同的：一是这类收费的标准不是按市场原则来确定，而是由地方政府单方面定价来确定的；二是这类收费基本上都与消费者接受服务和管理的自愿选择有关，即使是罚款也是以被罚者做出了某种违规行为为前提的。因此地方政府通过政府收费进行融资的同时，可以实现地方政府对所辖区域的社会经济生活的管理，能够抑制人们对政府提供的某些准公共物品的过度消费，有利于提高政府公共服务的效用，降低政府提供公共服务的筹资成本，从而增进本地区的社会福利。

但随着市场经济的发展和政府职能的转换，近年来我国地方政府的收费项目急剧扩张，收费规模日益膨胀，清理整顿乱收费势在必行。为了合理地运用地方政府收费这一融资形式，在治理乱收费的过程中，地方政府应严格遵守非盈利原则，坚持以交换为基础，以特定服务为前提，在合法、公正透明的政治程序下科学地选择收费范围和收费标准。为此一方面应将合理收费和乱收费区别开来，因为合理收费作为一个特殊的社会经济现象，有其存在的理论依据和现实意义；另一方面应该针对当前地方政府收费秩序混乱的客观原因，规范收费行为，充分发挥地方政府收费对所辖区域的社会和经济的宏观调控作用。

（三）地方政府借贷

地方政府借贷活动不仅是整个政府债务的组成部分，也是地方政府进行财政融资活动的一个重要环节。随着规模越来越大、形式越来越复杂，地方政府通过借贷进行融资对地方财政运行、地区经济发展乃至整个国民经济运行的影响也会越来越广泛和深刻。

地方政府借贷一般指地方政府以债务人的身份，采取信用的方式，通过借款或发行债券等方式取得资金的行为。在我国，根据《中华人民共和国预算法》，"地方各级预算按照量入为出、收支平衡的原则编制，不列赤字"的规定，现阶段我国地方政府在法律层面上是无权通过发行地方政府债券进行融资的。限制地方政府通过发行公债的方式进行融资，并不等于说地方政府就没有借贷，在现实生活中，各级地方政府都可以通过各种方式的借贷来进行融资。

我国的《财政总预算会计制度》就规定，地方预算可以根据国家法律和国务院的特别规定举借债务、借入财政周转金、申请国内外专业贷款，这些是我国现阶段地方政府合法、正规的债务融资渠道。比如各级地方政府可以向国际金融组织、外国政府和国内政策性银行和机构进行借款，这类借款的期限一般较长、条件优惠，带有援助开发性质。此外，各级地方政府及其直属的投融资机构也可以向各类商业银行、非银行金融机构进行借款。

（四）地方政府补助收入

地方政府补助收入也称为地方政府转移支付收入，是地方政府接受中央政府或其他同级政府无偿的资金转移收入。它是以各政府之间所存在的财政能力差异为基础、以实现各地公共服务水平均等化为宗旨，而实行的一种财政资金转移或财政平衡制度。中央政府为了弥补各级政府间的纵向财政不平衡和横向财政不平衡，使地方政府的支出结构和水平与中央政府的目标一致，刺激地方政府努力增加本地收入，以及稳定整个国民经济的目的，会实行政府间的转移制度。

政府间的财政转移支付不仅是中央政府对地方财政行为进行调控，实现社会资源在全国范围内优化配置以及平衡地区间收入分配的主要手段，而且也是地方政府进行融资的重要收入来源。

二、地方政府融资的原则

（一）效率原则

地方政府融资的效率原则，是指地方政府以尽量小的融资成本取得尽量大的融资收益，它通过融资成本与融资收益的比较得以衡量。地方政府融资的效率原则具有丰富的内涵，主要包含两个方面的内容：一是指地方政府的融资要起到促进经济发展的作用，而不是阻碍生产力的发展，即经济效率原则；二是指地方政府融资的行政费用要低，即行政效率原则。

地方政府进行融资既要注重微观效率的提高，又要注重宏观效率的提高。首先在提高宏观经济效率方面，要通过对不同融资渠道的精心设计，使地方政府通过融资来源和宏观经济周期性波动，调节区域内的国民经济总量平衡、结构平衡，从而使本区域经济持续、健康、协调地发展。其次，在提高微观效率方面，主要是指在地方政府进行融资的过程中，要妥善处理好地方政府、企业和个人三者之间的利益关系，通过各种制度的完善，达到既能保障地方政府的财政收入，又能调动企业、个人的积极性的目的。地方政府融资的行政效率是考察融资行政管理方面的成本开支情况，而检验融资行政效率的标准是融资成本与融资收入的比重，比重越小，融资行政效率越高。

（二）公平原则

公平问题是最早被关注的政府融资问题之一。在社会主义市场经济条件下，我国各级地方政府融资的公平原则应包含两层含义：经济意义上的公平和社会意义上的公平。

所谓经济意义上的公平，首先是指必须为企业竞争创造一个公平的融资环境。即不论企业所有制、属地、经营活动有何差别，在政府进行融资时，都应一视同仁、大体统一，享受无差别待遇。即使地方政府根据本区域经济和社会发展的需要实施区别对待的产业政策，也应当控制在一定的范围之内，从而实现融资过程中的"横向公平"。其次，为了实现经济意义上的公平，还必须运用地方政府融资手段调节与生产经营无关的其他因素，主要是自然资源因素所产生的级差收入，为企业创造公平竞争的市场环境。再次，地方政府提供的公共服务大都具有一定的排他性，能够分辨受益的对象和受益的程度，所以在融资手段的选择设计上应更多地考虑受益原则的使用。

所谓社会意义上的公平，是指以缩小收入分配差距为目标的收入再分配，这一职责主要在中央政府，但是地方政府从维护本区域社会稳定的角度出发，在运用融资手段时也应该有所考虑。比如以公平为目标的公共服务项目就不能用受益原则来进行融资。

（三）财政原则

地方政府融资的财政原则，是指地方政府筹集财政收入的原则。对这一原则的论述可以归纳为两大思路：一是正面思路。这一思路是从地方政府支出需要的主观愿望出发的，认为财政原则即为满足地方政府财政支出需要的原则。19 世纪后期德国新历史学派的代表人物瓦格纳是其典型代表。另一思路是负面思路。这一思路是从地方政府融资的约束条件出发的，认为地方政府的融资要有一个合适的界限，不可太多，也不可太少。著名的拉弗曲线对这一思想做了经典的表述。

综合上述两种思路，财政原则可以概括为如下三个基本内容：一是充分稳定，即地方政府融资必须充分、稳定地满足本地政府财政支出的需要；二是弹性，即地方政府融资要与本地区经济增长和社会发展保持灵活的弹性；三是适度，即地方政府的融资必须保持在一个合理的界限内。

在我国社会主义市场经济条件中，地方政府除了提供维持本地社会稳定与发展的一般公共服务（如：本地区公检法、必要的行政、教育、卫生、科技、文化、社会保障和社会救济等）外，还担负着调节本地经济与社会又好又快的发展等重要任务，为了实现这些目标，地方政府需要一定的财力支撑。我国各级地方政府有必要充分发挥税收的政府融资作用，为地方政府职能的实现与社会发展的需要提供必要的财力保障。为达到这一目标，应根据我国的具体国情，通过地方政府融资制度的改革完善与科学设计，为地方政府融资财政原则的实现提供制度上的保障。

三、地方政府融资方式选择的约束条件

地方政府在进行融资时，究竟采取以何种方式为主进行，受到多种条件的约束。在影响地方政府融资方式选择的诸多约束条件中，经济水平约束、社会状态约束和财政体制约束的影响最为明显。

（一）经济水平约束

一个地区的经济发展水平反映本地区社会产品的丰富程度和经济效益的高低，决定了本地区可供社会支配的资源量的大小。地方政府的融资规模与经济发展水平密切相关，它对于满足经济发展的需要、支撑政府职能的实现和保证经济社会协调发展，具有相当重要的作用，二者相互促进、相互制约。经济发展水平越高，本区域的社会产品越丰富，其国民收入就越高。一般而言，一地区的国民收入较多，则该地区的财政收入总额就越大，占本地区国民收入的比重也就较高。在影响地方政府的融资方式的因素选择中，这是最主要因素。

经济发展水平对地方政府融资方式选择的影响主要体现在两个方面：一方面，社会经济发展水平越高，可供社会支配的资源规模就越大，地方政府的融资规模也相应的可以保持较大规模。在这种情况下，地方政府就可以采取以税收和收费为主要融资方式；相反，则要重点考虑政府补贴收入的融资方式。另一方面，地区经济发展水平越高，社会对政府提供的公共服务的需求就越多，相应地，要求地方政府融资保持较大规模。

（二）社会状态约束

社会状态是指社会系统的整体特性，主要包括权力分布、经济分布、人口分布和文明分布，它们分别与政治子系统、经济子系统、人口子系统、文化子系统相应。通常我们所说的"社会秩序"就是一种社会状态，而且是一种良好的状态。在构成社会状态的几个子系统中，政治状态是社会状态最主要的决定因素。

地方政府融资之所以要受到社会状态的约束，是因为我国现在正处于近两百年以来最好的历史时期。虽然目前社会上还有许多的体制弊端，还有许多没有解决的矛盾，但是从整体上来讲，我国政治上比较稳定，法制化进程不断推进，市场经济已经初步形成并步入正轨，全国各级地方政府在进行融资时有了一个良好的社会环境。这对地方政府融资目标的实现提供了一个坚实的保障。

（三）财政体制约束

社会经济制度的不同对政府财政职能和作用的要求有很大的区别，进而会影响到政府财政融资的规模和融资方式的选择。我国在计划经济时期，由于政府除担任向社会提供公共服务的责任外，还在社会经济发展中承担着重要的投资责任。因此，地方政府融资一直保持着较大的规模。但是，在市场经济条件下，政府的职能相应的减少，地方政府的融资规模也随之相应缩小。社会经济制度的不同会影响到地方政府融资方式的选择。

为进一步完善我国分税制财政体制，规范中央与地方的收入分配机制，并使其作为一项制度确认下来，分税制财政体制要使各级政府都有稳定的财源，特别是要保证中央财力的稳定增长和在收入分配中的主导地位，保证中央政府有充足的财力对地方政府进行必要的补助和调控。

第二节 地方政府自有收入来源

一、分税制概述

所谓分税是指在中央与地方之间以及地方各级之间，以划分各级政府事权为基础、以税收划分为核心，相应明确各级财政收支范围和权限的一种分级财政管理体制。包括税种的划分、征收机构的中央和地方分设、各级政府财权和事权的划分。

1994年的分税制改革可以说是自1949年以来中国财政体制的一个分水岭，改变了中央和地方政府财政关系，这是从制度层面上进行的深度改革，在此之前，中央政府的财政收入自给能力不足，分税制改革前1993年中央财政收入仅占22.02%，实行分税制的第一年，这一比例达到了55.7%，当然1994年的分税制带有很浓的过渡色彩，导致一种事权下移、财权不断上移的制度安排。从实行分税以来，地方政府收入只占不到47%，却承担了财政支出的近70%，可见财权和事权是严重的不匹配。按照"一级政府，一级事权，一级财权"的要求，每一级政府都应该要有自己稳定的与相应事权匹配的财政收入来源。地方政府收入紧张，必然会想方设法从制度外来寻找收入来源，土地财政就是源于这种制度安排，数据显示，地方政府土地出让金收入占到了当年收入的近50%。分税制的基础是分权，如果不分权，就成了"分钱"了，税权的适当集中，有利于税制统一，增强中央政府的宏观调控能力，对地方政府的适度分权，有利于地方因地制宜地调控区域性资源配置；有利于发挥地方政府开辟税源、充分利用区域性资源优势组织收入和调节收入分配的积极性，促进地方税收体系的建立和完善。

二、地方政府财政收入结构与规模

（一）共享税收入部分

共享税又称中央与地方共享税，指中央政府和地方政府按照一定方式共同分享收入的税收。共享税主要由中央直接管理，税种的开征、停征，税目、税率的调整，减税，免税，加征等权限由中央决定。

现行分税制下中央与地方共享税包括：增值税、营业税、企业所得税、外商投资企业和外国企业所得税、个人所得税、资源税、城市维护建设税、印花税和没有立法开征的燃油税、证券交易税。2003 年以后中央和地方政府分享税种的比例见表 4 – 1。

表 4 – 1 　　　　　　　　　中央和地方政府分享税种的比例

级次 ＼ 项目	收 入 项 目
中央政府收入	关税、消费税、海关代征的增值税和消费税、中央企业所得税；地方银行和外资银行及非银行金融企业所得税，铁道部门、各银行总行、各保险总公司等集中缴纳的收入（包括营业税、所得税、利润和城市维护建设税），车辆购置税。
地方政府收入	资源税（海洋石油企业缴纳的部分归中央政府），城镇土地使用税，土地增值税，印花税，房产税，个人所得税，车船税，契税。
共享收入	增值税（中央政府分享75%，地方政府分享25%），资源税（海洋石油部分归中央），企业所得税、个人所得税（中央政府分享60%，地方政府分享40%）。

从历年数据来看，共享税收入占地方政府税收收入的比重达到了 80%，可见从共享税分得的收入在地方政府收入中占有举足轻重的地位（见表 4 –2）。

表 4 – 2 地方共享税收入（1994～2009 年） 单位：亿元

年份 \ 类别	共享税收入	地方政府本级税收收入	地方政府本级财政收入	共享税收入占财政收入的比重（%）	共享税收入占税收收入比重（%）
1994	1 835. 41	2 294. 26	2 311. 60	79. 4	80. 0
1995	2 224. 26	2 833. 45	2 985. 58	74. 5	78. 5
1996	2 645. 33	3 448. 93	3 746. 92	70. 60	76. 60
1997	3 017. 32	4 001. 75	4 424. 22	68. 20	75. 40
1998	3 329. 28	4 439. 04	4 983. 95	66. 80	75. 00
1999	4 084. 26	4 938. 64	5 594. 87	73. 00	82. 70
2000	4 842. 98	5 690. 93	6 406. 06	75. 60	85. 10
2001	6 109. 98	6 961. 55	7 803. 30	78. 30	87. 77
2002	6 261. 80	7 406. 16	8 515. 00	73. 54	84. 55
2003	6 875. 14	8 413. 27	9 849. 98	69. 80	81. 72
2004	8 293. 37	9 999. 59	11 893. 37	69. 73	82. 94
2005	10 734. 46	12 726. 73	15 100. 76	71. 09	84. 35
2006	12 766. 03	15 233. 58	18 303. 58	69. 75	83. 80
2007	16 179. 83	19 252. 12	23 572. 62	68. 64	84. 04
2008	19 085. 08	23 255. 11	28 649. 79	66. 62	82. 07
2009	20 739. 56	26 157. 44	32 602. 59	63. 61	79. 29

注：1. 本表中共享税包括了地方分征税种：营业税、企业所得税、个人所得税、城建税、印花税；2. 本表中地方财政收入都是本级收入；3. 由于数据获取难度大，1994～2001年的数据皆是根据《中国税务年鉴》和《中国统计年鉴》计算而得，加上计算口径问题，数据有出入，但对于说明地方政府收入结构的一个演变过程还是恰当的。

资料来源：历年《中国税务年鉴》和《中国统计年鉴》。

从图 4 – 1 可以看到，共享税收入占地方政府收入的比重很大，大体达到了 70% 左右；但共享税收入分配，中央政府拿的大头，而地方占的比重较小。

（二）地方税收入部分

地方税收入，这里不包括营业税，个人所得税等实为地方分征收入部分的税收收入。根据《中国统计年鉴》的数据分析计算得出表 4 – 3，可以看出地方税收入占地方财政收入的比重大体相当，大概只占到了 15%。

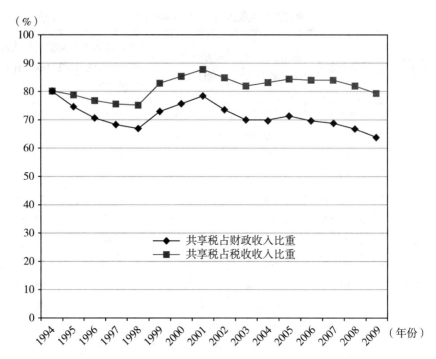

图4-1　共享税占财政收入和税收收入的比重（1994～2009年）

资料来源：历年《中国税务年鉴》和《中国统计年鉴》。

表4-3　　　　　　　　　　　　　地方税收入（1994～2009年）　　　　　　　　　单位：亿元

类别 年份	地方税收入	地方政府本级 税收收入	地方政府本级 财政收入	地方税收入占 财政收入的 比重（%）	地方税收入占 税收收入比重 （%）
1994	458.85	2 294.26	2 311.60	19.85	20.00
1995	609.19	2 833.45	2 985.58	20.40	21.50
1996	803.60	3 448.93	3 746.92	21.45	23.30
1997	984.43	4 001.75	4 424.22	22.25	24.60
1998	1 109.76	4 439.04	4 983.95	22.27	25.00
1999	854.38	4 938.64	5 594.87	15.27	17.30
2000	847.95	5 690.93	6 406.06	13.24	14.90
2001	851.57	6 961.55	7 803.30	10.91	12.23
2002	1 144.36	7 406.16	8 515.00	13.44	15.45

续表

类别 年份	地方税收入	地方政府本级 税收收入	地方政府本级 财政收入	地方税收入占 财政收入的 比重（%）	地方税收入占 税收收入比重 （%）
2003	1 538.13	8 413.27	9 849.98	15.62	18.28
2004	1 706.22	9 999.59	11 893.37	14.35	17.06
2005	1 992.27	12 726.73	15 100.76	13.19	15.65
2006	2 467.55	15 233.58	18 303.58	13.48	16.20
2007	3 132.45	19 252.12	23 572.62	13.29	16.27
2008	4 170.03	23 255.11	28 649.79	14.56	17.93
2009	5 417.88	26 157.44	32 602.59	16.62	20.71

资料来源：《中国统计年鉴》。

从表4-3可以看出，在财力逐步向中央政府集中，而且中央政府享有税源稳定、容易征收的税种，在全部税收收入中占有很大的比重。而地方税则多是小税种，难以征收，或者征收成本大。故而地方税在地方财政收入、地方全部税收收入比重很低，而且还总体上呈现出一种下降的态势，1995年，地方税收入2 833.45亿元占到了20%左右，到2005年增长到12 726.73亿元，只占到了10.91%。共享税收入占地方政府收入的比重高，必然使地方政府更多地依赖中央政府的转移支付，而不规范的转移支付制度使得地方政府收入不稳定，而且不得不依靠其他途径来弥补支出缺口。接下来的第三节就要分析非税收入在地方政府收入中所占的比重。

（三）收费收入（非税收入）

首先要对非税收入进行定义，对地方政府收入结构进行分析时分为三个部分，共享税、地方税、非税收入。由于地方政府没有举债权，所以这里所述的非税收入不包括债务收入。非税收入具体包括收费、基金、国有资产收益及其他收入，由于统计数据获得的难度太大，统计口径，政策变化等原因，本报告对于不属于税收收入的地方政府收入部分统统计入非税收入，主要包括以下四种：

（1）行政事业性收费。是指国家机关、事业单位、代行政府职能的社会团体及其他组织根据国家法律、行政法规、地方性法规等有关规定，依照国务院规定程序批准，在向公民、法人提供特定服务的过程中，按照成本补偿和非盈利原则向特定服务对象收取的费用。

（2）政府性基金。是指政府为支持特定事业的发展，向自然人、法人和其他组织依法征收的具有专门用途的资金。

（3）罚没收入。是指国家机关，对公民、法人和其他组织实施处罚所取得的罚没款以及没收赃物的折价收入。

（4）国有资本经营收益。是指国有资本分享的企业税后利润。还包括了彩票公益金、国有资源收益，以政府名义接受的捐赠收入、财政资金产生的利息收入等。

按照预算管理办法，非税收入可以分为纳入财政管理的和没有纳入财政预算管理的非税收入，也称为制度外非税收入。预算内的非税收入全部纳入国库，支出由财政核拨，这一部分收入管理比较规范。但对于预算外管理的非税收入来说，规范程度不如预算内管理的非税收入，作为制度外收入，具有随机性和波动性，透明度低，容易出现把应上缴财政专户的收入截留挪用，私设小金库，违反"收支两条线"的规定。

可以说1994年的分税制改革规范了中央与地方政府收入分配制度，提高了中央政府的收入比重，使中央政府在宏观调控、调节地区收入差距的能力增强。但分税制的缺陷也是如此的明显，专项转移支付某种程度上加剧了地区经济发展不平衡；财权的上移，事权的下移，再加上地方政府没有税收的立法权，"跑部进京"要专项转移支付又不可靠。这种转移支付制度存在较严重的非客观性，导致了各地"苦乐不均"、"鞭打快牛"，这在很大程度上助长了地方政府对预算外资金的寻求，走非规范的"自力更生"之路来落实支出责任。加上省以下分税制改革一直进展缓慢，省与省以下各级政府也在某种程度上效仿中央和省之间的"上收财政，下放事权"的制度安排。下表给出非税收入占地方财政收入的比重。从表4-4可以看出，非税收入在地方政府收入中所占的比重在逐年递增。

表4-4　　　　　　地方非税收入（1994~2009年）　　　　　单位：亿元

年份 类别	非税收入	地方政府本级税收收入	地方政府本级财政收入	非税收入占财政收入的比重(%)
1994	17.34	2 294.26	2 311.60	0.75
1995	152.13	2 833.45	2 985.58	5.10
1996	297.99	3 448.93	3 746.92	7.95
1997	422.47	4 001.75	4 424.22	9.55
1998	544.91	4 439.04	4 983.95	10.93
1999	656.23	4 938.64	5 594.87	11.73
2000	715.13	5 690.93	6 406.06	11.16
2001	841.75	6 961.55	7 803.30	10.79

续表

类别\年份	非税收入	地方政府本级税收收入	地方政府本级财政收入	非税收入占财政收入的比重(%)
2002	1 194.00	7 406.16	8 515.00	14.02
2003	1 436.71	8 413.27	9 849.98	14.59
2004	1 893.78	9 999.59	11 893.37	15.92
2005	2 374.03	12 726.73	15 100.76	15.72
2006	3 070.00	15 233.58	18 303.58	16.77
2007	4 320.50	19 252.12	23 572.62	18.33
2008	5 394.68	23 255.11	28 649.79	18.33
2009	6 445.15	26 157.44	32 602.59	19.77

注：从1994～2009年，非税收入的统计口径不一，各种基金、收费变动情况很大，费改税，预算外转预算内管理，对此一一加总得出非税收入总额，基于可以获取的数据是不太现实的。鉴于此，根据当年财政收入和税收收入倒轧出当年非税收入的数额，再经过相关调整，计算整理出的数字大致反映了地方政府从1994年分税制改革以来非税收入演变趋势。

资料来源：《中国统计年鉴》。

三、对地方政府自有收入状况的总体评价

地方政府收入来源结构按照是否来自于税收来划分，可以分为税收收入和非税收入。非税收入长期以来不是以税收方式征收，也没有上缴国库。从上面第三部分对非税收入的分析也可以看出非税收入一直处于膨胀的状态。税收收入（包括共享税和地方税）占到了地方财政收入约80%。如果加上基金收入，预算外收入，社会保险基金收入等地方政府财政收入的其他组成部分的话，这一比例可能只有50%左右。也就是说如果将全部政府的收入纳入财政收入范畴，税收收入可能只占财政收入的一半。

总体来说，我国地方政府收入结构的主要问题在于还有相当部分的收入没有纳入统一的预算编制。由于地方税源有限，长期以来，预算外非税收入占地方财政收入的比重甚至大于税收收入，尤其在一些中西部地区，经济欠发达，税收收入权重很小，地方政府却担负了沉重的支出责任。数据显示，地方政府，特别是县乡政府，共同提供了大量而且最重要的公共服务，70%的预算内

义务教育支出，近55%的公共医疗支出，负责几乎所有的失业保险、养老保险和其他救济。地方政府没有稳定的财源，没有因地制宜的税收立法权，无权适时开征新税种；支出责任没有减少，而且来源于中央政府的转移支付又很不规范，地方政府财政压力随着事权层层下压而加大。这种不完善的财政分权，加上地方政府的财政预算不能出现赤字，也没有发行公债的权力，所以乱收费，制度外收入等灰色收入成了无奈之举。

从上面的分析来看，非税收入比重呈现着上升趋势。这主要是地方政府对于非税收入这部分预算外收入拥有完全的、不受制约的支配权，这就刺激了地方政府努力扩大预算外收入，甚至想法将预算内收入转入，来扩大自己对收入的可支配权力。如果考虑地方经济发展这个因素，也可以解释为什么非税收入比重增长。为了刺激本地经济发展，地方政府往往选择通过税收减免、先征后返等措施来吸引投资，这也会使预算内收入比重越来越小。

1994年的分税制改革后到现在存在21个税种，除去固定资产调节税和筵席税已停征，实征税种有19种，其中中央税4种，地方税实征8种，剩下7个税种为中央地方共享税。这次改革大大提高了中央财政收入比重，而且财政收入中的增量部分更多地归中央政府。地方政府激励不足，无益于地方税体系建设和完善公共财政制度。现行地方税体系的问题比较多，而地方税体系在调动地方政府积极性、理顺中央政府与地方政府财权财力纵向配置关系、规范地方财政收入、实现公共服务均等化目标等方面具有不可替代的作用。

第三节　中央与地方，省与地方政府之间的转移支付

一、我国转移支付制度概述

（一）分税制后我国转移支付制度的构建

1993年12月，国务院发布《关于实行分税制财政管理体制的决定》，并于1994年1月1日起实行，这是对我国财税体制的一项重大改革。分税制极大提高了中央的集权程度和财政地位，使得财政收入占GDP的比重和中央财政收入占全国财政收入的比重在以后年度都得到显著提高。

财政转移支付制度是一国财政体制的一项重要组成部分，我国在 1994 年分税制改革中建立的转移支付的形式主要有：税收返还、过渡期转移支付（即一般性转移支付制度）、财政补助（包括体制补助和结算补助）、专项拨款（即"专项转移支付"）。2004 年后国务院对转移支付的分类进行了调整，分为：税收返还、转移支付和体制补助三类，而转移支付中又具体分为财力性转移支付和专项转移支付；2007 年以后，税收返还不再计入转移支付，并将体制补助并入财力性转移支付，转移支付便被分为了财力性转移支付和专项转移支付两类；2009 年，为规范转移支付体系，财政部将财力性转移支付更名为一般性转移支付，将原一般性转移支付更名为均衡性转移支付。回顾十几年的改革，中央给予地方的转移支付从 1994 年的 590 亿元增加到 2010 年的 27 348 亿元，年均增长接近 27%，超过了同一时期中央财政收入的增长幅度。

（二）现行转移支付制度的基本内容

财政转移支付项目在 1994 年后根据情况不断予以调整。1995 年财政部经国务院批准，出台了《过渡期转移支付办法》，并在 1998 年作了修正；为配合西部大开发战略，支持民族地区发展，国务院决定从 2000 年起实施民族地区转移支付；在 2001 年，中央增设了农村税费改革转移支付，对除北京、天津、上海、江苏、浙江、广东等之外的省份给予补助；针对基层政府的财力缩减，中央在 2004 年实施了配套的取消农业特产税、降低农业税率补助；在 2005 年又进一步实施了缓解县（乡）财政困难的"三奖一补"等财力性补助。经过一系列调整，目前，我国中央对地方的转移支付主要可以分为两类：一类是一般性转移支付，另一类是专项转移支付。（具体分类见表 4－5，划分比例见图 4－2）。

表 4－5　　　　　　　　我国政府间财政转移支付体系的构成

转移支付类型	范　围
一般性转移支付 （原财力性转移支付）	主要包括：均衡性转移支付（原一般性转移支付）；民族地区转移支付；调整工资转移支付；农村税费改革转移支付；缓解县乡财政困难转移支付；其他一般性转移支付
专项转移支付	主要包括：农林水事务、社会保障与就业支出、教育、医疗卫生、环境保护、粮食风险基金、贫困地区补助专款及支援经济不发达地区支出、其他专项支出等

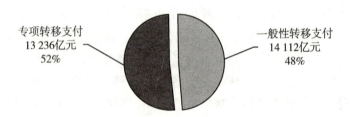

专项转移支付
13 236亿元
52%

一般性转移支付
14 112亿元
48%

图4-2 2010年中央对地方转移支付划分

资料来源：财政部网站。

（三）转移支付制度的运作方式

由于我国的财政管理体制是与行政管理体制相适应的，都按照"统一领导，分级管理"原则进行，中央一般是与省级政府为代表的地方政府直接进行财政收支划分，然后又由省级政府同省以下地方政府再进行相应财政收支划分。在这一体系中，省级政府按照中央的政策意图与部署，根据本地实际来处理同省以下财政关系。

在转移支付制度的运行上，中央对地方的一般性转移支付只面向省级政府，由后者在本省及省以下地方政府中进行再分配；中央对地方的专项转移支付由于有具体领域、相关标准等专款专用条件限制，经常会出现跨级次分配的现象。在转移支付的规模确定及测算办法上，不同转移支付形式的测算方法也各不相同。对均衡性转移支付的确定，是按财政部制定通过的《2008年中央对地方一般性转移支付办法》规定执行的。做法是：根据影响财政收支的客观因素，以及包含人口规模、人口密度、海拔、温度、少数民族等成本差异，结合各地实际财政收支情况，采用规范的公式化方法进行。均衡性转移支付按照各地标准财政收入和标准财政支出差额以及转移支付系数计算确定。用公式表示为：

某地区一般性转移支付额＝（该地区标准财政支出－该地区标准财政收入）

×该地区转移支付系数

同时，凡标准财政收入大于或等于标准财政支出的地区，不纳入均衡性转移支付范围。转移支付系数参照均衡性转移支付总额、各地区标准财政收支差额以及各地区财政困难程度等因素确定。其中，困难程度系数根据标准财政收支缺口占标准财政支出比重及各地一般预算收入占一般预算支出比重计算确定。①

专项转移支付一般要求地方政府进行一定的资金配套，同时要指定用途。其分配主要采用因素法、项目法、因素和项目结合法等几种形式。

因素法主要是根据各类转移支付的具体情况，合理确定因素和权重，设计规范的资金分配公式。具体程序是：省级政府相关部门向中央主管部门报送材料，经其审核后交由财政部确定资金分配方案，并下达资金。以此类方法确定规模的专款包括：中央财政农业综合开发基金、边境地区的专项转移支付、中央财政促进服务业发展专项资金等。

项目法要求各级政府财政部门根据国民经济发展规划编制项目计划，建项目库，由下一年预算中安排专项转移支付资金，并实行每一年度绩效考核制度。实行上述办法的专款包括企业关闭破产补助资金、革命老区专项转移支付、自然灾害生活救助补助资金等。

因素和项目结合法则是综合运用以上两种方法来实施。运用的范围包括国家助学金、国家奖学金、下岗失业人员小额贷款贴息等。

分税制财政管理体制改革以来，随着中央财力的增强，中央对地方转移支付不断增加（见表4-6）。在一般性转移支付中，最主要的是均衡性转移支付，缩小地区差距已成为一般性转移支付的主要目标。而在专项转移支付中，最主要的是社会保障和就业、农林水事务等，这表明专项转移支付主要立足于激励地方政府增加对地方公共品的供给。

表4-6　　　　　　1994~2011年中央对地方转移支付数额及各组成部分　　单位：亿元

年份	中央对地方转移支付	一般性转移支付	所占比重（%）	专项转移支付	所占比重（%）
1994	590	229	39	361	61
1995	667	292	44	375	56
1996	774	285	37	489	63
1997	845	327	39	518	61

① 财政部关于印发《2008年中央对地方一般性转移支付办法》的通知，（财预〔2008〕90号）。

续表

年份	中央对地方转移支付	一般性转移支付	所占比重（%）	专项转移支付	所占比重（%）
1998	1 239	361	29	878	71
1999	1 966	542	28	1 424	72
2000	2 459	846	34	1 613	66
2001	3 693	1 493	40	2 200	60
2002	4 345	1 944	45	2 401	55
2003	4 836	2 238	46	2 598	54
2004	6 357	2 934	46	3 423	54
2005	7 727	4 198	54	3 529	46
2006	9 571	5 159	54	4 412	46
2007	14 017	7 126	51	6 891	49
2008	18 709	8 747	47	9 962	53
2009	23 679	11 320	48	12 359	52
2010	27 348	13 236	48	14 112	52
2011	32 242	17 337	54	14 905	46

资料来源：李萍主编：《财政体制简明图解》，中国财政经济出版社 2010 年版。2011年数据来源于政府财政预算，为预算数。

二、一般性转移支付部分

（一）一般性转移支付的内容

我国目前一般性转移支付包括：

1. 均衡性转移支付

均衡性转移支付是实现地区间公共服务均等化的有效手段。作为分税制财政管理体制改革的配套措施，其基本思路是，按照规范和公正的原则，根据客观因素计算确定各地区的标准财政收入和支出，以各地标准财政收支的差额作为分配依据。财政部在 2011 年 6 月对原有转移支付办法做出修订，主要重新修订了对地区均衡性转移支付额度的计算公式，① 总体来看增强了民生因素在其中的权重，亦有利于推进基本公共服务的均等化。

2. 民族地区转移支付

为配合西部大开发战略，支持民族地区发展，国务院决定从 2000 年起实施民族地区转移支付。其总量来源有二：一是 2000 年专项增加对民族地区政策性转移支付 10 亿元，今后每年按上年中央分享的增值税收入增长率递增；二是对 8 个民族省区及非民族省区的民族自治州的增值税收入，采用环比办法，将每年增值税收入比上年增长部分的 80% 转移支付给民族地区。其中，这部分增量的一半按来源地返还，以调动地方增加收入的积极性；同时，考虑到民族地区经济发展水平客观上存在差异及地区之间财力不均衡等情况，为体现公平原则，将另外一半按照因素法通过转移支付方式分配给地方。2006 年起，又将非民族省区的民族自治县（区）也纳入转移支付范围。

3. 调整工资转移支付

1998 年以来，为应对亚洲金融危机，缓解国内有效需求不足的矛盾，党中央、国务院决定实施积极财政政策，出台了提高中低收入者收入水平的系列政策。考虑到地区之间财政状况相差较大，各地对增加支出的承受能力不一，中央决定，实施这些政策增加的支出，北京、上海、江苏、浙江、广东、福建等沿海经济发达地区由当地政府自行解决，财政困难的老工业基地和中西部地区由中央财政给予适当补助。

4. 农村税费改革转移支付

为推动农村税费改革顺利实施，从 2001 年开始，中央财政统筹考虑各地区提高农业税税率增收因素和取消乡镇统筹、降低农业特产税税率、取消屠宰税减收、调整村提留提取办法等因素，对地方净减收部分，通过转移支付给予适当补助。为了从源头上减轻农民负担，鼓励粮食生产，根据国务院关于农村税费改革统一部署，2004 年开始取消除烟叶外农业特产税，逐步取消农业税，由此减少的地方财政收入，沿海发达地区原则上自行消化，粮食生产区和中西部地区由中央财政适当给予转移支付。地方财政减收额原则上以 2002 年为基

---

① 参照财政部颁布的《2011 年中央对地方均衡性转移支付办法》。

期，按农业特产税和农业税实收数（含附加）计算确定。中央财政补助比例分别为中西部粮食生产区100%，非粮食主产区80%；东部粮食生产区（含福建）50%，非粮食生产区不予补助。

5. 缓解县乡财政困难转移支付

针对县乡财政困难状况，2005年起，中央财政建立"三奖一补"激励约束机制，即对财政困难县的政府增加税收收入和省市级政府增加对财政困难县一般性转移支付给予奖励，对县乡政府精简机构和人员给予奖励，对产粮大县给予奖励，对以前缓解县乡财政困难工作做得好的辖区给予补助。

6. 其他一般性转移支付

主要包括中央实施某些宏观调控政策后，中央对地方财政减收所进行的财力性补助，如固定资产投资方向调节税暂停征收的财政减收补助、实施天然林保护工程的地方减收补助、退耕还林还草的减收补助等。其中有些项目具有专项性质，但大部分为财力补助性质。

（二）一般性转移支付的数量变化

一般性转移支付数额的多少，与地方政府自有的收入呈负相关关系，与地方政府财政支出的需求呈正相关的关系。由于上级政府对一般性转移支付资金的使用情况没有做出明确规定，因此，无法清楚的知晓其所有的款项的具体支出，这样不利于政府所制定的政策目标的落实。但是，一般性转移支付可以有效地弥补地方政府财力的不足，同时这种转移支付方式对于地方政府来说具有很强的自主权，这样有利于地方政府根据当地的实际情况制定相应的政策目标，从而使当地居民的福利水平得到有效提高。

1. 中央对省级一般性转移支付的数量变化

1994年以来，中央对地方财政的一般性转移支付规模一直呈逐年增加的态势，一般性转移支付的比重得到了持续提高，其规模由1994年229亿元提高到2009年11 320亿元、2010年13 236亿元、2011年17 337亿元，年均增幅达28.9%（见图4-3）。一般性转移支付占中央对地方转移支付总额的比重则由1994年的39%上升到2011年54%。这表明，以基本公共服务均等化为主线的转移支付力度在不断加强。

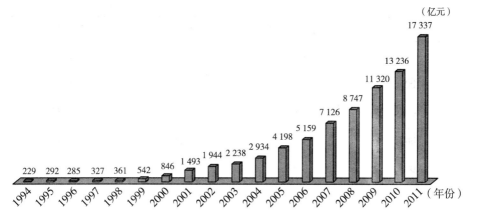

图 4 - 3　一般性转移支付规模变化（1994～2011 年）

资料来源：李萍主编：《财政体制简明图解》，中国财政经济出版社 2010 年版。2011 年数据来源于政府财政预算，为预算数。

分类别来看，一般性转移支付所包含的各项转移支付形式的数量均呈现逐年增长的变化趋势。

（1）均衡性转移支付数量变化。一般性转移支付中的均衡性转移支付总额和所占比重一直呈上升趋势。均衡性转移支付是分税制的财政体制中最具代表性、最有规范性和最能体现公共财政政策目标的转移支付项目，其在转移支付总量中的比重也最能体现当前财政转移支付制度的整体"健康"状况。随着我国财政转移支付制度的不断完善，均衡性转移支付总量由 1996 年的 35 亿元增长到 2011 年的 6 609 亿元，增长了 189 倍，年均增长 42%，均衡性转移支付占转移支付总量的比重由 1996 年的 4.5% 发展到 2011 年的 20.5%（见表 4 - 7 和图 4 - 4）。虽然均衡性转移支付占转移支付总量的比重仍然较小，但从我国中央财力有限的实际情况出发，均衡性转移支付增长迅猛，所占比重逐年提高，足以证明我国财政转移支付制度逐渐规范化的发展历程。

表 4 - 7　　　　1996～2011 年均衡性转移支付占转移支付总量比重情况　　　单位：亿元

年　份	中央对地方转移支付	均衡转移支付	所占比重（%）
1996	774	35	4.47
1997	845	50	5.94
1998	1 239	61	4.88

续表

年　份	中央对地方转移支付	均衡转移支付	所占比重（%）
1999	1 966	75	3.83
2000	2 459	86	3.48
2001	3 693	138	3.74
2002	4 345	279	6.42
2003	4 836	380	7.86
2004	6 357	745	11.72
2005	7 727	1 120	14.50
2006	9 571	1 530	15.98
2007	14 017	2 505	17.87
2008	18 709	3 510	18.76
2009	23 679	3 918	16.55
2010	27 348	4 760	17.40
2011	32 242	6 609	20.50

资料来源：《中国统计年鉴》，2011 年数据为财政预算数。

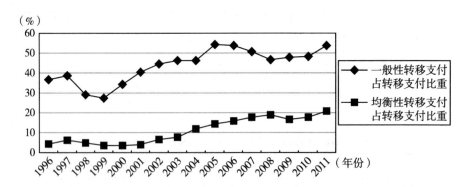

图 4-4　一般性转移支付和均衡性转移支付占转移支付总量的比重（1996～2011 年）

（2）民族地区转移支付数量变化。一般性转移支付中，除了均衡性转移支付外，占比较大的还有民族地区转移支付。民族地区转移支付成倍增长。2006~2011年民族地区转移支付规模变化见图4-5。从数据可以看出，民族地区转移支付近几年总体呈上升趋势，从2006年的155.63亿元到2011年的370亿元，年均增长幅度为6.6%。

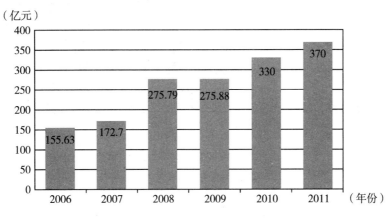

图4-5　民族地区转移支付规模（2006~2011年）

资料来源：《中国财政年鉴》和《2006年中央和地方预算执行情况报告》，2011年数据由2011年政府财政预算数据代替。

2. 省以下的财政一般性转移支付数量变化（以四川为例）

1994年分税制以来，我国各省级政府比照中央的财政转移支付制度，积极探索并实施省对省以下政府的财政转移支付制度。以四川省为例：

分税制后，中央对四川省财政转移支付总量是持续增加的。1995年中央对四川省总的转移支付额为130亿元。从2000年起，中央根据国家西部大开发政策加大了对四川省的转移支付力度，到2010年增长到1 717亿元（见图4-6和表4-8）。

2000年以来，四川省提高了对省以下的转移支付。从2000年181亿元，到2007年，提高到941亿元。扣除通货膨胀等因素后，2007年四川省对省以下转移支付总量为2000年的4.55倍，2000~2007年间平均增长速度为24.17%。同时四川省将获得的中央转移支付越来越多的用在省对下转移支付上，2000年四川省以下获得中央转移支付的比重为78.48%，2007年为90.20%，

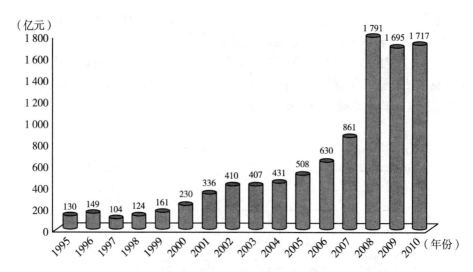

图 4-6 中央对四川省转移支付总量变化图（1995～2010 年）

资料来源：1996～2004 年《中国财政年鉴》，以及四川省财政厅。

表 4-8　　　　　2005～2010 年中央对四川省转移支付总量与结构　　　　单位：亿元

年份	中央对四川省财政转移支付	一般性转移支付	专项转移支付
2005	580	366	214
2006	630	353	277
2007	861	476	385
2008	1 791	578	1 213（含 479 亿元以专项转移支付形式拨付的地震灾后重建资金）
2009	1 695	222	1 473（含 731 亿元以专项转移支付形式拨付的地震灾后重建资金）
2010	1 717	276	1 441（含 648 亿元以专项转移支付形式拨付的地震灾后重建资金）

资料来源：四川省财政厅。

提高了约 10 个百分点。从省对下转移支付内部结构来看，2000～2007 年，地市级所获转移支付比重在下降，2000 年为 28.37%，2007 年为 13.45%，下降约 15 个百分点，县区级所获转移支付比重同比上升。说明在省对下转移支付中，县区级获得了日益增多的转移支付（见表 4-9）。

表4-9　　　四川省对省以下的转移支付变化情况（2000~2007年）

年份	四川省对省以下的转移支付总量（万元）	省对下转移支付/获得中央转移支付（%）	地市级（万元）	县区级（万元）	地市级/总量（%）	县区级/总量（%）
2000	1 806 977	78.48	512 581	1 294 396	28.37	71.63
2001	2 734 181	81.33	846 211	1 887 970	30.95	69.05
2002	3 379 713	82.39	852 105	2 527 608	25.21	74.79
2003	3 687 647	90.52	893 611	2 794 036	24.23	75.77
2004	4 929 424	91.01	1 076 275	3 853 149	21.83	78.17
2005	5 788 912	94.24	1 128 824	4 660 088	19.50	80.50
2006	7 138 101	92.71	1 091 943	6 046 158	15.30	84.70
2007	9 406 085	90.20	1 264 965	8 141 120	13.45	86.55

资料来源：四川省财政厅。

　　四川省对省以下财政转移支付中一般性转移支付的变化是，从2001年的85亿元，增长到2007年的458亿元。其中均衡性支付从2001年的8亿元到2007年的158亿元（见表4-10），比重也从2001年的9.4%增长到2007年的34%。

表4-10　　　　　四川省对省以下财政转移支付情况表　　　　　单位：亿元

年份	一般性转移支付	均衡性转移支付	其他财力性转移支付	合计
2001	85	8	78	273
2002	125	15	110	338
2005	254	91	163	579
2006	355	118	236	714
2007	458	158	299	941

资料来源：四川省财政厅。

三、专项转移支付部分

（一）专项转移支付的内容

　　目前，我国专项转移支付包括一般预算专项拨款和国债补助等。按照用途划分，专项拨款主要用于基础设施建设、天然林保护工程、退耕还林还草工程、贫困地区义务教育工程、社会保障制度建设、公共卫生体系建设等经济、社会事业发展项目实施。2010 年中央对地方专项转移支付总额 14 112 亿元，已经涵盖了农林水利、教育、卫生、环境保护等各方面。各部分用途及占比见图 4－7。

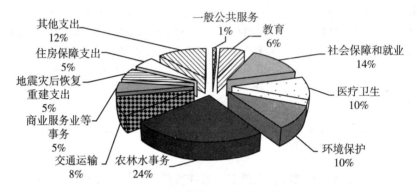

图 4－7　中央对地方专项转移支付的划分（2010 年）

资料来源：财政部网站《2010 年中央对地方税收返还和转移支付决算表》。

在资金分配方面，现行中央对地方专项转移支付资金根据不同情况主要采用因素法、项目法、因素和项目结合法进行分配。

从 1994 年以来，随着政府职能的转变和公共财政体制改革的深化，专项转移支付所投向的范围与涉及的领域不断变化，总体趋势是用于竞争性领域的专项转移支付逐步减少，用于民生领域的专项转移支付大幅度增加。

（二）专项转移支付的数量变化

1. 中央对省级专项转移支付的数量变化

自分税制改革以来，中央对地方安排的转移支付逐年增加，专项转移支付在绝对量上增加尤其显著，2010 年中央对地方财政预算转移支付 27 348 亿元，其中专项转移支付规模 14 112 亿元，占中央转移支付的 51.6%；1994 年专项转移支付为 361 亿元，1994 ~ 2010 年的年均增长 25.5%，具体额度见图 4－8。

2. 省以下财政专项转移支付的数量变化（以四川为例）

中央对四川省财政专项转移支付近年来不断增加，尤其是 2008 年汶川特

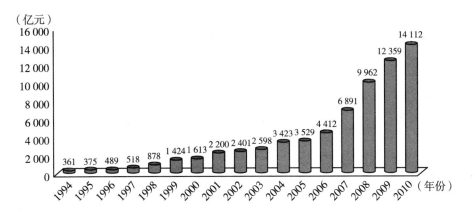

图 4-8　中央对地方的专项转移支付规模（1994~2010 年）

资料来源：中经网统计数据库。

大地震发生以后，中央以专项转移支付形式拨付的地震灾后重建基金算入专项转移支付。2008 年 1 213 亿元、2009 年 1 473 亿元、2010 年 1 441 亿元的专项转移支付中，分别包含 479 亿元、731 亿元、638 亿元的地震灾后重建基金（见图 4-9）。

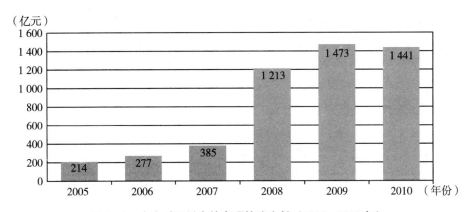

图 4-9　中央对四川省的专项转移支付（2005~2010 年）

资料来源：2008~2010 年四川省财政预算执行情况和财政预算草案。

四川省对省以下的专项转移支付也从 2001 年的 85 亿元增长到 2007 年的 361 亿元。

四、对现行转移支付制度的简要评价

（一）现行转移支付制度的作用

1. 调节了中央与地方财政收支结构，保障了中央政策的落实

在分税制财政体制改革后，我国财政收支结构纵向不平衡明显。一方面，在中央集中财力后，地方财政支出压力加大，地方政府承担了约 70% 以上的公共支出，但其财政收入仅占 45% 左右，存在较大的财力缺口。另一方面，分税制改革后中央财力增强，1994 年中央级财政收、支分别占全国的 55.7% 和 30.3%，① 中央财政开始出现一定的"财力剩余"。为此，中央通过转移支付形式，有效调节中央与地方财政的纵向平衡，中央补助地方后，地方的财力缺口得到了较好的弥补，并且此后中央财政转移支付逐渐成为地方政府的主要收入来源。

2. 均衡了地区间财力差异，支持了中西部经济社会发展

针对我国区域发展不平衡、东部地区发展较快、中西部地区比较落后的实际情况，我国在财政转移支付资金的分配上体现了对中西部地区的倾斜。

例如在 2009 年全部转移支付中，中西部占比 87%；一般转移支付中，中西部占 92%；专项转移支付中，中西部占比 83%（见图 4 - 10）。

再以 2007 年为例，如果将 2007 年东部地区按总人口计算的人均地方一般预算收入作为 100，中西部地区分别仅为 32 和 34。在中央通过转移支付实施地区间收入再分配后，中西部地区人均一般预算支出分别上升到 59 和 69。②

从财政转移支付的类型来看，对中、西部地区的财政转移支付则以一般性转移支付和专项转移支付为主，充分地体现了弥补地区财政收支缺口和实现公共服务均等化的财政转移支付目标。

另一方面，政府在使用转移支付资金后可以起到促进经济增长的作用。由于对中西部地区转移支付资金较高，明显促进了中西部地区的发展，主要经济

---

① 数据来源：《中国统计年鉴 2006》，中国统计出版社 2006 年版。
② 数据来源：夏祖均：《财政收入越来越多用于地方》，载于《中国财经报》2008 年 2 月 9 日，第 4 版。

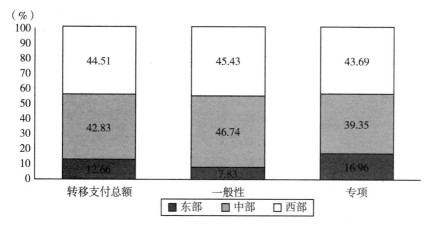

图 4 – 10　中央转移支付区域分布（2009 年）

资料来源：《中国经济年鉴》计算整理。

指标得到提高。据国家统计局报告指出，2007 年，我国区域经济运行呈现中部崛起特征。在东、中、西三大区域中，中部的增长势头最强劲，产出、投资等多项经济指标增长速度明显领先；东部增长速度相对放慢；西部的发展势头也比较强劲，多数指标的增长速度快于东部，但增速略慢于中部。这种状况一定程度会使我国经济发展水平的地区差距趋于缩小。

3. 转移支付制度不断完善，推动了财政管理精细化进程

近年来，中央财政在促进转移支付透明度提高方面取得一些进展。一方面，与理论界及地方财政部门共同探讨完善转移支付测算的办法；另一方面，也推广了规范的转移支付理念，推动了省以下转移支付制度的完善。同时，转移支付办法、数据来源与测算结果的公开性也保证了其有效性与权威性。

在完善测算办法中，一般性转移支付中的均衡性转移支付改进了标准财政收入、标准财政支出和标准财政供养人口的测算方法，使均衡性转移支付更能体现因素法的计算依据，其他一般性转移支付也逐步改变了基数法或一事一议的分配方法，基本按照因素法进行分配；对于专项转移支付，财政部也采取了较为科学的以因素法为主、因素法和基数法相结合的分配方法。

在转移支付资金的使用管理上，财政部对应每个专项资金都出台了资金管理办法，规范了资金的使用方向和拨付程序，并且配合政府采购和国库集中支付改革，将全部涉及政府采购的财政转移支付资金纳入国库集中

支付管理。这些改革措施都提高了转移支付资金分配使用的规范性、安全性和有效性。

4. 转移支付有利于实现城乡公共产品供给的均等化

在实现城乡公共产品供给均等化的过程中，综合运用一般性转移支付和专项转移支付是保证这种均等化实现的有效途径。一般性转移支付与解决经济落后的农村地区财政自求平衡能力有很大关系，同时发挥均衡性转移支付均等化效应；专项转移支付的特点则有利于帮助实现农村地区享有与整个国民经济发展水平相适应的公共产品，如农村义务教育，公共卫生体系的健全等。

（二）现行转移支付制度的不足

1. 财政转移支付规模不确定，有效转移支出不足

我国财政转移支付规模基本上每年都由中央财政根据当年的财政情况确定，缺少科学的比例规定和有效、正常的增长机制，主观随意性强，体制约束力差。1996～2005 年，中央对地方财政转移支付占国家财政总收入的比重呈现出先下降再上升又略有下降的态势，维持在 37.5% 的平均水平上起伏（见表 4－11）。就现行分税制的收入划分状况来看，转移支付的规模是偏小的，特别是对欠发达省区而言，有限的转移支付额难以形成提供均等化公共服务的能力，也无法缩小各地区间社会发展的差异。

表 4－11　　　　财政转移支付资金占财政总收入的比重变化情况　　　　单位：%

年　份	比　重	年　份	比　重
1994	45.78	2000	34.83
1995	40.60	2001	36.63
1996	36.75	2002	38.89
1997	33.02	2003	38.04
1998	33.63	2004	39.43
1999	35.71	2005	36.29

资料来源：1995～2006 年《中国财政年鉴》，经整理得到。

以四川为例，1995 年中央对地方财政转移支付扣除地方上解收入后为 1 112 351 万元，财政缺口为 1 619 425 万元，中央转移支付仅弥补了地方财政

缺口的 68.89%。1995～2003 年,中央对地方财政缺口的弥补比重逐渐增加,到 1999 年达到最高为 81.95%,但仍有约 18% 的财政缺口,中央对四川省财政转移支付总量严重不足(见表 4-12)。

表 4-12　　　　中央对四川省转移支付与四川省财政缺口对比情况　　　单位:万元

年份	中央对四川省财政转移支付(扣除四川省上解中央支出)(1)	四川省财政预算支出和收入的差额(2)	弥补比重(1)/(2)×100%(%)
1995	1 112 351	1 619 425	68.69
1996	1 323 212	1 859 776	71.15
1997	1 036 645	1 313 847	78.90
1998	1 235 603	1 645 264	75.10
1999	1 598 484	1 950 506	81.95
2000	2 268 499	2 871 039	79.01
2001	3 334 591	4 234 201	78.75
2002	4 062 020	4 974 212	81.66
2003	4 039 036	5 009 176	80.63

资料来源:1996～2004 年《中国财政年鉴》,经整理得到。

2. 财政转移支付结构仍不尽合理

(1)一般性转移支付规模偏小,平衡地区间财力差异的效果不明显。目前,在转移支付资金中,对财政收入不平衡问题进行矫正的是一般性转移支付补助。现行体制下,虽然一般性转移支付有缓解县乡财政困难等转移支付,但都属于"打补丁"的措施。以财力均等化为目标、较规范的一般性转移支付的规模偏小,调节财力均等化的作用有限,而带有补偿性质的财力性补助占比较大,这实际上弱化了地方政府的财政自主权(见表 4-13)。其中 1994 年均衡性转移支付占总转移支付的比重仅为 0.83%,虽逐年有所增加,但至今仍规模甚微,2005 年中央对地方均衡性转移支付占整个中央转移支付总额的 9.75%,不及 15.8% 的其他财力性补助,这些补助包括农村税费改革等,它们属于国家施行宏观政策导致地方财政减收而给予的补偿。结算补助实质上是中央与地方之间的一种往来"账项"清算，而且发生在财政体制之外，既不与均等化目标相联系，也不与中央政府的特定政策目标相联系。当然一般性转移支付更难与专项转移支付和税收返还相较衡。

表4-13　　1995年以来财力性转移支付占总转移支付的比重变化情况　　单位:%

年份	一般性转移支付	调整工资转移支付	民族地区转移支付	农村税费改革转移支付	缓解县乡财政困难	年终结算补助
1995	0.83					2.80
1996	1.29					2.64
1997	1.75					3.26
1998	1.84					2.83
1999	1.84	2.64				3.72
2000	1.82	4.65	0.56	0.21		3.60
2001	2.30	10.51	0.55	1.33		3.73
2002	3.80	11.11	0.53	3.33		2.80
2003	4.60	10.91	0.67	3.68		2.89
2004	7.16	9.54	0.74	2.95		2.65
2005	9.75	8.65	1.38	5.76	1.31	2.36

资料来源：1996～2006年《中国财政年鉴》，经整理得到。

（2）专项转移支付项目多、透明度低、比重偏大。一方面，专项拨款内容庞杂，种类达到几十种之多，从专款覆盖范围看，几乎涉及了所有支出项目，重点不够突出，同时，除了一部分专款目标定位明确外，相当部分的专款未与中央政府的特定政策目标联系。另一方面，近年来，国家在出台一些政策时，往往通过设立专项拨款的方式予以推动，在中央转移支付规模既定的情况下，大量的专项拨款挤占了一般性转移支付应有的份额，由于缺乏制度规定和科学标准，专项拨款随意性较大，分配过程不透明，资金零散，难以发挥财政资金的规模效应，而且助长了"跑部钱进"、讨价还价、弄虚作假等不良风气，容易滋生腐败。截至2006年，中央财政专项转移支付共计213项。2006年，中央对地方专项转移支付由1994年的361.37亿元增加到4 411.58亿元，年均增长23.2%。

3. 财政转移支付程序不合理、模式过于单一

（1）模式单一。从财政转移支付运行路线来看，世界各国的财政转移支付模式基本可划分为纵向、横向、纵横结合三种模式。纵向转移支付又包括逐级传递式和全覆盖式两种模式。逐级传递式转移支付是指上级政府只对相邻的下级政府进行转移支付，把对更下级的转移支付包含在对相邻下级的转移支付中，由相邻下级政府再向更下级政府逐级传递。全覆盖式转移支付是指上级政府向所有的相邻或不相邻的下级政府直接实行转移支付。我国财政转移支付的现行模式主要是纵向逐级传递式模式。单一的纵向传递的财政转移支付模式可以减少中央政府的工作量和转移支付过程中的矛盾，也可以充分发挥地方政府因地制宜的积极性。但是它也带来了一些困难。第一，逐级传递会使财政转移支付资金在途停留时间延长，不能及时使用、及时满足基层需要。第二，由于财力有限，当中央财政转移支付资金下到地方时，各级地方政府往往首先考虑用于满足本级财政平衡的需要，然后再向下进行转移。在监管水平不能及时跟上的情况下，容易造成支付资金的层层截留，越到基层越难以得到必要的转移支付资金。第三，在单一的纵向转移支付模式下，由于转移支付任务都集中到中央财政来实施，容易产生"两难"局面：中央财政如果集中财力过多，似"鞭打快牛"，会影响发达地区的积极性；中央财政如果集中财力过少，又满足不了财政转移支付的需要，不利于政府间公共服务均等化目标的实现。

（2）专款分配不够科学，公开性和透明度不高。专项性转移支付有许多由职能部门实行纵向分配，产生许多弊端。一是专款分配的公开性和透明度不足；二是专款不请自获；三是一些地方分配与实际脱节；四是未能考虑地区差异，平均分配专项资金。

4. 财政转移支付管理不规范

（1）预算和预算执行情况编报不完整，中央转移支付资金脱离了人大的监督。《预算法》规定，地方各级政府应将上级补助全部编入本级预算，并提请本级人大审查和批准，决算草案编制应做到收支数额准确，内容完整。但从近年的情况看来，预算和预算执行情况编报不完整的情况普遍存在，突出表现在专项转移支付。由于目前中央财政转移支付的总规模是根据当年中央预算执行情况确定的，随意性较大，数额不确定，且在次年办理决算时才补助给地方，致使地方财政部门在年初编制预算时，无法将上级的财政转移支付资金纳

入当年地方预算，无法统筹安排，地方人大对此也不可能进行有效监督。另外由于专项资金项目及配套比例不确定，地方财政也无法将匹配资金编进预算，也影响了预算的完整性。

（2）财政转移支付缺乏有效的监督检查机制。目前我国缺乏针对转移支付资金拨付与使用情况而设置的有效地监督制约机制。当中央财政转移支付资金到达地方后，地方政府支配转移支付资金的主观随意性问题非常突出，往往不能实现中央政府通过财政转移支付特别是专项转移支付所要达到的目的。主要表现是：一是资金被挪用，如果下级政府和上级政府支出偏好不一致，下级政府对资金的挪用行为就很容易产生；二是资金被截留，在多级财政转移支付过程中，省、地级政府将中央拨给贫困地区的专项拨款层层截留，严重地损害了财政转移支付的效率。

（3）对资金使用的绩效缺乏考评。转移支付资金的使用严重的不规范。从各地调研结果来看，各地各级政府对该资金的使用存有极大的随意性，主要是挪用与挤占情况严重，往往是"拆东墙堵补西墙"，用于弥补地方财政赤字或某重大工程项目，专项补助的"专款专用"难以完全兑现。资金使用的不规范归根结底是由于我国政府间的财政转移支付资金在资金拨付与使用方面缺乏良好的事前、事中、事后监控机制。一方面尚未建立一套足以引导地方政府行为的效益考核指标；另一方面在资金使用上尚未建立行之有效的监督、审计系统，对资金是否做到专款专用，不能及时准确地掌握信息，对违反使用规定的地方政府，也没有相应的处罚措施，导致地方在资金安排与使用上的主观随意性大。

（4）省以下财政管理体制不完善、部分基层财政运行困难。由于各级政府间的事权和支出责任划分不清，一些省市区对下施行分税制财政体制时，存在财政资金向上集中，基本事权却层层下移的趋势，导致基层政府财政困难，出现了大范围欠发财政供养人员工资的情况。以四川为例（见表4－14），从横向来看，省地两级的可用财力远远高于县区级，如2007年省本级人均可用财力为109 956元，为县级的2.45倍，地本级人均可用财力为92 166元，为县级的2.05倍。从纵向来看，省地县三级的可用财力都有增加，但是省地两级的可用财力年增量远远高于县区级，2000～2007年间，省本级人均可用财力平均增量为11 455.14元，地本级人均可用财力平均增量为8 170.43元，县级为4 906元，仅为省本级的42.8%、地本级的60%。同时，由于受人均可用财力的限制，基层政府不能有效地提供公共品，导致县乡发展困难，偏离了财政转移支付"均等化"作用的目标。于一些省市区制定了以公式化为基础的对下财政转移支付办法和财力均衡措施，但是比较简单和粗放，在因素选择、公式设计、数据选取和具体测算等方面存在很多问题，辖区内各地财力差异悬殊问题仍很突出。

表 4 - 14   四川省省、地、县三级可用财力情况

年 份	省本级		地本级		县区级	
	总的可用财力（万元）	人均可用财力（元）	总的可用财力（万元）	人均可用财力（元）	总的可用财力（万元）	人均可用财力（元）
2000	711 039	29 770	910 274	34 973	1 816 356	10 532
2001	976 425	58 184	1 069 479	55 083	2 390 561	17 112
2002	1 102 557	44 926	1 153 970	40 042	2 967 897	16 407
2003	1 282 522	51 120	1 373 819	46 076	3 335 363	18 234
2004	1 558 688	62 674	1 551 899	50 985	3 951 467	21 355
2005	1 747 676	69 039	1 943 815	62 140	4 981 268	26 576
2006	2 088 705	83 531	2 302 672	73 472	6 599 919	34 319
2007	2 787 085	109 956	2 970 062	92 166	8 768 699	44 874

资料来源：四川省财政厅。

（5）专项转移支付管理混乱。专项转移支付项目设置交叉重复、资金投入零星分散，造成部分地方多头申请、重复要钱；部分项目计划与地方实际需要脱节，地方政府又无法结合实际做必要调整和统筹安排，造成转移支付效率不高和资金损失。有的是制度设计不周密造成的，如分配办法不合理，过多考虑地方具体事务支出缺口，专项转移支付对地方资金安排产生"挤出效应"；专项转移支付配套资金对地方财政形成较大压力，有的地方临时挪用其他资金或借债，配套资金并未真正落实。有的受决策程序时间所限，如部分中央专项转移支付资金当年拨付时间较晚，形成大量结余结转，影响使用效益。有的是执行制度不严，如转移支付资金拨付和使用中一定程度上存在挤占挪用现象。

5. 财政转移支付制度建设缺乏法律基础

转移支付制度是政府财政管理体制的重要组成部分。世界上很多国家都把

转移支付制度的一些主要内容用法律形式确定下来。而中国 1993 年 12 月 15 日国务院发布的《关于实施分税制财政管理体制的决定》在法律层次上属于行政法规，且受当时的限制，制度设计也很不完善。这在客观上也降低了转移支付制度在执行中的权威性、可操作性和透明度。

参考文献：

[1] 周小林：《论我国地方财政收入机制的合理构建》，载于《中国财经信息资料》2008 年第 32 期。

[2] 王国清、马晓、程谦：《财政学》，高等教育出版社 2010 年版。

[3] 邓子基：《财政学》，高等教育出版社 2006 年版。

[4] 曾康华：《财政学》，清华大学出版社 2010 年版。

[5] 沙安文、沈春丽：《地方政府与地方财政建设》，中信出版社 2005 年版。

[6] 钟晓敏：《地方财政学》，中国人民大学出版社 2001 年版。

[7] 孙开：《地方财政学》，经济科学出版社 2002 年版。

[8] 王玮：《地方财政学》，武汉大学出版社 2006 年版。

[9] 杨全社、郑健翔：《地方财政学》，南开大学出版社 2005 年版。

[10] 陶勇：《地方财政学》，上海财经大学出版社 2006 年版。

[11] ［美］费雪：《州和地方财政学》，中国人民大学出版社 2000 年版。

[12] 陈科武：《地方政府融资的概念、风险及对策建议》，载于《现代经济信息》2010 年第 15 期。

[13] 夏祖均：《财政收入越来越多用于地方》，载于《中国财经报》2008 年 2 月 9 日，第 4 版。

[14] 李萍：《财政体制简明图解》，中国财政经济出版社 2010 年版。

[15] 财政部：《关于印发〈2008 年中央对地方一般性转移支付办法〉的通知》（财预［2008］90 号）。

[16] 姜永华：《中国分税制——建立与完善适合中国国情的财税体制》，中国财政经济出版社 2008 年版。

[17] 财政部：《2011 年中央对地方均衡性转移支付办法》（财预［2011］392 号）。

[18] 各相关年度的《中国统计年鉴》。

[19] 各相关年度的《中国财政年鉴》。

第五章

公共财政管理：预算结构和
预算编制

　　2011 年中国财政管理以发展、民生和服务性政府建设为中心，突出地反映和影响到各级政府预算结构及其预算编制。

　　政府预算结构上主要表现为政府公共预算范围扩大，具体项目增加，资金比重提高。2011 年中央明确提出重点关注民生领域，具体包括教育、医疗卫生、社会保障和就业、住房保障和文化建设等，这些财政支出方向与结构的调整、变化，直接体现为政府预算结构的调整与变化。

　　政府预算编制上，年初以来约束"三公支出"的社会呼声使政府及部门预算编制细化的压力日益增加。截至 2011 年 8 月，中央部门预算的"三公支出"不管真实性如何均已全部公开。同时，国务院已明确要求地方按照中央部门预算公开的方式，公开地方政府及其本级部门预算。一个以公开"三公支出"为主题，包括政府部门基本支出、项目支出、采购支出等内容的政府部门预算细化编制要求正在逐渐酝酿形成。中国或许正逐渐进入一个政府资金使用管理向国际惯例靠近的时期，2011 年成为政府及部门预算细化编制并逐渐公开化的转折点。限于数据条件，2011 年地方公共财政的预算编制及结构的具体情况暂无法明确，因此，本报告主要采用中央及全国的数据予以说明，其中全国的数据由中央与地方叠加而成，一定程度上能反映地方的总体状况。

第一节 公共预算规模及结构

由于我国存在大量的中央对地方转移支付，现行国家预算主要是在中央预算主导下逐级编制形成的。2011年我国公共财政预算根据中央确定的年度经济发展预期指标、经济社会政策和财政预算编制总体要求，主要控制指标如下：中央财政收入45 860亿元（比上年执行数增长8%），占中央财政收入84.36%；中央预算稳定调节基金调入1 500亿元，占中央财政收入2.76%；合计47 360亿元。中央财政支出54 360亿元（比上年执行数增长12.5%），其中，中央本级支出17 050亿元（比上年执行数增长6.7%），占中央本级支出31.37%；中央对地方税收返还和转移支付支出37 310亿元（比上年执行数增长15.3%），占中央本级支出68.63%。中央财政收支总量相抵，赤字7 000亿元（比上年预算数减1 500亿元），占中央财政收入12.88%。中央财政国债余额限额77 708.35亿元。2011年中央财政预算平衡关系如图5-1所示。

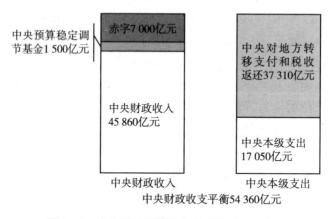

图5-1 中央财政预算平衡关系图（2011年）

资料来源：财政部《关于2011年中央和地方预算执行情况与2012年中央与地方预算草案的报告》。

在拟定中央预算控制指标条件下，中央财政根据地方预算初步安排，代编地方本级收入43 860亿元（比上年执行数增长8%），加上中央对地方税收返还和转移支付收入37 310亿元，地方财政收入合计81 170亿元，地方财政支出 83 170 亿元，收支相抵，差额 2 000 亿元（由国务院同意财政部代发列入省级预算管理的地方政府债券弥补）。

汇总中央预算和地方预算，全国财政收入 89 720 亿元（比上年执行数增长 8%），加中央预算稳定调节基金调入 1 500 亿元，可安排收入总量 91 220 亿元；全国财政支出 100 220 亿元（比上年执行数增长 11.9%），为我国年度财政支出首超 10 万亿元。全国财政收支差额 9 000 亿元，占 GDP 比重 2% 左右（比上年降 0.5%）。本年财政支出压力大，保民生、减差距、压经费是今年财政支出的工作重点。

一、中央预算的转移支付

2011 年中央公共财政预算见表 5 - 1。

表 5 - 1　　　　　　　　　　**2011 年中央公共财政预算**　　　　　　　单位：亿元

收入项目	预算数	占比%	支出项目	预算数	占比%
一、税收收入	43 780.00	95.46	一、一般公共服务	1 118.84	2.06
国内增值税	17 570.00	38.31	二、外交	316.65	0.58
国内消费税	6 500.00	14.17	三、国防	5 835.91	10.74
进口货物增值税、消费税	11 220.00	24.47	四、公共安全	1 617.32	2.98
出口货物退增值税、消费税	-8 005.00	-17.46	五、教育	2 963.57	5.45
营业税	160.00	0.35	六、科学技术	1 944.13	3.58
企业所得税	8 380.00	18.27	七、文化体育与传媒	374.43	0.69
个人所得税	3 120.00	6.80	八、社会保障和就业	4 414.34	8.12
城市建设维护税	160.00	0.35	九、医疗卫生	1 727.58	3.18
印花税	550.00	1.20	十、节能环保	1 591.85	2.93
其中：证券交易印花税	550.00	1.20	十一、城乡社区事务	154.04	0.28
船舶吨税	28.00	0.06	十二、农林水事务	4 588.83	8.44
车辆购置税	1 927.00	4.20	十三、交通运输	2 866.91	5.27
关税	2 170.00	4.73	十四、资源勘探电力信息事务	744.86	1.37
其他税收	0.00	0.00	十五、商业服务业事务	706.14	1.30
二、非税收入	2 080.00	4.54	十六、金融监管等事务	452.21	0.83

中国公共财政监测报告

收入项目	预算数	占比%	支出项目	预算数	占比%
专项收入	300.00	0.65	十七、地震灾后恢复重建支出	0.00	0.00
行政事业性收费	420.00	0.92	十八、国土资源气象等事务	454.89	0.84
罚没收入	32.00	0.07	十九、住房保障支出	1 292.66	2.38
其他收入	1 328.00	2.90	二十、粮油物资储备支出	1 130.50	2.08
			廿一、预备费	500.00	0.92
			廿二、国债付息支出	1 839.84	3.38
			廿三、其他支出	567.22	1.04
			对地方税收返还	5 067.99	9.32
			对地方一般性转移支付	12 089.29	22.24
中央财政收入	45 860.00	84.36	中央财政支出	54 360.00	
调入中央预算稳定调节基金	1 500.00	2.76	补充中央预算稳定调节基金		
支>收差额	7 000.00	12.88			

资料来源：财政部《关于 2010 年中央和地方预算执行情况与 2011 年中央和地方预算草案的报告》。

2011 年中央公共财政预算表明，维护地方基本民生的公共财政支出的特征十分突出，公共支出占比排序从高至低依次为：对地方一般性转移支付（22.24%）、国防（10.74%）、对地方税收返还（9.32%）、农林水事务（8.44%）、社会保障和就业（8.12%）、教育（5.45%）、交通运输（5.27%）等，表明普遍地保障和改善民生仍然是当前及今后一个时期中央及地方政府的中心任务，这不仅在中央预算方面得到充分体现，而且在中央对地方一般转移支付方面也得到充分体现。

根据 2011 年财政预算报告，中央财政用于与人民生活直接相关的教育、医疗卫生、社会保障和就业、住房保障、文化等方面的支出合计 10 509.92 亿元，增长 18.1%；中央财政"三农"支出安排 9 884.5 亿元，增长 15.2%；中央对地方税收返还和转移支付 37 310 亿元，增长 15.3%。此外，农业水利、交通运输和环境保护等支出也与民生密切相关，民生支出合计将占中央财政支出的 2/3 左右，保民生和与百姓生活直接相关的支出超过万亿。同时，中央财政还将压缩一般性支出，降低行政成本，用财经纪律约束党政机关过紧日子。

二、中央公共财政投资支出

2011 年不含基金预算和国资经营预算的中央公共财政投资预算见表 5 – 2。

表 5 – 2　　　　　2011 年中央公共财政投资预算（不含基金预算和国资经营预算的本类投资）　　　　　单位：亿元

项　　目	预算数	占比（%）
农业基础设施及农村民生工程	1 397.00	36.51
其中：水利工程	371.00	9.70
农村"水电路气"工程	470.00	12.28
农业基础设施及服务体系建设	356.00	9.30
支持区域发展项目	200.00	5.23
保障性安居工程	552.00	14.43
其中：廉租房和公租房建设	350.00	9.15
煤矿、林区、垦区棚户改造工程	202.00	5.28
节能减排和生态建设	449.00	11.74
其中：节能减排和环境保护	333.00	8.70
生态建设	116.00	3.03
教育卫生等社会事业建设	615.00	16.07
其中：教育	164.00	4.29
卫生	230.00	6.01
文化、公检法司建设等	221.00	5.78
自主创新和结构调整	275.00	7.19
其中：自主创新和战略性新兴产业	69.00	1.80
产业结构调整和技术改造	206.00	5.38
重大基础设施建设	225.00	5.88
其中：铁路、公路和机场等	118.00	3.08
能源等	107.00	2.80
中央本级建设等其他项目	313.00	8.18
合计	3 826.00	100

资料来源：财政部《关于 2010 年中央和地方预算执行情况与 2011 年中央和地方预算草案的报告》。

2011 年中央公共财政投资支出中，农业基础设施及农村民生工程支出占比 36.51%、保障性安居工程支出占比 14.43%、节能减排和生态保护支出占比 11.74%、教育卫生等社会事业建设支出占比 16.07%、重大基础设施建设支出 5.88%等直接民生支出合计占比 92.91%，投资预算主要支持民生基础建设的特征十分明显。

由于近年住房问题突出，本年政府提出 3 年将提供 6 000 万套安居房供应的计划备受普遍关注。据观点地产网讯，8 月 25 日财政部长谢旭人在向全国人大常委会报告今年预算执行情况时表示，保障性安居工程中央预算资金目前已全部下达，主要包括中央财政预算资金 1 030 亿元、加执行追加 395 亿元和以前年度结转结余安排 280 亿元，上述合计 1 705 亿元，比中央公共财政投资预算 552 亿元增加 1 153 亿元，这或许表明中央公共财政预算执行比预算编制又有了明显变化。

三、中央对地方转移支付和税收返还

2011 年中央对地方转移支付和税收返还预算见表 5 - 3。

表 5 - 3　　　　　　中央对地方的转移支付和税收返还（2011）

项　　目	预算数	占比（%）
一、中央对地方转移支付	32 242.01	86.42
（一）一般性转移支付	17 336.77	46.47
1. 均衡性转移支付	6 609.11	17.71
其中：重点生态区转移支付	300.00	0.80
产粮大县奖励资金	224.11	0.60
县级基本财力保障机制奖补资金	775.00	2.08
2. 民族地区转移支付	370.00	0.99
3. 调整工资转移支付	2 647.01	7.09
4. 农村税费改革转移支付	770.15	2.06
5. 资源枯竭城市转移支付	135.00	0.36
6. 成品油税费改革转移支付	581.00	1.56
7. 定额补助（原体制补助）	145.14	0.39
8. 企事业单位划转补助	352.00	0.94
9. 结算财力补助	479.88	1.29
10. 工商部门停征两费转移支付	80.00	0.21

项　目	预算数	占比（%）
11. 基层公检法司转移支付	381.49	1.02
12. 义务教育转移支付	1 138.92	3.05
13. 基本养老金和低保等转移支付	2 683.19	7.19
14. 新型农村合作医疗等转移支付	776.28	2.08
15. 村级公益事业奖补等转移支付	187.60	0.50
（二）专项转移支付	14 905.24	39.95
一般公共服务	161.99	0.43
国防	6.35	0.02
公共安全	211.30	0.57
教育	1 038.20	2.78
科学技术	42.54	0.11
文化体育与传媒	186.03	0.50
社会保障和就业	1 246.36	3.34
医疗卫生	887.74	2.38
节能环保	1 517.48	4.07
城乡社区事务	149.80	0.40
农林水事务	3 977.04	10.66
交通运输	2 466.67	6.61
资源勘探电力信息事务	333.98	0.90
商业服务业事务	681.48	1.83
金融监管等事务	22.50	0.06
地震灾后恢复重建支出	0.00	0.00
国土资源气象等事务	287.41	0.77
住房保障支出	1 001.03	2.68
粮油物资储备支出	334.22	0.90
其他支出	353.12	0.95
二、中央对地方税收返还	5 067.99	13.58
增值税和消费税返还	3 705.00	9.93
所得税基数返还	910.19	2.44
成品油税费改革税收返还	1 513.10	4.06
地方上解	-1 078.30	-2.89
合　计	37 310.00	100

　　资料来源：财政部《关于 2010 年中央和地方预算执行情况与 2011 年中央和地方预算草案的报告》。

中央对地方转移支付和税收返还数据表明：

（1）中央对地方转移支付和税收返还主要用于基层民生事项及投入。2011年中央对地方转移支付中一般转移支付占53.77%，专项转移支付占46.23%，几乎各占约1/2。虽然按一般标准衡量，专项转移支付占比偏高，[①]但专项转移支付完全是用于公共预算类支出的，而一般转移支付则直接用于民生事项。因此，中央对地方转移支付基本上可以说是用于基层民生事项及投入的。中央对地方税收返还的增值税、消费税和所得税基本上直接用于民生事项，成品油税费改革税收返还按原项目主要是公路建设基金。

（2）为推动区域协调发展，转移支付结构进一步优化。中央对地方转移支付和税收返还比上年执行数增长15.3%，其中一般性转移支付增长18.5%；专项转移支付增长17.1%；税收返还增长1.4%。一般性转移支付中均衡性转移支付增长21.2%；其中县级基本财力保障机制奖补资金用于增强基层政府提供基本公共服务能力；重点生态区转移支付用于提高三江源等生态功能区的财政保障能力；民族地区转移支付用于支持西藏、新疆等民族地区实现跨越式发展。

我国区域发展不平衡，东、中、西部地区间财力差异较大，中央政府适当集中财力加以调节十分必要。中央财政收入除一小部分用于本级支出外，更多的是用于对地方转移支付和税收返还，相应形成地方财政收入和由地方安排的财政支出。显然这十分有利于更多地支持欠发达地区的发展。目前，我国平均有37.2%的地方财政支出来源于中央财政转移支付，而中西部地区平均60%以上的财政支出来源于中央财政转移支付。中央对地方的转移支付和税收返还，有利促进了地区协调发展和基本公共服务均等化。由于转移支付力度增强，现在人均财政收入靠前的省区中很多已是西部省区。

四、公共财政预算

2011年全国公共财政预算见表5-4。

---

①　根据公共品供给"偏好误识"理论（中央政府不如地方政府更准确无误地了解地方公共品供给的结构与效率所在），专项转移支付比例大并不利于地方政府有效地解决地方公共品供给问题。

表 5-4　　　　　　2011 年全国公共财政预算　　　　　　单位：亿元

收入项目	预算数	占比%	支出项目	预算数	占比%
一、税收收入	79 291.00	88.38	一、一般公共服务	9 765.75	9.74
国内增值税	23 427.00	26.11	二、外交	317.87	0.32
国内消费税	6 500.00	7.24	三、国防	6 011.56	6.00
进口货物增值税、消费税	11 220.00	12.51	四、公共安全	6 244.21	6.23
出口货物退增值税、消费税	-8 005.00	-8.92	五、教育	14 262.91	14.23
营业税	11 990.00	13.36	六、科学技术	3 689.79	3.68
企业所得税	13 810.00	15.39	七、文化体育与传媒	1 713.40	1.71
个人所得税	5 200.00	5.80	八、社会保障和就业	10 372.71	10.35
资源税	510.00	0.57	九、医疗卫生	5 360.06	5.35
城市建设维护税	2 040.00	2.27	十、节能环保	2 811.03	2.80
房产税	990.00	1.10	十一、城乡社区事务	6 599.24	6.58
印花税	1 100.00	1.23	十二、农林水事务	9 330.19	9.31
其中：证券交易印花税	567.00	0.63	十三、交通运输	6 146.29	6.13
城镇土地使用税	1 080.00	1.20	十四、资源勘探电力信息事务	3 650.70	3.64
土地增值税	1 380.00	1.54	十五、商业服务业事务	1 377.66	1.37
车船税	260.00	0.29	十六、金融监管等事务	592.71	0.59
船舶吨税	28.00	0.03	十七、地震灾后恢复重建支出	19.00	0.02
车辆购置税	1 927.00	2.15	十八、国土资源气象等事务	1 472.48	1.47
关税	2 170.00	2.42	十九、住房保障支出	2 583.63	2.58
耕地占用税	950.00	1.06	二十、粮油物资储备支出	1 579.43	1.58
契税	2 630.00	2.93	廿一、预备费	1 140.00	1.14
烟叶税	84.00	0.09	廿二、国债付息支出	2 219.28	2.21
		0.00	廿三、其他支出	2 960.1	2.95

收入项目	预算数	占比%	支出项目	预算数	占比%
二、非税收入	10 429.00	11.62			
专项收入	2 150.00	2.40			
行政事业性收入	3 200.00	3.57			
罚没收入	1 122.00	1.25			
其他收入	3 957.00	4.41			
全国财政收入	89 720.00		全国财政支出	100 220.00	
调入中央预算稳定调节基金	1 500.00				
支＞收差额	9 000.00				

资料来源：财政部《关于 2010 年中央和地方预算执行情况与 2011 年中央和地方预算草案的报告》。

2011 年全国公共财政预算表明，公共财政结构特征十分明显和突出，公共支出占比排序从高至低依次为教育（14.23%）、社会保障和就业（10.35%）、一般公共服务（9.74%）、农林水事务（9.31%）、城乡社区服务（6.58%）、公共安全（6.23%）、交通运输（6.13%）、国防（6.00%）等，表明保障和改善民生作为当前及今后一个时期的重中之重，在财政预算安排上得到充分保障和体现，同时也使公共财政预算在财政体系中的地位得到扩大或加强。

2011 年我国公共财政集中财力保障和改善民生主要包括六项举措：（1）全面落实《国家中长期教育改革和发展规划纲要》要求，加大教育投入和提高教育资金使用效率。（2）大力支持医药卫生体制改革，提高医疗服务水平。（3）加大保障性安居工程投入，推进公共租赁房、廉租房建设和农村危房及城市棚户区改造。（4）支持加快建立覆盖城乡居民的社会保障体系，进一步扩大新型农村社会养老保险试点范围，并将试点地区城镇无收入居民纳入保障范围。（5）加强农业农村基础设施建设，大力推进农田水利建设、中小河流治理、小型频险水库除险加固、山洪灾害防治等，切实改善农村生产生活条件。（6）支持节能减排和科技创新，促进经济结构调整和发展方式转变。此外，农业水利、交通运输和环境保护等支出也与民生密切相关，中央财政对地方的税收返还和一般性转移支付大部分也将用于保障和改善民生，民生支出合计约占中央财政支出 2/3 左右。同时 2/3 外的财力还与民生间接相关，如公共安全、国防等。

2011 年我国政府预算草案报告表明，公共财政本来就是民生财政，财政支出向民生不断倾斜，让经济、社会发展成果普惠民众，我国财政正在回归本质。

第二节　"三公支出"与政府支出预算编制

公开"三公支出"是 2011 年最受人关注的社会热点之一，公开"三公支出"也的确能监督、约束政府相关消费行为。但从专业上讲，"三公支出"只是现行政府决算的会计账目发生数，与所有会计账目发生数一样有其现实、权宜的制作和生成机制，如果单纯纠结于"三公支出"数字可能会舍本逐末。

2011 年国务院要求各部委率先在预算公开中明确"三公消费"支出，主要是为公众监督提供条件。公开"三公消费"预算，公众不仅知道"三公消费"具体金额，并可进行"三公消费"预算部门间和国别间的比较，从具体业务处理上探索出健全完善我国政府预算编制、执行、公开、监督机制的路径。

一、"三公支出"的透明化进程

目前，公开"三公支出"还主要限于社会媒体关注和采访学术界一些专家的就事论事评说，还缺乏相应的系统性、层次性、制度性研究。

如马国贤（上海财大）认为，"三公经费"概念不清晰，统计范围尚不严密，内容比较混杂，将不同性质经费加起来，笼统或单一地谈"三公支出"意义不大，也很难评价。因为各部委职能、编制都不同，即使招待费也很难按人均标准评价。如财政部因职能需要对外活动较频繁，公务招待费和出国（境）经费可能高一些，但如要说清有多少浪费则困难。有些"三公经费"虽已发生，但未必列入会计支出；存在"企业请客、官员出国"，人为缩小"三公经费"等。如要长期监察，就必须改革会计核算体系，设置会计科目，并列入决算，同时，允许媒体或公民通过申请自由获得有关信息，实行公民监督。①

李炜光（天津财大）认为，"三公支出"问题充分透露出预算公开的必要性，预算公开不仅仅是公布数据，还应该包括绩效考核，为何出国、出国后的效果等。对公开的"三公支出"，一般人根本没法判断其合理性与必要性，因此，要健全完善法制，如我国《预算法》关于三公支出如何公开、以何种形式公开、何时公开、公开后如何问责、如何考核绩效等都有待明确。同时应提高公共管理及审计水平，要建立通畅的公众参与渠道。②

安体富（人民大学）认为，"三公支出"范畴有待明确，如公车消费中是否包括司机工资，科研经费中的招待费、出国费等是否列"三公支出"等。③

综合上述学者观点，可得出以下几点：

（1）将公开"三公支出"视为政府预算公开的前奏已基本成为一种共识。

（2）现条件下，直接纠缠于"三公支出"公开并无想象那么大的实际意义与作用，反而可能会导致偏离预算公开主题而节外生枝，甚至可能出现"走入死胡同"的状况。

（3）"三公支出"公开只是社会舆论对现有条件下政府支出中不良现象的简单直觉及要求，单纯的"三公支出"公开既不是目的，也不是全部的政府支出执行的规范业务形式。在现有政府预算制度下，公开"三公支出"实际上也就是公开了政府预算。因为"三公支出"实质上是政府支出的灰色地带或"猫腻"所在，在"三公支出"公开的条件下，政府预算自然而然即可公开了。

（4）既然"三公支出"公开是现条件下我国政府预算公开的主要内容之一，且政府预算公开是"三公支出"公开的充分必要条件，那么，真正的"三公支出"公开也就是政府预算公开。因此，从客观上讲"三公支出"公开的最终目的和结果就是政府预算公开。公开"三公支出"这一舆论亮点的客观出路，是逐渐向政府预算及会计业务处理方向发展，从媒体炒作"噱头"逐渐转变为有深刻社会意义的制度改革实践。

①③ 韦夏怡、王涛：《92 部门公开 94 亿元三公经费　内容混杂难看懂》，载于《经济参考报》2011 年 8 月 5 日。

② 《部分地方将不宜公开预算均归类为其他支出》，载于《济南日报》2011 年 4 月 11 日。

二、"三公支出"的预决算处理及结果

在现行政府预算及会计制度框架下，政府各部门"三公支出"核算反映呈以下结构：

（1）在"政府收支分类科目"中核算反映。即在"政府支出经济分类科目"的302"商品和服务支出"类下，由10款"交通费"、12款"出国费"和17款"招待费"核算反映。在这一制度条件下，公开"三公支出"的前提是政府预算公开到"款"级科目。如果公开到"类"级科目则只能反映"商品和服务支出"，无法分辨"三公支出"的总体和具体金额。

（2）现行部门预算按基本支出和项目支出分类编制，基本支出具体包括人员支出和日常公用支出，属于"日常公用支出"的"三公支出"必须予以特别处理才能在明细中反映，否则不能真实反映。如"交通费"反映部门或单位车船等各类交通工具的租用、燃料、维修、过桥过路、保险、安全奖励等费用，其中与单纯的个人用车很难区分，而个人用车中的业务用车和生活用车也很难区分。

因此，公开"三公支出"的基本前提是：（1）政府及部门预决算编制必须有完整的"支出经济分类"并编制到"款"级科目，以完整、具体反映"三公支出"，使之具备公开条件。（2）部门预决算编制必须明确"日常公用支出"，要反映"三公支出"明细。同时要求行政事业单位会计在核算"三公支出"时，应对相关支出进行必要区分或进行过滤处理，以确保业务"三公支出"和非业务"三公支出"的必要区分，同时要改变相应的业务处理和进行制度改革。

公开"三公支出"业务处理变化、发展的最终必然结果是政府及部门预决算公开。目前，我们只能想象政府及部门预决算公开的状态，应当是按现有国际惯例或者我国香港特区政府的做法，以各级政府及部门为主体单独设立政府预决算信息公开网，其中政府及各部门预算以本级人大审批的预算案为准，政府及各部门决算以本级审计或上级专项审计认定后的决算为准，允许社会各类用户通过申请自由查阅、获取相关信息。

根据以上描述，可以预见公开"三公支出"从媒体关注热点到制度改革，再到形成最终的政府预决算公开状态，的确有漫长历程需要经历。其中所涉及的政府及部门预决算编制的技术处理问题，政府及部门预决算编制的的制度改革问题，以及政府及部门预决算编制所涉及的政府及部门利益，以及与政府及部门利益相关的社会各类群体利益等的平衡、博弈等问题，或许不是短期能够

触动、调整和改变的。从公开"三公支出"到最终的政府及部门预决算公开或许只能是一个各种利益集团博弈的自然选择过程及相应结果。

第三节 政府性基金预算民生特征突出

2011 年中央、地方及全国政府性基金预算见表 5－5。

表 5－5　　　　　　　　　　　**2011 年全国政府性基金预算**　　　　　　　　单位：亿元

中　央　收　入		中　央　支　出	
项　　目	金额	项　　目	金额
铁路建设基金	648.00	铁路建设	682.92
港口建设费	123.93	港口建设	101.71
民航机场管理建设费	147.32	民航机场管理建设	87.77
彩票公益金	261.50	社会福利、体育、教育等公益	244.02
大中型水库移民后期扶持基金	198.11	大中型水库移民后期扶持	0.47
中央农网还贷资金	96.01	中央农网还贷	105.95
……	……	……	…
小计	2 826.27	小计	2 384.93
上年结转	790.16	对地方转移支付	1 231.50
合计	3 616.43	合计	3 616.43

中央代编地方收入		中央代编地方支出	
项　　目	金额	项　　目	金额
国有土地使用权出让	19 753.41	征地拆迁补偿成本、城市建设等	20 339.57
城市基础设施配套费	446.67	城市基础设施配套	446.67
彩票公益金	261.50	社会福利、体育、教育等	351.40
地方教育附加	274.13	地方教育附加	274.13
……	…	……	…
小计	22 995.47		
中央政府性基金对地方转移支付	1 231.50		
合计	24 226.97	合计	24 226.97

	25 821.74		
	790.16		
全国政府性基金支出总计	26 611.90	全国政府性基金收入总计	26 611.90

资料来源：财政部《关于 2010 年中央和地方预算执行情况与 2011 年中央和地方预算草案的报告》。

2011 年中央、地方及全国政府性基金预算结构及数据表明，政府性基金预算收支来源和使用，无论是中央政府性基金预算，还是中央代编地方政府性基金预算，都主要限于公共基础设施和社会公益事业范围，民生特征十分突出和明显。

第四节 中央国有资本经营预算

2011 年中央国有资本经营预算（局部）见表 5 - 6。

表 5 - 6　　　　　　　　2011 年中央国有资本经营预算　　　　单位：亿元

收入项目	金额	支出项目	金额	比重（%）
中央企业国有资本经营	844.39	国有经济和产业结构调整	495.50	57.89
		中央企业改革脱困补助	30.50	3.56
		重大科技创新	35.00	4.09
		重大节能减排	35.00	4.09
		境外投资	30.00	3.50
		安全生产保障能力建设	10.00	1.17
		兼并重组	80.00	9.35
		新兴产业等发展	45.00	5.26
		补充全国社会保障基金	50.00	5.84
		社会保障等	5.00	0.58
上年结转	14.17	调入公共财政预算用于民生	40.00	4.67
合计	858.56	合计	856.00	

资料来源：财政部《关于 2010 年中央和地方预算执行情况与 2011 年中央和地方预算草案的报告》。

2011 年中央国有资本经营预算支出结构数据表明，2011 年中央国有资本经营预算直接用于民生项目的支出有补充全国社会保障基金、社会保障等、调入公共财政预算用于民生、安全生产保障能力建设等支出，分别占比 5.84%、0.58%、4.67%、1.17%，四项合计 12.27%；直接用于社会公益事业项目的支出有重大节能减排，占比 4.09%；二项合计占比 17%。如果考虑国有经济和产业结构调整、中央企业改革脱困补助、重大科技创新、兼并重组、新兴产业等发展五项支出中间接用于民生和社会公益事业的支出，显然，2011 年中央国有资本经营预算支出用于民生和社会公益事业的支出占比不会低于 25%。也就是说，2011 年中央国有资本经营预算支出用于民生和社会公益事业的支出占比不低于本类预算支出的 1/4。能从专门资本预算支出中调剂出 1/4 份额用于民生和社会公益项目，这在世界各市场经济国家来说显然不是常例。究其原因，或许也是源于我国国有资本强大的国情，中央不得不通过调剂预算将一些大型中央企业如中石油、中石化、电信、联通、铁道、航空等的相对垄断利润回馈社会。

第六章

民生：中国使用基本服务的途径

第一节　对公共财政与改善民生的认识

一、公共财政与民生财政

我国公共财政是为适应经济转轨、政府职能转变以及社会主义市场经济发展而确立且不断完善的一种财政型态。而民生这样一个词意平白的概念，在当下实际生活中被反复强调其极为突出的重要性，应该是和中国进入"中等收入阶段"后公众更加迫切期望改善、提升生活水平的诉求与心态有关，当然也和执政党体察、呼应社会诉求而更加注重和强调亲民、富民的施政纲领及一系列施政要点有关。在此背景下，已有研究者提出了建设"民生财政"、"民生税收"等概念，也出现不少管理者或学者试图分析全国或某一地区财政支出中有多大比重用于"民生支出"的具体例子。然而，我们应当"正本清源"地指出：所谓"民生财政"，不可能是游离于或是作为替代物而对立于"公共财政"的另一事物，我国20世纪90年代后期以来为决策层所肯定，我们一向在致力于发展、健全的公共财政，其实就是民生财政。

改革开放以后，传统计划经济体制下的生产建设型财政已无法适应形势发展需要，尤其是1992年邓小平南巡讲话、确立社会主义市场经济改革目标之后，财政转型问题更是迫在眉睫。经过约二十年积极而艰难的探索，终于在1998年，决策层明确地提出以公共财政为导向的财政改革，用以指导我国的财政实践。以后十几年来，围绕公共财政框架体系建设，进行了一系列的财政管理改革，取得了显著成效，其间体制的完善、政府职能的转变，都归宿于人民物质文化生活水平的提高。仔细探析我国公共财政的特征，便可发现，公共财政的出发点和落脚点均在于满足社会公共需要、提供公共产品与服务，均指向于"社会主义生产目的"语境下"满足人民群众不断增长的物质文化生活需要"的目标，以及近些年财政分配中愈益突出的"推进基本公共服务均等化和体系化"的工作要领。一句话，均紧紧围绕于、服务于改善民生。

另外需强调的是，公共财政的实质是"公共化"，即以满足社会公共需要作为财政分配的主要目标和工作重心；以提供公共产品和服务为"以财行政"的基本方式；以法治化、民主化的规范的公共选择作为财政资源配置的决策、运行与监督机制；以公开、透明、完整的预算体系作为公共财政分配的运行载体。公共需要反映和体现全体人民的共同需要，既包括当前需要，也包括长远需要，既包括当代需要，也包括下一代乃至下几代的需要——这些需要也完全可以概括为"民生需要"。公共财政侧重于提供公共产品和服务，是为了清晰合理地界定政府和市场的关系，以适应市场经济的运行模式，寻求公共资源配置的最优化、基本公共服务的有效保障和公众利益的最大化——这种取向也完全可以概括为"民生基本事项保障与民生利益最大化"；规范的公共选择机制是为了保证公众有平等表达其意愿和实现知情权、质询权、建议权、监督权的机制，最终落实真正"由人民当家做主"的可持续公共决策制度安排，保证满足公共需要这一基本目标的长久实现——这种制度安排体现着"民生"与"民权"的内在的深刻的关联，我们完全可以把它认知为公共财政服务民生的制度基础；现代意义的预算体系具有公开、透明、完整、事前确定、严格执行、进而追求绩效和可问责的特点，是公共财政所有追求的现实载体，也是其为公众理财、服务民生的具体运作形式。

因此我们可以认为，公共财政与民生财政本为同一事物的两种称呼；所有的财政支出，都应是直接、间接地服务于民生的。所以，公共财政就是民生财政。

二、公共财政的重点方向

人类一切活动均与民生有关，从这个意义上讲，民生问题无所不包。但是，政府在市场经济中的职能以及政府掌握的公共资源的有限性，又决定了政府在改善民生这个问题上不应该也不可能大包大揽，无所不为。同时，特别要清醒地意识到我国目前所处的发展阶段仅是工业化的中期，并具有世界上第一人口大国、人均指标排位甚低的基本国情，我们必须吸取其他经济体曾落入"中等收入陷阱"的教训，分析与合理把握民生中的轻重缓急，从实际出发尽力而为又量力而行，动态优化各个时期财政的保障重点，理性地、有远见地处理好需要与可能、短期利益与长期利益的关系。

首先，公共财政的特征决定政府应首先保障基本民生。政府提供产品和服务，需要聚焦于公众共同需要，因而也必与民生相关。但民生需要的，未必一定由政府来提供，政府应只做那些市场（个人）做不了、做不好，或能做但效率过低（比政府去做还要低）的事情。比如，食品衣物均为民生需要，但市场和个人一般情况下能做且能高效做好这方面的资源配置，因此政府通常无须普遍地直接提供这类产品和服务，只是在救灾和低保的特定情况与特定概念下，才把其列为公共财政发挥职能的范围。政府保障和改进民生的顺序与范围，理论上讲大体应该是：第一，制度安排、法治环境、产权保护、宏观经济社会政策等为经济社会稳定健康发展所必备的制度与政策导向服务；第二，就业、教育、科技、文化、卫生、住房、社会保障等百姓生活主要事项中需要由政府介入来"托底"的基本部分。比如，"劳有所得、学有所教、病有所医、老有所养、住有所居"所体现的民生保障，并不意味着政府应运用财政资金把就业、教育、医疗、住房和养老都包揽下来，而主要是表示政府应运用财政资金首先提供相关的基本制度环境和不低于一定标准的托底保证：如对教育，是九年义务教育加上高教助学金、助学贷款支持；对住房，是非产权房形式的廉租房与公租房；等等。

其次，有限的财力决定政府应首先保障基本民生。有限的财力决定政府应有重点地统筹保障民生，且随发展阶段而动态优化保障重点，瞻前顾后衔接民生的短期与长期利益。随着经济社会发展，需要政府保障的民生事项范围在不断扩大，所要求的水准与质量也越来越高。政府"应保障"与"能保障"两者之间，形成一对永远的矛盾，每个具体的场合，都需要去次留主、结合可用财力情况清醒把握当前主要矛盾，解决最迫切需要保障的民生事项。改革开放三十多年来，我国政府基本上是遵循此种原则循序渐进地解决民生问题的。改革开放之初，经济尚处于从崩溃边缘恢复的时期，吃饱穿暖成为民生的头等大事，所以当时和其后一段较长期间我国政府不断强调放权让利，调动地方、企业和个人的积极性，为尽快扭转贫穷局面、满足民众的最基本物质需要奠定基础。当吃饱穿暖这个民众生存问题基本解决之后，民众最需要解决的民生问题自然从吃饱穿暖向吃好穿好并追求文化生活和精神生活的方向发展。这在2003年以后变得尤为明显。2003年以后，我国用于教育、卫生、社会保障等方面的公共支出大大增加。教育从"普九"到"义务教育全免费"，再到公共部门教育支出占GDP 4%目标逐步加码；医疗从农村新农合的"人均30元"，逐年上升为50元、100元、120元、150元乃至200元，并于2009年推出旨在覆盖全体国民的"新医改"方案；社会保障从仅保障城镇职工到保障城镇居民再到保障含农村居民在内的全体国民，低保覆盖面也不断扩大、保障水准不断提高。

三、"取之于民、用之于民"的深刻内涵

财政分配原则之一的"取之于民、用之于民"中的"民"不是个体，而是一个群体，强调的是从富裕阶层"取"，而侧重于向低收入阶层"予"，即强调的是再分配，这是政府介入而改进民生的资源优化配置的基本原理与运行机理之所在。

首先，"取之于民、用之于民"不可能在社会中每一个具体的纳税人那里一一对应，无可回避的再分配必然具有直观形式上对某些人"少取多予"（如对低收入弱势群体）而对另一些人则可能"多取少予"（如对"先富起来"的高收入阶层）的区别，关键问题只是这种区别及其机制设计是否合理化。

其次，政府出面以税收等形式实施的"取"（征税的优化设计），不可能只是单向地一味实施"减税政策"，虽然减税在某些方面是必要的，并在某些阶段（如前几年世界金融危机冲击下我国出现的经济低迷阶段）是应当被特别注重的，但全面地看，既然有"结构性减税"，逻辑上就不能排除"结构性增税"，尤其在我们这样一个直接税（个人所得税、财产税等）制度建设还远不到位的发展中经济体，只讲"减法"不讲"加法"，只会误导公众，贻误决策，损害全体社会成员的长远利益和"共赢"前景。

再次，政府出面以补助支出、转移支付等形式实施的"予"（惠民支出），不应当不加区分地"推平头"式发放，其基本精神必须是区别对待，"雪中送炭"，并注重机制的合理性与可持续性。没有区别就没有政策，就不成其为政府应负责实施的"再分配"；不加区别地以某种标准发放补贴（如前不久我国南方某地的一个极端例子是地方政府给亿万富豪发"住房补贴"；另一个更极端的例子是台湾地区给狱中的大贪污犯陈水扁发放据规定是"一人一份"的现金"红包"），只能归为公共资源的低效配置乃至误配置，换言之，是在低效使用、甚至是在糟蹋宝贵的公共资源。显然，没有合理区别对待的财政支出补助，不是在惠及民生，而是管理水准低下的表现，是不利民生、有损民生的。

最后，有取有予和取予的侧重性在不同的公民之间各不相同，其本质是通过贯彻再分配的"能力原则"追求全社会共同利益的最大化，因为当具有高支付能力的富裕者于再分配中更多地向公共财政收入作出贡献的同时，也就使自己融入了有助于社会公平的再分配过程，这种合理的再分配会增进社会的和谐与稳定，在使弱势、低收入者改善境遇的同时，也客观上提供了使"先富起来"的这一部分人安享社会安宁的公共产品。所以，合理地对于有较高支付能力收入阶层的"多取"，也正是政府通过公共财政改进民生、惠及民生的必要组成部分，并且也符合这部分"多取"对象的根本、长远利益。

总之，在我国收入分配关系成为"矛盾凸显"重要内容的现阶段，符合再分配优化理性逻辑的区别对待的取与予，必然成为中国完善公共财政和惠及民生的关键内容之一。

四、提升公共政策效力的必然要求

在市场经济环境下和现代社会发展中，普通百姓生活不是离政府越来越远，相反，政府行为与居民生活改善的关系会越来越紧密，特别是政府的财政收支行为直接影响个体收入水平、公共福利、消费意愿、理财观念等，财政管理水平也必然直接影响公共财政职能作用的发挥效果。从发展过程考察，财政管理的科学化、精细化改革，是改善民生进程中提升公共政策效力的必然要求。

首先，随着社会发展进步，用于改善民生的财政资金规模趋于扩大，需要科学化精细化以提高管理效率。以财政分配改善民生就是增加社会的公共福利。实现这一目标，从理论上分析其基本条件有三：一是政府要有足够的公共资源，有能力为改善民生"买单"。我国国民经济在抵御国际金融危机冲击后率先回升向好，财政收入仍然保持了较强劲的增长态势，2010 年财政收入突破 8 万亿元。这说明国民经济的持续快速增长和财政增收为一系列民生问题的解决打下了良好的基础。二是政府公共支出向民生领域倾斜，更加注重为改善民生"买单"。近年来，这方面的努力与成效有目共睹，举凡加大教育投入、深化医疗卫生体制改革、加快建设覆盖全民的就业和社保网络、加大城镇保障性住房建设投入力度等，都是公共支出向民生倾斜的突出表现。三是投入民生领域的财政资金应该更有效率，更符合绩效导向，"少花钱多办事多买单"，这就对财政管理科学化、精细化改革提出了更高的要求。近些年"政府钱多了"，同时也伴随着社会各界对"政府如何花钱"更高的关注，这也反映了社会的整体进步。当前面的两个问题通过经济发展、财税改革有了显著改善之后，第三个问题便日益成为社会关注的焦点。这正是对我国的财政管理与绩效导向改革，提出了更高的科学化、精细化的要求。

其次，经济社会发展中改善民生的财政管理的复杂程度趋于上升，需要科学化精细化以规范业务工作全程。随着经济社会发展，权益—伦理型公共产品的范围总体呈扩大趋势，财政管理的复杂程度也越来越高。公共财政要迎合多层次的民生需求，既要解决与人民群众生活直接相关的基本公共服务问题（教育、医疗、就业等），还要关注那些关乎国计民生未来的公共问题（战略性新兴产业发展、自主创新等）；既要保障目标稳定的基本公共服务项目（基础教育、基本养老等），又要处理好社会经济发展过程中新生的阶段性公共服务供给问题（保障性住房、农民工培训问题等）；既要满足全体社会成员具有共性的公共需要，又要确保特殊人群的某些群体化公共需求如残疾人事业方面的条件升级。公共服务的多层次、服务对象的多样化、供给结构的动态性，都对现有的财政管理提出了严峻的挑战。尽管中央和地方不同层面对政务公开、预算信息公开做了许多开创性工作，但是在公民意识和纳税人意识不断提高的新形势下，财政管理的复杂性很容易伴随财政报告"内行说不清、外行看不懂"等问题，引发更多的公众指责，并把矛盾指向行政成本偏高、财政分配绩效低下等问题。应该说，1998 年以来，在"建设公共财政"纲领指导之下，已努力进行了一系列制度创新、管理创新和"金财工程"式的技术创新，同时还采取措施力求压缩行政经费，推行财政资金绩效考评等，这些举措使财政支出效率已有明显改善。然而，既有的进展与人民群众在政府预算信息透明度、预算安排合理性、预算管理的科学化方面的要求，还有不小差距。在新时期新形势下，我们没有别的选择，必须结合经济、行政乃至政治体制的配套改革，在财政管理的科学化、精细化改革方面狠下功夫，努力做到公共财政收支的业务全程规范而有理、有力、有序、有度，通过科学化精细化催生更为体系化的绩效评估、激励—约束机制和问责制度。

最后，公共财政改善民生的政策取向需要"花钱买机制"，并需要以科学化精细化加以保障。近年来，以教育、医疗等基本公共服务均等化为切入点，出台了一系列改善民生的公共政策，在取得成效的同时，这些政策的完善需要机制创新来配合这一点，也前所未有地凸显，并更清晰地表现为财政资金如何在加大公共服务的同时解决好"花钱买机制"的问题。比如，《国家中长期教育改革与发展规划纲要（2010－2020 年）》要求到 2012 年实现财政性教育经费支出占 GDP 4％的目标。这当然需要各级财政在支出安排中给予教育更大的倾斜，而进一步加大财政教育投入力度的同时，应该更加关注"增量教育资金"的使用效率，力求减少"培养出的毕业生与社会需要脱节"等矛盾问题，否则只增加教育投入，并不能保证取得"让人民满意"的效果。又比如，在 2010 年新型农村合作医疗、城镇居民基本医疗保险财政补助标准由人均 80 元提高到 120 元的基础上，2011 年人均补助标准将进一步提高到 150～200 元，而这种人均财力投入的提高，更为鲜明地提出了对"新医改"的机制创新要求，即需要以新的机制保证把钱花得有效，而不是以增加的财力开办低效的"大锅饭"来养人。应该说，当制度或政策已经制定，目标能否实现的关键，就要看"实施"与"管理"的机制和水准了。

五、高昂行政成本形成的原因

只要国家存在，支持国家正常运转的各类政权机构存在，行政管理费用便必然发生，任何时期任何国家概莫能外。犹如一个生命个体，即使不进行任何生产活动，仍需要摄入一定食物，维系生命，即所谓的生命体的"基础消耗"。一台打开的计算机，即使不处理任何应用程序，仍有多个系统软件持续运行，从而消耗电力、占用硬盘和内存等资源，这种资源消耗被称为"系统消耗"。

我国行政管理费改革开放以来有增加的趋势，这固然与政府行为中存在铺张浪费、效率不高等有关，也与我国特定的国情、历史传承因素以及三十多年来特定发展阶段上的相关因素演变等有关。

首先，国情因素。由于人的基因等多种因素的不同，每个人的基础消耗各不相同；源于计算机配置相异，不同计算机的系统消耗也有所差异。一国的基本行政管理费用与本国的具体国情直接相关，比如，假定其他条件相同，地域大的国家其行政成本一般较高；同样地域面积的国家，山地面积比重大的，其行政成本一般较高；假如山地、平原比重也相仿，行政管理层级较多的，其行政成本一般较高，等等。特别是，基本行政管理费用的高低，与政权组织形式有很大关系，在我国，各级有"五大班子"，是政权组织的基本形式，同时我国又是独特的五级政府体制，这与行政管理费用支出比较高直接相关。行政成本高低还与本国所采取的特定经济和社会政策有关。比如，我国实施计划生育政策，必须有相应机构和人员负责实施这项国策，所以必然存在与人口计划生育相关的行政管理费用，等等。

其次，历史和发展阶段因素。各国行政管理费用支出必然与该国的历史发展阶段有关。比如，美国建国之初奉行"小政府"原则，1835 年美国行政部门人数只有 2 万人，但其后，20 世纪初达 50 万人，一战期间为 100 万人，1930 年为 315 万人。自政府管理职能加强后，机构数和工作人员猛增，至 1984 年美国各级政府雇员达到 1 640 余万人，因此美国行政管理费用开支是在一个较低的基础上逐渐增加的。我国的情况有所不同，计划经济时期，政府无所不能，无所不包，政府系统工作人员薪酬压得很低，而机构数较多，1975 年国务院部门为 52 个。改革开放后，虽多次实施行政机构精简，国务院部门 1982 年裁并为 42 个，直属机构由 42 个裁并为 15 个，办公机构由 5 个裁并为 3 个，1988 年又将国务院部门减为 41 个，但同时，"事业单位"规模随社会发展迅速上升，至 1994 年底，我国各级有 130 多万个事业单位，2 600 万从业人员；1998 年，虽将国务院部门压缩至 29 个，2008 年再将部门压缩至 27 个，然而特设机构等逐渐增加，事业单位在岗人员数量已增至 3 000 万人以上。在这个演变过程中，公职人员薪酬水平也已明显提高。因此，我国行政事业的管理经费开支是在一个"全能政府"框架下，于较高的机构基数上演变而来，且在不断调减过程之中受制于多种因素，财政供养人员实际规模有增无减不断上升。更为重要的是，我国三十多年来正处于经济社会急剧转轨过程，计划管理和服务调控职能并存，既要发展，又要改革和维护稳定，行政管理费用高企与特定的发展阶段也有直接关系。比如我国各级"维稳费用"的迅速上升，是近些年来的一个行政成本演变特征。此外，客观分析，三十多年来行政成本上升与我国行政事业单位办公条件改善，驻外机构扩展及人员待遇提高，占行政事业开支比重甚高的交通差旅、餐饮、住宿等支出事项的价格上涨明显快于平均物价上升水平，等等，也都有十分密切的关系。

但是，值得指出的是，行政管理费用高企，并不能否定我国以行政成本支撑的制度与政策产出，对民生改善产生了巨大正效应。当我们从产出和民生视角来看待我国的行政管理费用开支规模时，应当理性地运用两分法：虽然我们应当特别强调降低行政成本的必要，但也需要指出，总体而言，我国行政管理支出中的很大比重，毕竟是支持了我国市场经济体制的基本确立、各项改革的顺利推进、三十多年来中国经济持续高速增长、社会事业发生翻天覆地的变化、人民生活实现巨大改善。正如社会主义市场经济改革大潮中的沙泥俱下，并不能否定这一改革主体上的必要性与历史功绩，我国行政管理费用的垫付，虽包含了过高因素，但主体上还是应当肯定其对民生的改善产生了并将继续产生正面的影响。同时，我们也要高度重视、努力消除行政成本偏高、过高所形成的负面影响。

六、深化财政改革与全面配套改革

努力降低行政成本是新时期公共财政和政府管理面临的重大挑战与重要任务。我国社会成员的"公民意识"和"纳税人意识"，随社会的发展进步而提升，公众的心态日益趋向于关注财政支出的透明度问题和行政成本的管理控制问题，这是我国政府管理主体、机构部门必须高度重视的大势之所趋、必须应对的重大挑战和必须完成的历史性任务——这也应成为我们努力控制和降低行政成本的压力和动力。当然，完成这个历史任务，并不能只依靠财政部门的努力或仅仅通过几个部门的合作，其本质的要求，在于财政与方方面面配套实施全面的改革。

首先，财政体制改革。在财税体制改革方面，需要把握"财权与事权相顺应、税基合理配置、健全转移支付、最后达到财力与事权相匹配，构建有利于科学发展的财税体制机制"的改革思路，在省直管县和乡镇综合改革的基础上，在"十二五"期间争取使五级财政扁平化到三级框架于多数地区初具型态，从而破解省以下无法实质性贯彻落实分税制的难题，并通过财政体制扁平化改革带动"减少行政层级"的政府体制改革，为市场经济的健全和行政成本的降低奠定基础、配备制度条件。在以事权明细单形式由粗到细理清各级事权的同时，需特别重视地方税体系制度建设，打造主要以不动产税（房地产税）和资源税为大宗、稳定收入支柱的地方税体系，使地方政府的收入激励与职能转变优化形成内在的契合；地方债制度，也应在2009～2010年"登堂入室"的基础上，按照"阳光融资"的导向继续规范发展，适当扩大其规模。与这些相互呼应，需要继续积极推进转移支付体系的制度建设，从近期至中长期着力于动态改进一般性转移支付因素指标体系，适当减少专项转移支付的比重，积极探索横向转移支付制度等。

其次，税制改革和公共收入体系改革。税制改革方面，资源税、房地产税、增值税扩围以及个人所得税的改革应该是"十二五"时期的改革重点。房地产税改革在打造地方税主体税种的同时，还可以起到优化调节财富分配的作用；资源税也同时承担着打造地方主体税种和促进资源节约的任务；通过增值税扩围改革，将形成统一的对市场经济专业化分工保持"中性"的流转税体系，适度降低我国第三产业纳税人税负而促进其更好发展；个人所得税则应缩减税率档次，下调低档税率和实行"综合与分类相结合"等形式，切实优化和更好发挥其收入再分配功能。从中长期来看，社会保障税、环境税等的开征也应积极纳入改革方案之内。税制之外，非税收入方面的国有资产收益和国家特许权收入上缴制度等方面的改革，也应成为今后一个时期公共收入体系改革的重要内容。这些改革，将更好地夯实改进民生的财力基础，同时也可以策应降低行政成本、追求绩效的支出方改革和相关配套改革。

再次，预算管理改革。财政的改革总体上可认为包括三个层面的创新：体制创新、管理创新和技术创新。体制创新从公共财政制度顶层设计的角度把握财政改革的大方向和形成财政改革的大框架。管理创新是在具体的管理运行中，建立与体制创新相匹配的新机制，而技术创新则要为制度创新和管理创新提供技术支撑。下一阶段三层创新中的一大重点和交汇点，是预算管理创新。在公共财政导向下，我国先后实施的部门综合预算改革、国库集中收付改革、政府采购改革、收支两条线改革和绩效考评改革等，初步构建了现代预算管理制度，而在政府预算进一步公开、透明的要求下，深化预算管理的改革势在必行，今后亟应着力在政府预算信息透明度、预算安排合理性和预算管理科学化、精细化水平的提高等方面下功夫，建立通盘协调、全面细化、全程周密监控和精细化管理的预算体系，实质性推进我国政府理财的民主化、法治化，也实质性促进行政成本的控制与降低，从而增惠于民生。

最后，以财政改革与经济体制、行政体制全面改革相配套。通过财税改革、预算改革，以理财的民主化、法治化拉动经济、社会生活的民主化、法治化和实现公共资源配置的民主化、法治化，是在我国形成惠民生、降行政成本可持续机制的可行路径。降低行政成本，仅仅依靠财政改革是远远不够的，一定要将改革延伸到综合的、行政的，乃至政治体制改革的方方面面。当前，在我国行政体制改革和政治体制改革思路一时无法形成共识、无法形成可操作方案的情况下，"美国进步时代的启示"尤显可贵。如我们能从各方无法拒绝的加强改进财政管理这一点来切入，通过公共财政建设，形成具有现代的税收制度和预算体系，并相应建立健全政务透明机制和民意表达机制，推动法治不断进步，我们就有望进一步打开中国"渐进改革"已形成路径依赖后深化改革的空间，促进整个经济社会的民主化、法治化而造福于长久的国计民生。诚然，这套现代意义的预算管理体系的建立，也有赖于现代信息处理技术手段的支撑，"金财"、"金税"工程等将更多地发挥这方面的作用。以财政的制度、管理和技术创新推动现代意义的预算体系形成，进而促进政府职能转变和社会民主化法治化氛围与环境的形成，最终促进和加快经济体制和政治体制的全面创新改革，对行政管理费用的规模或行政成本的控制，便可自然回归至一个合理且民众可接受的水平，公共财政将以适当的成本、不断提升的综合绩效，支撑民生改善和人民生活水平的不断提高，服务于我国现代化的历史进程。

第二节　改善民生——三大基本公共服务的财政供给

一、公共卫生与基本医疗服务

（一）公共财政政策

改革开放初期受经济体制改革的影响，我国医疗卫生领域的改革方式是"放权让利"，把医疗卫生机构当做经济企业来管理，极大地忽视了医疗卫生事业自身的发展特点，忽视了政府责任，由此导致了我国今天医疗卫生领域"看病难、看病贵"的民生难题。1997 年颁布的《中共中央、国务院关于卫生改革与发展的决定》被认为是我国医疗卫生事业发展政策的转折点，该决定明确了"基本实现人人享有初级卫生保健"的目标，但遗憾的是由于对于医疗卫生行业的属性和特点认识不够，该决定中提出的许多正确方针、政策，在实际中没能得到贯彻。① 促使我国政府意识到应将基本医疗卫生投入纳入民生财政问题的转折点事件是2003年的非典（SARS）危机。"这场危机集中反映了中国公共卫生与基本医疗服务事业发展面临的挑战，政府多年来对公共卫生机构投入的不足，公共卫生体系无法应对严重的突发性公共卫生事件。"② 2003年非典危机过后，我国政府开始加大财政对医疗卫生领域的投入，加大对医疗卫生体制改革的研究，逐渐明确了政府（尤其是中央政府）在医疗卫生领域应承担职责。2003年到2011年我国政府推出了一系列旨在加强政府责任、维护公共卫生和基本医疗服务的公益性的政策（见表6－1）。

表6－1　　2003～2010年中国政府推进公共卫生与基本医疗服务公益性的相关政策

2003年10月	《中共中央关于完善社会主义市场经济体制若干问题的决定》提出，要深化公共卫生体制改革，强化政府职能，建立健全卫生信息网络、疾病预防控制体系和医疗救治体系，提高突发性公共卫生事件应急能力。
2005年10月	《中共中央关于制定国民经济和社会发展第十一个五年规划的建议》提出，要认真研究并逐步解决群众看病难看病贵问题。继续深化医疗卫生体制改革，完善公共卫生和医疗服务体系。
2006年2月	国务院《关于发展城市社区卫生服务的指导意见》要求将发展社区卫生服务作为推进城市卫生综合改革和缓解群众看病难、看病贵的基础性工作。同年，国务院成立了城市社区卫生工作改进领导小组。
2006年10月	《中共中央关于构建社会主义和谐社会若干问题的决定》提出，要维护公共卫生服务，深化医疗卫生体制改革，强化政府责任，严格监督管理，建设覆盖城乡居民的基本卫生保荐制度，为群众提供安全、有效、方便、价廉的公共卫生和基本医疗服务。
2007年10月	胡锦涛在党的十七大报告中指出，要建立基本医疗卫生制度，提高全民健康水平，坚持公共医疗卫生的公益性质，强化政府责任和投入，完善国民健康政策，鼓励社会参与。

---

① 杜乐勋、张文鸣：《中国医疗卫生发展报告（2009）》，第65页。
② 中国改革发展研究院：《2007/08中国人类发展报告——惠及13亿人的基本公共服务》，第43页。

续表

2009 年 3 月	《中共中央、国务院关于深化医药卫生体制改革的意见》指出，要着眼实现人人享有基本医疗卫生服务的目标，要完善医药卫生四大体系，建立覆盖城乡居民的基本医疗卫生制度。同年，颁布的《医药卫生体制改革近期重点实施方案（2009－2010 年）》强调要推进五项重点改革，着力解决群众反映较多的"看病难、看病贵"问题。同年，颁布的《关于完善政府卫生投入政策的意见》就完善政府卫生投入政策提出意见。
2010 年 10 月	《中共中央关于制定国民经济和社会发展第十二个五年规划的建议》提出，加快医疗卫生事业改革发展。按照保基本、强基层、建机制的要求，增加财政投入，深化医药卫生体制改革，调动医务人员积极性，把基本医疗卫生制度作为公共产品向全民提供，优先满足群众基本医疗卫生需求。

（二）公共财政投入

近几年来，用于公共卫生与基本医疗的财政支出逐年增加，且速度快于财政支出的增长速度（见图 6－1），另外，医疗卫生支出占财政支出与国内生产总值的比重也在逐年增加（见图 6－2）。

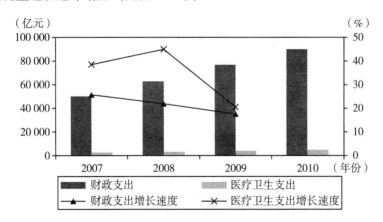

图 6－1　财政支出与医疗卫生支出的增长速度

注：财政支出指国家财政将筹集起来的资金进行分配使用，以满足经济建设和各项事业的需要；医疗卫生支出指政府医疗卫生方面的支出，包括医疗卫生管理事务支出、医疗服务支出、医疗保障支出、疾病预防控制支出、卫生监督支出、妇幼保健支出、农村卫生支出等。

资料来源：《中国统计年鉴 2011》。

中国公共财政监测报告

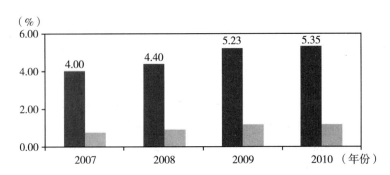

图6-2 医疗卫生支出占财政支出比重

资料来源：《中国统计年鉴2011》。

2010年我国财政用于医疗卫生方面的支出为4 804.18亿元，比上年增长20.3%，占全国财政支出的5.3%，主要用于支持实施新型农村合作医疗和城镇居民基本医疗保险等制度改革，扩大改革范围、提高补助标准；支持解决关闭破产国有企业退休人员和困难企业职工参加城镇职工基本医疗保险问题；支持实施公共卫生与基层医疗卫生事业单位绩效工资政策；支持基本公共卫生服务建设，支持向城乡居民免费提供九类基本公共卫生服务，推动加强基层医疗卫生服务体系建设；支持扩大国家基本药物制度覆盖范围和启动公立医院改革试点；支持提高城乡医疗救助水平。

（三）取得的进展

1. 国民健康素质提高

从2000年到2008年，我国人均期望寿命从71岁增长到74岁（其中男性平均寿命为72岁，女性平均寿命为76岁），与2008年持平。2000年以来新生儿死亡率、5岁以下儿童死亡率和孕产妇死亡率水平持续降低（见图6-3）。1991~2000年新生儿死亡率降低了31.12%，2000~2010年内降低了63.6%，最近十年比上一个十年下降速度快了2.04倍，说明近十年来我国妇幼保健水平有了很大提高。

2. 卫生资源增加

到2010年末，我国卫生机构数为936 927家，卫生技术人员为5 876 158人，卫生机构床位数为478.68万张，与2009年相比分别增长了2.22%、

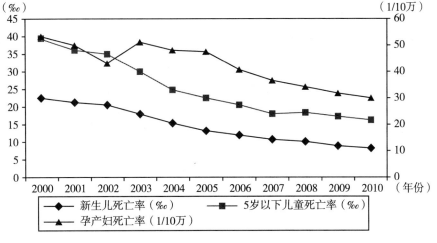

图 6 - 3　2000 年以来新生儿死亡率、5 岁以下儿童死亡率和孕产妇死亡率

资料来源：《中国统计年鉴 2010》。

5. 48% 和 8%；平均每千人口拥有的卫生技术人员由 2009 年的 4. 15 人上升到 4. 37 人，增加了 5. 30%；平均每千人口拥有的医院和卫生院床位数由 2009 年的 3. 06 张上升到 3. 27 张，增加了 6. 86%（如表 6 - 2 所示）。

表 6 - 2　　　　　　　　　　　　　中国卫生资源

年份	卫生机构（个）	卫生技术人员（人）	卫生机构床位数（万张）	每千人口卫生技术人员（人）	每千人口医院和卫生院床位数（万张）
2003	806 243	4 380 878	316. 40	3. 48	2. 34
2004	849 140	4 485 983	326. 84	3. 53	2. 40
2005	882 206	4 564 050	336. 75	3. 57	2. 45
2006	918 097	4 728 350	351. 18	3. 66	2. 53
2007	912 263	4 913 186	370. 11	3. 76	2. 63
2008	891 480	5 174 478	403. 87	3. 92	2. 84
2009	916 571	5 535 124	441. 66	4. 15	3. 06
2010	936 927	5 876 158	478. 68	4. 37	3. 27

资料来源：《中国统计年鉴 2011》。

3. 建立了比较完整的公共卫生与基本医疗卫生服务系统

当前我国正在逐步形成包括医疗、预防、保健、康复、教学、科研等在内的比较完整的医疗卫生服务体系。在城市，形成了市、区两级医院和街道门诊（所）三级医疗服务体系及相关卫生防疫体系。许多城市正在加快建立社区卫生服务机构和转诊机构。在农村，则形成了以县医院为龙头、以乡（镇）卫生院为枢纽，以村卫生室为基础，集预防、医疗、保健功能于一体的三级医疗预防保健网。2010 年末，全国医疗卫生机构总数达 93.7 万个，比上年增加 2.0 万个。其中：医院 20 918 个，基层医疗卫生机构 90.2 万个，专业公共卫生机构 11 835 个。与上年比较，医院增加 627 个，基层医疗卫生机构增加 2.0 万个，专业公共卫生机构增加 170 个[①]（见图 6 - 4）。

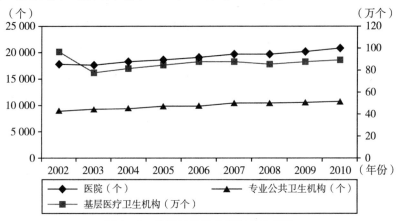

图 6 - 4　我国医疗卫生服务机构概况

资料来源：《中国统计年鉴 2011》。

近几年来，为了平衡卫生资源配置，进一步解决群众"看病难、看病贵"的难题，我国政府正在努力建设和完善基层卫生服务体系，这在城市以城市社区卫生服务为重点，在农村以乡镇卫生院建设为重点。2010 年我国社区卫生服务中心（站）为 32 739 个，比上一年增长了 19.89%。社区卫生服务中心（站）床位数呈逐年增加趋势，2010 年相比 2002 年增长了 1 306.67%，增长迅速（见图 6 - 5）。2005 年后乡村卫生室数量呈微小幅度上升状态，同时设卫生室的村数占行政村的比例也从 2005 年起稳步上升至 2010 年的 92.3%，基

---

① 摘自 2011 年 5 月 6 日发布的《2010 年我国卫生事业发展统计公报》。

本上实现了农村基层医疗卫生体系的全覆盖（见图 6-6）。

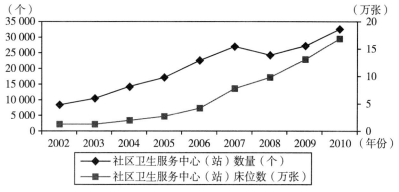

图 6-5 我国社区卫生服务状况

资料来源：《中国统计年鉴 2011》。

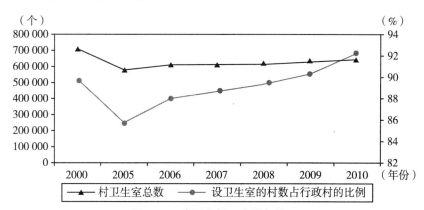

图 6-6 我国乡村卫生服务状况

资料来源：《中国统计年鉴 2011》。

4. 建立了基本覆盖全体居民的基本医疗卫生保障制度

截至 2010 年我国已建立了覆盖不同地区（城市和农村）和不同人群（主要是低收入群体）的基本医疗卫生保障制度。

在城市地区，20 世纪 90 年代，国有企业改革推动了我国城镇职工基本医疗保险的建立，1998 年《国务院关于建立城镇职工基本医疗保险的决定》标志着我国城镇职工基本医疗保险的建立。2007 年在城镇职工基本医疗保险的基础上，国务院颁布了《关于开展城镇居民基本医疗保险试点的指导意见》决定从 2007 年开始开展城镇居民医疗保险试点，将基本医疗保险由城镇就业人员拓展到城镇非就业人员。按照相关政策规定，2009 年全国所有的城市都已开展城镇居民基本医疗保险，覆盖的人员类别包括不属于城镇职工基本医疗保险制度覆盖范围的中小学阶段的学生（包括职业高中、中专、技校学生）、少年儿童、在校大学生和其他非从业城镇居民。在农村地区，2003 年国务院办公厅转发卫生部等部门《关于建立新型农村合作医疗制度意见的通知》决定从 2003 年起启动新型农村合作医疗制度。按相关政策规定，2010 年全国建立了基本覆盖农村居民的新型农村合作医疗制度。对于低收入群体，国家制定了城乡医疗救助制度。城乡医疗救助制度的救助对象主要是城乡困难群体、无法被城乡基本医疗制度覆盖的群体。

在城镇基本医疗保险方面，2010 年末全国参加城镇基本医疗保险人数为43 263 万人，比上年末增加 3 116 万人。其中，参加城镇职工基本医疗保险人数 23 735 万人，比上年末增加 1 797 万人；参加城镇居民基本医疗保险人数19 528 万人，比上年末增加 1 319 万人。在职工基本医疗保险参保人数中，参保职工 17 791 万人，参保退休人员 5 944 万人，分别比上年末增加 1 382 万人和 417 万人。年末参加医疗保险的农民工人数为 4 583 万人，比上年末增加249 万人。① 全年城镇基本医疗保险基金总收入 4 309 亿元，支出 3 538 亿元，分别比上年增长 17.3% 和 26.5%。年末城镇基本医疗统筹基金累计结存 3 313亿元（含城镇居民基本医疗保险基金累计结存 306 亿元），个人账户积累1 734 亿元。

在新型农村合作医疗方面，截至 2010 年底，全国已有 31 个省、自治区、直辖市在 2 678 个县（市）开展了新型农村合作医疗，覆盖农业人口 836 万人，比上年增长 0.36%，自 2008 年以来参合率均在 90% 以上，2010 年达到96%，补偿受益人次也从 2009 年的 7.59 亿人次增加到 10.87 人次（见图 6 -7），2010 年，农村合作医疗保险基金从全国共筹集资金 1 308.3 亿元，比上年增长 38.53%，比 2004 年增长 31.47 倍；基金支出 1 187.8 亿元，比上年增长28.7%，比 2004 年增长 44.04 倍。2010 年基金支出占筹资总额的 90.8%，比2004 年的比重（65.5%）增长了 38.6%（见图 6 -8）。

在城乡医疗救助方面，2010 年全年累计救助城市居民 1 921.3 万人次，其中，民政部门资助参加城镇居民基本医疗保险 1 461.2 万人次，人均救助水平 52.0 元；民政部门直接救助城市居民 460.1 万人次，人均医疗救助水

① 摘自 2011 年 7 月 20 日发布的《2010 年度人力资源和社会保障事业发展统计公报》。

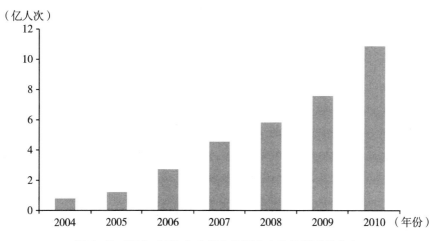

图 6 – 7 2004～2010 年农村合作医疗人均补偿受益人次

资料来源：《中国统计年鉴 2011》。

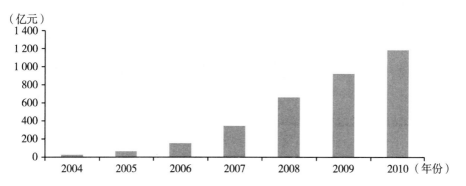

图 6 – 8 2004～2010 年农村合作医疗基金运行情况

资料来源：《中国统计年鉴 2011》。

平809.9 元。2010 年全年累计救助贫困农民 5 634.6 万人次，其中：民政部门资助参加新型农村合作医疗 4 615.4 万人次，人均资助参合水平 30.3 元；民政部门直接救助农村居民 1 019.2 万人次，人均救助水平 657.1 元①（见图 6 – 9、图 6 – 10）。

---

① 摘自 2011 年 6 月 16 日发布的《2010 年社会发展服务统计报告》。

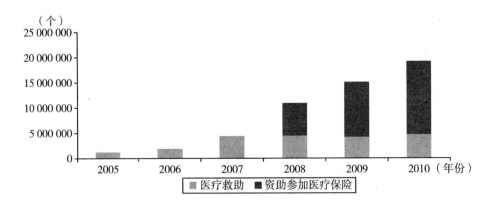

图6-9 城市医疗救助人次

资料来源:《中国统计年鉴2011》。

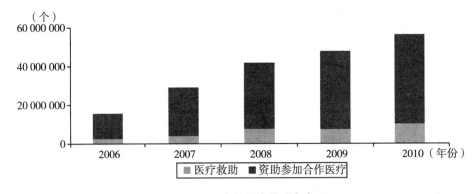

图6-10 农村医疗救助人次

资料来源:《中国统计年鉴2011》。

(四) 存在的问题

1. 财政投入不足

尽管2003年以来,在卫生费用的筹资来源中政府卫生支出占比逐年提升(2010年达27.5%①),政府承担了更大的卫生医疗支出责任,但相比其他国家,政府的卫生支出仍然不足。截止到2009年,我国财政对于医疗卫生的支

―――――――――――

① 数据来源:《中国统计年鉴2011》。

出仅占 GDP 的 1.16%，① 这不仅与美国和日本的支出规模相去甚远，甚至远低于同为发展中国家的巴西（见图 6 – 11）。

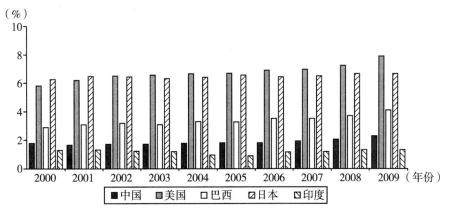

图 6 – 11　公共卫生支出占各国 GDP 比重

注：公共医疗卫生支出由政府（中央和地方）预算中的经常性支出和资本支出、外部借款和赠款（包括国际机构和非政府组织的捐赠）以及社会（或强制）医疗保险基金构成。

资料来源：世界银行网站。

2. 城乡发展不平衡

由于我国长期形成的城乡二元经济结构，使得政策偏重于城市，对农村的政策要求过宽过泛，难以具体实施，存在很多漏洞，社会配置给农村的卫生资源较少。城市和大医院占有了大量资源，拥有先进的检查设备，高素质的医疗人才，形成较高的医疗信赖度。而相对的，农村和小医院因为资源有限，也降低了人民对社区医院、农村卫生院等基础机构的信任度。在一些城市里，人们盲目相信大医院，一些本可以就近在社区医院，乡镇医院、卫生所治疗的小病也宁愿到大医院排长队等待治疗，造成大医院的资源过度使用，与此同时基层医院资源严重浪费。城乡医疗资源的不平等体现在：2010 年，城市每千人有7.62 个卫生技术人员，农村只有 3.04 个，城市是农村的 2.51 倍；城市每千人有注册护士 3.09 人，农村仅有 0.89 人，城市是农村的 3.47 倍。城市每千人有医院和卫生院床位 5.33 张，农村仅有 2.44 张，城市是农村的 2.18 倍。

---

① 根据《中国统计年鉴 2011》上的数据处理得到。

3. 基本医疗保障制度面临众多挑战

虽然我国已建立了基本覆盖全体居民的医疗保障制度，但我国的医疗保障制度在运行过程中面临众多挑战。首先是保障资金筹集困难，由于政府财力有限我国的医疗保障特别是新农合主要以个人筹资为主，集体扶持为次，政府给予适当支持，这就造成资金筹集来源存在很大的局限性。在经济欠发达地区，地方财政困难，无法承担较高的医疗卫生费用支出，使得当地医疗保障水平落后于其他地区。其次是医疗保障基金管理效率低下，虽然国家政策一直号召加强群众对医疗基金运作的监督，但在某些农村地区，农民法律和民主意识淡薄，使医疗体系民主监督缺位而得不到有效管理。基础管理人员的素质不高、管理不健全、报销手续过于繁琐，甚至出现挪用保费的情况，损害了农民的权益，打击了他们的参保积极性。第三是医疗保障制度易引发道德风险，医疗保险的发展使得一些医疗机构为追求利益，为患者增加不合理的检查和药物，造成过度医疗，增加了国家的财政负担和人民的个人医疗支出，也不利于医疗保险的有效运行。

4. 医药价格形成机制改革与公立医院改革才刚刚起步

长期以来，我国药品价格虚高，"以药养医"的现象使得我国群众承担过多的不合理医药费。我国新时期的医改方案将医药价格形成机制和公立医院改革列入日程，要求严格控制药品流通环节差价率，加强医用耗材及植（介）入类医疗器械流通和使用环节价格的控制和管理，同时还要完善公立医院经济补偿政策，逐步解决"以药养医"问题。但我国医药价格形成机制改革与公立医院改革才刚刚起步，面临诸多不确定因素，而且我国医疗卫生管理体制存在管理机构过于分散，各部门政策不够协调配套的重大问题，这使得我国医疗卫生事业的各项改革措施难以形成合力，达不到甚至偏离预期效果，这些都是制约新一轮医疗卫生改革的重要"瓶颈"。

（五）政策建议

1. 继续加大财政投入

政府对卫生事业的支持是医疗卫生事业取得进步的基本保证。医疗卫生是涉及国计民生的重要基础，公共物品的特殊性要求政府加强投入、加强资金的监督管理、动员社会力量参与到卫生改革中来。特别要加强对乡镇财政资金流动的监管并引入群众监督，防止资金被挪用和贪污浪费。政府资金的投入体现在两个方面：一是对医疗服务供应的投入，主要用于公立医院的经费，卫生人员工资，卫生人员的培养和基础医疗设施建设等；二是对医疗保障制度的投入，如农村的新型农村合作医疗、对弱势人群的医疗救助等。

2. 吸引社会资金投入，构建多层次的医疗系统

一是进一步深化医疗体制改革，发挥政府在医疗中的主导地位，制定相关政策，实现规划、监督管理和宏观平衡供需的职能。二是进一步发展公立医院，使公立医院成为无保险人群和保险较低人群的最低保障机构。三是吸引社会资本，鼓励社会医疗机构的发展，减轻政府的筹资压力和资源分布不均的隐患，同时引入竞争机制，促进公平竞争以提高效率。

3. 提高资源分配效率

引入市场竞争机制，使医疗资源在市场配置下达到供需平衡。建立起多级化的监管机制，形成政府监督—行业内部监督—民主监督有序的三级监管，进一步加强医疗、药品监管，增强医疗机构服务能力。建立定点医疗机构准入、退出机制，完善定点医疗机构的资格认定和管理工作。统筹相关部门进一步加强医疗、药品监管，明确医疗机构应执行医疗服务价格、医疗药品目录及自费项目比例控制等自律责任。努力降低成本，为群众提供方便快捷的医疗卫生服务，增进医患沟通，促进和谐医患关系建设。

4. 缓解城乡不平等现象

首先要加强农村基础设施建设，加大对农村医疗机构的扶持。合理配置农村的医疗资源，对各级按行政区划分布的医疗网点进行整合，使农民小病就地医治，大病重病不出市。其次加强卫生队伍建设，培养一支高素质高效率的队伍，促进各等级的卫生人员在城乡的合理分布，提高卫生服务人员的专业水平。再次，建立起完善的激励机制，有效留住基础医务人员，防止过多过频的人才流失。进一步完善城镇职工医疗保险制度。完善医疗救助体系，防止"因病返贫"的现象不断出现。

中国公共财政监测报告

二、义务教育

(一) 公共财政政策

改革开放初期，由于国力薄弱，政府难以承担"义务教育政府办"的责任，在很长一段时间承担义务教育的责任实际由个人承担，这就导致了我国教育发展存在城乡差距与区域差距。伴随着我国经济体制改革的推进，我国经济发展取得令人瞩目的成就，政府开始将承担义务教育的责任由个人转移到政府。2001年在农村税费改革和国家财政体制改革的背景下，我国义务教育体制开始实行"管理以县为主，投入分级负担"的管理体制，"强调提供公共服务的各级政府对九年义务教育的责任，明确各级政府发展义务教育的财政责任。"① 从 2006 年起我国开始实行免费义务教育，并在"两基"等加大贫困地区教育投入的基础上为西部农村地区儿童接受义务教育提供更大的便利与机会。2006 年，西部地区农村义务教育阶段中小学生全部免除学杂费，2007 年全国农村义务教育阶段学生全部免除学杂费，对部分贫困山区和少数民族地区，政府还免费提供了相应的取暖、住宿、饮食等方面的条件。总而言之，"从 2001 年开始，逐步形成了以国务院为领导，省、自治区、直辖市人民政府统筹规划实施，县级人民政府负责具体管理为主的体制，并将义务教育纳入公共财政，保障西部及其他贫困地区义务教育的水平，促进全国教育的均衡发展。"② 新时期我国义务教育体制改革的方向是坚持义务教育的公益性质，"义务教育政府办"，政府承担举办义务教育、促进教育机会均等化的责任（见表 6 - 3）。

表 6 - 3	2001 ~ 2010 年中国义务教育体制改革的公共财政政策
2001 年 6 月	《国务院关于基础教育改革与发展的决定》对农村义务教育管理体制进行了重大改革，明确了农村义务教育"实行在国务院领导下，由地方政府负责、分级管理、以县为主的体制"，并要求中央和各级政府要加大财政转移支付力度。

---

① 改革开放 30 年中国教育改革与发展课题组：《教育大国的崛起（1978 - 2008）》，教育科学出版社 2008 年版，第 85 页。

② 中国改革发展研究院：《2007/08 中国人类发展报告——惠及 13 亿人的基本公共服务》，第 38 页。

续表

2004 年 2 月	教育部发布《2003－2007 年教育振兴行动计划》指出到 2007 年，争取全国农村义务教育阶段家庭经济困难学生都能享受到"两免一补"（免杂费、免书本费、补助寄宿生生活费），努力做到不让学生因家庭经济困难而失学。
2005 年 12 月	《国务院关于深化农村义务教育经费保障机制改革的通知》在深化农村义务教育经费保障机制改革的主要内容中指出，全部免除农村义务教育阶段学生学杂费，对贫困家庭学生免费提供教科书并补助寄宿生生活费。
2006 年 6 月	全国人大常委会通过了新修订的《中华人民共和国义务教育法》，该法规定实施义务教育，不收学费、杂费。国家建立义务教育经费保障机制，保障义务教育制度实施。这标志着实施免费义务教育已经成为国家意志，被海内外广泛誉为"中国教育发展史上的重要里程碑"。
2006 年 10 月	《中共中央关于构建社会主义和谐社会若干重大问题的决定》中提出："保证财政性教育经费增长幅度明显高于财政经常性收入增长幅度，逐步使财政性教育经费占国内生产总值的比例达到 4%。"
2007 年 10 月	胡锦涛在党的十七大报告中指出，坚持教育公益性质，加大财政对教育投入，规范教育收费，扶持贫困地区、民族地区教育，健全学生资助制度，保障经济困难家庭、进城务工人员子女平等接受义务教育。
2010 年 10 月	《中共中央关于制定国民经济和社会发展第十二个五年规划的建议》提出，统筹规划学校布局，推进义务教育学校标准化建设。

（二）公共财政投入

近几年来中央财政由于教育的支出逐年增加，且增长速度高于中央财政经常性收入的增长速度，2010 年中央财政教育支出为 2 547.34 亿元，中央财政教育支出增长率为 28%，高于中央财政经常性收入增长率 18.1 个百分点（见图 6－12），约自 2005 年起教育支出占财政支出与国内生产总值的比重也在逐年增加（见图 6－13）。

2001 年我国财政教育支出为 2 582.40 亿元，2010 年上升为 12 550.02 亿元，上升了 4.86 倍，年均增长 19.20%。从财政教育支出占 GDP 的比重来看，

中国公共财政监测报告

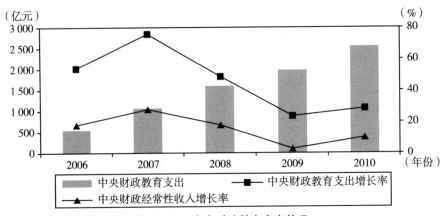

图 6-12　中央财政教育支出状况

资料来源：《中国统计年鉴 2011》。

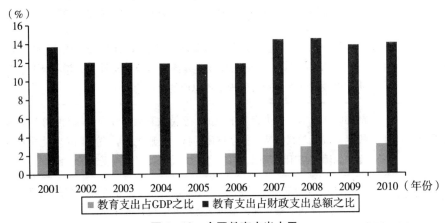

图 6-13　全国教育支出水平

资料来源：《中国统计年鉴 2011》。

2001 年该比重为 2.36%，2010 年上升为 3.13%，尽管 2002~2006 年间该比重存在一个波动阶段，但整体上还是呈现较快的增长势头。从财政教育支出占财政支出总额的比重来看，2001 年该比重为 13.66%，而 2010 年该比重仅为 13.96%，增长幅度较小，且 2002~2006 年长期处于低位运行，2007 年和 2008 年间有较大幅度的上升，但很快又有所下滑。面对教育支出的窘况，中央政府提出，到 2012 年财政教育支出占 GDP 的比重要达到 4%，因此可以预期财政教育支出将会有较大幅度的提高。

（三）取得的进展

1. 国民教育水平提高

国民教育水平是一个国家的人民接受教育的程度。改革开放以来，我国国民接受的教育水平逐年提高，且高于世界平均水平。据《中国统计年鉴2011》2010 年全国文盲人口为 5 466 万人，相比 2000 年减少了 35.75%，2010 年全国文盲率为 4.08%，相比 2000 年降低了 2.64 个百分点。表 6 - 4 列出了我国与其他国家或地区 2000 年与 2008 年 15 岁及以上成人识字率。据世界银行统计，2008 年我国 15 岁及以上成人识字率为 93.70%，相比 2000 年提高了 2.78 个百分点，比世界平均水平高出 10.26 个百分点。

表 6 - 4　　　　　　　　　　15 岁及以上成人识字率　　　　　　　　　　单位：%

国家或地区	总　　计		男　　性		女　　性	
	2000 年	2008 年	2000 年	2008 年	2000 年	2008 年
世界	81.82	83.44	86.85	88.18	76.87	78.93
高收入国家	98.28	98.39	98.63	98.71	97.92	98.06
中等收入国家	80.62	82.72	86.48	88.19	74.75	77.47
低收入国家	62.02	66.09	69.99	73.09	54.53	59.32
中国	90.92	93.70	95.14	96.70	86.53	90.50
印度	66.02		76.88		54.48	
俄罗斯联邦		99.50		99.70		99.40

注：印度采用的是 2007 年的数据。
资料来源：世界银行 WDI 数据库。

2. 基本普及义务教育

截至 2010 年底，全国 2 856 个县（市、区）全部实现"两基"，全国"两基"人口覆盖率达到 100%。2002 年以来，我国义务教育入学率逐年提高。2010 年小学学龄儿童净入学率达到 99.70%，比上一年增加 0.3 个百分点，这说明我国基本实现了学龄儿童都入学的目标。2002 年我国初中阶段毛入学率为 90%，2010 年达到 100%，8 年内提高了 8 个百分点，另外我国初中毕业生升学率也逐年提高，且增长速度较快，2002 年为 58.3%，2010 年已升至 87.5%（见表 6-5）。

表 6-5 义务教育普及程度综合考察

年份	"两基"		入学率		升学率
	实现"两基"验收的县（个）	实现"两基"的地区人口覆盖率（%）	小学入学率（%）	初中阶段毛入学率（%）	初中毕业生升学率（%）
2002	2 598	90	98.58	90.0	58.3
2003	2 659	91.8	98.65	92.7	59.6
2004	2 774	93.6	98.95	94.1	63.8
2005	2 890	95	99.15	95	69.68
2006	2 973	98	99.27	97	75.7
2007	3 022	98.5	99.49	98	80.48
2008	3 038	99.1	99.54	98.5	83.4
2009	3 052	99.5	99.4	99	85.6
2010	2 856	100	99.7	100	87.5

资料来源：《全国教育事业发展统计公报》（2002~2010）。

3. 义务教育师资合格率提高

中国义务教育阶段专职教师数量和学历合格率逐年提高，到 2010 年，全国中小学教师基本上都达到了国家师资标准，专任教师合格率从 2002 年 97.39% 上升到 2010 年的 99.52%。初中专任老师的合格率也从 2002 年的 90.28% 上升到 2010 年的 98.65%（见表 6-6）。

表 6-6 师资力量

年　份	专任教师合格率（%）	
	小学	初中
2002	97.39	90.28
2003	97.85	91.98
2004	98.31	93.75

续表

年　份	专任教师合格率（%）	
	小学	初中
2005	98. 62	95. 22
2006	98. 87	96. 3
2007	99. 1	97. 18
2008	99. 27	97. 79
2009	99. 4	98. 28
2010	99. 52	98. 65

资料来源：《全国教育事业发展统计公报》（2002～2010）。

4. 义务教育的办学条件改善

中国普通中小学校的办学条件有了不同程度的改善。到 2010 年全国普通中小学校舍建筑面积 141 751.04 万平方米，比上年增加 3 000.52 万平方米。小学体育运动场（馆）面积达标学校的比例为 55.48%，体育器械配备达标学校的比例为 52.19%，音乐器械配备达标学校的比例为 48.55%，美术器械配备达标学校的比例为 47.64%，数学自然实验仪器达标学校的比例为 54.62%，均比上年有所提高。普通初中体育运动场（馆）面积达标学校的比例为 69.53%，体育器械配备达标学校的比例为 68%，音乐器械配备达标学校的比例为 62.4%，美术器械配备达标学校的比例为 61.67%，理科实验仪器达标学校的比例为 74.55%，均比上年有所提高（见表 6-7）。

表 6-7　　　　　　　　普通中小学办学条件

年　份	2006	2007	2008	2009	2010
中小学校舍建筑面积（百万平方米）	1 331.10	1 353.20	13 652.14	13 875.05	14 175.10
小学					
体育运动场（馆）面积达标率（%）	53.49	55.24	55.88	53.88	55.48
音乐器械配备达标率（%）	42.43	44.68	46.31	45.45	48.55

续表

年　份	2006	2007	2008	2009	2010
美术器械配备达标率（%）	40.74	43.12	44.97	44.29	47.64
数学自然实验仪器（%）	52.75	54.27	54.70	53.29	54.62
初中					
体育运动场（馆）面积达标率（%）	67.76	69.23	69.30	68	69.53
音乐器械配备达标率（%）	56.99	59.34	60.27	59.87	68.00
美术器械配备达标率（%）	55.59	58.04	59.15	58.84	61.67
理科实验仪器（%）	72.23	73.54	73.51	73.14	74.55

资料来源：《全国教育事业发展统计公报》（2006～2010）。

（四）存在的问题

1. 财政性教育经费投入总量不足

从国际比较看，我国政府的总教育支出水平仍然偏低。据世界银行的数据显示，从2003～2009年我国教育的公共支出占GDP的比重大致保持在2%～3%之间，而美国在5.6%左右。即使与同为发展中国家的巴西相比，我国教育经费占GDP的比重也明显偏低，巴西在2000～2007年的公共教育投入占GDP的比重大致在3.8%～5.1%之间，且近年来呈逐渐上升的趋势（见图6-14）。

2. 教育机会不均等

首先是地区经济差异导致地方教育经费投入差异。且经济发达地区的人均收入较高，低收入阶层占比例较低，无力支付子女教育费用的比率较低于欠发达地区。在欠发达地区，特别是西部边远山区家庭负担重，教育资源分散且数量较少，交通条件恶劣，学生接受教育的机会少。欠发达地区与发达地区相比，人民的文化水平较低，受传统思想禁锢较深，重男轻女、读书无用的观念仍然存在。其次教育机会因阶层而不同，体现在：一是城乡之间的差距，一是不同收入阶层之间的差距。尽管国家对贫困家庭的孩子实施学费减免和补贴，

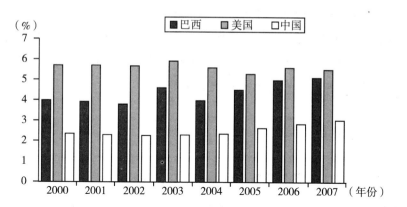

图 6-14　中国、美国、巴西财政教育投入与 GDP 之比

注：1. 教育公共开支由教育方面的公共经常性支出和资本支出构成，包括政府在教育机构（公立和私立）、教育管理以及私人实体（学生/家庭和其他私人实体）补贴方面的支出；2. 有部分国家数据缺失，所以比较的范围受到了限制。

资料来源：世界银行网站。

但越来越高的教育费用还是令很多家庭无法承受，这就影响了孩子对学校、专业、地区的考虑。最后，我国农村义务教育经费保障机制方面，仍然存在各级政府投入责任不明确、经费供需矛盾比较突出、教育资源配置不尽合理、农民教育负担较重等突出问题，在一定程度上影响了"普九"成果的巩固，不利于农村义务教育事业健康发展，必须深化改革。

3. 教师队伍不健全

一方面是教师的数量和质量较低。尤其是初等教育中，现在大多数幼儿园的老师都是从一般的职业学校毕业，甚至有些并没有接受过专门的幼儿教育培训就上岗，对孩子缺乏耐心和爱心。最近频繁曝光的幼儿园老师虐童案已经引起了广泛关注，加强教师队伍建设刻不容缓。另一方面是教师的流失。目前，我国农村中小学教师队伍的整体状况存在着区域数量短缺、学科结构失衡、年龄分布不均、学历层次偏低和职称比例失当等诸多结构性问题。城乡经济的发展不平衡和居民收入差距加大，各地区、学校间的薪资、福利待遇不同，造成教师流失。

4. 素质教育进展缓慢

素质教育已经提倡了很多年，但高考制度的存在和以分数决定升学和择校的现实，学校难以实现"两手抓，两手都要硬"。多年来推进的高考制度改革也只是在考试和填报志愿的形式上做了改变，并没有根本解决以素质选拔人才的目标。大多数家长为了提高孩子的所谓素质，利用暑期、节假日给孩子安排钢琴班、绘画班，同时还要求孩子能考出好成绩，在高考制度下，素质教育的口号名不符实。

（五）政策建议

1. 继续加大对农村以及城市弱势群体的教育财政投入

农村尤其是西部贫困农村由于贫困而教育落后，又由于教育落后而难以摆脱贫困。发展我国基础教育，促进义务教育均等化，必须加大对农村地区的教育财政投入。城市地区的弱势群体主要是农民工子女，国家必须重视农民工子女的教育问题，这是我国实现"人人享有公平教育机会"目标的重点方向之一。

2. 重视财政教育资金的使用效率

教育尤其是基础教育投入属于一国政府的长期投入，必须重视投入资金的使用效率。值得一提的是教育投入资金的使用效率很难衡量，我国也正在从应试教育向素质教育转变，如何制定优质教育的产出指标是提高财政教育资金使用效率必须要思考的问题。

3. 拓展筹资渠道，鼓励民间办学

民间办学是政府创新思路，解决教育投入不足、资源短缺与需求旺盛之间矛盾的有力措施，实行多元化办学，增加优质民办教育资源，有助于教育事业的发展并减轻政府负担。同时，引入多种机制，可以加强竞争，推进教育体制改革，提高教育资源的质量和数量。破除政府独揽的局面，增强学校的自主性和独立性，用企业思维运作学校，可为教育界打开新的改革途径。

三、基本社会保障

（一）公共财政政策

社会保障制度是以国家或政府为主题，依据法律规定，通过国民收入再分

配，以社会保障基金为依托，对公民在暂时或永久失去劳动能力以及由于各种原因生活发生困难时给予物质帮助，保障其基本生活的制度。从广义上来说，社会保障体系包括社会保险、社会救济、社会福利、优抚安置、社会互助等。其中，社会保险是社会保障的核心部分，主要包括养老保险、医疗保险、失业保险、工伤保险和生育保险。十七大报告清晰地界定了中国社会保障制度的内涵。报告指出，"要以社会保险、社会救助、社会福利为基础，以基本养老、基本医疗、最低生活保障制度为重点，以慈善事业、商业保险为补充，加快完善社会保障体系。"这一表述明确指出了社会保险、社会救助和社会福利是社会保障制度的基础，是政府行为；慈善事业是民间行为，商业保险是市场行为，它们都是对以政府主导的基础性社会保障制度的补充。十七大报告还对社会保障制度的具体项目做了说明，包括：城镇基本养老保险制度改革、农村养老保险制度；城镇职工基本医疗保险、城镇居民基本医疗保险、新型农村合作医疗制度建设；城乡居民最低生活保障制度；失业、工伤、生育保险制度；社会救助；优抚安置；残疾人事业；老龄工作；防灾减损；以及廉租住房制度。

基于我国经济发展条件，当前我国建立的社会保障体系难以与西欧高福利国家相媲美，我国正在建设的是一个与经济发展水平相适应的社会保障体系。"这个保障体系可以是低水平的社会保障体系，但必须是一个没有漏洞的网络，不能让一部分人因为陷入生活困境而失去希望。"① 社会保障基金的来源遵循多方筹资的基本原则，对于不同的社会保障项目政府承担的责任与承担方式都有所区别（见表6-8）。

表6-8　　　　　　　　　　主要社会保障项目中的政府责任安排

城镇职工基本养老保险	国有企业、事业单位职工参加基本养老保险前，视同缴费年限期间应当缴纳的基本养老保险费由政府承担；基本养老保险基金出现支付不足时，政府给予补贴。
新型农村社会养老保险	政府对符合领取条件的参保人全额支付新农保基础养老金，其中中央财政对中西部地区按中央确定的基础养老金标准给予全额补助，对东部地区给予50%的补助；地方政府对参保人缴费给予补贴标准不低于每人每年30元；对农村重度残疾人等缴费困难群体，地方政府为其代缴部分或全部最低标准的养老保险费。

---

① 郑功成：《民生为什么如此重要》，载于《文汇报》2004年12月5日。

城镇居民基本医疗保险	政府每年按不低于人均 40 元给予补助，其中，中央财政从 2007 年起每年通过专项转移支付，对中西部地区按人均 20 元给予补助。在此基础上，对属于低保对象的或重度残疾的学生和儿童参保所需的家庭缴费部分，政府原则上每年再按不低于人均 10 元给予补助，其中，中央财政对中西部地区按人均 5 元给予补助；对其他低保对象、丧失劳动能力的重度残疾人、低收入家庭 60 周岁以上的老年人等困难居民参保所需家庭缴费部分，政府每年再按不低于人均 60 元给予补助，其中，中央财政对中西部地区按人均 30 元给予补助。中央财政对东部地区参照新型农村合作医疗的补助办法给予适当补助。2011 年政府对城镇居民医保补助标准均提高到每人每年 200 元。
新型农村合作医疗保险	地方财政每年对参加新型农村合作医疗农民的资助不低于人均 10 元，具体补助标准和分级负担比例由省级人民政府确定。经济较发达的东部地区，地方各级财政可适当增加投入。从 2003 年起，中央财政每年通过专项转移支付对中西部地区除市区以外的参加新型农村合作医疗的农民按人均 10 元安排补助资金。2011 年政府对新农合补助标准均提高到每人每年 200 元。
城市最低生活保障	城市居民最低生活保障所需资金，由地方各级人民政府列入财政预算，专户管理，专款专用。中央和省级财政对财政困难地区和老工业基地给予补助，地方财政是最低生活保障资金来源的主体。
农村最低生活保障制度	农村最低生活保障资金的筹集以地方为主，地方各级人民政府要将农村最低生活保障资金列入财政预算，省级人民政府要加大投入；农村最低生活保障资金实行专项管理，专账核算，专款专用，严禁挤占挪用。
医疗救助制度	中央财政安排专项资金，对困难地区开展城乡医疗救助给予补助；医疗救助资金纳入社会保障基金财政专户。各级财政、民政部门对医疗救助资金实行专项管理，专款专用。

续表

城镇低收入家庭廉租房制度	廉租住房保障方式实行货币补贴和实物配租等相结合；地方各级人民政府根据廉租住房工作的年度计划，切实落实廉租住房保障资金：一是地方财政要将廉租住房保障资金纳入年度预算安排。二是住房公积金增值收益在提取贷款风险准备金和管理费用之后全部用于廉租住房建设。三是土地出让净收益用于廉租住房保障资金的比例不得低于10%，各地还可根据实际情况进一步适当提高比例。四是廉租住房租金收入实行收支两条线管理，专项用于廉租住房的维护和管理。对中西部财政困难地区，通过中央预算内投资补助和中央财政廉租住房保障专项补助资金等方式给予支持。2011 年住房和城乡建设部提出："2011 年各类保障房建设任务要达到 1 000 万套，农村危房改造是 150 万户。"

（二）公共财政投入①

近几年来公共财政对社会保障和就业支出逐年增加，但与医疗支出相比，其增长速度并不一定快于财政支出的增长速度（见图 6 – 15）。2007 ~ 2010 年社会保障和就业支出占财政支出的比重在 10% 左右，占 GDP 的比重在 2% 左右（见图 6 – 16），这表明近几年我国社会保障支出增长速度基本与经济发展速度相匹配。2010 年社会保障支出为 9 130.62 亿元，比 2009 年增加了 20%；2010 年保障性住房支出为 2 376.88 亿元，相比 2009 年增加 31.8%，占全国财政支出的 2.6%。

（三）取得的进展

1. 社会保险参保人数增加、基金收支水平提高

近年来，我国社会保险参保人数和社会保险基金收支水平都有很大提高（见图 6 – 17 和图 6 – 18）。2010 年末全国参加城镇基本养老保险人数 25 673

---

① 《中国统计年鉴》在 2006 年以后将社会保障和就业支出合并，但由于社会保障支出占其中的大多数，所以本文用社会保障和就业支出来近似衡量社会保障支出，保障性住房支出不含在社会保障支出内。

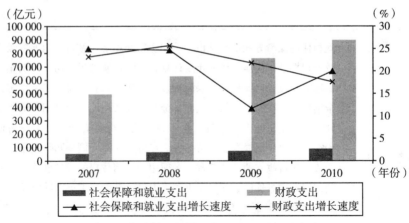

图 6 - 15　我国社会保障和就业支出及增长率

资料来源:《中国统计年鉴 2011》。

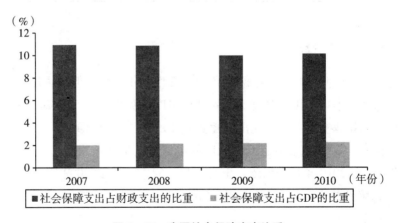

图 6 - 16　我国社会保障支出比重

资料来源:《中国统计年鉴 2011》。

万人, 比上年末增加 2 123 万人。其中参保职工 19 374 万人, 参保离退休人员 6 299 万人。参加城镇基本医疗保险的人数 43 206 万人, 增加 3 059 万人。其中, 参加城镇职工基本医疗保险人数 23 734 万人, 参加城镇居民基本医疗保险人数 19 472 万人。参加城镇医疗保险的农民工 4 583 万人, 增加 249 万人。参加失业保险的人数 13 376 万人, 增加 660 万人。参加工伤保险的人数 16 173 万人, 增加 1 278 万人。其中参加工伤保险农民工 6 329 万人, 增加 741 万人。参加生育保险的人数 12 306 万人, 增加 1 430 万人。2 678 个县 (市、区) 开展了新型农村合作医疗工作, 新型农村合作医疗参合率 96.3%。

新型农村合作医疗基金支出总额为 832 亿元，累计受益 7.0 亿人次。全国列入国家新型农村社会养老保险试点地区参保人数 10 277 万人。年末全国领取失业保险金人数为 209 万人。

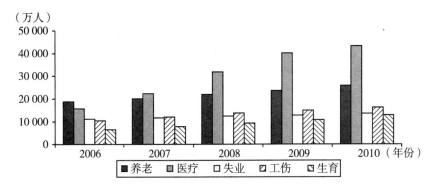

图 6 - 17　近五年社会保险参保人数

资料来源：《中国统计年鉴 2011》。

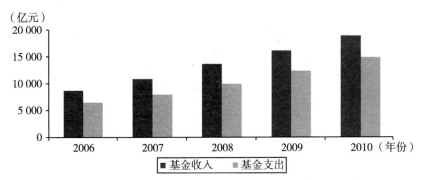

图 6 - 18　近五年社会保险基金收入支出情况

资料来源：《中国统计年鉴 2011》。

2. 最低生活保障制度发展较为迅速

最低生活保障制度是我国社会救助体系的一部分，1993 年首次在上海实施后，经过十多年的快速发展，1999 年 9 月国务院颁布《城市居民最低生活保障条例》时，全国纳入低保的人数只有 281.7 万人，到 2002 年第三季度，在不到三年的时间里，城市低保救助面迅速攀升至 1 960 万人，占当时全国非农业人口总数的 5.6%。这也标志着传统社会救济办法成功转型为现代社会救助制度。民政部 2002 年底宣布已在全国城镇范围内实现了应保尽保。2004

年，经中央编办同意，民政部于年初正式成立最低生活保障司，2008年更名为"社会救助司"，专司城乡居民最低生活保障工作。这标志着国家对城市低保工作的管理力度进一步加大。2007年底民政部宣布已在全国范围内做到了应保尽保。截至2010年底，全国共有1 145.0万户、2 310.5万城市低保对象。全年各级财政共支出城市低保资金524.7亿元，比上年增长8.8%，其中中央财政补助资金为365.6亿元，占全部支出资金的69.7%。农村低保方面。2010年底，全国有2 528.7万户、5 214.0万人得到了农村低保，比上年同期增加454.0万人，增长了9.5%。全年共发放农村低保资金445.0亿元，比上年增长22.6%，其中中央补助资金269.0亿元，占总支出的60.4%。2010年全国城市低保平均标准251.2元，全国农村低保平均标准为每人每月117.0元（见图6-19）。

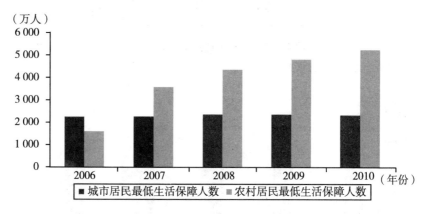

图6-19 我国城乡居民最低生活保障人数

资料来源：《中国统计年鉴2011》。

3. 初步建立保障性住房制度且发展情况良好

"十一五"期间，我国以廉租住房、经济适用住房等为主要形式的住房保障制度初步形成。通过各类保障性住房建设，五年间，全国1 140万户城镇低收入家庭和360万户中等偏下收入家庭住房困难问题得到解决。到2010年年底，我国城镇保障性住房覆盖率已达7%到8%，城镇居民人均住房面积超过30平方米；农村居民人均住房面积超过33平方米。国家规定未来五年，我国计划新建保障性住房3 600万套，大约是过去10年建设规模的2倍；同时，每年还将改造农村危房150万户以上。到"十二五"末期，全国城镇保障性住房覆盖率将从目前的7%到8%提高到20%以上，基本解决城镇低收入家庭

中国公共财政监测报告

住房困难问题。今后一段时期，我国将进入保障性住房建设"加速跑"阶段。保障形式继续以包括廉租房在内的公共租赁住房、包括经济适用房在内的政策性产权房和各类棚户区改造安置房等实物住房保障为主，同时结合租金补贴。

根据 2010 年及 2011 年《中国统计年鉴》，2010 年住房保障支出 2 376.88 亿元，比上年增长 31.8%，占全国财政支出的 2.6%。据住房和城乡建设部官方网站数据显示，截至 2011 年 9 月底，全国城镇保障性住房和棚户区改造住房已开工 986 万套，开工率 98%。从各地来看，北京、河北、山西、辽宁、吉林、江苏、浙江、福建、山东、广西、重庆、四川、陕西、甘肃、宁夏等 15 个省（自治区、直辖市）开工套数已超过全年目标任务数（见表 6 – 9）。另外，1 ~ 9 月份各地区还新增发放廉租住房租赁补贴 21.5 万户。

表 6 – 9   2011 年 1 ~ 9 月全国保障性安居工程开工情况

地　区	已开工套数（万套）	开工率（%）
北　京	21.8	超过 100
天　津	23.4	90
河　北	38.4	超过 100
山　西	37.3	超过 100
内蒙古	38.1	98
辽　宁	36.2	超过 100
吉　林	32.1	超过 100
黑龙江	80.6	95
上　海	23.6	91
江　苏	38.7	超过 100
浙　江	18.5	超过 100
安　徽	38.9	98
福　建	25.2	超过 100
江　西	31.7	99
山　东	34.8	超过 100
河　南	44.8	99
湖　北	33.0	99

地　　区	已开工套数（万套）	开工率（%）
湖　南	40.0	92
广　东	29.1	96
广　西	27.6	超过100
海　南	9.0	97
重　庆	52.2	超过100
四　川	37.5	超过100
贵　州	22.1	96
云　南	29.3	94
西　藏	1.2	80
陕　西	47.7	超过100
甘　肃	18.5	超过100
青　海	16.6	91
宁　夏	8.2	超过100
新　疆	32.9	98
兵　团	17.4	98

资料来源：http：//www.mohurd.gov.cn/zxydt/201110/t20111010_206517.html。

（四）存在的问题

1. 社会保险制度存在的问题

当前我国社会保险制度存在的最大问题是制度"零碎化"，尚未建立全国统一的社会保险制度。

首先，不同性质城镇职工社会保险制度不同。以养老保险为例，企业养老保险制度改革已经完成，且事业单位养老保险制度也开始逐步进行，但是机关依然是原有的离退休制度没有进行改革。不仅各个大类之间社会保险制度差异较大，在每一个制度体系中还存在不同的社会保险制度安排。

其次，城乡之间社会保险制度也不相同。客观地讲，城乡居民在养老、医疗、社会救助等社会保障待遇方面的差距是导致城乡居民实际收入差距的重要原因。城镇已经建立起社会保险制度，而农村社会保险制度至今尚未形成，新型农村社会保险制度还处于探索阶段。2010 年我国有 2 678 个县（市、区）开展了新型农村合作医疗工作，新型农村合作医疗参合率 96.3%。新型农村合作医疗基金支出总额为 832 亿元，累计受益 7.0 亿人次。但是，全国新型农村社会养老保险还没有形成有效的制度模式，各地的发展也极不均衡。再次，不同地区之间的社会保险待遇不同。

社会保障支出是以地方政府为主导，例如 2009 年中央和地方政府在社会保障和就业方面的财政支出分别是 454.37 亿元和 7 152.31 亿元。以地方政府为主导的社会保障制度下，不同发展程度的地区之间社会保障支出也不同。2009 年地方政府在社会保障和就业方面的财政支出中最低的是经济发展水平较低的宁夏，为 47.68 亿元；财政支出最高的是东部地区的辽宁，为 518.07 亿元。两者相比，差距甚大。如 2008 年东部地区的参保率是 48.3%，中部地区是 15.7%，西部地区是 7.9%。从中可以看出东部地区的参保率最大，这与东部地区的经济发展水平是有关系的。

最后，针对农民工的社会保险问题诸多。由于目前国家尚无统一的关于农民工的社会保险，特别是养老保险的政策规定各地区的做法不一。以深圳为代表的大多数地区实行的是与本地户籍员工基本一致的养老保险政策，并出台了农民工医疗保险政策；其他少数地区则是专为农民工设计了区别于本地户籍员工的社会保险政策，出现了城镇社会保障的二元结构；还有更多的农民工根本没有参加社会保险。这样就造成了地区间企业运营成本的不同，也会影响地区间不平等的竞争。另外，由于农民工对社会保障制度不太了解且有短视行为，因而农民工对参保也不够积极。由于现在政府对于农民工的社会保障责任不明确，导致地方政府大多不愿意承担其社会保险责任。

2. 最低生活保障制度存在的问题

当前我国最低生活保障制度存在的最为棘手的问题是难以有效地甄别低保人员。有效地甄别低保人员，一方面是防止"漏保"，另一方面是要防止"错保"。本报告在此以城镇最低生活保障制度为例进行详细说明。

首先，收入审查与核算的科学性与真实性受到质疑。在审查低保户的甄别程序中，困难家庭的收入材料都是由申报家庭自己提供的。基层政府部门在审核低保对象时，虽有统计部门提供的对困难家庭的收入核算的办法，但在实际执行时难以准确把握和计算。许多地方，如乐山市、合肥市和重庆市都要求户主在申请低保的同时提供家庭存款单以供核实收入，太原市还要求提供外出务工人员的工资收入证明以及家庭水电费和通讯费缴费单证明。其他地方也要求要提供足以反映家庭收入的证明，如乐山市要求提供一次性安置费、经济补偿费、生活补助费、租赁以及接受捐赠和继承的收入证明，对于退（离）休老人，还要提供退（离）休费、养老金收入证明；对于失业下岗职工，要提供失业保险金、下岗职工基本生活费以及职工遗属生活费证明。这些收入只有在申请者主动提供的基础上才能了解，但是低保申请者为了享受低保资格以及低保所带来的附带福利，往往会隐瞒或者降低真实收入，对于这部分收入的真实性，低保工作人员是很难核实的。所以就存在道德风险，在低保申请者与低保工作人员之间存在互相博弈的关系。根据合肥市的有关规定，一旦发现谎报收入，对于申报户的处罚仅为半年内不准申请低保，相对低保及其附带的福利，导致相当一部分家庭选择虚报收入。存在严重的信息不对称。

其次，社区居委会在低保甄别程序中的"行政能力"受到质疑。在城镇低保申请过程中，接受申请的机构各不相同，但总的来说，规定向社区居民委员会提出申请的为多数，只有少数城市规定向街道办事处直接提出申请。快速发展的低保制度对实施低保制度的地方政府部门产生了巨大的压力。尤其是对于并不是一级行政机关的社区居委会。在过去十几年中，社区居委会对低保制度的推行做出了巨大贡献。但社区居委会是群众自治组织，不是一级行政机关，由它们长期来操作最低生活保障工作的申请和审查这一类行政程序，是其力所不及的，只能是一种权宜之计。另外，作为非政府部门的社区居委会没有权利去相关部门调查低保户的收入和财产，如房产部门掌握低保申请户的房产信息，而想知道低保申请户是否拥有私人车辆需要车管所的配合，低保申请户金融资产的信息需要到银行、证券公司和保险公司了解。显然，社区居委会很难通过合法的渠道完全掌握这些信息，甚至是低保申请人员的工资都难以得到准确的信息，如合肥市庐阳区民政部门的工作人员就遇到申请人单位为了职工的利益，开具虚假的工资证明来骗保。由于很多单位属于非国有性质的，即使发现了这些问题，也拿单位没办法。

再次，现行低保认定程序中的监督管理受到质疑。在现行低保审查中的监督管理，主要体现在民主评议和公示制度两方面，合肥市评议小组成员包括低保负责人员、从事低保工作的人员、协理员以及片警，虽然各个地区评议小组成员组成各不相同。但总的来说，都需要召开评议会，对申请低保的人员进行表决。然而民主评议中的人情因素容易导致错保漏保现象，而且民主评议难以解决相同境况家庭的低保进退问题。同时，评议小组人员构成及其产生目前没有统一的规定，主观性和随意性很大。

最后，对于低保审查通过后的监督管理，主要体现在动态管理方面。动态管理的目的主要是及时调整低保对象，使得还未纳入低保范围的纳入低保范围，使收入已经达到低保标准的低保对象及时退出低保范围，即形成"有进有退"的良性运行机制。动态管理的重要性主要体现在将暂时失业陷入贫困的人员及时纳入低保范围，以及使得失业但已经找到工作的人员及时退出低保范围。目前各个地区在低保动态管理方面也有规定，比如，对现有的低保对象，半年复核一次，亦或是每季度、每6个月复核一次，规定不一。但是，由于定期复核的任务只能落到基层的社区居委会身上，由于社区居委会受自身条件与能力的限制，能否认真定期复核以及复核的可信度有多大等，都受到质疑。另外，部分基层民政部门出于政绩的考虑有意识地控制得到低保救助的人数，例如，部分地区规定有劳动能力而无固定工作的低保人员，不管有无收入他们的收入被核定为当地最低工作的70%。显然，这会导致"应保未保"以及救助力度有限。

3. 社会保障性住房建设存在的问题

当前我国保障性住房建设存在两大核心问题，一是融资，二是分配。保障性住房面临资金短缺，融资困难的难题。

第一，当前我国保障性住房建设单靠财政投入难以填补资金缺口，必须动员社会力量，多方面多途径筹集建设资金。以2011年为例，据住建部估算，完成2011年1 000万套保障性住房建设的目标所需资金至少1.3万亿元。其中，中央、省级和市县政府将承担5 000亿元，剩余的8 000亿元要通过融资解决。但由于保障性住房存在租金低廉、项目回报期长、资金沉淀时间长等问题，难以吸引社会资本。虽然各级政府不断推出相关优惠扶持的政策条件，个别地区也取得一定的成绩，但大规模地吸引社会资本流入，建立长久有效的融资机制依然任重道远。资金短缺，融资困难不仅导致我国保障性住房的建设速度缓慢，还会导致住房建设质量难以保证的安全性问题，目前有些地方的保障性住房出现"墙脆脆"、"瘦身钢筋"、"纸墙"等现象，严重损害了百姓的利益。

第二，保障性住房面临合理分配的难题。由于保障性住房是以低于市场的价格供给住宅，市场价格和购买价格之间差额，就形成了巨大的寻租空间。分配的难题体现在两方面，一是如何甄别出合适的候选者，二是如何建立完善的退出机制。据调查，1998 年以来，有 16% 的经济适用房卖给了中高收入阶层，使有限的房源流入不应保障人群，阻碍了保障性住房的有效流动。城镇居民一旦购买经济适用房或享受廉租房，便将其作为私人终身拥有，不再愿意退出。如果我国保障性住房不仅没有解决最紧迫的弱势群体的需求，反而成为特定阶层谋利的手段，则原本为缓解社会矛盾而设计的保障房制度将会对社会稳定构成更大的威胁。

（五）政策建议

1. 建立统一的社会养老保险制度

对事业单位和机关进行养老保险制度改革，以减少其与企业之间的养老制度差异，缩小不同群体间的养老金差异。这样不仅有利于制度的协调统一，更有利于和谐社会的建立。建立统一的社会养老保险制度不是要削减事业单位和机关职工的养老保险金，而是通过提高企业职工的退休养老保障水平，使其与事业单位和机关职工的养老金差距逐渐缩小。

2. 探索建立城乡一体化的社会保障体系

第一，探索建立和完善新型农民养老保险制度，将农民逐步纳入我国的养老保险体系。在"广覆盖、多层次、保基本、可持续"基础上，逐步推行农民养老保险，并对农村独生子女和双女父母予以优先优待，逐步实现我国农村居民养老保险全覆盖，并逐步提高农民养老保险水平。第二，进一步完善覆盖城乡居民的基本医疗保障制度。逐步提高新型农村合作医疗的补助标准和水平，逐步缩小与城镇居民基本医疗保险的保障差距。完善城镇居民基本医疗保险制度和城镇职工基本医疗保险制度，扩大覆盖面，逐步提高保障水平。第三，进一步完善城乡一体的社会救助体系。立足现行社会保障制度，通过财政补助、社会捐助和民政部门使用的彩票公益金等多渠道筹集资金，保障孤儿、孤老、孤残的基本生活。构建全社会参与的志愿服务体系，鼓励社会力量和个人捐赠、资助和参与社会救助事业，切实保障困难群体在"吃、穿、住、行、医、学"等方面的最基本需求。第四，逐步推进城乡社会保险制度全面接轨。探索建立农民工综合社会保险、农民养老保险、城镇居民社会保险、城镇职工社会保险的衔接机制，最终实现城乡社会保险制度全面接轨。

3. 推进农民工社会保障制度

首先必须重视农民工社会保险工作，并尽快出台关于农民工社会保险的具体政策和指导意见，以指导和规范各地工作。依法要求用人单位为农民工参保，将全体农民工纳入社会保障的范围之内。同时，要建立针对农民工的应急救助机制，使他们在遇到重大疾病或者意外伤害时能及时得到当地政府的应急援助。以确保农民工群体在城镇有保障地生活和工作。

4. 对低保生活保障甄别程序的完善

建立一套行之有效的低保进出制度，切实做到"应保尽保"。标准既要严格，但是对真正贫困人口又要体现出其便捷的一面，特别是对那些没有文化且对低保知之甚少的贫困群体，使真正的困难户都能沐浴到公共财政的阳光。要从法律和制度上使参保人员收入透明化，加大对谎报和虚报收入的处罚力度，彻底杜绝"骗保"的现象。准确掌握申请人员的收入和资产状况是实现应保尽保应退尽退目标的关键。首先，要求申请人承诺提供的信息真实准确，并且要主动配合民政部门对其收入和资产状况进行调查。这是申请低保的先决条件。这样就可以避免基层政府无权调查申请人收入和资产状况的尴尬局面。其次，针对骗保的处罚力度应加大，除了给予经济处罚外，应张榜公布，通过舆论的力量提高骗保成本。

5. 加快保障性住房的建设

首先，在扩大保障性住房的同时要加强监管力度，保障地方政府的资金到位、住房质量和管理到位。其次，对于保障性住房领受者要加强三审，或者两审，再加上两公示的作用。在城市里边从居委会开始，到街道办事处，然后到区，甚至是市一级，相关部门都会进行静态的审查。同时还要公示。不仅在居住的地方公示，同时要在更大的范围内进行公示，通过群众的监督防止那些不具备条件的、不具备资格的家庭作假或者骗取了资格进入到保障性安居工程的序列当中去。在准入的环节，通过审查、公示。同时还要特别注意防范内外勾结问题。要对各级住房保障管理部门提出了严格要求，严格按照规定和政策来行事，只有这样做才能保证住房保障的制度不断健康向前推进。

第三节　当前中国民生领域面临的若干挑战

一、收入差距扩大

目前我国民生领域面临的最大挑战之一是居民收入差距扩大问题，这已成为我国政府致力破解最大难题和民生工作的重中之重。2011 年胡锦涛总书记在《求是》上撰文指明了加快转变经济发展方式的努力方向和工作重点，坚持把保障和改善民生作为根本出发点和落脚点。而改善民生的重点之一就是要改变目前居民收入差距过大的现状。收入分配是全社会关注的热点，缩小居民的收入差距是党和政府亟待解决的问题。目前，这一问题已经列入我国"十二五"规划之中。本报告仅对我国当前收入差距问题做简要的分析。

（一）我国居民收入差距的衡量

衡量收入不平等程度的指标有很多，主要有：极距、倍率、离均差、相对离均差、Theil 指数（泰尔指数）、变异系数和基尼系数。另外，国外研究收入不平等还采用了 Pietra 指数（又称罗宾汉指数）、Zenga 指数、一般性基尼系数（generalized gini coefficient）等。上述指标主要是从收入和人口分布两方面来考察收入分配的离散程度，相应的数值愈大说明不平等程度愈高。由于基尼系数是最常用的衡量收入不平等程度的指标，本报告也采用基尼系数作为衡量我国居民间收入差异的指标。居民收入差距可以分解为城镇内部收入差异、农村内部收入差异、城乡收入差异、全国居民收入差距，相应地基尼系数也可分为城镇内部收入基尼系数、农村内部收入基尼系数、城乡之间收入基尼系数和全国居民收入基尼系数。表 6 - 10 反映了全国各类基尼系数。表 6 - 11 反映了在各类基尼系数中，城乡之间收入基尼系数对全国居民收入基尼系数的贡献率，因而解决目前我国居民收入差距扩大的重点是解决城乡之间的收入差距扩大状况。

表 6 – 10　　　　　　2003～2009 年全国各类基尼系数

年份 类别	2003	2004	2005	2006	2007	2008	2009
城镇内部的基尼系数	0.3139	0.3222	0.3270	0.3242	0.3205	0.3272	0.3224
农村内部的基尼系数	0.3514	0.3411	0.347	0.3453	0.3454	0.3592	0.3563
城乡之间收入的基尼系数	0.2824	0.2794	0.2786	0.2805	0.2817	0.2792	0.2781
全国居民收入的基尼系数	0.4519	0.4481	0.4510	0.4522	0.4533	0.4492	0.4486

资料来源：根据《中国统计年鉴》（2004～2010）计算得到。

表 6 – 11　　2003～2009 年各类基尼系数对全国居民收入基尼系数的贡献率　　单位：%

年份 各类基尼系数	2003	2004	2005	2006	2007	2008	2009
城镇内部基尼系数	18.95	20.46	21.62	22.14	22.76	24.50	24.79
农村内部基尼系数	14.44	13.41	12.78	12.02	11.31	11.46	10.89
城乡之间收入的基尼系数	62.49	62.35	61.78	62.03	62.15	62.15	61.99
收入交叉项	4.12	3.78	3.82	3.81	3.78	1.89	2.33

资料来源：根据《中国统计年鉴》（2004～2010）计算得到。

（二）二次分配手段调节收入差距

1. 调节效果力度有限

目前调节收入差距的主要手段是个人所得税和转移支付，个人所得税的主要功能除了增加财政收入外，现阶段更为重要的功能是调节收入差距。而城镇最低生活保障制度除了充当城镇贫困人口的最后一道防线外，还能在一定程度上改善收入分配格局。但是，个人所得税和最低生活保障制度未充分发挥其调节收入差距的作用。这里，以 2008 年四川城镇居民住户调查的月度数据来考察的个人所得税及低保收入对调节收入差距的作用作为例子进行说明（见表 6 – 12）。

中国公共财政监测报告

表 6 - 12　　个人所得税和低保对 2008 年四川省城镇居民基尼系数的影响

月份	可支配收入	可支配收入 + 所得税	可支配收入 + 所得税 - 保障性收入	调节后/调节前
3 月	0.3197	0.3201	0.3233	0.9887
12 月	0.3425	0.3431	0.3466	0.9882

备注：本表是根据 2008 年四川省城镇居民住户调查数据计算得到的。

表 6 - 12 反映了个人所得税和低保收入对改善四川省城镇居民收入差距的影响，对比调节前和调节后的结果来看，个人所得税和低保收入的影响十分有限。以 12 月份为例，个人所得税仅使基尼系数下降 0.0006，个人所得税及低保的共同作用也仅使基尼系数下降 0.0041。相对个人所得税而言，低保的调节力度稍大一些。

2. 改革二次分配手段，加大调节收入差距的力度

个人所得税和低保制度调节收入差距的力度有限，究其原因主要是个人所得税征收力度不够，存在执法不严的现象，而低保制度的低保申请对象的甄别和审查不够严格，从而存在漏保、骗保现象的存在，不能达到其"应保尽保"目标。

在个人所得税方面，我们建议：首先，按照纳税人的年度综合收入征收个人所得税；其次，税务机关应加强对高收入者个税缴纳的监管；最后，明确扣缴义务人的法律义务和法律责任。

在最低生活保障方面，我们建议：首先，建立科学的监督调查机制；其次，完善低保的动态管理机制；再次，完善贫困家庭收入的核算办法；最后，普及低保资金的社会化发放办法。

二、城镇化进程加快的负面效应

过去 10 年，是中国城镇化推进速度比较快或者最快的时期之一。2000年，我国的城镇化率是 36.2%，城镇人口 4.6 亿人。到 2010 年底，城镇化率已经提高到 47.5%，城镇人口大约是 6.3 亿人，城镇化成为推动经济社会发展的强大动力。现在全球人口超过 1 亿的只有 11 个国家，而 10 年间，我国城镇化率提高了 11.3 个百分点，平均每年提高 1.13 个百分点，城镇人口足足增

加了 1.7 亿人，这是非常了不起的成就。取得这些成就的同时，也伴随着一系列问题的出现。本报告简要分析城市化进程加快产生"第三群体"和环境保护问题。

（一）"第三群体"问题

本报告所称的"第三群体"是指介于城市居民和农村居民之间的群体，主要包括农民工和失地农民。

在城乡二元制度条件下，农民工是中国社会结构变迁出现的特殊群体。根据第六次人口普查的结果，当前城镇流动人口已经超过 2.6 亿，城镇流动人只实现了地域转移和职业转换，还没有身份转变，还戴着农民"帽子"，使得中国的城镇化呈现出"半城镇化"的状况，并已经严重影响了中国城镇化的质量。在城乡二元户籍制度下，大量农民工虽然被统计为城镇人口，但没有获得市民身份，无法在就业、教育、社会保障、公共服务、住房等诸多领域享受与城镇居民同等的待遇，农民工站在市民化的入口处，处于"城市不开门，农村难断根"的"夹生"状态。作为城镇化人口主体的农民工，长期在农村与城镇之间处于两栖状态，既不利于中国城镇化发展，也不利于"三农"问题解决，农民工市民化问题是新时期推进城镇化的重点、难点与突破点。

另外伴随着城市化进程的不断推进，工业用地和城市建设用地需求扩张，农村被征用土地日渐增多，由此产生了大量的失地农民。失地农民由于失去土地（准确地说是失去了土地的使用权），因此就不是传统意义上的农民；另一方面失地农民由于缺乏必要的竞争技能，在市场经济竞争环境下难以实现身份转换融入城镇居民行列，因此也不是真正意义上的市民。大量游离于"农民"与"市民"之间的失地农民仅靠初期获得的土地补偿费难以维持基本生活，很可能成为未来中国社会新的贫困人群。

当前解决"第三群体"问题的重点是建立覆盖"第三群体"的社会保障制度。当前覆盖农民工的养老、医疗保障制度主要有 3 种：一是参加针对城镇居民的保障制度，二是参加针对农村居民的保障制度，三是参加专门为农民工设计的保障制度。由于我国社会保障制度本身还未健全，再加上农民工流动性大、收入低、自我保障意识弱等问题，农民工社会保障存在诸多急需解决的难题。失地农民保障制度的关键方面是失地农民养老保障制度；这主要是因为在农村土地承担着经济和保障双重功能，失地农民相比其他未失地农民而言存在着缺乏养老保障的劣势。在城市化进程中，我国存在着"土地换保障"的实践，但由于当前征地补偿环节存在对农民的经济补偿低、补偿标准设计不合理、失地农民权益得不到保障等难题，"土地换保障"实践尚存在许多需改进的地方。

（二）资源环境问题

长期以来，我们走的是一条低成本城镇化道路，城镇发展是建立在低成本获得城镇建设用地、廉价使用劳动力、环境承载严重压力基础之上的。尽管城镇化水平得到了快速提高，但大量的矛盾没有化解，遗留的问题很多。近年来，地价房价、资源品价格以及劳动力价格持续较快上涨，今后城镇化的成本将明显提高。在城镇化进程中，随着工业化水平的不断提高和可利用资源的相继减少，城市发展和生态环境容量之间的矛盾会越来越尖锐。由于我国城镇化加速发展中所面临的国土、资源、生态、环境等问题的压力，因此，加强人口、土地、资源、交通等方面的规划和保护土地资源的立法，走资源节约型、宜居型城镇化道路是必选之路，这也是"十二五"期间我国城镇化亟待解决的问题。面对保护耕地和加快城镇化进程的矛盾，我们需要加强对土地资源的优化配置管理，建立用地的价格和管理机制，使土地资源得到集约利用。地方政府可以根据用地的性质给予企业不同的政策，以促进土地资源和产业结构的合理配置。另外，要建立健全土地市场动态监测制度，积极引导合理的土地需求。这就要求市场信息公开，只有掌握充分的信息开发商等用地者才能根据政府的土地供应计划和房地产市场需求情况来确定投资计划，以降低竞标等方式取得土地时存在着盲目性。关于城镇化进程中的环境问题，我们需要一方面进行节能，另一方面要进行减排，走可持续发展之路，建设生态城市。首先，要鼓励环保产业发展、鼓励环保产品使用。对于高消耗、高污染、高排放的产业，政府应该实施环境税收政策，或者给予政策上的优惠和补贴鼓励其向环保型产业转变。通过政策和法规等引导碳排放少的新兴产业的兴起和发展，发展环保经济。其次，加强新能源和新技术的研发。随着经济的发展，社会的进步，浪费资源和污染环境的企业必将被淘汰。因而，走能源消耗低、环境污染小的道路是社会发展的需要。这就需要我们加快对新技术和新能源的开发，才能在经济发展和全球竞争中处于优势地位。最后，加强保护环境的宣传力度，使全民参与到其中。使低能源、低消耗、低开支、低代价的生活方式，应该成为每个人的生活理念和消费模式。比如，大力倡导公共交通，降低私家车的使用，可以大大缓解城市道路拥堵的现状，另外还降低的汽车尾气对城市环境的污染。

三、资源环境与经济增长方式转变

改革开放30年来，中国经济的增长取得了举世瞩目的成绩。不过在高速发展的背后我们也为之付出了沉痛的代价。发达国家上百年工业化进程中分阶段出现的各种资源和环境问题正在中国集中上演。长期以来以高投入、高污染、高能耗、低产出为特征的"三高一低"式的粗放型经济增长方式造成的资源浪费与枯竭、环境破坏与恶化，使得资源环境问题成为我国经济社会发展的一个巨大瓶颈。

（一）我国面临资源短缺的严峻问题

我国幅员辽阔，资源种类丰富，是世界上少有的几个资源大国之一，但这样的表述在某些方面似乎并不恰当。在资源总量方面我国也并无明显优势，甚至和其他资源大国相比还处于劣势，我国石油储量仅占世界1.8%，天然气占0.7%，铁矿石不足9%，铜矿不足5%，铝土矿不足2%，水资源总量占世界总量的6.5%，用水总量却占世界总量的15.4%。

由于我国人口众多，所以人均资源占有量少，是世界人均资源占有水平较低的"资源小国"之一。我国人均耕地面积只有世界平均水平的1/3，而且随着城市化和工业化的推进，耕地面积还在持续减少。人均能源占有量为世界平均水平的1/7，其中人均占有的原煤储量、水能资源储量、石油储量和天然气储量分别相当于世界平均水平的55%、80%、7%和4%，水电和煤炭资源相对丰富，但油、气、热力等洁净、高效、优质能源严重不足。另外，我国人均矿产资源不足世界平均水平的1/2、人均森林资源也仅为世界平均水平的1/5。通过表6–13我们可以更直观地看到我国人均资源的短缺。

资源总量无明显优势、人均资源严重短缺还只是我国所面临的资源问题的一个方面。另一方面，随着我国工业化和城市化的大举推进，我国经济已经开始经历资源密集化和能源密集化的过程。同时，随着人口的进一步增长，人均主要资源占有量也将进一步下降，人口与资源的矛盾会更加突出。另外，随着人均收入水平的不断提高，各类人均资源消费量也会不可遏制的迅速增长。这些问题的相互叠加使得我国面临的资源短缺问题更加严峻。

表 6 – 13　　　　我国主要资源人均占有量在世界 144 个主要国家的排序

资源种类	排　序
土地面积	110 位以后
耕地面积	126 位以后
草地面积	76 位以后
森林面积	107 位以后
淡水资源量	55 位以后
45 种矿产潜在价值	80 位以后

资料来源：http：//www. hw – ts. com/html/zszc/200609221742493374. html。

在我国所面临的诸多资源短缺问题中，我们还应着重关注与整个国民经济以及国计民生乃至国防安全密切相关的能源短缺问题。统计资料显示，从 1990 年到 2009 年，我国煤炭消费量增长 187%，石油增长 235%，天然气增长 477%，水电、核电、风电增长 375%。2009 年我国能源消费总量达 30.66 亿吨标准煤，而能源生产总量却只有 27.46 亿吨标准煤，缺口达 3.2 亿吨标准煤，其中石油缺口高达 2.77 亿吨标准煤，石油对外依存度达 53%。另有机构预测，到 2020 年我国石油对外依存度将超过 60%。这些数据都显示出随着经济的发展能源消费需求不断增长，而且我国能源面临着巨大的缺口，尤其是作为重要战略资源的石油，其短缺状况更为严重。通过图 6 – 20 我们可以更直观的看到我国能源消费增长及短缺的状况。

（二）我国生态和环境压力日益凸显

除了资源瓶颈问题日益突出，我国生态和环境的压力也日益凸显，无节制的粗放型经济增长方式对生态系统造成了巨大的破坏也给环境带来了严重的污染，生态和环境恶化的范围在扩大，程度在加剧，危害在加重，经济运行成本和社会成本也随之进一步扩大。

在生态方面我国面临着水土流失、土地荒漠化、草场退化、生物多样性减少、水资源短缺、森林资源危机等诸多方面的问题。我国水土流失的面积已从

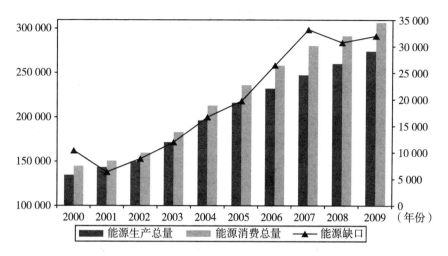

图 6 - 20 我国能源产量、消费量及缺口（万吨标准煤）

资料来源：《中国统计年鉴》相关数据整理而得。

新中国成立初期的 116 万平方千米增加到 20 世纪 90 年代初期的 150 万平方千米，每年流失量达 50 亿吨以上，其中流失的氮、磷、钾肥料元素的量相当于 4 000 万吨的化肥，全国受水土流失影响的耕地约占耕地总面积的 1/3；我国现有荒漠化土地面积 267.4 万多平方公里，占国土总面积的 27.9%，而且仍在以每年 1 万多平方公里的速度增加，我国 18 个省的 471 个县，近 4 亿人口受到不同程度的荒漠化威胁；草地退化面积占可利用草地面积的 1/3，并也在扩大；人口的快速增长和经济的高速发展也使我国生物多样性面临严峻挑战，我国有 15% ~ 20% 的动植物种类受到威胁，高于世界平均水平；目前我国 600 多座城市中有 400 多座供水不足，其中 100 多个城市严重缺水，且尚有 3.6 亿农村人口喝不上符合卫生标准的水；另外，虽然我国森林覆盖率有所回升，但森林质量却在下降，用材林面积缩小，森林资源也面临着严峻的形势。

在环境方面我国也有许多问题亟待解决，水环境状况严峻、大气环境污染严重、固体废物污染也令人堪忧。据有关资料比较，2000 年以来中国的环境污染强度相当于美国 20 世纪 60 年代或 70 年代的污染强度水平。另外，根据环境保护部公布的 2008 年的《全国环境统计公报》不难发现，目前我国废水、废气、废物的"三废"排放量依然处于很高的水平（见表 6 - 14）。

表6-14　　　　　　　　　　　　　　"三废"排放量

年份	废水排放量（亿吨）			废水主要污染物排放量（万吨）		废气排放量（万吨）			工业固体废物	
	合计	工业	生活	COD	氨氮	SO₂	烟尘	粉尘	产生量（亿吨）	排放量（万吨）
2001	433.0	202.7	230.3	1 404.8	125.2	1 947.8	1 069.8	990.6	8.9	2 894
2002	439.5	207.2	232.3	1 366.9	128.8	1 926.6	1 012.7	941.0	9.5	2 635
2003	460.0	212.4	247.6	1 333.6	129.7	2 158.7	1 048.7	1 021	10.0	1 941
2004	482.4	221.1	261.3	1 339.2	130.0	2 254.9	1 094.9	904.8	12.0	1 762
2005	524.5	243.1	281.4	1 414.2	149.8	2 549.3	1 182.5	911.2	13.4	1 654.7
2006	536.8	240.2	296.6	1 428.2	141.3	2 588.8	1 088.8	808.4	15.2	1 302.1
2007	556.8	246.6	310.2	1 382.8	132.4	2 468.1	986.6	698.7	17.6	1 196.7
2008	571.7	241.7	330.0	1 320.7	127.0	2 321.2	901.6	584.9	19.0	782

资料来源：2008年《全国环境统计公报》。

从另外一个视角——全国环境经济核算①可以更深刻地认识到我国所面临的环境污染问题的严峻性。根据环保部公布的《中国环境经济核算研究报告2008（公众版）》，2008年的生态环境退化成本达到12 745.7亿元占当年GDP的3.9%，其中环境退化成本②8 947.5亿元，生态破坏损失（森林、湿地、草地和矿产开发）3 798.2亿元，分别占生态环境总损失的70.2%和29.8%。环境虚拟治理成本③高达5 043.1亿元，占当年GDP的1.54%。这些指标与2006年公布的我国第一份绿色GDP核算研究报告《中国绿色国民经济核算研究报告2004（公众版）》中的指标相比都有着大幅度的提高，表明在2004年到2008年五年间的经济发展造成的环境污染代价持续增长，环境污染治理和生态破坏压力日益增大。

---

①　此种经济核算中的一些技术层面的问题在学术界还未达成共识，有待进一步完善，但仍具有很大的参考价值。

②　通过污染损失法核算的环境退化价值称为环境退化成本，它是指在目前的治理水平下，生产和消费过程中所排放的污染物对环境功能、人体健康、作物产量等造成的种种损害。环境退化成本又被称为污染损失成本。

③　虚拟治理成本是指目前排放到环境中的污染物按照现行的治理技术和水平全部治理所需要的支出。

（三）相关政策及对策建议

政府也早已意识到资源环境问题的严峻性以及经济增长方式转变的迫切性，早在 1995 年党的十四届五中全会就已经提出"积极推进经济增长方式转变"；在 2005 年 3 月 12 日举行的中央人口资源环境工作座谈会上，胡锦涛总书记提出要"努力建设资源节约型、环境友好型社会"；随后，中共十六届五中全会又明确提出了"建设资源节约型、环境友好型社会"，并首次把建设资源节约型和环境友好型社会确定为国民经济与社会发展中长期规划的一项战略任务，与此同时，《中共中央关于制定国民经济和社会发展第十一个五年规划的建议》中，也将"建设资源节约型、环境友好型社会"作为基本国策，提到前所未有的高度；在 2006 年 11 月 30 日召开的中央政治局会议上又首次提出实现国民经济"又好又快"发展，其后在 2006 年 12 月 5 日召开的中央经济工作会议上又对"又好又快"发展进行了明确阐述，同时这一提法也被写入党的十七大报告，另外在十七大报告中又将"转变经济增长方式"拓宽发展为"转变经济发展方式"；中共十七届五中全会审议通过的"十二五"规划建议又鲜明的提出了以科学发展为主题，以加快转变经济发展方式为主线。

从"九五"到"十一五"又到如今的"十二五"时期，我们不难看出中央对资源环境问题以及经济增长方式转变的高度关注。践行科学发展观，构建社会主义和谐社会也需要我们把转变经济增长方式摆在首要的位置。因此，针对我国资源短缺、能源匮乏、生态破坏和环境污染的问题，提出以下转变经济增长方式的建议对策。

首先，应深化体制改革，加快政府职能转变，建立有利于向集约型经济增长方式转变的体制机制和政策环境。长期以来，我国地方政府一直盲目追求GDP 的增长而忽略了对生态环境的保护，从而导致资源利用的浪费和环境的污染。因此，要转变经济增长方式首先就要转变政府职能，使我国地方政府由投资型政府向公共服务型政府转变。完善政绩考核体系，将政绩考核由重经济增长轻环境保护转变为经济增长与环境保护并重，将相关资源环境的评价指标纳入到政绩考核体系中。另外还要加快培育转变经济增长方式的市场主体，并通过相关的政策支持提高企业自助转变增长方式的积极性。

其次，加快产业结构调整，促进产业结构优化升级，提高产业核心竞争力。要改造提升制造业，明确不同类型的制造业升级改造的重点，如冶金和建材行业要立足国内需求、加强对总量扩张的控制、优化品种结构，建筑业要推广绿色建筑、绿色施工，着力用先进建造、材料、信息技术优化结构和服务模式。另外还要加快淘汰落后产能，对过剩产能进行压缩疏导；优化产业布局，对能源资源、环境容量、市场空间等因素进行综合考虑，优化重点产业生产力布局；同时还要加快企业技术改造，引导企业兼并重组，促进中小企业发展。培育发展战略性新兴产业，推动节能环保、生物、新能源、新材料等重点领域跨越式发展，实施产业创新发展工程并加强政策支持和引导。着力推动对能源生产和利用方式的变革，加强对煤炭的综合利用开发并发展煤炭利用的新技术，加大石油、天然气资源勘探开发力度，积极发展清洁能源，推进能源多元清洁发展；优化能源开发布局，加强能源输送通道建设。坚持陆海统筹，制定和实施海洋发展战略，提高海洋开发、控制、综合管理能力。实施区域发展总体战略和主体功能区战略。大力发展生产性生活性服务业，营造有利于服务业发展的环境。

再次，大力发展循环经济，推进生产、流通、消费各环节循环经济发展，加快建立覆盖全社会的资源循环利用体系。加快推行清洁生产，对污染物的产生和排放要从源头和全过程进行控制，降低资源消耗。对矿产开采过程中对共生、伴生矿产进行综合开发与合理利用。按照循环经济减量化、再利用、资源化的原则规划、建设和改造各类产业园区，实现土地集约利用、废物交换利用、能量梯级利用、废水循环利用和污染物集中处理。全方位构建资源循环利用回收体系，完善再生资源回收体系，推进再生资源规模化利用，建立健全垃圾分类回收制度，进一步完善分类回收、密闭运输、集中处理体系。推进绿色消费模式和生活方式，减少使用一次性用品，鼓励消费者使用节能环保型产品，着力推进政府绿色采购。同时还要注意加强对循环经济的各种政策支持和技术支撑。

最后，增强全民节约环保的意识，更新发展理念。建设资源节约型、环境友好型社会不仅需要企业和政府有所作为，另一方面需要全民参与其中，因此要广泛开展节约环保的宣传，提高全民的资源忧患意识和节约意识。同时，各级政府要坚定不移的遵循全面、协调、可持续的发展战略，切实处理好发展速度和发展质量的关系，充分考虑到资源环境的承载能力，实现速度和效益相协调的科学发展之路。

四、人口老龄化

人口老龄化是世界性难题，也是目前世界各国人口发展中普遍存在的不可逆转的趋势。按照国际通行的标准，对人口老龄化的理解是 60 岁以上的老年人口或者 65 岁以上的老年人口在总人口中的比例分别超过 10% 和 7%，达到这个标准即可认为一国或地区进入老龄化社会。其中，人口老龄化问题在发达国家及地区最为严重。然而发展中国家的人口老龄化趋势的发展势头也极为迅猛。

按照上述标准，我国已于 2000 年进入老龄化社会，并且在 2008 年年底，我国 65 岁以上的人口已经达到 11 022 万人，老龄化水平达到 8.3%。目前为止，我国已经成为世界上老年人口数量最多的国家，并且老年人口占亚洲老年人口的一半，占世界老年人口的 1/5。此外，据《中国人口老龄化发展趋势预测研究报告》称，2001～2020 年是我国快速老龄化发展阶段，并且我国老年人口在 2020 年将达到 2.48 亿，老龄化水平将达到 17.17%；2021～2050 年是我国加速老龄化阶段，彼时我国老年人口总量将超过 4 亿，老龄化水平将超过 30%。

（一）造成我国人口老龄化的原因

学术界认为造成人口老龄化形成的原因主要有人口出生率、死亡率、迁移率等因素。对于我国人口老龄化问题的剖析，也可以从上述三个因素进行分析。

1. 生育率下降是造成我国人口老龄化的主要原因

西方学者通过大量的研究发现，造成一国或地区人口老龄化的决定因素是人口生育率的下降。并且自工业革命之后，世界范围内人口生育率一直呈现出下降的趋势。有学者研究发现，在 1700 年世界平均每名妇女生育子女数为 6.0 个，到了 2000 年时这一数字下降到 2.7 个。据联合国预测，世界范围内的生育率会呈现继续下降的趋势，到 2050 年世界平均每名妇女的生育子女数将下降到 2.02 个。

从表 6-15 可以看出，我国自 1973 开始实行计划生育政策以来，人口生育率急剧下降，例如在 1978～2009 年间，我国人口出生率从 1.825% 下降到

1.21%，"四二一"家庭在社会中大量出现。我国在实行三十多年的计划生育政策后，人口生育率水平长期低于人口更替水平，这也导致了我国的人口老龄化速度快于西方国家。

表6-15　　　　我国出生率、死亡率、自然增长率变化情况　　　　单位：‰

年　份	出生率	死亡率	自然增长率
1978	18.25	6.25	12
1980	18.21	6.34	11.87
1985	21.04	6.78	14.26
1990	21.06	6.67	14.39
1995	17.12	6.57	10.55
2000	14.03	6.45	7.58
2001	13.38	6.43	6.95
2002	12.86	6.41	6.45
2003	12.41	6.4	6.01
2004	12.29	6.42	5.87
2005	12.4	6.51	5.89
2006	12.09	6.81	5.28
2007	12.1	6.93	5.17
2008	12.14	7.06	5.08
2009	12.13	7.08	5.05

资料来源：《中国人口和就业统计年鉴2010》。

2. 死亡率下降加剧了我国人口老龄化

人口死亡率下降也是导致人口老龄化的重要因素，随着历史的发展，全球人口的平均寿命呈现出不断提高的趋势，人口死亡率不断下降。尤其是自工业革命以来，这一趋势更为明显。我国自改革开放以来，随着经济的腾飞，人民的生活水平也不断提高，医学技术和医疗卫生事业也取得了迅猛的发展，我国人民的平均寿命不断提高，人口死亡率不断下降。此外，在 2000 年第五次人口普查中我国男性及女性的平均寿命由 1949 年的 39 岁、42 岁提高到 71.4 岁、73 岁。有相关研究表明我国人均寿命在 2050 年将达到 85 岁。由此可以看出，随着死亡率的下降和平均寿命的提高，我国老年人口在数量上不断增加，这一因素加速了我国人口老龄化。

3. 人口迁移助推了我国人口老龄化

随着经济的发展，我国劳动力市场也不断趋于完善和成熟，农村剩余劳动力向城市涌进的势头明显。并且随着我国城市化进程的加快，大量经济不发达地区的年轻人向发达地区迁移，农村人口向城镇迁移，这直接改变了我国不同地区老龄化的结构，其中最大一个特点是使我国许多家庭出现"空巢"化。

从表 6－16 可以发现，随着我国人口基数的不断增大，城镇人口总数也在不断增大，而乡村人口基数却呈现先增加后下降的趋势。如从 1978～2009 年期间，我国城镇人口总数由 17 245 万人增加到 62 186 万人，增幅约达到 4 倍，而农村人口由 79 014 万人下降到 71 288 万人；城镇人口比重由 17.92% 上升到 46.59%。可见我国的城镇化进程处于加速阶段，人口结构不断发生变化，人口迁移导致了我国农村人口老龄化问题趋于严重。

表 6－16　　　　　　　　　　我国人口结构变化情况

年份	总人口 (年末, 万人)	城　镇		乡　村	
		人口数 （万人）	比重 （%）	人口数 （万人）	比重 （%）
1978	96 259	17 245	17.92	79 014	82.08
1979	97 542	18 495	18.96	79 047	81.04
1980	98 705	19 140	19.39	79 565	80.61
1981	100 072	20 171	20.16	79 901	79.84
1982	101 654	21 480	21.13	80 174	78.87
1983	103 008	22 274	21.62	80 734	78.38
1984	104 357	24 017	23.01	80 340	76.99
1985	105 851	25 094	23.71	80 757	76.29
1986	107 507	26 366	24.52	81 141	75.48
1987	109 300	27 674	25.32	81 626	74.68

续表

| 年份 | 总人口 | 城　镇 | | 乡　村 | |
	（年末，万人）	人口数（万人）	比重（％）	人口数（万人）	比重（％）
1988	111 026	28 661	25.81	82 365	74.19
1989	112 704	29 540	26.21	83 164	73.79
1990	114 333	30 195	26.41	84 138	73.59
1991	115 823	31 203	26.94	84 620	73.06
1992	117 171	32 175	27.46	84 996	72.54
1993	118 517	33 173	27.99	85 344	72.01
1994	119 850	34 169	28.51	85 681	71.49
1995	121 121	35 174	29.04	85 947	70.96
1996	122 389	37 304	30.48	85 085	69.52
1997	123 626	39 449	31.91	84 177	68.09
1998	124 761	41 608	33.35	83 153	66.65
1999	125 786	43 748	34.78	82 038	65.22
2000	126 743	45 906	36.22	80 837	63.78
2001	127 627	48 064	37.66	79 563	62.34
2002	128 453	50 212	39.09	78 241	60.91
2003	129 227	52 376	40.53	76 851	59.47
2004	129 988	54 283	41.76	75 705	58.24
2005	130 756	56 212	42.99	74 544	57.01
2006	131 448	57 706	43.9	73 742	56.1
2007	132 129	59 379	44.94	72 750	55.06
2008	132 802	60 667	45.68	72 135	54.32
2009	133 474	62 186	46.59	71 288	53.41

资料来源：《中国人口和就业统计年鉴2010》。

（二）我国人口老龄化的特点

通过前文陈述，我国是世界上人口最多的国家，也是世界上老年人口数量最多的国家。人口老龄化是世界性难题，我国人口老龄化与西方发达国家相比具有很多相似的地方，但更多表现出自身特殊的一面。具体说来，我国人口老龄化具有如下特点。

1. 人口老龄化速度快、规模大

自计划生育政策实施以来，我国人口老龄化速度加快，人口结构由成年型向老年型转变仅用了 18 年的时间。其他国家如法国、美国、英国、日本则分别用了 115 年、65 年、45 年及 24 年，可见我国人口老龄化发展速度之快。此外，由于我国人口基数大，发展速度又快，导致了我国老年人口规模为世界之最。世界银行 2002 年的数据显示，我国总人口占世界总人口的 20.67%，而老年人口则占世界的 21.04%。

2. 人口未富先老，快于经济发展

与发达国家相比，我国人口老龄化的最显著的特点是未富先老。西方发达国家的人口老龄化特点是先富后老，比如当发达国家 60 岁以上老年人口占总人口比重达到 10% 时，人均国内生产总值一般均达到 10 000 美元的水平。而我国在国家经济发展没有达到相应水平和物质财富没有得到充分积累的情况下，就已经步入老龄化社会。比如我国在 1999 年刚步入老龄化社会时，人均国民生产总值只有 780 美元，可见我国人口老龄化快于经济发展。这种人口老龄化与经济发展不同步意味着我国应对人口老龄化与其他国家相比将面临着更大的经济压力。

3. 人口老龄化地区差异较大

由于我国幅员辽阔，地区间经济发展水平及人口数量差距很大等原因导致了我国人口老龄化在地区间分布很不均衡。

根据表 6 - 17 可以得知，我国全部地区的 65 岁以上人口占总人口的比重均达到或超过 7%。此外，经济发达的省份和地区 65 岁及以上人口比重较经济落后地区要大，而且人口大省的老龄化程度要高于人口相对较少的省份和地区。这表明我国人口老龄化地区差异很大。

中国公共财政监测报告

表 6-17 我国各地区按年龄构成和抚养比

地区	人口数	65 岁及以上	总抚养比（%）	少儿抚养比	老年抚养比	65 岁及以上人口比重
北　京	15 096	1 524	25	12.39	12.62	0.1
天　津	10 473	1 156	26.8	12.76	13.99	0.11
河　北	62 243	5 512	34	22.12	11.87	0.09
山　西	30 378	2 457	33.9	23.11	10.83	0.08
内蒙古	21 499	1 818	29.4	18.41	10.94	0.08
辽　宁	38 429	4 419	29.1	14.25	14.85	0.11
吉　林	24 349	2 164	26.7	15.42	11.26	0.09
黑龙江	34 065	2 951	26.6	15.61	10.96	0.09
上　海	16 814	2 368	27.6	9.64	17.97	0.14
江　苏	68 371	8 225	34.6	18.42	16.2	0.12
浙　江	45 472	5 035	33.2	18.45	14.75	0.11
安　徽	54 638	5 545	41.7	27.28	14.38	0.1
福　建	32 097	3 220	37.2	23.43	13.76	0.1
江　西	39 186	3 165	43	31.47	11.55	0.08
山　东	83 867	8 171	34.1	20.99	13.06	0.1
河　南	83 974	7 460	39	26.63	12.35	0.09
湖　北	50 862	5 175	32.7	19.19	13.5	0.1
湖　南	56 820	6 351	39.7	24.05	15.61	0.11
广　东	84 981	6 356	33	23.06	9.95	0.07
广　西	42 891	3 993	44.1	30.63	13.41	0.09
海　南	7 606	667	41.2	28.84	12.39	0.09
重　庆	25 284	2 927	42.8	26.25	16.53	0.12
四　川	72 471	8 838	41.7	24.38	17.28	0.12
贵　州	33 780	2 794	49.4	37.05	12.36	0.08
云　南	40 460	3 478	43.1	30.76	12.3	0.09
西　藏	2 556	179	36.6	27	9.56	0.07
陕　西	33 504	3 315	34.6	21.32	13.32	0.1
甘　肃	23 405	1 952	37.4	25.95	11.46	0.08
青　海	4 934	345	38.8	29.1	9.71	0.07
宁　夏	5 504	374	39.2	29.75	9.47	0.07
新　疆	18 979	1 264	38.6	29.4	9.23	0.07

资料来源：《中国人口和就业统计年鉴 2010》。

4. 老龄人口中高龄人口比重上升

人口学通常将 80 岁以上的人群定义为高龄人群。随着我国人民生活水平的提高以及医疗卫生技术、条件的快速提高，我国人口死亡率逐渐下降，这也直接导致了老龄人口中高龄人口的比重不断上升。1990～2000 年期间，我国高龄人口数量由 801 万增加到 1 201 万，平均年增长率为 3.6%，预计到 2050 年我国高龄人口将达到 1 亿人。

（三）人口老龄化对我国经济社会发展的影响

人口老龄化是社会发展到一定阶段后带来的必然产物。人口老龄化的出现反映了经济发展对人口及其结构的影响，相反地，人口作为影响经济发展的重要因素，老龄化的人口也会对经济社会产生深远影响。

1. 人口老龄化对劳动力的影响

显而易见的，人口老龄化会导致劳动力供给的不足。就我国而言，由于在实行计划生育政策以前出生的人口大部分正处在劳动年龄阶段，因此虽然我国目前已经步入老龄化社会，但是劳动力资源依旧十分充裕。然而据预测我国的人口红利将在 2020～2050 年期间逐渐消失，彼时我国将会出现劳动力短缺等问题。劳动力短缺会导致经济发展出现滑坡，因此这一潜在的问题必须引起我们的重视。此外，除了劳动力在数量上趋于减少以外，人口老龄化还会带来劳动生产率下降的问题。由此可见，人口老龄化对劳动力的影响是多方面的。

2. 人口老龄化对产业结构的影响

上文中提到，由于城镇化建设和农村剩余劳动力向城镇的转移，使得农村人口老龄化问题趋于严重。而目前我国正处于经济结构转型阶段，经济由粗放型向集约型转变，发展现代农业、现代工业和现代服务业是不可逆转的趋势，这就对劳动力的素质有了更高的要求。在农村当中，绝大部分老年农村劳动力文化素质不高，很难满足发展现代农业的需求。因此，我国的人口老龄化问题会给改变经济结构带来一定的消极影响。

3. 人口老龄化对消费领域的影响

我们知道人口的收入水平决定其消费水平，但是在收入水平一定的条件下，人口结构的变化也会影响一国的消费水平。人口老龄化意味着一国中老年人口比重增加，而由研究表明，儿童和老年人群的消费需求要低于成年人。对于老年人群来说，由于收入稳定，其消费倾向和消费行为较成年人来说更为稳定。老年人群的消费特点也不同于成年人，出于自身状况，老年人在社交方面的消费需求要明显低于成年人。此外，老年人对健康保健、医疗服务等方面的消费需求较高。因此，人口老龄化会在一定程度上改变消费结构，更值得注意的是，老龄化往往会降低未来的消费水平。

4. 人口老龄化对储蓄率的影响

高储蓄率是投资增长的重要来源，目前我国经济增长的主要力量就是投资需求。然而，不同年龄段的人的储蓄和消费行为是不同的。在人口老龄化的过程中，人口结构会发生变化，这将导致国民收入中消费和储蓄的比例发生变化。根据生命周期假说，人口老龄化会引起储蓄率的下降，这将直接导致投资下降，最终引起经济发展速度下降。另外，人口老龄化会改变劳动力和资本间的相对价格，由于劳动力相对于资本而言变得稀缺，这会导致资本相对于劳动力的价格不断下降，这样同样会降低人民的储蓄需求。

5. 人口老龄化对科技进步的影响

我们知道由于老龄人口的智力、体力、社会活动能力以及创新能力不及成年人，人口老龄化可能会使科技进步的速度放缓。有研究表明劳动生产率的年龄分布呈现出倒 U 型状态，并且峰值在 40~50 岁之间。因此，从生理因素的角度出发，我们可以得出人口老龄化对科技进步具有不利的影响。

6. 人口老龄化对养老保障的挑战

人口老龄化会加重养老保障的负担，这是人口老龄化发达国家面临的一个普遍的财政难题。尤其是对于我国这样一个未富先老的国家而言，养老保障面临的压力更为艰巨。人口老龄化引起的人口结构的变化会使养老保险基金的来源不断减少，也会使养老保障资金支出的金额逐渐增加。而在我国养老保障制度建设不够完善，经济实力不足的情况下，如何应对人口老龄化带来的挑战就显得极为迫切。人口老龄化的出现使得以前处于主导地位的家庭养老模式逐步退出历史舞台，而我国养老保障制度正处于不断建设和完善当中，这就增加了对养老保障的压力。具体地，我国城镇养老保险范围尚没有实现全面覆盖，并且养老保障资金来源不足，养老保障基金实现保值增值的途径仍在探索当中，这些都是亟待解决的问题。对于农村养老来说，目前新型农村养老保险制度刚处于起步阶段，有些制度环节还处于缺失状态，而对于进城农民工的养老问题就更为复杂，因此农村养老保障问题更为严峻。总的来说，人口老龄化会加重对养老资金的支出压力。除了养老保障制度需要进一步完善以外，妥善解决养老资金缺口，处理好养老金的来源不足及支付不足等问题都是目前我们面临的艰巨任务。

（四）解决我国人口老龄化问题的对策建议

通过上文对我国人口老龄化的特点以及对经济社会可能形成的挑战的分析，我们提出以下对策建议。

1. 不断完善人口政策

各国的社会、经济发展经验表明，合适的人口数量和结构对经济、社会的良性发展具有不可估量的作用。我国目前的人口战略已经由控制人口数量增长向控制人口与防止老龄化速度过快相结合的方向转变，因此相应的人口政策也要适当的调整。具体说来，经验表明人口问题在时间上往往具有一定的滞后性，即当意识到人口问题真实发生时，就已经失去了解决问题的最佳时期。因此，目前的工作重点要放在正确预测我国人口数量和人口结构在时间上的变化，据此调整相应的人口政策，逐步放宽人口生育控制政策。最终通过对人口政策的不断调整达到缓解由于人口老龄化带来的人口在结构上的失衡。

2. 建立适当弹性退休制度

在人口老龄化的社会中，由于老龄人口的比重不断上升，因此就要充分利用这部分老年人口的资源实现老年人口自身的价值。弹性退休制度是在根据不同职业、不同部门的需求设置退休年龄的上限和下限，并且老年人可以根据自身状况在退休年龄浮动范围内自主选择退休或者不退。此外，对于一些特殊行业和特殊群体可以在取得本人同意的前提下适当推迟退休年龄，比如现今的一些部门实行内部退养和返聘措施既是一种弹性退休政策。

3. 积极发展老龄产业

我国在经济不发达的情况下步入老龄化社会，并且由于我国老龄人口基数大等原因，这就存在一个巨大的有待开发的老年人群消费市场。但是我国目前的老年产品和服务供给严重不足，整个老龄产业在国民经济中尚未形成一定的产业规模和产业链。相关研究表明目前我国老年人群的市场消费需求为 8000 亿元左右，而当前的老年产品和服务总值不足 1000 亿元。由此可见发展老龄产业具有广阔的前景，同时发展老龄产业可以改善目前的经济结构，增加就业机会，有利于扩大内需，开辟新的经济增长点。

参考文献：

[1] 杜乐勋、张文鸣：《中国医疗卫生发展报告（2009）》，社会科学文献出版社 2009 年版。

[2] 中国改革发展研究院：《2007/08 中国人类发展报告——惠及 13 亿人的基本公共服务》，联合国开发计划署 2008 年。

[3] 陈佳贤、王延中：《中国社会保障发展报告（2010）》，社会科学文献出版社 2010 年版。

[4] 改革开放 30 年中国教育改革与发展课题组：《教育大国的崛起（1978～2008）》，教育科学出版社 2008 年版。

第七章

中国的公共选择机制

第一节 中国的公共选择机制实证分析

随着社会经济的发展，政府通常需要为公众提供一系列公共品和服务，这些产品和服务是经济和社会发展的重要影响因素，包括基础教育与医疗、街道照明和清洁、排水、排污和供电、国防军事、开设公共市场和垃圾回收、主要交通运输网络，以及为商业与居住而进行的土地开发等。其有效供给不仅关系着社会整体生产、生活水平的提高，也关系着整个社会的和谐发展。一般而言，被广为接受的公共品的基本特征是非排他性和非竞争性，虽然其供给的最优配置可由萨缪尔森规则刻画，但在实际中却出现了供需错位和"搭便车"行为等供给非效率现象，另外，目前中国公共选择机制在理论和实践上的发展均不成熟，出现了公共品供给内部结构不合理、空间分布不合理、居民真实需求得不到充分表达等问题。为避免公共品供给中的非效率行为，需要揭示出居民对公共品的真实需求，建立健全公共品供给机制。"用手投票"和"用脚投票"是居民需求表达的重要手段和方式，两种需求表达机制的完善是实现公共品有效供给的重要环节，是形成有效供给机制的前提和基础。本章将基于中国"用手投票"和"用脚投票"现状的实证分析，进一步对公共品供给机制进行理论探讨，以期建立行之有效的中国公共选择机制。

一、"用手投票"公共选择机制实证分析

(一)"用手投票"的基本原理

"用手投票"作为公共选择机制的一种重要模式,是指人们在公共品决策的政治领域中,运用手中的选票,经过事先议定程序和规则,表达对公共品的偏好,并将个体偏好整合转换为公共偏好,通过集体行动决策的政治决策过程。"用手投票"包含直接民主制和间接民主制两大内容,其中,间接民主制涉及选民、政治家与官僚机构等问题,在中国表现为"人大代表选举"制度;直接民主制涉及个人偏好和投票问题,在中国表现为"一事一议"制度。

1. 间接民主制——人大代表选举制度

中国人大代表选举制度是在总结新民主主义革命时期革命根据地民主选举的历史经验、并学习借鉴苏联社会主义选举制度的基础上建立和发展起来的。内容与依据主要来源于宪法的相关规定。在几十年的不断发展完善中,既借鉴了西方选举制度的普遍性原则,同时结合中国的具体国情,形成了具有中国特色的选举制度。其具体特点如下:

首先,选举权的普遍性和平等性。选举权的普遍性主要表现为选民是否具有普选权的问题。中国是人民民主专政国家,国家的一切权力都属于人民,从选举制度上也体现了其权力在民的原则,保障了公民普选权的实现。对于选举权的平等性,其包含公民有平等参加选举的权力、选民"一人一票"权、"一票一值"权[1]和选举权与被选举权相统一四个方面内容。[2]

其次,直接选举与间接选举并用。由于特殊的国家经济、文化、历史与政治背景,中国现行的选举制度实行直接选举与间接选举并用原则。其中,全国人民代表大会的代表,省、自治区、直辖市、设区的市、自治州的人民代表大会的代表,由下一级人民代表大会选举;不设区的市、市辖区、县、自治县、乡、民族乡、镇的人民代表大会的代表,由选民直接选举。

最后,选举投票的秘密性。秘密投票,即"无记名投票",是指选民在参加选举时采取不公开形式进行,在选票上也不署姓名的一种投票方式。使选民

---

① 胡锦光:《中国宪法问题研究》,新华社出版社 1998 年版,第 273 页。

② 谢毅敏:《我国选举制度的历史、现状和改革探析》,2005 年硕士论文,第 21 页。

更自由地表达自己的偏好或者是意愿，排除外界的干扰，维护自己的选举权秘密，使选民在完全自主的情况下进行选举。

2. 直接民主制——"一事一议"制度

"一事一议"是指在农村税费改革取消后，在"村民自治"政策指导下，为兴办村民直接受益的集体生产生活等公益事业，遵循量力而行、群众受益、民主决策、上限控制、定向使用、财务公开的原则，通过村民大会或村民代表会议集体讨论，以多数同意通过原则筹集项目所需资金和劳务的一种农村公共品提供方式。①"一事一议"制度是我国农村近年来公共品选择的一大特色，是农民公共选择的重要组成部分。作为中国农村现行的直接投票公共选择方式，其既带有西方经济理论中直接民主选择方式的特点，又带有中国农村实际情况赋予的特点。

首先，"一事一议"制度议事内容广泛。根据《村民一事一议筹资筹劳管理办法》规定，"一事一议"筹资筹劳的适用范围包括村内农田水利基本建设、道路修建、植树造林、农业综合开发有关的土地治理项目和村民认为需要兴办的集体生产生活等其他公益事业项目，议事范围覆盖了农民生产、生活的各方面。

其次，"一事一议"制度决策的公共品受益范围在村以内。"一事一议"在实施过程中，农民受认识水平限制，往往采取实用主义、本位主义态度，对自己有益的事就赞成参加，没有利益的就反对，因而通过"一事一议"难以达成共识，存在操作执行困难。②而且"一事一议"制度要求每个投票者都有平等表达对公共品需求的权利，但个人需求又是千差万别的。这种差异性使得"一事一议"制度的受益范围较小，涉及利益主体较少

最后，"一事一议"形成的决议具有一定约束力。"一事一议"形成的决议约束力不同于政治决议的强制性，它是在群众自愿基础上进行的，而约束力也主要靠受益群众互相信任、互相监督和限制受益来实现，体现了村级基层"自我管理、自我教育、自我服务"的政策。但需注意的是，"一事一议"通过的决议缺乏一定的法律制度强制实施，会造成决议后筹资执行操

---

① 朱刚：《一事一议"制度下农村公共产品供给难题解读》，载于《安徽农业科学》2008年第35期，第25~28页。

② 冯晓娟：《浅论农村"一事一议"筹资筹劳制度》，载于《蚌埠党校学报》2010年第1期，第30~31页。

作困难。

（二）"用手投票"的实证分析

1. 间接民主机制——人大代表选举制度的实证分析

（1）数据来源。本报告的调研数据主要来自于两个方面：一是西南财经大学财税学院"农村公共品研究课题组"的调查资料。二是中国人民大学社会学系与香港科技大学社会科学部的《中国综合社会调查》资料。在实际调研中，采取四阶段分层不等概率抽样方法，在全国28个省市中抽取10 000个家庭户，每户随机选取1人作为面对面被访者。①

（2）人大代表选举制度的实证分析。中国人大代表选举制度是构成中国政府组织机构的最基本方式，是形成公共品有效供给机制的组织制度基础。本节集中对人大代表选举制度的选民参与积极性、人大代表选举的畅通性、提名候选人制度以及县乡直接选举制度进行实证分析，这四方面分析研究将综合展示中国公共选择机制在供给决策层面是否具有效率性。

第一，选举的积极性分析。根据调研问卷中设计的三类与选民对选举积极性相关问题：一是"您认为自己有权利参加就业所在地的选举吗"；二是"如果不让您参加当地的选举您的感觉是怎样"；三是"您认为您的选举权重要吗"。可以得出选民对选举是否具有积极性。结果见表7-1、表7-2和表7-3。

表7-1　"您认为自己有权利参加就业所在地的选举吗"的调查结果

调查结果	频数	比例（％）	有效比例（％）	累积比例（％）
有权利	226	71.9	71.9	71.9
没权利	17	5.9	5.9	83.8
不知道	47	16.2	16.2	100
合计	290	100	100	

资料来源：西南财经大学财税学院"农村公共品研究课题组"的调研资料。

---

① 数据部分来自中国国家社会科学基金资助的《中国综合社会调查（CGSS）》项目。该调查由中国人民大学社会学系与香港科技大学社会科学部执行，项目主持人为李路路教授、边燕杰教授。感谢上述机构及其人员提供的数据协助，本报告内容由作者自行负责。

表7-2　　　　"不让您参加当地的选举您的感觉是怎样"的调查结果

调查结果	频数	比例（%）	有效比例（%）	累积比例（%）
生气	104	35.9	35.9	35.9
无所谓	173	59.7	59.7	95.5
高兴	13	4.5	4.5	100
合计	290	100	100	

资料来源：西南财经大学财税学院"农村公共品研究课题组"的调研资料。

表7-3　　　　　"您认为您的选举权重要吗"的调查结果

调查结果	频数	比例（%）	有效比例（%）	累积比例（%）
非常重要	54	18.6	18.6	18.6
重要	110	37.9	37.9	56.6
一般	78	26.9	26.9	83.4
不太重要	19	6.6	6.6	90.0
不重要	20	6.9	6.9	96.9
不清楚	9	3.1	3.1	100
合计	290	100	100	

资料来源：西南财经大学财税学院"农村公共品研究课题组"的调研资料。

　　从表7-1中可以看出：有77.9%的受访者认为自己是有权利参与选举的，仅有5.9%的受访者认为自己没有选举权，即表明居民在自己拥有选举权方面，还是比较认同的。表7-2和表7-3的统计结果显示：相当一部分居民对其选举权的具体效用性和重要性的认可度不高，认为选举权的实现对其自身而言效用不大，关系不紧密，对于选举的积极性较低。

　　第二，选举的路径畅通性分析。选举路径的畅通性分析主要通过"您参加就业所在地选举的频率"和"你最近一次人大代表直接选举中，你有没有参加过下列活动"两项调查分析得出，结果见表7-4、表7-5。

表7-4　　　　"您参加就业所在地选举的频率"的调查结果

调查结果	频数	比例（%）	有效比例（%）	累积比例（%）
每次	16	5.5	5.5	5.5
经常	12	4.2	4.2	9.6
一般	56	19.3	19.3	29.0

续表

调查结果	频数	比例（%）	有效比例（%）	累积比例（%）
较少	109	37.6	37.6	66.6
从不	50	17.2	17.2	83.8
不清楚	47	16.2	16.2	100
合计	290	100	100	

资料来源：西南财经大学财税学院"农村公共品研究课题组"的调研资料。

表7-5 "你最近一次人大代表直接选举中，你有没有参加过下列活动"的调查结果

调查结果	频数	比例（%）	有效比例（%）	累积比例（%）
是	7 558	74.5	74.5	74.5
否	2 593	25.5	25.5	100
合计	10 151	100	100	

资料来源：中国人民大学社会学系与香港科技大学社会科学部的《中国综合社会调查》。

表7-4表明受访者对"您参加就业所在地选举的频率"的调研结果，其中的"每次"、"经常"两项选择的人数为28人，占总人数9.7%。"从不"、"不清楚"选择的人数为97人，占总人数的33.4%。表明受访者实际参加的选举是较少的。由表7-5可以得出：没有参加最近的一次人大代表直接选举的人数比例达到了74.5%。以上分析表明中国选民实际参加选举的情况是较差的，说明通过选举来实现其权力这条路径不畅通，相关部门在组织选举方面的工作不到位，中国现行人大代表选举存在严重缺陷。

第三，提名候选人制度分析。提名候选人制度分析可通过"在最近一次的人大代表直接选举中，您有没有推荐候选人"选择的统计分析中得出，结果见表7-6。

表7-6 "推荐候选人：你最近一次人大代表直接选举中，你有没有参加过下列活动"的调查结果

调查结果	频数	比例（%）	有效比例（%）	累积比例（%）
是	523	5.2	5.2	5.2
否	9 628	94.8	94.8	100
合计	10 151	100	100	

资料来源：中国人民大学社会学系与香港科技大学社会科学部的《中国综合社会调查》。

表 7 - 6 显示受访者参与过推荐候选人活动有比重为 5.2%。有占比为 94.8%的受访者没有参加过直接推荐候选人的活动。这表明在人大代表直接选举中，选民直接推荐候选人的制度没有得到完全落实，选民权力没有得到有效保障。

第四，县乡直接选举实现程度分析。县乡直接选举实现程度分析可通过"如果有机会参加县长/区长的直接选举，我一定会积极参加投票"和"有没有经历县、乡人大代表直接选举"两类问题表明，前者表明选民对于参加县乡直接选举态度，后者表明实际参与情况。分析结果见表 7 - 7、表 7 - 8。

表 7 - 7 "如果有机会参加县长/区长的直接选举，我一定会积极参加投票"的调查结果

调查结果	频数	比例（%）	有效比例（%）	累积比例（%）
非常不同意	249	2.5	2.5	2.5
不同意	1 652	16.2	16.2	18.7
同意	5 700	56.2	56.2	74.9
非常同意	1 712	16.8	16.8	91.7
不回答	838	8.3	8.3	100
合计	10 151	100	100	

资料来源：中国人民大学社会学系与香港科技大学社会科学部的《中国综合社会调查》。

表 7 - 8 对"有没有经历县、乡人大代表直接选举"的调查结果

调查结果	频数	比例（%）	有效比例（%）	累积比例（%）
是	676	6.7	6.7	6.7
否	9 475	93.3	93.3	100
合计	10 151	100	100	

资料来源：中国人民大学社会学系与香港科技大学社会科学部的《中国综合社会调查》。

从表 7 - 7 的数据分析可得出，大多数人是愿意参与县乡直接选举的。而表 7 - 8 的结果清晰地显示出没有参加过县、乡人大代表直接选举的受访者占比为 93.3%，两项分析表明：受访者中绝大多数人都没有经历过县、乡直接选举，其中原因是多方面的，但是一点原因可以确定，即中国现行的县、乡人大代表直接选举的方式没有有效运行，效果甚微。

（3）结论评析。通过上述调研资料的分析，中国现行人大代表选举制度可能存在以下问题：首先，选民参与度低，积极性不高。其次，选举理论滞后于选举实践，即中国选举制度发展和完善的步伐跟不上人们日益增长的民主要求。再次，提名和确定候选人制度不完备。另外，县乡直接选举制度不完善。这说明中国公共品在供给决策层面存在一定的指令性和强制性，人们参与度较低，公共选择机制存在低效率。

2. 直接民主机制——"一事一议"制度的实证分析

（1）"一事一议"的实证分析。中国"一事一议"制度是近几年来新建立的公共选择机制，处于不断完善和建设之中，其形成的基础主要依赖于人大选举制度，因此其雏形带有"自上而下"的供给决策特点。因此，满意度分析可表明该制度是否完全表达了人们的公共需求，现有的机制是否应该改进。满意度评分范围在 1 分到 10 分之间，评分越高，受访者对"一事一议"现状的评价越高。表 7 - 9 对 52 份有效问卷的评分进行统计分析，结果见表 7 - 9。

表 7 - 9   "对一事一议的满意程度"调查结果分布图

评分状况	频数	有效比例（%）	累积比例（%）
1.00	2	3.8	3.8
2.00	3	5.8	9.6
3.00	3	5.8	15.4
4.00	3	5.8	21.2
4.50	1	1.9	23.1
5.00	4	7.7	30.8
6.00	8	15.4	46.2
6.50	2	3.8	50.0
7.00	11	21.2	71.2
7.50	2	3.8	75.0
7.60	1	1.9	76.9
8.00	6	11.5	88.5
8.50	4	7.7	96.2
9.00	1	1.9	98.1
9.40	1	1.9	100
合计	52	100	

资料来源：西南财经大学财税学院"农村公共品研究课题组"的调研资料。

（2）结论评析。从上述分析可知，受访者对"一事一议"实施效果满意度不高。"一事一议"作为当前村民直接表达需求的重要渠道，其功能并未完全发挥，因此有必要对"一事一议"实施过程中的问题和障碍进行分析，提高接收村民需求偏好的效率。问题出现的可能原因主要有以下几方面：首先，由于农村留住人口少，知识水平、认知能力和经济能力较低，造成"一事一议"制度执行可操作性差。其次，"一事一议"缺乏强有力的组织行动集团。再次，政策不匹配加大了"一事一议"实施难度。另外，"一事一议"管理不规范，资金使用缺乏有效监督制约手段，存在账目未公开，财务不透明等现象，影响了农民筹资筹劳的积极性。

二、"用脚投票"公共选择机制实证分析

（一）"用脚投票"的基本原理

蒂伯特（Tibute，1965）在《一个关于地方支出纯理论》一文中论证了"居民用脚投票"间接地决定地方税收与支出的类型，其基本观点是：对于公共品而言，有多种社区提供各种不同公共品的组合，这时存在着显示个人对公共品偏好的有效机制——人们在各社区间的流动。对每一个人来说，哪个地方提供的公共品最适合其需要，就会选择到那个地方定居。在"用脚投票"公共选择机制下，人们通过迁移流动显示了自己的偏好，只要有足够的社区存在，每个人都能满足自己对公共品的偏好，这时不存在中间投票人定理，从而投票机制的缺陷得以消除。[①]

"用脚投票"公共选择方式类似于市场中的自愿交换，是一种分权决策机制，这种机制是一种以足表示的全体一致投票规则，在这种方式下公共品配置能达到帕累托最优。但"用脚投票"机制的作用依赖于一系列严格的假定条件，只有在假设前提基础上，"用脚投票"才能实现公共品的供给效率：

1. 公共品在规模收益不变的条件下生产

无论一个社区的成员有多少，公共品生产的平均成本不变，社区成员的迁入和迁出不会影响迁入和迁出社区生产公共品的平均成本。更进一步讲，成员

---

① 许云霄：《公共选择理论》，北京大学出版社 2006 年版。

在两个社区间流动时，其他成员每消费一单位公共品所分担的成本不会发生变化。

2. 成员能自由在社区之间流动

社区成员的迁出与迁入不需要付任何代价和迁移成本，社区成员具有完全流动性。这是"用脚投票"的前提条件，人们只有根据自己的需求，自由迁入和迁出社区，才满足自由竞争市场自愿交换的条件，从而达到自愿配置帕累托最优。

3. 社区成员对各社区信息的了解是充分完全的

"用脚投票"建立在各社区成员清楚了解各社区公共品供给量和税收结构的基础上，社区成员确知定居在某个社区获得的收益和分担的成本，明确定居在哪个社区能达到效用最大化。

4. 有足够社区供不同偏好的社区成员选择

在"用脚投票"机制下，人们根据自己的个人需求和偏好选择满意的社区。由于个人偏好是千差万别的，少数几个社区不能充分满足每个人偏好。要使社区居民个人效用最大化，就应设置充分多的社区，每个社区提供不同的公共品组合，使每个人都能按照自己的偏好找到合意的社区，每个社区中公共品人均成本达到最低。最后，具有相同偏好、相同收入，从而完全同质的人住在一个社区，达到帕累托最优。这种情况下，最优社区数量取决于人们偏好的种类，偏好种类越多，偏好差异越大，则需要社区数量越多。而偏好的差异或种类又取决于社区的人口数和社区提供公共品的种类。社区人口越多，需要的社区数量越多；社区提供公共品种类越多，需要社区数量越多。

5. 各社区公共品的提供不相互影响

一个社区公共品的提供不对其他社区产生外部效应。每个社区都是在相互独立的条件下，根据本社区居民的需求自行决定社区规模和公共品生产。

6. 社会成员收入不存在地理性约束

每个人的收入不受其所处社区的影响，无论在哪个社区居住，社会成员的收入都是相同的。这个条件保证了社会成员在社区间流动不受限制。蒂伯特假设人们靠股息收入为生，社会成员的流动仅仅是为了寻找合适的公共品，不存在找工作的动机。[①]

此外，艾普尔和罗默（Epple & Romer，1991）以蒂伯特"用脚投票"模型为基础，认为如果居民的收入不同，采用一次性转移支付的重新分配形式，在每个地区公共品的提供水平有多数投票决定。[②] 费尔南德斯和罗杰森（Fernandez & Rogerson，1993）研究了蒂伯特式迁移对地区间选择对公共教育的影响。[③] 实践中地方公共品如消防等的供给形式有集权化公共部门提供和居民志愿捐献两种。这两种方式下人们如何表达地方公共品的需求，以及是否存在"用脚投票"和如何用脚投票等，需要进一步论证分析。

（二）"用脚投票"公共选择机制的实证结论分析

根据国家计生委 2008 年的监测，我国现阶段 2 亿多人口自发地由农村向城市、由中小城市向大中城市流动。从现阶段来看，这些流动人口自发流入城市的主要原因是为了寻找就业机会，由于中国户籍制度的限制，外来人口虽然可以间接地享受到城市公共品和公共服务的部分效用，但是并不具备对城市公共品需求表达的完全资格——流入当地户籍。因此，中国目前没有完全具备"用脚投票"的假设条件，即居民无法通过"用脚投票"表达对公共品和公共服务的有效需求。但是这些为获得更多更好的就业机会的流动人口正在通过"用脚投票"的方式进入到城市中，通过自身的努力和成绩对城市发展做出了巨大贡献，不断提高了该群体在城市中的影响力和话语权，进而逐步打破限制"用脚投票"机制在中国不能充分发挥的体制因素，即是说：流动人口正在自我创造"用脚投票"的理论前提条件。由于受数据限制，不能找出这些流动人口中有多大比重是因为城市公共品和公共服务而发生的，但是从该角度来研究中国地方公共品的公共选择机制，也具有一定的现实意义的。

[①] 许云霄：《公共选择理论》，北京大学出版社 2006 年版。

[②] Epple, D. And T. Romer. (1991), "Mobility and Redistribution", Journal of Political Economy, 99：828 – 858.

[③] Fernandez, R. And R. Rogerson (1993), "Public Education and the Dynamics of Income Distribution：A Quantitative of Education Reform", mimeno, November.

三、两种公共选择机制的评析

（一）"用手投票"公共选择机制在中国实践的效率评析

"用手投票"公共选择机制在中国的实践主要体现在人大代表选举制度与农村一事一议制度等方面。"人大代表选举制度"作为中国重要的民主制度，从其产生到发展，经历了几十年的不断完善与改革，不论理论方面还是实践都有了长足的进步，但是由于中国历史、文化、教育程度、经济发展状况以及其他的综合原因，导致公共选择机制的实际参与效果和最终选举的认可度，以及民主性都没有得到很好的体现。"一事一议"制度作为中国农村公共选择的一种新兴制度，在农民参与农村公共事务的决定中发挥了一定的作用，对于农村税费改革后的农村公共品供给提供了一定的保障。但是决策是由村民直接投票决定，导致其决策成本较大。此外，农民出于理性人考虑，只愿获取收益而不愿承担成本的"搭便车"心理，在行使一事一议决策时往往有隐藏真实偏好的动机，在具体实施中容易出现"筹资难"现象，公共选择机制的效率不高。

（二）"用脚投票"公共选择机制在中国实践的效率分析

随着改革开放和经济社会发展，越来越多居民采用"用脚投票"方式在不同地区之间迁徙，但其主要目的是为了谋生或寻求更好的就业机会，他们所获取的公共品和公共服务水平并没有因此提高，究其原因主要是中国户籍管理制度的制约。中国目前户籍管理制度按地域家庭关系将居民户籍划分不同属性，不同属性的户籍附带不同的医疗制度、教育制度、劳动就业制度、福利保障制度等一系列同居民生产生活相关的公共品和服务供给制度。户籍管理制度严重制约了居民用"用脚投票"公共选择机制在不同地区自由选择公共品和服务。另外，由于现行政策和法规的缺失，国家在供给公共品和服务时以城市为导向，把大量资源用于提供城市公共建设，定向为有城市户籍的居民供给公共品，而长期忽略处于城市边缘的外来务工人员，导致他们长期被排斥在公共服务供给体系之外，即便采取"用脚投票"方式迁徙到发达地区，也无法在生产、生活上真正和当地居民融为一体。以上原因使"用脚投票"公共选择机制在我国实践中缺乏效率，亟须我们对现行户籍管理制度进行改革，打破区域间流动限制，实现城乡居民公共服务均等化。

第二节　提高中国公共选择机制有效性的对策建议

一、中国公共选择机制的完善目标

（一）畅通公共需求表达及供给选择机制

畅通的公共需求表达及供给机制体系包括畅通的需求表达路径、合理的需求表达绩效管理指标体系和行之有效的供给决策机制三方面。需求表达路径有官方路径、民间路径和其他路径，其中官方路径和民间路径是主体，其他路径是辅助路径，三者之间互相转化、相互交融，构成了地方公共品需求表达路径的全体。绩效管理指标体系可采用平衡计分卡指标，通过横向比较、历史比较和目标比较分析绩效评价结果，以发现需求表达机制缺陷。行之有效的供给决策机制是指供给主体在掌握了人们对公共品的真实需求的前提下所做的"自下而上"公共品供给制度。其以真实完整的需求表达机制为基础，同时要配合政府提供和私人提供的供给模式，最终达到最优的公共选择机制。

（二）明晰公共品供给的层级性

由于不同种类公共品的受益范围具有差异性，即受益范围覆盖全国，则是全国性的公共品；如果受益范围只是局限在某个地区内，就可以称之为地方性公共品。中国目前五级政府层级，包括中央、省、市（州）、县、乡。不同层级的政府部门，其职能也有大小之分。只有清楚地界定每级政府在提供公共品方面的职责，才能明确各自的责任，避免互相推诿以及低水平重复建设现象的出现，解决各级政府在提供公共品方面的越位与缺位问题。一般说来，全国性公共品的供给应该由中央政府完成（如国防、社保、医疗卫生、教育），涉及地方的公共品则由地方政府执行，这主要是发挥地方政府的信息优势，他们更能了解民众的需求信息。① 从我国目前的实践来看，中央与地方的事权划分应

①　樊丽明、石绍宾：《当前中国农村公共品政府供给机制的运行及完善》，载于《税务研究》2008 年第 5 期。

该是比较清晰的，但是省级及以下的四级政府之间的责任划分却仍然是模糊不清。因此，在公共品选择机制的完善中，需要进一步明确各级政府间的权责划分。这种权责的划分不仅包括事权而且还包括与之配套的财权。可见，公共品选择机制的完善并非是一个孤立的过程，而是与财政体制改革同步进行。

（三）完善民主监督及信息反馈机制

要达到公共选择机制的完善目标，需要构建一个多主体、全方位的监督机制和高效的信息反馈机制。监督机制不仅包括政府部门自己的内部监督，还包括新闻媒体及社会公众的外部监督。然而，不同的监督主体，有其不同的立场，利益诉求存在差异，各自都存在难以回避的缺陷。因此需要相互间取长补短，同时发挥内外监督的作用，监督才能真正见效。构建高效的信息反馈机制需要建立一套现实可行并有效的评判标准，可以把民众的需求是否得到表达以及需求是否得以实现、公共品的供给主体提供的公共品是否满足需求等问题均用该标准进行评判，并将结果反馈给相关主体，才能知道选择成效及问题，并作出相应的调整。

二、提高中国现行公共选择机制的有效性

（一）完善"用手投票"公共选择机制

1. 完善中国基层直接民主制——"一事一议制度"

"一事一议"制度是中国提供地方公共品最主要的公共选择机制，提高其运行效率，不仅要激励群众积极参与，而且还要积极改进具体的政策措施，并进行有效的监督。

（1）调整奖补方式。调整奖补方式是根据地方公共品均等化原则，按照筹资筹劳项目对地方公共品供给进行补贴。如对于一些本身造价高的项目，其补贴金额也应该高些。以避免因各村贫富差距悬殊而使得财政补贴的区别待遇进一步拉大差距，同时也造成了村民需要的一些成本较高的地方公共产品的提供难以实现。

（2）加强村委会及乡政府成员的激励约束。村委会和乡政府成员是地方公共品供给的组织基础，加强其激励约束可以提高地方公共品公共选择机制的

效率。具体要做到：首先，要加强民主建设，努力提高村民的民主意识、政治意识，让其充分发挥自己参政议政的权利，并逐步提高居民的监督意识。加强对"一事一议"制度的宣传，让群众增强对该制度的了解，并以此作为一个考核村干部的标准来监督村干部的行为。其次，加强政府内部监督及第三方监督。这种监督不仅包括账面监督，还包括实地监督资金的使用方向、使用质量，因此需要各职能部门的协调合作。政府部门的审计监督更多是从资金的流向监督，拥有技术优势的质检部门可通过工程项目质量等指标来检查资金的使用效率。所以，通过各部门的协作或建立专业的、多元化的监督小组是提高监督质量的一种有益选择。

（3）进一步完善"一事一议"执行规则。规则公正有效和规范使用是能够实现公共选择机制效率的重要因素。在具体操作中，简单多数规则与一致同意规则可相结合使用。简单多数票规则因操作较为容易，能够满足大部分的投票活动，对于一些只对少数人影响、负面影响较大的决议事项，可采用全票通过规则或者一票否决规则。对于一些收益范围较小的，还可缩小投票范围，如以小组为单位等。根据决议的性质来使用规则，可以更有效更快捷使决议达成。

2. 完善中国间接民主制——人大代表选举制度

（1）加强基层民主建设。要真正实现"自下而上"的公共品选择机制，需要以较为完善的基层民主作为铺垫，这既需要充分调动民众的参与意识和监督意识，又需要提高政府部门工作人员及其他参与主体的服务意识和服务能力。因此，完善人大代表选举制，让具有不同利益的社会群体都有代言人，各自利益都能得到维护。在此基础上探索新的、建立在社会公众监督意识、参与意识较强基础上的、有利于民主实现的管理和监督模式，真正实现以需求表达来引领公共服务供给。随着村以及乡镇"公推直选"的推开，现在已有地方开始尝试县委书记，甚至是县长的公推直选。因此，在未来的党内民主建设中，"自下而上"的推进式改革将成为一种改革取向。因此，基层民主建设的实效需要上级民主来保证。党内只有从上到下都能实现民主参与、民主选举，真正的民主才能实现。

（2）探索建立基层民众的非政府组织。由于中国基层民众较散，凝聚力不强的状况，在今后的改革中不妨尝试建立村民或社区居民自己的组织。如黄洪（2010）建议建立真正能够有效回应农民呼吁的机构，该机构实行从中央至地方的垂直管理而独立于当地政府，比如农会、农民行业组织等。农业行业协会有两种模式：（1）以美国为代表的"民管"模式。该模式下，政府只负责产业政策导向和市场环境建设，而不参与协会的组建、人员安排和经费的资助。（2）以德国和日本为代表的"政社共管"模式。行业协会组织分为"官办"和"民办"两种，以"民办"为主，协会同时为政府和农户负责。日本拥有800万成员的全日农协联盟，成为成员数量最大的利益集团组织，在政治中占有相当分量，有力地督促政府制定有利于农业发展的政策措施。尽管美国对日本政府施加了巨大的压力要求其开放大米市场，但日本政府仍然拒绝，其原因就在于此。地方农协除地方农协中央会外，还有经营农业经济、信用、保险、卫生保健等业务的4个联合会，即"经济联"、"信用联"、"共济联"、"厚生联"。农协延伸到农村的每个领域，为农民提供了从生产到生活的全方位服务。①

（二）推进户籍制度改革，逐步增强"用脚投票"的公共选择机制作用

由于户籍制度对人口流动的限制性，用脚投票需求表达机制在中国的运用受到了限制。在近几年，随着城市化的发展，城乡统筹计划的推进，这种现象虽有所改善，但是如果户籍制度背后所代表的如教育、医疗、社保等公共服务的享受不能打破二元结构，户籍制度改革将是有名无实。因此，户籍制度的改革，更为重要的是其代表的福利制度的改革。要让群众无论来自哪里，在哪里生活都将享受同等的公共品和服务，且不带任何附加条件。另外，用脚投票机制是建立在一种选民自愿、自由流动的基础之上的，目的是增强同级政府之间的竞争性。因此，中国户籍制度改革必须约束政府部门的不规范行为，防止政府以强制拆迁等有违背农民意愿的方式来实现城乡统筹。同时，要关注诸如农民工等流动人口的需求表达机制的建立。户籍制度改革并非要实现所有进城务工人员都将户口迁到城市，而是要确保他们在城市工作的过程中能够享受到相应的公共品服务，有一定的发言权。也要确保他们在农村与城市之间来回流动的过程中，相应的社会保障能够成功地结转，这要求我国的社会保障制度的进一步改革，如提高社保统筹的层次。

---

① 孙宝强：《国外农业行业协会的成功经验》，载于《农村科技》2005年第2期。

参考文献：

[1] 阎坤、王进杰：《公共品偏好表露与税制设计研究》，载于《经济研究》2000 年第 10 期。

[2] 冯晓娟：《浅论农村"一事一议"筹资筹劳制度》，载于《蚌埠党校学报》2010 年第 1 期。

[3] 胡锦光：《中国宪法问题研究》，新华社出版社 1998 年版。

[4] 刘小锋、林坚：《转型期中国农村社区公共物品需求显示研究综述》，载于《中国矿业大学学报（社会科学版）》2007 年第 3 期。

[5] 王世杰、钱端升：《比较宪法》，中国政法大学出版社 1999 年版。

[6] 俞锋、董维春、周应恒：《不同收入水平下农村居民公共产品需求偏好比较研究——以江苏为例》，载于《江海学刊》2008 年第 3 期。

[7] 金晓伟：《创新与完善农村公共产品需求表达机制的思考》，载于《管理学研究》2008 年第 4 期。

[8] 吴俊培、卢洪友：《公共品的"公"、"私"供给效率制度安排——一个理论假说》，载于《经济评论》2004 年第 4 期。

[9] 李强、罗仁福、刘承芳、张林秀：《新农村建设中农民最需要什么样的公共服务——农民对农村公共物品投资的意愿分析》，载于《农业经济问题》2006 年第 10 期。

[10] 孔祥智、涂圣伟：《新农村建设中农户对公共物品的需求偏好及影响因素研究》，载于《农业经济问题》2006 年第 10 期。

[11] 朱刚：《"一事一议"制度下农村公共产品供给难题解读》，载于《安徽农业科学》2008 年第 35 期。

[12] 赵聚军：《政府间核心公共服务职责划分的理论与实践——OECD 国家的经验和借鉴意义》，载于《中央财经大学学报》2008 年第 11 期。

[13] Rubinfeld, Shapiro (1989), P. Micro-Estimation of the Demand for Schooling. Regional Science and Urban Economics, 19：381 – 398.

[14] Epple, D. And T. Romer. (1991), Mobility and Redistribution, Journal of Political Economy, 99：828 – 858.

[15] Fernandez, R. And R. Rogerson (1993), Public Education and the Dynamics of Income Distribution：A Quantitative of Education Reform, mimeno, November.

[16] Tiebout A. A Pure Theory of Local Expenditures, Journal of Political Economy, 64：416 – 424.

[17] Hamilton, Bruce. (1975), Zoning and Property Taxation in a System of Local Governments. Urban Studies, 12：205 – 211.

[18] Oates, Wallace. (1981), On Local Finance and the Tiebout Model. American Eco-

中国公共财政监测报告

nomic Review, 2: 93 – 98.

[19] Rubinfeld, Shapiro, Roberts. (1987), Tiebout Bias and the Demand for Local Public Schooling. Review of Economics and Statistics, 69: 426 – 437.

[20] Romer, T., Rosenthal, H. (1979), The Elusive Median Voter. Journal of Public Economics, 12: 143 – 170.

[21] Bergstrom, T. C., Rubinfeld, D. l., Shapiro, P. (1982), Micro-Based Estimates of Demand Functions for Local School Expenditures. Econometrica, 50: 1183 – 1206.